DIMINO, LOCHER, SALGARO (HG.)
OBERLEUTNANT ROBERT MUSIL ALS REDAKTEUR
DER TIROLER SOLDATEN-ZEITUNG

MUSIL-STUDIEN

Band 46 • 2019

MARIAELISA DIMINO
ELMAR LOCHER
MASSIMO SALGARO
(HG.)

OBERLEUTNANT ROBERT MUSIL ALS REDAKTEUR DER TIROLER SOLDATEN-ZEITUNG

WILHELM FINK

Gedruckt mit freundlicher Unterstützung der „Università degli Studi di Verona – Dipartimento di Lingue e Letterature straniere“

Bibliografische Information der Deutschen Nationalbibliothek

Die Deutsche Nationalbibliothek verzeichnet diese Publikation in der Deutschen Nationalbibliografie; detaillierte bibliografische Daten sind im Internet über http://dnb.d-nb.de abrufbar.

Internet: www.fink.de

Einbandgestaltung: Evelyn Ziegler, München
Herstellung: Brill Deutschland GmbH, Paderborn

ISBN 978-3-7705-6410-1 (paperback)
ISBN 978-3-8467-6410-7 (e-book)

In Memoriam

Claudia Monti
(17.02.1941-27.07.2016)

Inhalt

Elmar Locher, Massimo Salgaro

Einleitung

Der Band versammelt die Beiträge der Tagung *Robert Musil als Redakteur der Tiroler Soldaten-Zeitung*, die vom 27.-29. September 2015 in Palai im Fersental und in Bozen vom Dipartimento di Lingue e Letterature Straniere der Universität Verona veranstaltet worden ist. Mit diesem Band liegt nun erstmals, in dieser Bandbreite, eine erste Studie zur *Tiroler Soldaten-Zeitung* (TSZ) vor, die die verdienstvollen Studien Roman Urbaners weiterführt.[1] Die Themenstellung gibt bereits die programmatische Richtung der Tagung vor. Nicht angestrebt war eine Untersuchung der *Tiroler Soldaten-Zeitung* in ihren Bezügen zu anderen Soldatenzeitungen. Eine solche Untersuchung könnte ausschließlich im Schnittpunkt interdisziplinärer Fragestellungen erfolgen, die sich gleichermaßen auf Militärgeschichte wie Geschichte im Allgemeinen, auf die Geschichte des Pressewesens des fraglichen Zeitraumes, sowie auf spezielle Fachgebiete bezögen, die allerdings in diesem Rahmen nicht geleistet werden konnten.

Im Mittelpunkt des Interesses stand die zentrale Rolle Robert Musils als Redakteur der (T)SZ. Damit engstens verbunden ist die in der Musil-Forschung kontrovers diskutierte Frage der Autorschaft Musils und seines Anteils an der Gestaltung der Zeitung selbst, vornehmlich in thematischer Hinsicht. Zur Frage der Autorschaft, der Kontinuitäten und der Bruchlinien, liegen nun, nach Erscheinen des *Robert-Musil-Handbuchs* einige erhellende Stellungnahmen vor.[2] Nicht genügend reflektiert wurde in den bisherigen Einzeldarstellungen der Tätigkeit Musils

1 Vgl. z. B. Roman Urbaner, „‚… daran zugrunde gegangen, daß sie Tagespolitik treiben wollte'? Die *Tiroler Soldaten-Zeitung* 1915-1917", in: *eForum zeitGeschichte* 3/4 (2001), http://www.eforum-zeitgeschichte.at/3_01a8.pdf und ders., „Schriftführer Musil. Der Jahrhundertschriftsteller als Redakteur der *Soldaten-Zeitung*", in: *Quart-Heft für Kultur Tirol* 5 (2005), S. 55-67.

2 *Robert-Musil-Handbuch*, hg. v. Birgit Nübel/Norbert Christian Wolf, Berlin/Boston, 2016. Im Kontext der Autorschaftsfrage sind hier vor allem die Kapitel „Biographie", „Zeitgeschichtlicher Kontext", „Kriegspublizistik", „Militärische Ausbildung, Arbeits- und Ordnungswissenschaft", „Zäsuren", „Kakanien", „Militär" und „Krieg" aufschlussreich. In unserem Tagungsband werden folgende Siglen für die *Tiroler Soldaten-Zeitung* verwendet: TSZ (wenn es sich ausschließlich um die *Tiroler Soldaten-Zeitung* handelt [Zeitraum 02.06.1915-18.08.1916]), SZ (wenn es sich ausschließlich um die *Soldaten Zeitung* handelt [Zeitraum 18.08.1916-15.04.1917]), (T)SZ (wenn Aspekte belangt sind, die beide Zeitabschnitte betreffen).

als Redakteur der Gesichtspunkt eines Gesamtkonzepts, das sich nicht bloß an thematischen Fragestellungen festmachen ließe, sondern das sich auch auf das Gesamtkonzept des Layouts der *Tiroler Soldaten-Zeitung* selbst erstreckt und in thematischer Hinsicht das veränderte Narrativ in den Fokus des Interesses stellt. Der Aufsatz Mariaelisa Diminos liefert nun den ersten Versuch einer solchen Analyse der Polyphonie der Stimmen der Beiträger und des Netzwerkes von wechselseitigen Bezügen zwischen Wort und Bild in der SZ unter Musils Schriftleitung. Doch bereits vor der offiziellen Übertragung der Schriftleitung an Robert Musil (Oktober 1916, Abb. 8) versucht die TSZ eine breitere Publikumswirksamkeit zu entfalten. Mit der Ausgabe des 18. August 1916 wird der strikte *Tirol*-Bezug aus dem Namen der Zeitung getilgt, sie erscheint nun als *Soldaten Zeitung*. Diese Öffnung ist auch durch die Teilnahme an der Kriegsausstellung 1916 gekennzeichnet, wie der Aufsatz von Harald Gschwandtner deutlich macht. Am 14. Juni 1916, bereits gut zwei Wochen vor Eröffnung, beschreibt das *Neue Wiener Tagblatt* die besondere Attraktion, die durch die Präsenz der TSZ gegeben sein wird und die der Zivilbevölkerung die aktuelle Entwicklung des Kriegszeitungswesens an der Front vor Augen führen soll. Die ‚Wiener Dependance' verfolgt dabei das propagandistische Ziel, den Bürgern der Reichshauptstadt den patriotischen Geist des Landes Tirol zu veranschaulichen.

Diese Öffnung auf ein breiteres Publikum, unter Einbeziehung eines erweiterten Themenspektrums, konsolidiert sich unter der Schriftleitung Robert Musils nicht nur, sondern wird auch weiter ausgebaut. Dessen ungeachtet aber hat sich die bisherige Musil-Forschung beinahe ausschließlich der Frage der Zuschreibung von Artikeln an Robert Musil und der Autorschaft Robert Musils gewidmet. Und dies auf einer zumeist unzureichenden methodologischen Basis, könnte man hinzufügen. Erstmals wird nun in diesem Band eine Untersuchung vorgelegt, die sich der Methoden der Digital Humanities bedient, die in der Zuschreibungscausa zu gesicherteren Ergebnissen kommt.

Das Forschungsteam, bestehend aus Massimo Salgaro, Gerhard Lauer, Berenike Herrmann und Simone Rebora der Universitäten Göttingen und Verona, untersucht die zentralen Fragestellungen der Autorschaft und der Zuschreibungsdiskussion der (T)SZ-Artikel. In dieser brenzligen Forschungsfrage ist allerdings Vorsicht geboten, weil die Artikel in der (T)SZ anonym erschienen sind, d. h. keiner ist von Musil unterzeichnet oder durch eine Sigle oder Abkürzung des Namens kenntlich gemacht worden. Anstatt diese Frage durch stilistische Kriterien zu lösen, wie dies die Musilforschung bisher gehandhabt hat, werden in dieser Untersuchung computergestütze Methoden der Stilometrik und der Digital Humanities angewandt. Die Anzahl der Musil zugeschriebenen Artikel schwankt in den letzten 50 Jahren zwischen 3 und 38 Texten, wobei in den letzten Jahren immer wieder weitere Zuschreibungen erwogen wurden. Das internationale Team stellt zu diesen Arbeiten, die sich über mehr als fünfzig Jahre erstreckt haben, fest, dass eine philologische Verankerung fehle und dass Musils Stil nur vage beschrieben werde. Angesichts dieser komplexen Forschungslage mag es daher nicht verwundern, dass sowohl die erste, übrigens italienische Ausgabe der Musil zugewiesenen Artikel in der (T)SZ, und die Klagenfurter Ausgabe (2009) auf eine eher diplomatische Lösung zurückgreifen und die zugeschriebenen Texte fast bedenkenlos in ihre Ausgaben aufnehmen. Direkt oder indirekt ist in den letzten Jahren immer wieder die Forderung laut geworden, durch computerlinguistische Methoden diese Fragestellung zu lösen, oder es zumindest zu versuchen. Anhand stilometrischer Analysen wird die jeweils durchschnittliche Häufigkeit der Wörter eines Korpus errechnet und mit der entsprechenden durchschnittlichen Häufigkeit der Wörter im Gesamtkorpus verglichen. Für die Anwendung an Artikeln der (T)SZ ergaben sich mehrere Probleme, wie z. B. deren Kürze oder die schlechte Lesbarkeit der Volltext-Digitalisate der ÖNB.

Während Roman Urbaner in seinen historischen Untersuchungen immer darauf bestand, dass sich die Bozner Redaktion aus fünf Mitgliedern zusammensetzte, konnte diese stilometrische Analyse ein serendipity Produkt erzeugen: Wie das „Protokoll" der Sitzung vom 22. April 1917, das in der Bozner Redaktion der Tiroler Soldatenzeitung aufgenommen wurde, beweist, ist die Gegenwart von „Oblt. Dr. Albert Ritter" in der Bozner Redaktion kein „wenig stichhaltiges Gerücht" (Urbaner), das „nicht den Aktenvermerken über die Bozner Redaktion entspricht" (Schaunig), sondern ein historisch belegtes Faktum (Abb. 9.1). Dieser Fund ist besonders relevant, weil eine Analyse von 14 Texten, die nach allen bisherigen Analysen nicht Musil zugeschrieben wurden, zeigt, dass Ritter als möglicher Autor sehr viel deutlicher als Musil in Frage kommt. Das Trainingskorpus aus den Musil zugeschriebenen Texten der (T)SZ wurde einer stilometrische Analyse unterzogen. An den ersten explorativen Ergebnissen ist zu erkennen, dass mit wenigen Ausnahmen der ‚Fingerabdruck' Musils im ersten Teil des Testkorpus dominiert, was in etwa mit Musils Tätigkeit für die Zeitung im Jahr 1916 zusammenfällt. Mit dem Jahr 1917 verändern sich die Ergebnisse. Obwohl diese Ergebnisse äußerst wichtig erscheinen, müssen weitere Trainingssets konzipiert werden, um sie zu validieren und vor allem wäre eine interdisziplinäre Beleuchtung willkommen, weil die quantitative Analyse nicht ohne qualitative, d. h. historisch-hermeneutische Verfahren, auszukommen vermag. Um diesen Dialog in die Wege zu leiten, verfasste Massimo Salgaro einen Beitrag, der die Lebensbeschreibung und die Analyse des Werks des ansonsten wenig bekannten Autors Albert Ritter enthält und der einige inhaltliche Parallelen zwischen den Pamphleten Ritters und der ihm zugewiesenen Texte in der Tiroler Soldatenzeitung beleuchtet.

Erbringt die Untersuchung größere Klarheit in der Frage der Zuschreibung, so stellt sich, im Zuge der durch Michel Foucaults Position virulent gewordenen Fragestellung „Was ist ein Autor?", die Problematik von Autorschaft, in dieser Perspektive dargelegt, freilich erneut. Diese Problemlage versucht Christoph Hoffmann in seinem Beitrag näher zu bestimmen, indem er das Begriffstripel Schreiber-Verfasser-Autor einführt. Christoph Hoffmann reflektiert in seinem Aufsatz das Spannungsverhältnis dieses Tripels im editorischen wie wissenschaftlichen Umgang mit Musils Dissertation, den Aufsätzen in der Zeitschrift *Natur und Kultur* und dem Aufsatz über Psychotechnik aus der Tätigkeit im Bundesministerium für Heerwesen. Wie verhalten sich diese technischen Arbeiten zu den anderen literarischen und essayistischen Werken, die Musil als literarischer Autor verfasst hat? Robert Musil ist, um es in der Begrifflichkeit Hoffmanns auszudrücken, sowohl Schreiber, Verfasser und Autor von Schriftstücken, und es gilt daher verschiedene Schreibpositionen zu unterscheiden, die unter seinem Eigennamen figurieren. Für Hoffmann ist es etwas anderes zu sagen, dass „Ing. Dr. phil. Robert Musil, Fachbeirat im Bundesministerium für Heerwesen" den Aufsatz „Psychotechnik und ihre Anwendungsmöglichkeit im Bundesheere" verfasst hat, als zu sagen, dass er den Aufsatz geschrieben hat. Falls man mit Schreiben eine autonome Tätigkeit meint, in der man einen Gedankengang entwickelt, kann man behaupten, dass Musil diesen Aufsatz nie geschrieben hat. Hoffmann belegt 25 Passagen aus anderen Werken, die Robert Musil in „Psychotechnik und ihre Anwendungsmöglichkeit im Bundesheere" ungekennzeichnet übernommen hat, als Hinweis, als Paraphrase, als ganze Passagen im Wortlaut. Eine solche Arbeit, stellt Hoffmann fest, nennt man Kompilation. Am ehesten kann man diesen Verfasser mit dem eines Berichts vergleichen, in dem der Wissensstand eines Themenbereichs zusammengefasst und für ein bestimmtes Publikum aufbereitet wird. Die Tätigkeit des Verfassers fällt in diesem Kontext vor allem mit der Auswahl der Materialien und der Gliederung ihrer Darstellung zusammen. Da der Aufsatz in *Militärwissenschaftliche und Technische Mitteilungen* erschienen ist, ergäbe sich laut Hoffmann die Frage, wie weit der Aufsatz „Psychotechnik und ihre

Anwendungsmöglichkeit im Bundesheere" tatsächlich Robert Musil zuzurechnen ist. Diese Verfasserschaft ist nämlich dadurch charakterisiert, dass sie im Dienst des Publikums steht, und dieses Publikum ist das österreichische Heer (Abb. 3). Hoffmann plädiert dafür, das komplexe Verhältnis von Dienst und Autorschaft unter die Lupe zu nehmen und die jeweilige Schreibposition von Musil zu klären. Dies gilt auch in verstärktem Maße für die Redaktionstätigkeit während des ersten Weltkriegs.

Doch selbst wenn man, wie Hoffmann, dieses Begriffstripel den Schreibpositionen zu Grunde legt, oder dieses Tripel um die Position einer kollektiven Autorschaft erweitert, wie dies Regina Schaunig versucht, kommt man um entscheidende Fragen der Autorschaft, der Kontinuität bzw. der Diskontinuität sowie der ethischen Haltung nicht herum. Regina Schaunig reflektiert in ihrem Beitrag die Form der kollektiven Autorschaft, die Robert Musil als Redakteur zweier Soldatenzeitungen bis zum November 1918 durchexerzieren wird. Dabei versucht sie, das Theorem der Gestaltlosigkeit auf seine Autorschaft anzuwenden, die in Abhängigkeit von den jeweiligen historischen, sozialen und ökonomischen Verhältnissen stand. Schaunig unterstreicht Musils im August 1914 eingenommene aktiv-patriotische Haltung gegenüber dem Krieg (Abb. 10) und legt eine weitgehende Kontinuität in der Autorrolle nahe, die vom ersten Kriegsessay in der *Neuen Rundschau* bis zum „Vermächtnis" als verantwortlicher Redakteur der SZ reicht. Diese Rolle wird dann von Musil als Redakteur der *Heimat* (1918) noch bis ins Jahr 1918 eingenommen. Sie besteht bis zur Abfassung der Essays *Buridans Österreicher* und *Der Anschluß an Deutschland* (1919) fort. Schaunig exkulpiert den Chefredakteur Musil nicht von seiner Verantwortung als Schriftleiter der SZ, der die Texte in vielen Fällen mit eigener Hand geschrieben bzw. umgeschrieben und sie sicher für die Publikation endredigiert hat. Laut Schaunig habe Musil das getan, was man von einem Chefredakteur erwartet, d. h. ausgewählt, formuliert, auf zahlreiche Artikel anderer Zeitungen reagiert, zitiert, redigiert, konzipiert, korrigiert, delegiert. Die Anonymität seines Schreibens in der (T)SZ war für ihn die Bedingung der Möglichkeit freier Rede in seiner Rolle als Feldliterat.

Massimo Libardi und Fernando Orlandi bewerten in ihrem Beitrag Musils Tätigkeit als verantwortlicher Schriftleiter der SZ als einen Übungsplatz für den Roman *Der Mann ohne Eigenschaften*. Sie gehen von der biographisch bedingten militärischen Prägung Musils aus, die sein gesamtes Werk mitbestimmt habe. Musils Tätigkeit als verantwortlicher Schriftleiter wird im Kontext der Umgestaltung der TSZ zur SZ gesehen. Libardi und Orlandi gehen in ihrem Aufsatz von einer größtmöglichen Anzahl von Robert Musil zugeschriebenen Artikeln aus, ohne die Zuschreibungskriterien einer präziseren Bestimmung zu unterziehen. Thematisch zentral sind für die Autoren Musils Ansichten zu Österreich, die wie ein roter Faden die Beiträge der (T)SZ, die politischen Aufsätze der späteren Jahre und das literarische Werk des *Nachlass[es] zu Lebzeiten* sowie den *Mann ohne Eigenschaften* durchziehen. Für die Autoren zeigen die Beiträge der SZ, dass Musil weder auf seine Ansichten zu Österreich noch auf seinen Stil verzichtet habe, was sich auch in der unterschwelligen Ironie und der eigentümlichen Schönheit einiger Texte äußere.

Anders gewichtet Walter Fanta in seinem Beitrag. Er interpretiert das unveröffentlicht gebliebene Nachlassfragment „Der kleine Napoleon" als literarische Nachwirkung der Bozener Redakteurstätigkeit Robert Musils. In der Etappe, die der Front gegenübergestellt wird, herrscht das ‚Prinzip Panama', in Anlehnung an die Skandale in der Dritten Französischen Republik im Zusammenhang mit dem Bau des Panama-Kanals. Fanta arbeitet die Bezüge zwischen dem Stück und seiner Tätigkeit in der Bozener-Redaktion heraus. Fanta vertritt die These, dass die Kontinuität zwischen Musils (T)SZ-Tätigkeit und der literarischen Autorschaft zerrissen sei, dass wir von einem Bruch ausgehen müssen, der die Abkehr von den Durchhalteparolen einschließt, die sich noch in seiner Redakteursarbeit bei der *Heimat* zeigen. Fanta, und da bliebe ein nicht unerheblicher Diskussionsbedarf, macht aber dann doch wieder so etwas wie eine Kontinuitätslinie auf, in der Musil die Erfahrungen der Front in einer Art Resteverwertung (Fliegerpfeil-Episode der *Amsel*) zur Mystik der Front sublimiert. Stellt das Dramenfragment die erste Abrechnung mit dem Musil peinlichen Bozener Engagement dar, so untersucht dann Fanta unter Bezug auf das Roman-Projekt, wie sich die Wandlung Musils vom bellizistischen Saulus zum antibellizistischen Paulus vollzog.

Strenger zu Gericht mit Robert Musils Tätigkeit als verantwortlicher Schriftleiter der SZ geht Ivana Z. Bogdanović in ihrem Beitrag. Sie sieht in Musil den Ghostwriter der k. u. k Propaganda. Sie lässt sich dabei von zwei Fragestellungen leiten: Erstens untersucht sie, wie sich die Texte der SZ und spezifisch der Text „Heilige Zeit" im Rahmen des ansonsten sehr kritischen und selbstreflektierten Schaffens Musils interpretieren lassen. Zweitens fragt sich Bogdanović, wie sich dieser Text zum Begriff Propaganda verhält, bzw. auf welche Art er als solche funktioniert. Ihr Befund fußt zum einen auf der Interpretationslinie, die Regina Schaunig in ihren Studien *Der Dichter im Dienst des Generals. Robert Musils Pro-*

pagandaschriften im Ersten Weltkrieg (2014) und *Viribus unitis* (2010) herausgearbeitet hat, zum anderen auf einer rhetorisch-stilistischen Untersuchung des Textes „Heilige Zeit", der in der SZ vom 31.12.1916 erschienen ist. Die Zuschreibung dieses Artikels an die Autorschaft Musils kann nun, nach der vorgelegten Untersuchung des Forschungsteams um Salgaro und Lauer in diesem Band, als gesichert gelten.

Dass die Diskussion der Kontinuität respektive Diskontinuität nicht so leicht in einer einmaligen Lesart zu sistieren ist, zeigt sich auch am Beispiel der Irredenta-Artikel in der SZ. In der Haltung der SZ zur Frage des Irredentismus als tagespolitischem Problem sah Roman Urbaner einen der Gründe des Scheiterns der SZ im April 1917. Die Frage der Zuordnung, die sich an diesen Artikeln erneut stellt, steht auch im Zentrum der Arbeit Salvatore Pappalardos. Als Ausgangspunkt dienen ihm die politischen Propagandatexte der SZ, die sich mit der umstrittenen Position von Trient und Triest auseinandersetzen. Als Italien den Dreibund verlässt, werden die Städte Trient und Triest zu prägnanten Symbolen der Unvollständigkeit des italienischen Unabhängigkeitsprozesses und somit zu Kronzeugen der Irredenta. Die SZ-Artikel argumentieren gegen den italienischen Irredentismus, dem sie die Kaisertreue der adriatischen Hafenstadt entgegensetzen. Aus der Warte der Bozner Redaktion stehen Triest und Trient für den multikulturellen österreichischen Charakter. In den (T)SZ Artikeln wird die mangelhafte Erziehung der italienischen Jugend zum österreichischen Staatspatriotismus als causa prima des Erfolges der irredentistischen Bewegung unter der italienischen Jugend interpretiert. Die thematischen Parallelen zwischen diesen SZ Artikeln und einigen Passagen von *Der Mann ohne Eigenschaften* lassen, laut Pappalardo, den Schluss zu, dass Musil mit an Sicherheit grenzender Wahrscheinlichkeit auch der Autor von mehreren Beiträgen ist, die die Irredenta behandeln. In den imperialistischen Machtphantasien von Graf Leinsdorf beispielsweise verkörpert Triest die Habsburger Weltwirtschaftsambitionen. Wie in den Beiträgen der SZ betont auch Graf Leinsdorf, dass sich die österreichische Stadt Triest nun schon seit Jahren zu Italien gehörig fühle und dass man dies besonders anlässlich von staatlichen Festlichkeiten wie an Kaisers Geburtstag verspüre. Die von Pappalardo angewandten Zuordnungskriterien für diese Texte basieren auf motivischen, rhetorischen und stilistischen Kriterien. Für Pappalardo ist die (T)SZ „ein Sammelbecken von Texten", aus dem Musil gelegentlich schöpft. Schon damit wird diesen Texten eine zentrale Rolle für die weitere Produktion Musils zugeschrieben.

Karl Corino arbeitet in seinem Aufsatz, der bereits in der Zeitschrift *Das Plateau* publiziert wurde,[3] die Haltung der SZ zur Problemlage des tschechischen Irredentismus heraus. Aber auch in dieser Problemstellung lassen sich Kontinuitätslinien im Schaffen Musils auffinden. So steht bereits in der Nummer der SZ vom 20. August 1916, der zweiten Nummer, die den Zusatz ‚Tiroler' aus dem Titelkopf getilgt hatte, der Artikel „Bin ich ein Österreicher", der das 98. Kapitel, „Aus einem Staat, der an einem Sprachfehler zugrundgegangen ist", im *Mann ohne Eigenschaften* präludiert. Ja, die Einstellung, die sich zur Frage des tschechischen Irredentismus bereits in der SZ durchgesetzt hatte, lässt sich auch noch in der Haltung der anderen Soldatenzeitung, die Musil nach der Einstellung der SZ im April 1917 als verantwortlicher Schriftleiter übernommen hatte, der *Heimat*, feststellen. Musil wird dann noch 1919, in seinem Essay, der für den Anschluss Österreichs an Deutschland plädiert, auf den tschechischen Irredentismus zu sprechen kommen.

Um Schreiben und Erfahrung geht es dann im Beitrag von Micaela Latini, der gleichermaßen auf bestimmte Kontinuitätszüge im Werk Musils aufmerksam macht. Diese haben nach Meinung der Autorin mit der Erfahrung des Krieges zu tun, deren problematisches Changieren zwischen Vergessen und Erinnern sowie der Aufarbeitung respektive der Verdrängung traumatischer Erlebnisse auch noch in späteren Arbeiten reflektiert wird. Geradezu programmatisch lässt sich der Auftrag zum Schreiben dem Artikel „Kameraden, arbeitet mit!" entnehmen. Und wer sich zum Schreiben nicht befähigt sieht, der habe sich der Kamera zu bedienen, um den Fluss der Bilder des Lebens festzuhalten, die für immer verschwinden, wenn wir sie nicht fixieren.

Dass sich einzelne Themenstellungen der (T)SZ nur in ihren gegenseitigen Verweisen unter Einbeziehung weiterer kontextueller Bezüge (z. B. der Artikel, die sich auf die Kriegssteuer beziehen) methodologisch präzise erarbeiten ließen, zeigen die Beiträge von Elmar Locher und Aldo Venturelli. Locher geht in seinem Beitrag zu den Artikeln der Kriegsanleihen der Frage des Geldes nach. Der Beitrag versucht deutlich zu machen, dass die Positionierung der (T)SZ zu dieser Themenstellung nur erarbeitet werden kann, wenn man die Haltung der (T)SZ in dieser Frage in Beziehung setzt zu Positionierungen anderer Presseverlautbarungen und gleichzeitig die vorherrschenden Ausführungen zur Geldtheorie als rahmenden Diskursbezug der Zeit im Auge behält. Gleichzeitig wird deutlich, dass sich das Geld auch dort zur zentralen

3 Karl Corino, „Die Flucht aus dem Frieden. Robert Musil und der erste Weltkrieg", in: *Das Plateau* 145 (2014), S. 4-17.

Thematik erhebt, wo vorderhand von etwas ganz anderem die Rede zu gehen scheint, wie im Artikel „Bauernleben" beispielsweise, oder aber wo es selbst noch auf den Anzeigenteil und die Karikaturen übergreift, wie der Beitrag Diminos in diesem Band zeigt. Dass sich dazu auch kleinere Texteinheiten, wie Rezensionen beispielsweise, als komplementäre Texte anbieten, verdeutlicht der Beitrag von Aldo Venturelli.

Aldo Venturelli widmet sich in seinem Aufsatz der Rezeption der Rede, die Walter Rathenau am 18. Dezember 1916 vor der bedeutenden „Deutschen Gesellschaft 1914" gehalten hat. Rathenau hatte in seinem Vortrag einige Vorschläge für die deutsche Wirtschaft bei Kriegsende formuliert. Er behauptet, dass die Einrichtung von Zollbarrieren gegen den Import von Luxusgütern und die Besteuerung solcher Güter zusätzliche Ressourcen für den Staatshaushalt schaffen könnten, z. B. für Kunsterzeugnisse und kulturelle Aufgaben ganz allgemein. Auch der Verfasser des Artikels, in dem Venturelli ohne Zweifel Musil erkennt, glaubt, dass die Literatur und Kunst in Österreich nicht zu Luxusgütern erklärt werden sollten, weil sie eine „geistige Notwendigkeit" darstellen. In solchen Artikeln erkennt Venturelli den Versuch der (T)SZ den ästhetischen Geschmack ihrer Leser zu heben. Außerdem sei dieser Artikel Ausdruck eines umfassenderen Kulturprogramms, um eine zentripetale österreichische Kultur zu begründen, die sich den verschiedenen zentrifrugalen Kräften der Nationalkulturen widersetzen sollte (Abb. 4.1-4.5).

Wollte man ein zusammenfassendes Resümee zu den Veränderungen erstellen, die durch Robert Musil zu verantworten waren, so ließe es sich in der Bewertung lesen, die Sigurd Paul Scheichel in seinem Beitrag „Tiroler Autoren in der *Tiroler Soldaten-Zeitung*" gibt: „Zusammenfassend lässt sich sagen, dass die Übernahme der Redaktion durch Musil nicht nur die politische Linie der (T)SZ geprägt, sondern ‚aus einem Soldatenblatt ein Militärorgan und aus einem Militärorgan eine politisch-programmatische Staatszeitung' gemacht hat."[4] Während für Literaturwissenschaftler die Frage, welche Beiträge Robert Musil selbst verfasst hat, relevant ist, ist für Historiker die Frage der politischen Linie des Blatts und der Vorstellungen von der zukünftigen Gestalt Österreichs relevanter. Dabei stellt Schleichl fest, dass durch Musils Aktivität als Redakteur ein Wechsel in der SZ festzustellen ist: „Neben den neuen politischen Positionen prägen die Zeitung jetzt auch neue ästhetische

4 Regina Schaunig, *Der Dichter im Dienst des Generals. Robert Musils Propagandaschriften im Ersten Weltkrieg*, Klagenfurt/Wien, 2014, S. 57. Wie auch Sigurd P. Scheichl in seinem Aufsatz in diesem Band bemerkt, geht Schaunig auf die redaktionellen Maßnahmen Musils im Unterhaltungsbereich gar nicht ein.

(oder überhaupt ästhetische) Positionen. Auch als Redakteur ist Musil Literat geblieben.“ Dieser literarischen und redaktionellen Tätigkeit gerecht zu werden, ist das Hauptanliegen der Diskussion dieses Sammelbandes.

Mariaelisa Dimino

„So muß sich heute eine Soldatenzeitung ihre alte Aufgabe neu stellen." Die Umgestaltung der *Tiroler Soldaten-Zeitung*

I. Einleitung

Anfang Juli 1916 wird Oberleutnant Robert Musil zum Redakteur der (T)SZ ernannt. Die Redaktion, bis dahin unter der Leitung des 11. Armeekommandos, wird von Trient nach Bozen verlegt und dem neukonstituierten Heeresgruppenkommando unterstellt.[1] Knapp einen Monat darauf werden Form und Inhalte des militärischen Blattes radikal umgestaltet. Bereits Karl Dinklage betont die Zäsur, die nach Musils Ankunft in der Redaktion einsetzt und die Geschichte der (T)SZ klar in zwei verschiedene Phasen unterteilt:

> Wenn man Aufmachung und Inhalt der *Tiroler Soldaten-Zeitung* vor und nach der Übernahme durch Robert Musil in Vergleich setzt, so ist der hier herbeigeführte Umschwung augenscheinlich. Das Blatt entbehrte vorher im allgemeinen sogar eines Leitartikels und war nur ein Sammelbecken von Soldatenberichten. Nun ist es eine straff und einheitlich geführte Zeitung, die auf die Betonung der Reichseinheit ausgerichtet ist.[2]

Der von Dinklage beobachtete Wechsel in der Redaktionslinie – der im Sinne einer zentralistischen und anti-irredentistischen Propaganda wirkt und dessen deutlicher Ausdruck die Umbenennung des Blattes in SZ ist – wird auch von der jüngsten Forschung immer wieder hervorgehoben.[3]

Wenn es aber darum geht, den ‚augenscheinlichen Umschwung' in Form und Inhalt zu beschreiben, konzentrieren sich die Wissenschaftler fast ausschließlich auf die Texte und ihre nach dem Redaktionswechsel

---

1 Die erste Ausgabe der TSZ erscheint am 02.06.1915 auf Befehl von Generaloberst Viktor Dankl, wird also unmittelbar nach dem Eintritt Italiens in den Krieg ins Leben gerufen.

2 Karl Dinklage, „Musils Herkunft und Lebensgeschichte", in: *Robert Musil. Leben, Werk, Wirkung*, hg. v. Karl Dinklage, Zürich u. a., 1960, S.187-264, hier S. 228.

3 Vgl. dazu auch Karl Corino, *Robert Musil. Eine Biographie*, Reinbek b. Hamburg, 2003, S. 560. Zur Forschungslage vgl. Harald Gschwandtner, „Kriegspublizistik", in: *Robert-Musil-Handbuch*, hg. v. Birgit Nübel/Norbert Christian Wolf, Berlin/Boston, 2016, S. 434-440, hier S. 435-436.

erfolgte „inhaltliche Neuorientierung".[4] Dabei hat wahrscheinlich der Umstand eine Rolle gespielt, dass die Artikel der SZ anonym erschienen sind. Die Musil-Forschung hat tatsächlich in erster Linie versucht, „konkrete Beiträge als von Musil verfasste Texte zu identifizieren",[5] wobei die Frage der Umgestaltung der (T)SZ in den Hintergrund rückte.

Im Zentrum dieses Beitrags steht hingegen der Versuch, den Wechsel im propagandistischen Diskurs des Blattes zu rekonstruieren, wie er durch die Synergie von graphischen, bildnerischen und inhaltlichen Elementen aus den Seiten der (T)SZ hervorgeht.

Um den Einschnitt von Musils Redakteurstätigkeit hervorzuheben, werde ich zunächst anhand eines repräsentativen Querschnitts von Beispielen aus verschiedenen Ausgaben drei unterschiedliche und doch eng miteinander verbundene Aspekte der (T)SZ vor und nach dem Redaktionswechsel synthetisch beschreiben: die allmähliche Umgestaltung des Layouts, den wechselnden Anteil der Einbringung der Leserschaft an der Erstellung der Zeitungsinhalte und die jeweilig dargestellte Vorstellungswelt.

Wie im Folgenden dargelegt wird, stehen hinter beiden Phasen der Geschichte des militärischen Blattes die verschiedenen Kommunikationsstrategien der zwei Kommandos, deren unterschiedliche Ziele sich in der jeweiligen Ausgestaltung der Zeitung widerspiegeln.

II. Das Layout

Abb. 13 zeigt die Titelseite der ersten Ausgabe der TSZ.[6] Bereits im Zeitungskopf spiegelt sich der Versuch der Redaktion wider, die Leserschaft als fiktive und – angesichts der lokalen Identität – homogene Gemeinschaft idealer ‚Tiroler Landesverteidiger' zu konstruieren.

Der Titel ist auf zwei Zeilen aufgeteilt, wobei das Wort „Tiroler" im Zentrum steht. Unter dem Adjektiv, zwischen den Wörtern „Soldaten" und „Zeitung", steht das Tiroler Landeswappen, ein Schild mit einem

4 Roman Urbaner, „‚… daran zugrunde gegangen, daß sie Tagespolitik treiben wollte'? Die *Tiroler Soldaten-Zeitung* 1915-1917", in: *eForum zeitGeschichte* 3/4 (2001), http://www.eforum-zeitgeschichte.at/3_01a8.pdf [Stand: 24.06.2017], S. 11.

5 Vgl. Gschwandtner, „Kriegspublizistik" (Anm. 3), S. 437; zur Forschungsgeschichte verweist Gschwandtner auf Regina Schaunig, *Der Dichter im Dienst des Generals. Robert Musils Propagandaschriften im Ersten Weltkrieg*, Klagenfurt/Wien, 2014, S. 93-97; vgl. dazu auch in diesem Band Massimo Salgaro/Simone Rebora/Gerhard Lauer, J. Berenike Herrmann, „Die *Tiroler Soldatenzeitung* und ihre Autoren. Eine computergestützte Suche nach Robert Musil".

6 Im Folgenden wird die (T)SZ im Text nach den Digitalisaten von ANNO. Historische österreichische Zeitungen und Zeitschriften (www.http//anno.onb.ac.at/cgi-content/anno?), unter Angabe von Datum und Seite in runden Klammern, zitiert.

gekrönten Adler. Über dem Titel steht die Widmung „Für Gott, Kaiser und Vaterland". In den beiden oberen Ecken befinden sich zwei Kästen mit Text. Rechts werden Auskünfte über Preis und Vertrieb der Zeitung gegeben. Außerdem wird angekündigt, dass das Blatt „womöglich 3mal wöchentlich im Standorte des Landesverteidigungskommando [d. h. Innsbruck] erscheinen" wird.[7] Das geschieht tatsächlich nur vereinzelt, während die TSZ bis August 1916 unregelmäßig, zumeist zweimal in der Woche und nicht immer an demselben Tag, erscheint. Im linken Kasten werden hingegen Ziel und Adressaten der Zeitung bekanntgegeben. Die TSZ soll „den Tiroler Landesverteidigern die neuesten Nachrichten [...] vermitteln". Eine kleine Zeile unter dem Titel erklärt, dass „das Reinerträgnis [der TSZ ...] einem Hilfsfond zu Gunsten verwundeter Tiroler Landesverteidiger gewidmet" ist. Am Fuß der letzten Seite befindet sich ein in Form eines Tiroler Edelweißes gestalteter Fleuron, während im Impressum nochmals das Landesverteidigungskommando in Tirol als Herausgeber zeichnet.

Unter dem Zeitungskopf ist die Breite der Seite vom Inhaltverzeichnis besetzt. Die Zeitung enthält - zumindest in den ersten Wochen - einen vom Redakteur Heinrich Juster verfassten Leitartikel über die wichtigsten politischen, militärischen oder wirtschaftlichen Tagesereignisse. Dann folgen weitere Artikel und die Rubriken „Schlachtenberichte", „Sonstige militärische Nachrichten", „Die Absperrung Englands", „politische Nachrichten", „Volkswirtschaftliche Nachrichten", „sonstige Mitteilungen" und „letzte Nachrichten". Später werden auch die Rubriken „Kriegsfürsorge" (15.06.1915) und „Der Unterseebootkrieg" (16.10.1915) eingeführt. Der Text ist in zwei Spalten aufgeteilt und das Layout ist insgesamt schlicht. Die Titel sind fett gedruckt, die Artikel durch kleine horizontale Trennlinien voneinander abgesetzt.

Im Laufe der Zeit erweitert sich das Blatt beträchtlich, wobei die bedeutendste Erneuerung die Einführung einer literarischen Beilage der TSZ ist.

Bereits am 8. Juni werden zwei weitere Rubriken in das Inhaltsverzeichnis eingeführt: „Militärische Episoden vom Kriegsschauplatze" (S. 7), kurze Berichte kleiner ‚Heldentaten', bzw. „Gedichte" (S. 9). Die-

7 Die Redaktion wird im September 1915 zusammen mit dem von General Viktor Dankl geleiteten Landesverteidigungskommando nach Bozen verlegt. Im März 1916 wird dann General Dankl zum Kommandanten des 11. Armeekommandos ernannt. Die Redaktion wird also von Bozen nach Trient verlegt. Der Text in den beiden Kästen wird je nach Erscheinungsort und Herausgeber verändert. Vgl. Urbaner, „‚... daran zugrunde gegangen, daß sie Tagespolitik treiben wollte'?" (Anm. 4), S. 1 u. 6.

ser letzte Abschnitt besteht tatsächlich aus zwei Liedern über patriotische Themen, die nahtlos zwischen „Sonstige Mitteilungen“ und „Letzte Nachrichten“ eingefügt werden.

Am 3. Juli 1915 wird der Abschnitt „Gedichte“ ans Ende des Nachrichtenteils gerückt und durch die Überschrift „Beilage zur TSZ“ vom Rest der Inhalte abgetrennt (o. S.). Ab dem 31. Juli erscheinen die Gedichte unter der Überschrift „Literarische Beilage der TSZ“.

Von nun an nimmt die Anzahl der Bilder in der Zeitung zu. Sie werden ausschließlich in der literarischen Beilage gedruckt, wobei im Nachrichtenteil oft – obgleich unregelmäßig – auch Landkarten der Kriegsschauplätze erscheinen.

Die literarische Beilage der TSZ zählt durchschnittlich vier bis sechzehn – in den Festausgaben sogar bis achtundzwanzig – unabhängig vom Nachrichtenteil durchnummerierte Seiten und besteht am Anfang aus drei Abschnitten, und zwar der Rubrik „Unsere Helden“ und den Abschnitten „Gedichte“ und „Vermischtes“.[8] Ab dem 4. August werden auch Prosa-Texte gedruckt (LB, S. 3-4), die ab dem 8. August unter dem Titel „Feuilleton“ erscheinen (LB, S. 2).

Die erste Seite der literarischen Beilage beinhaltet normalerweise die Rubrik „Unsere Helden“, die das Bildnis eines mit der Tapferkeitsmedaille ausgezeichneten Soldaten bzw. Offiziers zusammen mit einer Beschreibung der Umstände der vermeintlichen ‚Heldentat‘ zeigt. Ab dem 29. August erscheint das Bildnis des Ausgezeichneten im Zentrum eines Jugendstil-Rahmens, der die religiösen, politischen, und landschaftlichen Symbole Tirols zur Verehrung der Tiroler ‚Helden‘ instrumentalisiert [Abb. 14]. Der Rahmen besteht an seinen Seiten aus einem Edelweiß-Muster. In die Blumen eingearbeitet sehen wir eine kleine Madonna mit dem Kind und den Tiroler Adler. Oben erscheint dagegen die Tiroler Gebirgslandschaft, an den Ecken stehen zwei Soldaten mit Gewehren und eine Kanone.[9] Es liegt auf der Hand, dass eine solche propagandistische Lobeshymne der eigenen Armee – ein Aspekt, der von Anfang an auch die Berichte des Nachrichtenteils kennzeichnet – das Ziel hatte, nicht nur die ‚Tiroler Landesverteidiger‘ zu idealisieren, sondern auch einen motivierenden Identifizierungsprozess auszulösen:

---

8 Darunter erscheint ab dem 8. August 1915 auch die „Kriegsliteratur“, die ab dem 8. Februar 1916 als eigenständige Rubrik unter dem Titel „Bücherschau“ in das Inhaltverzeichnis der literarischen Beilage eingefügt wird.

9 Der Rahmen ist Werk des Kriegsmalers Arthur Nikodem. Ab und zu werden die ausgezeichneten Soldaten aber auch in einem Rahmen des Kriegsmalers Hans Weber-Tyrol in einer analogen Symbolik dargestellt.

Wie der Titel der Rubrik erklärt, geht es hier nicht einfach um Helden, sondern um ,unsere' (Tiroler) Helden.

Im Laufe der Monate wird die auf Kunstdruckpapier gedruckte literarische Beilage zu einer verlegerisch verfeinerten ,Parallelzeitung',[10] welche die TSZ von den anderen Schützengraben-Zeitungen deutlich unterscheidet. Auf ihren Seiten mehren sich die Beiträge von Dichtern und Schriftstellern, die ihr Talent honorarfrei zur Verfügung stellen.[11] Darüber hinaus werden auch Werke von berühmten Kriegsmalern abgedruckt,[12] die oft der TSZ als weitere Kunstdruckbeilage[13] beigefügt werden. Außerdem erscheinen auch Texte, vor allem Gedichte, die von Soldaten an der Front eingesandt werden. Später werden auch fotografische Aufnahmen, Zeichnungen und Karikaturen von der Front abgedruckt. Diese heterogenen Inhalte werden durch ihre Eingliederung in

---

10 Vgl. Maria Rita Murgia, *,So schlagen wir mit ganzer Wucht/Die Feinde krumm und klein'. La costruzione della propaganda nei Supplementi letterari della* Tiroler Soldaten-Zeitung, Diss. Univ. Cagliari, 2009/2010, S. 46.

11 Unter anderen Anton Müller (Pseudonym Bruder Willram), Arthur von Wallpach, Karl Schönherr und Klara Pölt (Pseudonym Klara Pölt-Nordheim). Siehe zu den Beiträgen von Tiroler Autoren in der TSZ den Aufsatz von Sugurd Paul Scheichl in diesem Band.

12 Zum Beispiel Albin Egger-Lienz, Julius Kaan-Albest, Arthur Nikodem, Thomas Riss, Hans Weber-Tyrol.

13 Im Laufe der Zeit werden in die TSZ auch farbige Kunstruckbeilagen aufgenommen. Dietmar Grieser verweist auf die Aussage des ehemaligen Schriftsetzerlehrlings Alfons Gabloner, dass nach Musils Ankunft in die Redaktion der (T)SZ „auf einmal die aufwendigsten Kunstdruckbeilagen – unter Einsatz der besten Künstler der Zeit" erscheinen. (Dietmar Grieser, „Musil, ,Grigia' und das Fersental", in: *Das Fenster*, 17 (1975/1976, S. 1750-1756, hier S. 1752) Gabloners Behauptung wird auch von Urbaner und Corino nach Grieser zitiert, ohne überhaupt in Frage gestellt zu werden; vgl. Urbaner, „,,... daran zugrunde gegangen, daß sie Tagespolitik treiben wollte'?" (Anm. 4), S. 9 und Corino, *Robert Musil. Eine Biographie* (Anm. 3), S. 560-61. Außerdem fügt Corino in einer Anmerkung hinzu, dass „vor Musils Amtsantritt [...] die *Tiroler Soldaten-Zeitung* wiederholt Bilder von Egger-Lienz nur schwarz-weiß [gedruckt habe], danach des öfteren farbig, so in der Ausgabe vom 8. Juni 1916 [...] ein Porträt des Feldgeistlichen Leodegar Felderer und in der Ausgabe vom 26. Juli 1916 [...] das Aquarell eines vorwärtsstürmenden Soldaten mit gefälltem Bajonnett unter dem Titel *Dolomitenwacht.*" (Corino, *Robert Musil. Eine Biographie* [Anm. 3], S. 1625, Anm. 156) Es muss hier allerdings berücksichtigt werden, dass die erste farbige Kunstdruckbeilage – *Weihnacht an der Tiroler Front*, ein Abdruck eines Bildes vom Meraner Kriegsmaler Thomas Rieß – bereits am 1. Januar 1916 erscheint. In der Geschichte der (T)SZ zählt man insgesamt die drei obengenannten farbigen Kunstruckbeilagen und zwei weitere farbige auf Kunstdruckpapier gedruckte Bilder, d. h. den Umschlag der Festausgabe zum Todestage Andreas Hofers (TSZ 20.02.1916) und die Zeichnung *John Bull in Nöten* von M. v. Schlögl (TSZ 24.05.1916). Nach dem 26. Juli 1916, kurz nach Musils Eintritt in der Redaktion, findet man in der (T)SZ keine Farbdrucke mehr.

das Layout homogenisiert und zur Konstruktion einer kohärenten Vorstellungswelt der ‚Tiroler Landesverteidiger' instrumentalisiert.

Am 26. Juli wird die „Literarische Beilage der *Tiroler Soldaten-Zeitung*" zum letzten Mal veröffentlicht. Hier erscheint – neben dem Bildnis des ausgezeichneten Soldaten mit dem üblichen Jugendstil-Rahmen und einem Lied über *Die Wacht in Tirol*, das ein bildnerisches Pendant in Albin Egger-Lienz' Kunstdruckbeilage *Dolomitenwacht* findet – auch Musils Erzählung „Aus der Geschichte eines Regiments", deren ungewöhnlich wirklichkeitsnaher Ton bereits ein neues Verständnis des Kriegserlebnisses vorwegnimmt.

Eine erste Umgestaltung des Zeitungkopfs erfolgt bereits in der Ausgabe vom 6. August 1916. Hier erscheinen zum letzten Mal die beiden Kästen in den oberen Ecken der Titelseite, aber mit verändertem Text. Links wird nur als „Adresse für Zuschriften und Sendungen" die Feldpost-Nr. 239 des Heeresgruppenkommandos angegeben,[14] rechts wird mitgeteilt, der Nachdruck von Artikeln sei „nur mit genauer Quellenangabe gestattet". Jeder Bezug auf die Tiroler Landesverteidiger als Zielgruppe des Blattes ist nun schon verschwunden.

Das Inhaltsverzeichnis wird außerdem schon ab dieser Nummer radikal verändert. Nicht nur die Veröffentlichung der literarischen Beilage wird eingestellt, sondern auch die alten Rubriken werden durch neue ersetzt.

Die Umbenennung des Blattes von TSZ in SZ erfolgt am 18. August 1916, in der Sonderausgabe zum Geburtstag des Kaisers. Im Zentrum des Zeitungskopfes erscheint von nun an der neue Titel, der wahrscheinlich plakativ veranschaulichen sollte, dass die Zeitung nun allgemeine Themen behandeln wollte und auf eine österreichische – nicht nur Tiroler – Leserschaft zielte.

Bereits am 20. August vervollständigt sich dann die Umgestaltung des Blattes [Abb. 15]. Von nun an erscheint die Zeitung regelmäßig sonntags. Auf der Titelseite jeder Ausgabe werden Fotografien abgedruckt, welche die Maßstäbe für eine neue Vorstellung des Krieges setzen sollen. Auf den folgenden Seiten erscheinen politische und zeitkritische Leitartikel. Die weiteren Inhalte werden in einer Reihe von festen

---

14 Die Feldpost-Nr. 239 des Heeresgruppenkommandos erscheint zum ersten Mal in der Ausgabe vom 20. Juli 1916. Dinklage und Urbaner ist vielleicht ein Fehler unterlaufen, da beide schreiben, dass die Ausgabe vom 8. Juli bereits mit der neuen Feldpost-Nr. erschienen sei; vgl. Dinklage, „Musils Herkunft und Lebensgeschichte" (Anm. 2), S. 227 und Urbaner „‚… daran zugrunde gegangen, daß sie Tagespolitik treiben wollte'?" (Anm. 4), Anm. 82, S. 11.

Rubriken systematisch organisiert. Die Rubrik „Am Beobachterstand" bietet den Lesern eine Art kommentierter internationaler Presseschau. Im Abschnitt „Unterhaltung" werden literarische und gemeinverständliche Aufsätze gesammelt, die manchmal auch mit Fotografien illustriert sind. Außerdem erscheinen ab dem 8. Oktober 1916[15] sowohl Auszüge von zeitgenössischen Schriftstellern[16] als auch, vor allem in den letzten Wochen, Auszüge von ‚Klassikern', wie zum Beispiel Gottfried Keller (SZ, 11.03.1917, S. 5) oder Heinrich von Kleist (SZ, 15.04.1917, S. 5).

Die Bildnisse der ausgezeichneten Soldaten werden nach wie vor am Anfang des Abschnittes „Unterhaltung" eingesetzt, allerdings werden alle grafischen Tirol-Bezüge völlig getilgt.[17] Die Fotografie des Soldaten erscheint jetzt auf einer halben Seite und ist von einem schlichten schwarzen Rahmen eingefasst [Abb. 16].

Die Rubrik „Unsere Landheimat" sammelt vor allem landwirtschaftliche Artikel und gibt Auskunft über die neuesten Maßnahmen der Kriegsfürsorge. Im „Feldbriefkasten" werden kleine praktische Fragen der Leser von der Redaktion synthetisch beantwortet. „Der lustige Tachinierer" sammelt kurze witzige Geschichten und lustige Gedichte. Im Abschnitt „Bücherschau" werden die Neuerscheinungen rezensiert. Ab dem 3. September wird auch die Rubrik „Mitteilungen" eingeführt, in der kurze lokale Nachrichten veröffentlicht werden.

Die logische Trennung unter den verschiedenen Abschnitten wird auch grafisch durch verschiedene Schriftgrößen deutlich hervorgehoben. Die Titel der einzelnen Rubriken sind horizontal zentriert und durch geometrischen Rahmen vom zweispaltigen Text isoliert. Eben diese rationalistische Ausgestaltung der Seite stellt die wichtigste Zäsur mit der Vergangenheit der Zeitung dar. Auch ein besser kalkulierter Einsatz der Fotografien und die Reduktion von Bildern der Kriegsmaler

15 Am 8. Oktober wird Albin Schager, bis dahin Schriftleiter des Blattes, abberufen. An seiner Stelle übernimmt Musil die Leitung der SZ; vgl. AT-OeStA/KA FA NFA HHK HFK/HGK Conrad (Erzherzog Joseph) Akten 1852, Pr.-Nr. 262. (Abb. 8)

16 Am 8. und 15. Oktober erscheint zum Beispiel der Text „Aus dem Leben einer großen Tageszeitung", aus W. Fred (Pseudonym von Alfred Wechsler), *Impressionen aus dem Notizbuch eines Wanderjournalisten*, Leipzig, 1912; am 24. Dezember erscheint die Novelle „Der Knabe auf dem Kopf des Elephanten", aus Max Dauthendey, *Der Garten ohne Jahreszeiten*, München, 1914; am 31. Dezember erscheint der Text „1859 und 1866", aus Dorothea Gerard, *K. u. K. Offiziere. Ernstes u. Heiteres aus d. Zeit vor d. Weltkriege*, Berlin u. a., 1916; am 7. Januar erscheint der Text „Warum die russischen Bauern ihre Kinder nicht in die Schule schicken?" aus Walter Weibel, *Herren, Bauern und Beamte. Russische Satiren von Russen*, Stuttgart, 1916.

17 Die Darstellung der raumspezifischen Dimension des Krieges im Tiroler Hochgebirge ist jedenfalls in den Titelbildern der SZ immer noch präsent.

und der aus dem Feld eingesandten Zeichnungen und Texte kennzeichnen die neue Gestaltung der Zeitung.

III. Die Beteiligung der Leserschaft

Die Beteiligung der Leserschaft an der Erstellung der Inhalte kennzeichnet die Geschichte der TSZ vor allem ab Dezember 1915. Bereits am 27. Oktober hatte die Redaktion Offiziere, Unteroffiziere und Soldaten aufgefordert, fotografische Aufnahmen der Tiroler Kriegsschauplätze einzusenden.[18]

Mit dem Jahreswechsel 1915/16 steigt dann die Anzahl von Fotografien in der literarischen Beilage merklich an.

Die Fotografien werden normalerweise mit einer Erklärung versehen, die Auskünfte über Autor und Ort der Aufnahme gibt. Die aufgenommenen Szenen sind von verschiedener Art. Einige zeigen offizielle Besuche oder Dekorierungen, viele den Wachdienst an der Front. Keine Fotografie stellt aber Gefechtsszenen direkt dar,[19] vielmehr wird die Darstellung der Tiroler Gebirgslandschaft immer wieder fokussiert. Dies soll zur Konstruktion eines Gebirgskriegs-Mythos beitragen, der „die Modernität des (Gebirgs-)Krieges in den Alpen [verschleiert] und [...] die bekannten Narrative eines ‚Krieg[es] der Bergführer' und eines zum quasi-sportiven Duell stilisierten Individualkampfes" tradiert.[20] Obwohl die zahlreichen Fotografien hier scheinbar als ‚Illustrationen' der Texte fungieren, bleibt allerdings die Verbindung der beiden Elemente fast ausschließlich auf den allgemeinen Referenzrahmen des Kriegs im Tiroler Hochgebirge beschränkt. Daher entfaltet sich ihr Weltbild unabhängig von und parallel zu den Texten. In diesem Zusammenhang gewinnen vielmehr die Erklärungen zu den Bildern eine besondere Bedeutung, da sie die Interpretation der Leser steuern.

In Abb. 17 sind zum Beispiel zwei Männer aus der Ferne zu sehen, die mitten in einer verschneiten Gebirgslandschaft sitzen. Die Unterti-

18 „Bezweckt wird – so lautet die Meldung der Redaktion – einerseits die Reproduktion in der *Soldaten-Zeitung*, andererseits die Herstellung eines Kriegs-Albums, welches sodann zum Selbstkostenpreis als Kriegserinnerung von allen Tiroler Landesverteidigern erworben werden kann" (TSZ, 27.10.1915, S. 10).

19 Die Darstellung von Gefechtsszenen könnte wahrscheinlich kontraproduktiv wirken. Es ist hier darauf hinzuweisen, dass einige grundsätzlichen „Bestimmungen für die Handhabung der Zensur in Deutschland" von der österreichischen Zensur übernommen wurden, darunter auch das Verbot, „[s]ensationelle Schilderungen der Schrecken des Krieges" in der Presse zu veröffentlichen.

20 Oswald Überegger, *Erinnerungskriege. Der Erste Weltkrieg, Österreich und die Tiroler Kriegserinnerung in der Zwischenkriegszeit*, Innsbruck, 2011, S. 235.

telung der Fotografie erklärt, dass es sich um „[e]ine Feldwache auf 2800 Meter Höhe" handelt. Drei Elemente sind hier von besonderem Interesse: erstens, die genaue Bestimmung des Orts der Aufnahme zusammen mit der Angabe der Höhe, zweitens, die Betonung der Tatsache, dass es sich hier um eine Überwachungstätigkeit handelt und drittens die Nennung des Autors der Aufnahme. Daraus folgen verschiedene Implikationen. Zum einen legt diese Überwachungstätigkeit nahe, dass es sich um einen Verteidigungskrieg mit Italien handelt. Österreich-Ungarn schlüpft somit in eine Opfer-Rolle, die es moralisch rechtfertigt. Zum anderen spielt die Angabe der Höhe auf die vermeintliche Einzigartigkeit des Gebirgskriegs an. Der Krieg im Hochgebirge wird hier zum „Ereignis ‚persönlicher Höchstleistungen und alpinistischer Rekorde'"[21] umgedeutet und daher in eine sportliche Dimension projiziert. Die Untertitelung erklärt ferner, dass die Szene an einem konkreten Ort und von einer spezifischen Person (einem ‚Kameraden') aufgenommen wurde. Die Fotografie wird also hier als wahrheitsgetreue Darstellung verstanden, insofern sie das Resultat eines mechanischen Prozesses ist,[22] anders als die Zeichnungen der Kriegsmaler, die, obwohl häufig nach fotografischen Aufnahmen gezeichnet, immer wieder den Status von fiktionalen Darstellungen einnehmen.[23] Die aus dem Feld eingesandten Fotografien werden also als Selbstdarstellungen der Leserschaft konstruiert, die das ‚Alltagsleben' von Soldaten als Gemeinschaft in den Vordergrund rücken sollen.

Als Beweis des immer stärker zunehmenden Gewichts einer direkten Interaktion mit der Leserschaft wird ab Februar 1916 ein besonderer Raum den „Mitteilungen der Presseabteilung des Landesverteidigungskommando in Tirol" auf den Seiten der TSZ eingeräumt. Am 4. März

---

21 Ebd. S. 243. Überegger zitiert hier nach einer Rezension des Werkes von Günther Langes, *Die Front in Fels und Eis. Der Weltkrieg im Hochgebirge* (München 1932): „Front in Fels und Eis", in: *Tiroler Anzeiger*, Nr. 281, 6.12.1932, S. 14.

22 Hier wird im Gegensatz zur künstlerischen Darstellung der Kriegsmaler der indexikalische Charakter der Fotografie betont, die als unbestreitbares Dokument der Wirklichkeit etwas naiv verstanden wird. Über die komplexe Beziehung zwischen Fotografie und Wirklichkeit existiert eine umfangreiche Literatur. Es sei an dieser Stelle beispielsweise auf Susan Sontags Überlegungen zur frühen Kriegsfotografie in ihrem Buch *Das Leiden anderer betrachten* (aus dem Engl. von Reinhard Kaiser), München, 2003, verwiesen.

23 Es ist hier darauf hinzuweisen, dass eine selbstständige Lichtbildstelle erst 1917 beim österreichischen Kriegspressequartier eingerichtet wird. Die Aufgabe der Bildberichterstattung war hingegen am Anfang des Krieges der Kunstgruppe anvertraut, die sowohl die Kriegsmaler als auch die Fotografen umfasste, vgl. Walter Reichel, *„Pressearbeit ist Propagandaarbeit". Medienverwaltung 1914-1918: Das Kriegspressequartier (KPQ)*, Wien, 2016, S. 20.

1916 fordert die Redaktion noch einmal die Truppen auf, fotografische Aufnahmen der Tiroler Kriegsschauplätze einzusenden. Außerdem wird auch die Zusendung von Beiträgen „über die Sprache im Schützengraben und ihre Ausdrücke“ angeregt (S. 7).[24] Von nun an erscheinen immer häufiger humoristische, von Soldaten gezeichnete „Feldpostkarten der Tiroler Landesverteidiger“,[25] die später als „Feldpostkarte[n] von der Tiroler Front“ bezeichnet werden.[26] Eine weitere Meldung fordert am 1. April 1916 zur Einsendung von Karikaturen, witzigen Zeichnungen und Anekdoten auf (S. 4).

Genauso wie es am Beispiel der „Feldwache auf 2800 Meter Höhe“ klar wird, werden die aus dem Feld eingesandten Materialien so gewählt und durch ihre Eingliederung ins Layout der Zeitung so manipuliert, dass sie zum Resonanzboden des propagandistischen Diskurses des Militärs werden. Vor allem in den letzten Monaten vor dem Redaktionswandel werden die Seiten der literarischen Beilage zum Ort der propagandistisch gesteuerten (Selbst)narration einer fiktionalen Gemeinschaft von ‚Tiroler Landesverteidigern‘.

Die neue Redaktion zeigt am Anfang dieselbe Aufmerksamkeit für die Beteiligung der Mannschaft. Bereits am 6. August erscheint der Artikel „Kameraden arbeitet mit!“. In diesem fragt sich der Verfasser, was eine Soldatenzeitung überhaupt ist, und wie sie sich „ihre alte Aufgaben neu stellen“ soll. Darauf erklärt er seinen Lesern, dass eine Soldatenzeitung sich von den anderen Zeitungen darin unterscheide, dass sie „das, was man an der Front seit zwei Jahren erlebt hat, rein als Erlebnis betrachtet, [...] etwas Ungeheures“, widerspiegeln solle. Und da „[d]er Mann, der täglich Gefahr und Entbehrung erträgt, [...] anders als einer [schreibe], der sich das bloß vorstellt“ (S. 3), werden noch einmal die Leser und ‚Kameraden‘ zur Mitarbeit durch Einsendung nicht nur von stilistisch vollendeten Beiträgen, sondern auch von „kurze[n] Notizen, Tagebuchblätter[n]“ und von allem „Vorbeiblitzende[n], mit Jägeraugen Erhaschte[n]“ eingeladen. Außerdem wird auch die Zusendung jener Fotografien gefordert, die das „Wichtigste“ darstellen, da eine Soldatenzeitung anders als jede andere illustrierte Zeitung nicht die eigenen Schützengräben oder „Witz und genügsame[s] Behagen der Front“ darstellen solle, sondern Bilder von etwas, wofür die „Worte nicht genügen“

24 Die Rubrik „Schützengrabensprache“ erscheint in sieben Folgen zwischen März und Mai 1916.

25 In der literarischen Beilage zur Ausgabe vom 21. Mai erscheinen sogar sechs Feldpostkarten (LB, S. 4, 5, 6, 7, 8, 14).

26 Die Feldpostkarten werden häufig in der Rubrik „Lustige Ecke“ abgedruckt, die ab 2. Februar auf der letzten Seite der literarischen Beilage erscheint.

(S. 4). Neben einem quasi mystischen Verständnis des Kriegserlebnisses und einem Bewusstsein der erinnerungsbewahrenden Funktion der Fotografie als getreuer und technisch genauer Darstellung eines ansonsten grundsätzlich unbeschreiblichen Ereignisses, fällt hier auch die kritische Stellungnahme gegen die Vorgehensweise der alten Leitung des Blattes auf. Diese hatte systematisch die modernen Aspekte der Materialschlacht sowohl durch die verschönernden und allegorisierenden Darstellungen der Kriegsmaler als auch durch die Fotografien eines scheinbar ruhigen Alltags an der Front fast vollständig verdrängt.

Dennoch spielt die Mannschaft in der Erstellung der Inhalte der SZ eine viel geringere Rolle als vorher. Wie bereits von verschiedenen Musil-Forschern hervorgehoben,[27] sinkt nun die Anzahl der aus dem Feld eingesandten Texte. Die seltenen aus dem Feld stammenden Gedichte werden außerdem in den ersten Wochen nach dem Redaktionswandel mit kurzen Glossen versehen, welche die Umstände der Abfassung erklären. So zum Beispiel wird am 20. August 1916 das Gedicht *Mein Letztes Lied* durch die Anmerkung glossiert, dass die Redaktion den Text von „Patrlf. Eduard Junger des 2 Tir. Kaiserjäger-Regts." bekommen habe, den seinerseits „ein deutscher Freund [...] sandte, der seit Kriegsausbruch im Auslande von den Engländern festgehalten wird" (S. 9). Am folgenden 27. August wird der Text einer Postkarte abgedruckt, der das Gedicht *Der Landsturmmann* begleitet. Laut Absender sei der Autor des Gedichtes „am 23. Juni, von einer Granate getroffen, für seinen Kaiser und sein Land Tirol gefallen" (S. 12). Auf derselben Seite erscheint auch das Gedicht *Letzter Gruß eines Gefallenen*. Wie die Redaktion erklärt, sei das Gedicht „während eines heftigen Granatfeuers an der Westfront von Wehrmann Fehrmann eines Landwehr-Infanterie-Regimentes verfaßt worden". Der Autor sei drei Tage darauf, „so schwer verwundet worden, daß er bereits am 13. April 1916, 2.30 Uhr nachts, verschied". Nicht nur betonen diese knappen Anmerkungen die vaterländische Opferbereitschaft der ‚Kameraden', sondern sie stellen auch die Texte als direkte Niederschrift eines umso ungeheureren je schicksalhafteren Kriegserlebnisses vor – in voller Übereinstimmung mit den im Artikel „Kameraden arbeitet mit!" geäußerten Ansichten. Es sei hier nur nebenbei bemerkt, dass der Status des ‚Kameraden' auch dem deutschen Soldaten des ersten Gedichts dieser Kategorie ohne weiteres zugeordnet werden soll. Diese Beispiele sind jedenfalls vereinzelte Fälle,

27 Vgl. z. B. Regina Schaunig, „*Viribus unitis*. Robert Musils Schreiben in kollektiver Anonymität", in: *Musil-Forum* 31 (2009/2010), S. 202-223, hier S. 213.

und die Beteiligung der Leserschaft an der Mitarbeit in der SZ bleibt zumeist auf die Rubrik „Feldbriefkasten" beschränkt.

IV. Die unterschiedlichen Vorstellungswelten der (T)SZ

Auf der Titelseite der ersten Ausgabe der TSZ befindet sich zwischen Inhaltsverzeichnis und Leitartikel auch ein an „Soldaten" und „Kameraden" adressiertes Geleitwort von General Viktor Dankl. In diesem wird die Eröffnung der neuen Frontlinie durch einige der häufigsten Argumentationen der österreichischen Kriegspropaganda motiviert.

Schwerpunkt des Textes ist nämlich das verräterische Verhalten Italiens, das „die Treue gebrochen" habe – trotz der großzügigen Konzessionen, die der Kaiser den italienischen Irredentisten gemacht habe „um seinen Völkern diesen neuen Krieg zu ersparen".[28] Ab der ersten Ausgabe tritt also Italien als zentrales Feindbild auf, das „kohäsive Kräfte freisetzen [...] und zumindest anlassbezogen und temporär identitätsstiftend wirken"[29] soll. Zugleich wird der Krieg gegen Italien auch als vermeintlicher Verteidigungskrieg gerechtfertigt. Dem verräterischen und feigen Feind wird dann ein idealisiertes Bild der eigenen Mannschaften und ihrer Werte entgegengesetzt. Zum einen wird das Vertrauen „auf unseren Herrgott, auf unser Recht und auf uns selbst" – zusammenfassend „auf Tirol" – hervorgehoben. Zum anderen wird eine Verknüpfung mit der lokalen Geschichte hergestellt: Der Name Tirol wird zum Synonym des „ruhmreichen Lande[s] Andreas Hofers". Der „Sandwirth aus dem Passeir Thal",[30] der den Volksaufstand des Jahres 1809 führte, wird auf den Seiten der TSZ zum unbestrittenen Symbol der Tiroler Selbstverteidigung und zur Personifizierung der Kontinuität mit einer heldenhaften Vergangenheit Tirols. Im Geleitwort Dankls wird außerdem das Durchalten der Tiroler Landesverteidiger mit der allegorisierten Unerschütterlichkeit „der Berge dieses herrlichen Landes" verglichen und schließlich mit dem Begriff ‚Deutschtum' in Verbindung gebracht, da die Tiroler Landesverteidiger zusammen mit den deutschen Verbündeten „für Glauben und Heimat, für Kaiser und Reich" einstehen.

In Dankls Geleitwort erscheinen bereits alle Schlagwörter des propagandistischen Diskurses der TSZ, die sich auch im visuellen Bereich widerspiegeln und die Maßstäbe für die Vorstellungswelt der ‚Tiroler Landesverteidiger' setzen.

---

28 TSZ 02.02.1915, S. 1.

29 Überegger, *Erinnerungskriege* (Anm. 20), S. 237.

30 TSZ 20.02.1916, Sonderausgabe zum Todestag Andreas Hofers, S. 1.

Die Bedeutung der bildlichen Darstellung für die propagandistische Konstruktion einer kohärenten Vorstellungswelt hat nämlich die Redaktion der TSZ von Anfang an klar vor Augen. Bereits am 8. Juni 1915 werden die von Oskar Blobel herausgegebenen *Innsbrucker Kriegsflugblätter*[31] der Zeitung beigefügt, wahrscheinlich um dem Mangel an Bildern abzuhelfen. Diese enthalten illustrierte Texte (Lyrik bzw. Prosa) über allgemeine patriotische Themen oder wichtige Tagesereignisse der verschiedenen Kriegsschauplätze.

Blobels Kriegsflugblätter eignen sich am besten für das propagandistische Programm der TSZ. Auch die Texte passen thematisch zu den Inhalten des Blattes, da sie dieselben Ereignisse und Figuren darstellen, die auch im Fokus der Artikel stehen.[32] Außerdem werden sie innerhalb der Zeitung zur Verstärkung des Zugehörigkeitsgefühls funktionalisiert, da sie immer wieder das ‚eigene Deutschtum' betonen[33] und oft an Einigkeit,[34] Kameradschaft[35] und Opferbereitschaft[36] sowohl an der Front als auch daheim appellieren. Dabei spielt auch die Bildersprache der Illustrationen Eduard Webers zusammen mit den Texten eine wichtige Rolle, da sie die Stereotypen der Tiroler Landschaft und Lebensart[37] zur Konstruktion einer neuen kriegsbezogenen Vorstellungwelt mobilisiert. Am 14. Juli wird zum Beispiel der TSZ eine Sepp Innerkofler gewidmete Ausgabe der *Innsbrucker Kriegsflugblätter* beigefügt [Abb. 18].[38] Dieser war ein in den touristischen Kreisen der Dolomiten berühmter Gastwirt und Bergführer, der zu Beginn des Krieges

31 Oskar Blobel, *Innsbrucker Kriegsflugblätter*, Innsbruck, 1914-1919 (in Folgendem IKF). Die Illustrationen stammen am Anfang aus der Feder Eduard Webers. Später erscheinen als Illustrationen auch Zeichnungen von Marie Bucek und Ernst Nepo. Im digitalisierten Bestand der Landesbibliothek Teßmann, Bozen ist eine Sammlung von 437 *IKF* zugänglich, http://digital.tessmann.it/tessmannDigital/Buch/12843/ [Stand: 24.06.2017]. Über Blobels IKF s. auch die Seite des Tiroler Landesmuseums Ferdinandeum, http://sammellust.ferdinandeum.at/page/objekte/1918b [Stand: 24.06.2017]. Am 15. September 1915 meldet die Redaktion der TSZ, dass die IKF aus unbestimmten „technischen Gründen" (wahrscheinlich wegen der Verlegung der Redaktion nach Bozen) der TSZ nicht mehr beigefügt werden können (LB, S. 4).

32 Vgl. IKF o. Nr., „General Viktor Dankl" (TSZ, 08.06.1915) und „Przemysl" (TSZ, 15.06.1915).

33 Vgl. IKF 99, „Geist und Waffen" (TSZ, 29.06.1915).

34 Vgl. IKF 108, „Vaterland" (TSZ, 31.07.1915) und IKF 107, „Pflicht" (TSZ, 28.07.1915).

35 Vgl. IKF o. Nr., „Der Gulaschkanonier" (TSZ, 25.06.1915).

36 Vgl. IKF 110, „Konrad von Hötzendorf" (TSZ, 08.08.1915).

37 Vgl. IKF 109, „Dem Edelweißkorps" (TSZ, 04.08.1915), IKF 105, „Der Heldenhain" (TSZ, 20.07.1915) und IKF 102, „Die Daheim" (TSZ, 06.07.1915).

38 IKF 103, „Sepp Innerkofler".

bereits 48 Jahre alt war. Im August 1914 wurde er als Standschützen-Patrouillenführer[39] an die Tiroler Front einberufen, trotz seines Alters und obwohl er bereits in seiner Jugend bei der Musterung als untauglich erklärt wurde.[40] Bereits am 22. Juni 1915 hatte der „Amtliche[r] Teil"[41] der TSZ in einer fett gedruckten Mitteilung angekündigt, das Landesverteidigungskommando in Tirol habe die Silberne Tapferkeitsmedaille I. Klasse „für erneuert bewiesene hervorragende Tapferkeit und Umsicht dem Standschützen-Patrouillenführer Sepp Innerkofler" verliehen (S. 1). Am 4. Juli 1915 starb Innerkofler während eines Angriffs an der Dolomitenfront unter bisher nicht völlig geklärten Umständen.[42] In der Illustration Eduard Webers wird das in Wolken gehüllte Profil der Drei Zinnern „zum monumentalen Grabstein" und daher zum Sinnbild des beispielhaften Opfers Innerkoflers instrumentalisiert. Unmittelbar nach seinem Tod wird also die Figur des Standschützen zur propagandistischen Personifizierung des Gebirgskriegs-Helden, nicht zuletzt auch aufgrund eines Vergleichs mit der Figur Andreas Hofer.[43]

---

39 Die Südtiroler Standschützen wurden unmittelbar nach dem Eintritt Italiens in den Krieg an der neuen Frontlinie zur Ergänzung der regulären Truppen mobilisiert. Wie Markus Wurzer erklärt, förderte die Institution der Standschützen „durch regelmäßige Schießübungen den Landesverteidigungsgedanken und vaterländische-dynastisches Denken. Die Wehrreform von 1913 machte aus der ursprünglich freiwilligen Einheit eine landsturmpflichtige [...]. Nach der Kriegserklärung Italiens im Mai 1915 wurden die Südtiroler Standschützen in jenen Abschnitten eingesetzt, die ihre engere Heimat betrafen [...]." (Markus Wurzer, „Der Dolomitenkämpfer Sepp Innerkofler", in: *Erster Weltkrieg. Globaler Konflikt - lokale Folgen*, hg. v. Stefan Karner/Philipp Lesiak, Innsbruck u. a., 2014, S. 371-388, hier S. 374) In den literarischen Beilagen der TSZ werden die Standschützen zum Vorbild der echten ‚Tiroler Landesverteidiger' idealisiert, wahrscheinlich um die realen Verhältnisse an der Front zu verschleiern, und zwar „die Tatsache, dass die zahlreich dokumentierte schlechte Behandlung der Standschützen durch reguläre k.(u.)k. Truppen und Offiziere ihre Vergesellschaftung im Krieg vielfach verhinderte, desillusionierend wirkte und ein beträchtliches Frustrationspotential freisetzte [...]." (Überegger, *Erinnerungskriege* [Anm. 20], S. 366]

40 Vgl. Markus Wurzer, „Wem gehört Sepp Innerkofler? Zur Tradierung, Transnationalisierung und Differenzierung von Ehrregimen im Spiegel materieller Ehrungen", in: *Ehrregime. Akteure, Praktiken und Medien lokaler Ehrungen in der Moderne*, hg. v. Dietmar von Reeken/Malte Thießen, Göttingen, 2016, S. 285-307, hier S. 287-288.

41 Am 18. Juni wird die Rubrik „Amtliche Mitteilungen" eingeführt. Ab der folgenden Ausgabe erscheint sie unter dem Titel „Amtlicher Teil". Hier werden die Namen der vom Landesverteidigungskommando mit der Tapferkeits-Medaille ausgezeichneten Mannschaften und Unteroffiziere aufgelistet.

42 Vgl. Wurzer, „Wem gehört Sepp Innerkofler?" (Anm. 40), S. 288.

43 Beide Figuren waren nicht nur durch ihren heldenhaften Tod miteinander verbunden. „Ein Vergleich mit Andreas Hofer, dem Kommandanten der Tiroler Schützenverbände im Jahr 1809, bietet sich in der Betrachtung Sepp Innerkoflers

Eben die Figur Hofer bietet ein wichtiges Verbindungselement zwischen den verschiedenen Aspekten der Vorstellungswelt der TSZ.

Einerseits ist sie mit dem religiösen Hintergrund der Verteidigung Tirols verknüpft. Diese religiöse Dimension tritt in zahlreichen Texten und Bildern der TSZ auf, allerdings offenbart sie sich vor allem in den Beilagen der Festausgaben.[44] Nicht von ungefähr wird die Auferstehung des in Mantua getöteten Verteidigers des ‚heiligen Landes Tirol' in einer Kunstdruckbeilage der Weihnachtsausgabe veranschaulicht.[45] Hier erhebt sich der Geist Hofers vor dem Hintergrund des Tiroler Gebirges in den Himmel. Im Vordergrund geht ein k. u. k. Bataillon unter dem Schutz des Patrioten zum Angriff über [Abb. 19]. Die Figur Andreas Hofer wird in der Tiroler Kriegspropaganda zum Zentrum eines echten Personenkults. Eine Vorstellung davon gibt noch am 20. Februar 1916 die Sonderausgabe der TSZ zum Todestage des Tiroler Helden, mit einem Geleitwort Viktor Dankls als Aufmmacher. Hier kommt die in einer siegreichen Gegenwart sich konstituierende propagandistische Gleichung mit einer heldenhaften Vergangenheit Tirols deutlich zur Sprache:

> Am 20. Februar 1810 fiel Andreas Hofer als Opfer seiner Vaterlandsliebe! Nach 106 Jahren begehen wir heute seinen Todestag in einer Zeit, wo wir sein geliebtes Heimatland Tirol neuerdings gegen den wälschen Feind verteidigen müssen, der uns in der Stunde der Not verriet.

---

als Gastwirt zusätzlich an", so Markus Wurzer, „schließlich war Hofer ebenfalls Wirt. In der Tat suchten bereits Zeitgenossen während des Krieges nach diesem Analogieschluss und meinten etwa, dass ‚eine Art Andreas Hofer [...] in dem prächtigen Manne [stecke].' In der Zwischenkriegszeit stellten die Autoren der Erinnerungsliteratur Innerkofler endgültig an die Seite des ‚übermenschlichen' Helden von 1809." (Wurzer, „Der Dolomitenkämpfer Sepp Innerkofler" [Anm. 39] S. 380) Wurzer zitiert hier aus dem Artikel „Sepp Innerkofler", in: TSZ, 14.07.1915, S. 5.

44 Vgl. insbesondere die Sonderbeilage der ersten Weihnachtsausgabe (TSZ, 22.12.1915) und die Beilage zu Ostern 1916 (TSZ, 23.04.1916). Als Schlüsselbegriff erscheint hier vor allem der Vergleich mit Christus, dessen Geschichte von Passion, Opfer und Auferstehung sowohl zur Metapher für eine Wiedergeburt des Vaterlandes nach dem Krieg als auch zur verschönernden Rechtfertigung des Opfertodes der Soldaten wird. Vgl. dazu auch Murgia, *‚So schlagen wir mit ganzer Wucht/Die Feinde krumm und klein'* (Anm. 10) S. 114-117.

45 Abdruck nach einem Bild Hans Weber-Tyrols, *Mit ihm sein Land Tirol* (LB, 22.12.1915). In der Weihnachtsbeilage wird außerdem auch das Stück *Volk in Not* von Karl Schönherr abgedruckt, das die Ereignisse des Jahre 1809 schildert und mit der Apotheose Hofers schließt (LB, S. 3-11). Das Stück wird fälschlich mit dem Titel *Ein Volk in Not* abgedruckt. Vgl. hierzu den Beitrag von Sigurd Paul Scheichl in diesem Band.

> Aber wie damals, von Hofers unerschütterlichem Gottvertrauen geführt, sich das Volk von Tirol in seiner Riesenkraft erhob, um seine Bedränger lawinengleich über den Hang der Alpenhöhen herabzuschleudern, so seid auch Ihr, Tiroler Landesverteidiger, alt und jung, voll Begeisterung zu den Waffen geeilt, um den verräterischen Feind, niederzukämpfen. Der Geist Andreas Hofers ist neu erstanden! (S. 3)

Es fällt auf, dass das allegorisierende Narrativ des Bildes eine genaue Widerspiegelung im Geleitwort Dankls findet, sodass der Text eine Ekphrasis des Bildes sein könnte. An diesem Beispiel wird deutlich, wie Texte und Bilder der TSZ schon bestehende Symbole und Stereotype der Tiroler Tradition zirkulieren lassen und so durch die Herstellung eines Netzes wechselseitiger Bezüge zur propagandistischen Konstruktion einer Vorstellungswelt der ‚Tiroler Landesverteidiger' beitragen.

Andererseits verknüpft sich die religiöse Dimension der Verteidigung Tirols durch die Überlagerung der Figuren Andreas Hofer und Sepp Innerkofler auch mit der propagandistischen Konstruktion des Gebirgskriegs-Mythos.

So, zum Beispiel, wird am 1. Dezember 1915 das Gedicht *Dolomitenwacht* des bekannten Predigers und Schriftstellers Bruder Willram (eigentlich Anton Müller) als eigenständige Beilage der TSZ veröffentlicht (o. S.). In diesem Gedicht treffen wir einige der häufigsten propagandistischen Stereotype des Gebirgskriege-Mythos an. Der Gegensatz zwischen ‚Uns' und dem Feind wird im Text durch den Bezug auf die raumspezifische Dimension des Dolomitenkrieges verstärkt. Die Identität der heldenhaften Verteidiger Tirols wird auf die drei Merkmale von „[k]riegerische[m] Instinkt, alpinistische[m] Geschick, uneingeschränkte[r] Opferbereitschaft"[46] reduziert und der Gebirgskrieg wird als quasi Individualkampf gestaltet. Zugleich wird die Festigkeit der Dolomitenwacht, genauso wie in Dankls Geleitwort der ersten Ausgabe, in Vergleich gesetzt zu „Gottes Berge[n]".

Die Umgebung der Dolomiten wird außerdem durch eine Fotografie der Drei Zinnen am Kopf der Seite vergegenwärtigt. Das Wechselspiel zwischen Text und Bild erzeugt hier eine komplexe Reihe von Assoziationen. Zum einen wird das ikonische Profil der Drei Zinnen – nicht zuletzt dank der Assoziation mit der Figur des Standschützen-Helden Sepp Innerkofler, die nun auch *in absentia* erfolgt – zum Sinnbild eines Kriegs-des-Bergführer-Mythos, was eine Konzentration auf die Personen innerhalb der propagandistischen Konstruktion des Gebirgs-

46 Überegger, *Erinnerungskriege* (Anm. 20), S. 243.

kriegs-Mythos zeigt.[47] Zum anderen überlagert der Krieg-des-Bergführer-Mythos – wiederum durch die Vermittlung der Figur Innerkofler – auch einen Standschützen-Mythos, der die Tiroler Standschützen als unbestrittene Protagonisten ins Zentrum des propagandistischen Narrativs des Gebirgskriegs stellt. Außerdem wird der Dienst der ‚Wacht' im Hochgebirge als Charakteristikum des Gebirgskriegs dargestellt, sodass sie mit dem Bergführer als Helden zum Inbegriff der Verteidigung der Heimat wird.[48] Als Beweis dafür sei an dieser Stelle nur die Tatsache erwähnt, dass die *Dolomitenwacht* Bruder Willrams als dreiseitige „Musikalische Beilage" zusammen mit der Partitur der Ausgabe vom 22. Januar 1916 nochmals beigefügt wird. Auf der ersten Seite wird über den Namen von Dichter und Komponist dieselbe Fotografie der Drei Zinnen erneut abgedruckt [Abb. 20].

Die raumspezifische Dimension des Krieges im Tiroler Hochgebirge ist in der SZ immer noch präsent. Sie wird vor allem in den Fotografien auf den Titelseiten dargestellt, die aber im Vergleich mit der TSZ eine andere Vorstellung des Kriegserlebnisses eröffnen. Auf der Titelseite vom 10. September 1916 erscheint zum Beispiel die Fotografie eines Soldaten, der von hinten zu sehen ist. Der Betrachter wird eingeladen, durch die Augen des Soldaten das Schauspiel des Tiroler Hochgebirges zu betrachten [Abb. 21]. Beim ersten Anblick fällt der (mehr oder weniger bewusste) Bezug auf Caspar David Friedrichs *Wanderer über dem Nebelmeer* (1818) auf, ein Bild, das unter anderem als visuelles Paradigma einer ‚kerndeutschen' Romantik gilt. Die Fotografie zieht also zumindest drei Implikationen nach sich. Erstens erwirbt der Krieg vor dem Hintergrund der imposanten Bergkulisse eine ästhetische Aura, die das Kriegserlebnis

47 Wie Oswald Überegger erklärt: „Obgleich der Großteil der Truppen weder über besondere alpinistische Kenntnisse verfügte noch speziell für einen Krieg im Hochgebirge ausgebildet worden war, [...] entwickelte sich die akteurszentrierte Perspektive eines ‚Krieges der Bergführer' zur wirkmächtigsten Erinnerungsdeutung des Gebirgskriegers, die in dominanter Weise auch in historiographische und literarische Interpretationen einfloss." (Ebd., S. 243)

48 Die Wacht im Hochgebirge wird in einer erstaunlichen Zahl von Texten und Bildern der LB dargestellt. Um nur einige Beispiele zu nennen: Am 12. August 1915 erscheinen das Gedicht des späteren Generals Rudolf Müller *Die Alpen=Wacht* (LB, S. 2-3) und Hans von der Trisannas Gedicht *Tiroler Wacht* (LB, S. 4); am 15. September wird der TSZ eine „Dolomitenwacht" betitelte Ausgabe der *Innsbrucker Kriegsflugblätter* beigefügt. Am 6. November 1915 erscheint das vom Landsturm-Korporal G. Böheim aus dem Felde eingesandte Lied *Dolomitenwacht* (LB, S. 3). Am 23. November erscheint ein gleichnamiges Gedicht vom Oberleutnant A Spitzer (S. 2-3 LB). Noch am 26. Juli wird die farbige Kunstdruckbeilage *Dolomitenwacht* von Albin Egger-Lienz der TSZ beigefügt. In derselben Ausgabe erscheint außerdem das Lied *Die Wacht in Tirol* von K. Bayer (S. 5).

in eine mystische Epiphanie des Erhabenen umwandelt. Zweitens wird das Stereotyp des Tiroler Gebirgskrieg-Kämpfers als eines heldenhaft-athletischen Einzelgängers aus dem unmittelbaren lokalen Kontext gelöst und in Verbindung mit einem allgemeineren Begriff von Deutschtum gebracht. Schon die Tilgung von „Tiroler" im Titel der Soldatenzeitung hatte auf diese allgemeinere Dimension hingearbeitet. Drittens wird der Leser durch die Vermittlung der Figur im Vordergrund mit in die Szene einbezogen. Das bedeutet nicht nur, dass mit dieser Fotografie auf die Auslösung eines Einfühlungsmechanismus in den zeitgenössischen Lesern abgezielt wird, sondern auch, dass sie, wie es im Artikel „Kameraden Arbeitet mit!" programmatisch heißt, „allen Kämpfern dieses Krieges dauernd die seltsame und große Gegenwart festhalten" wird (S. 4).

In Kontinuität mit der Vergangenheit wird jedenfalls die ‚sportliche' Dimension des Gebirgskrieges auch in der SZ betont. Zum Beispiel zeigt das Titelbild vom 27. August die Fotografie einer „luftige[n] Unterkunft". Hier sind Soldaten zu sehen, die, in der Nähe eines Unterstandes, mithilfe von Seilen auf eine steile Felsenwand klettern. Allerdings werden in der SZ nicht nur die persönlichen Leistungen der Mannschaft, sondern auch die technischen Herausforderungen des Krieges im Hochgebirge betont, wie zum Beispiel auf der Titelseite der letzten Ausgabe, wo die „Anlage eines Hochweges" gezeigt wird. Außerdem wird die ‚sportliche' Dimension des Gebirgskrieges in Verbindung gebracht mit den modernsten Aspekten der Kriegsführung. So erscheint zum Beispiel als Titelbild der Ausgabe vom 7. Januar 1917 „[d]ie höchste Radiostation im Weltkrieg", während in der Ausgabe vom 24. September 1916 „[e]in ‚Dreißiger' in Feuerbereitschaft" gezeigt wird. Die Bildunterschriften betonen, dass die neuen Techniken die unbestrittenen Protagonisten dieser Bilder sind, während die Männer in den Hintergrund rücken. Der Betonung der technischen Aspekte des modernen Krieges begegnet man auch in verschiedenen Artikeln und Texten der SZ. Die technischen Errungenschaften des Krieges werden jedenfalls in einem trockenen und rationalistischen Ton vorgestellt, und ihre Bedeutung wird immer wieder auf der Grundlage von Zahlen und Tatsachen erklärt. Am 27. August 1916 wird zum Beispiel in der Rubrik „Am Beobachterstand" die Nachricht des Baus eines Riesen-Zeppelins in Friedrichshafen kommentiert. Der „gigantische [...] Luftkreuzer" der deutschen Verbündeten wird in seiner technischen Einzigartigkeit beschrieben und seine außerordentliche Leistungen werden in Bezug auf Gewicht, Größe und Geschwindigkeit verdeutlicht (S. 5). Auch in der Rubrik „Unterhaltung" wird eine besondere Aufmerksamkeit der Luftwaffe gewidmet. In derselben Ausgabe befindet sich zum Beispiel der Text „Der Fliegerangriff auf Mailand am 14. Feber 1916“, von einem „österr. Piloten“ gezeichnet (S. 11-12). Am 18. März 1917 erscheint außerdem die Überarbeitung eines Artikels aus der *Vossischen Zeitung* mit dem Titel „Bei der Fliegertruppe in Döberitz“. In diesem Beitrag wird nicht nur das „moderne Flugzeug“, sondern auch die Bedeutung von Technologien wie zum Beispiel der Fotografie oder der Funk-Telegrafie im Bereich der „fünften Waffe“ beschrieben (S. 7). Der Text ist außerdem mit einer Reihe von Fotografien illustriert, darunter auch einer „Fliegeraufnahme aus Flandern“ (S. 8). Durch den Verzicht auf Perspektive erreicht hier die Darstellung der Landschaft einen gewissen Grad von Abstraktion, die an eine Landkarte erinnert und damit von der besonderen strategischen Rolle zeugt, die solche ‚Fliegeraufnahmen‘ in der Kriegsführung spielten, da sie den Zwecken der Vermessung und Aufklärung dienen sollten. Im Bereich der Luftwaffe wird also die Fotografie zum unverzichtbaren technischen Mittel, das den Ausgang des Krieges wesentlich mitbestimmen kann. Vor diesem Hintergrund und in Verbindung mit dem Text wird also die „Fliegeraufnahme aus Flandern“ zum Beweis der Bedeutung der ‚neuen‘ Technologien in der Kriegsführung. Es ist hier aber auch darauf hinzuweisen, dass auf den Seiten der SZ die Fliegeraufnahme aus ihrem ursprünglichen strategischen Kontext herausgelöst und zur Untermauerung des propagandistischen Diskurses der Zeitung umfunktionalisiert wird, ohne jedoch dadurch ihren Status als Kriegsinstrument abzulegen.

In der SZ werden nämlich die Fotografien nicht nur als Bilderschmuck für die Texte konzipiert, sondern sie treten auch als bildnerische Dokumentation der in den Artikeln angeführten Argumente auf. Das gilt besonders für die Rubrik „Unsere Landheimat“, in der die Verbesserungsmöglichkeiten der österreichischen Landwirtschaft bzw. die verschiedenen Maßnahmen der Kriegsfürsorge nicht nur durch Zahlen und Tatsachen, sondern auch durch Fotografien ‚illustriert‘ werden. Diese Rolle der Fotografie als visuelle Untermauerung der propagandistischen Argumentation, geht zum Beispiel deutlich aus einer Reihe von Artikeln hervor, die der Frage der ‚Fürsorge für die Kriegsbeschädigten‘ gewidmet sind. Der Schwerpunkt der Artikel zielt darauf, dass die Kriegsbeschädigten in das „Erwerbsleben“ zurückgeführt werden sollen, sodass „jeder seinem früheren Berufe erhalten bleiben“ kann.[49] Wie es in der letzten Fortsetzung heißt, sei „es richtig, daß der Staat eine Unterstützung (Gebühr) gewährt; allein er [habe] so ungeheure Lasten zu tragen, daß diese Unterstützung, selbst wenn sie noch weiterhin aufgebessert werden sollte, in keinem Fal-

49 SZ, 19.11.1916 (4. Fortsetzung), S. 12.

le für das Auskommen des Kriegsbeschädigten und seiner Familie allein ausreichen kann, und so [bleibe] nichts übrig, als nur wieder die Arbeit zu versuchen [...]".[50] Daher wird dem in der Du-Form adressierten Leser eine Reihe von Fotografien gezeigt, die beweisen sollen, „daß man nicht bange sein [müsse], sich [...] gar nicht mehr nützlich machen zu können, weil man einen oder beide Füße, einen oder beide Arme, verloren hat".[51] Die Bilder zeigen Kriegsbeschädigte, die mit künstlichen Gliedern und ohne fremde Hilfe eine Leiter hinaufsteigen oder Holz schneiden.[52] Im nämlichen Artikel werden im letzten Abschnitt die verschiedenen Unterstützungseinrichtungen aufgelistet, die „Kriegsbeschädigten im allgemeinen und so auch jenen aus den Kreisen der Land- und Forstwirtschaft auch wieder Arbeit vermitteln" sollen.[53]

Der Hang der SZ zur Kriegsfürsorge soll jedenfalls im Rahmen einer allgemeineren Tendenz der österreichisch-ungarischen Propaganda betrachtet werden. Mit der Fortdauer des Krieges wird nämlich die Aufmerksamkeit „auf die Versorgungslage, die Kriegsfinanzierung und die karitativen Aktivitäten zugunsten der zivilen und militärischen Opfer gelenkt".[54]

In diesem Zusammenhang nimmt die Propaganda für die Zeichnung der V. Kriegsanleihe eine Sonderstellung in der SZ ein. Die erste Anzeige der Kriegsanleihe erscheint in der Ausgabe vom 19. November 1916 und erstreckt sich über die ganze zweite Seite. Auf der Titelseite derselben Ausgabe erscheint eine Fotografie des Inneren der Škodawerke, die den Lesern einen Überblick über die größte Waffenfabrik der Donaumonarchie bietet. Die Anzeige der Kriegsanleihe wird also in Verbindung mit der Fotografie gebracht, in Anspielung auf die Vorstellung einer blühenden Kriegswirtschaft, in der die Hauptrolle wiederum von der modernen Technologie übernommen wird [Abb. 22.1]. Ab dieser Nummer bis zur Ausgabe vom 10. Dezember (und zwar bis zum Ende der Zeichnung für die Kriegsanleihe) erscheinen auf jeder Seite durchgehende horizontale Werbebalken, die sich mit der Aufforderung „Zeichnet die fünfte Kriegsanleihe!" über die ganze Breite des Schriftspiegels erstrecken. In den Ausgaben von 3. und 10. Dezember

---

50 Ebd.

51 SZ, 05.11.1916 (2. Fortsetzung), S. 11

52 Ebd., S. 11 u. 10.

53 SZ, 19.11.1916, 4. Fortsetzung, S. 13.

54 Hannes Leidinger, „Der erste Weltkrieg", in: *Österreichische Mediengeschichte/Bd. 1. Von den frühen Drucken zur Ausdifferenzierung des Mediensystems (1500 bis 1918)*, hg. v. Matthias Karmasin/Christian Oggolder, Wiesbaden, 2016, S. 222-250, hier S. 235.

wechseln sich die Werbebalken mit kleinen witzigen Vignetten ab, die ebenso für die Kriegsanleihe werben. Hier werden die visuellen nationalen Stereotype der Kriegspropaganda – zum Beispiel die Personifizierungen der kriegsführenden Staaten – in den Dienst der Werberhetorik gestellt, wobei die Zeichnungen zum Bestandteil von kleinen gereimten Texten werden, die sich mit einem leicht erinnerbaren Slogan über die Kriegsanleihe kurzschließen. Autor der Vignetten ist Ivo Puhonny,[55] der sich schon seit 1902 als erfolgreicher Gebrauchsgrafiker in Baden-Baden erwiesen hat. Puhonnys Vignetten sind von besonderem Interesse, da sie zeigen, wie nah sich politisch-militärische Propaganda und kommerzielle Werbung stehen.

Tatsächlich verbindet sich die Propaganda für die Kriegsanleihe direkt mit dem Anzeigenteil der Zeitung,[56] da in diesem weitere Anzeigen für die Kriegsanleihe im Auftrag von einzelnen Bankinstituten veröffentlicht werden. Dies ist nicht der einzige Fall, in dem der propagandistische Diskurs der SZ auf den Anzeigenteil des Blattes übergreift und durch die synthetische Sprache der Werbung auch grafisch veranschaulicht wird. Um nur ein Beispiel dafür zu nennen, wird im Anzeigenteil auch für Bücher geworben, die der politischen Sichtweise des Kommandos entsprechen, zum Beispiel das Buch *Mitteleuropa* von Friedrich Naumann (SZ, 19.11.1916, S. 23) und *Der italienische Irredentismus* von Michael Mayr (SZ, 18.08.1916, S. 32).[57]

Wie aus diesen Beispielen hervorgeht, ist sich die Redaktion der Tatsache bewusst, dass die politische Propaganda, wie es im Artikel „Das Schlagwort" explizit heißt, „etwas von der Reklame an sich" habe, die „kein Mensch für Wahrheit hält, von der sich aber trotzdem jeder

55 Sohn eines österreichischen Landschaftsmalers, wurde Puhonny mit dem Ausbruch des Kriegs an die Tiroler Front einberufen. Einen synthetischen Überblick über Puhonnys Leben und Werk bietet das *Jahrbuch des Museums für Kunst und Gewerbe Hamburg*, Bd. 9/10, Hamburg, 1993, S. 395-397.

56 Die ersten bezahlten Anzeigen werden bereits unter der alten Leitung, ab 15. Juni 1916, angenommen. Unter der neuen Leitung werden sie allerdings zu einem erheblichen Teil der Zeitung. Zwischen August und Dezember 1916 zählt der Anzeigenteil der SZ 4-10 Seiten, wobei die Zunahme der Anzeigen vor allem die Sonder- und Festausgaben betrifft.

57 Es sei hier auch bemerkt, dass eine Version der Anzeige für Mayrs Buch ebenso aus der Feder Ivo Puhonnys stammt (SZ, 27.08.1916, S. 17). Die Anzeige kündigt Mayrs Buch mit dem Slogan „hochinteressanter Lesestoff" an. Auf der linken Seite erscheinen zwei dunkle stereotypierte Figuren mit Hut und Mantel, die auf die Irrendentisten des Titels anspielen. Puhonnys Stil und ‚Lettering' sind hier ziemlich leicht erkennbar und die allgemeine Ausgestaltung der Anzeige, mit dem Text rund um die Zeichnung, trotz des inhaltlichen Unterschieds, kann an die Vignetten für die Kriegsanleihe erinnern.

beeinflussen lässt" (SZ, 27.08.1916, S. 5). Einer ähnlichen Metareflexion über den Einfluss der politischen Propaganda auf das Publikum begegnet man auch im Artikel „Presse und Krieg". In diesem wird der Einfluss, den die feindliche Presse in den eigenen und neutralen Ländern auf die Meinung genommen habe, in Verbindung gebracht mit dem „Aufkommen des modernen, mächtigsten Typus der Presse: dem verbilligten Nachrichtenblatt mit großer Auflage". Diese neue Art von Presse habe sich auf der Grundlage einer modernen kapitalistischen Produktionsweise als erfolgreiches Massenmedium global verbreitet. Die österreichische Presse sei hingegen im Vergleich mit der internationalen Presse „auf einer mittleren Entwicklungsstufe stehengeblieben" und zwar „zwischen der ruhig geleiteten Presse von einst, die sich Kulturaufgaben stellte, und jenem modernen, dem Sensationshunger ruheloser Millionen und dem rücksichtslosen Erwerb angepaßten Typus". Um eine Rolle in der Weltpolitik zu spielen, sei es also laut dem Verfasser unbedingt nötig, dass die österreichische Presse „kaufmännisch im größten Stil geleitet" werde, indem sie unter anderem dem Geschmack des modernen Massenpublikums angepasst sein solle, ohne „daß sie ihre Kulturaufgaben noch mehr aus dem Auge verliere".

Die Lage des österreichischen Pressewesens und seiner möglichen Verbesserung wird also hier aus verschiedenen Gesichtspunkten betrachtet. Die politisch-erzieherischen Ziele der Presse werden mit der wirtschaftlichen Frage der Massenproduktion in Verbindung gebracht, die sich ihrerseits der ethisch-ästhetischen Frage des Publikumsgeschmacks verknüpft. Außerdem wird dies auf einen globalen Hintergrund projiziert, indem nicht nur die englische, sondern auch die chinesische, die nordamerikanische und die südamerikanische Presse und ihre wechselseitige Wirkung in Betrachtung gezogen werden.

Dass diese Sichtweise nicht nur eine theoretische Stellungnahme ist, bezeugt das Interesse der SZ an der internationalen Dimension des journalistischen Diskurses. In der Rubrik „Am Beobachterstand" werden zum Beispiel unter anderem regelmäßig ausländische Presseberichte vorgestellt und kritisiert. Gleichzeitig wird diese Aufmerksamkeit auf die globale Dimension – vor allem in den letzten Wochen – auch bildnerisch veranschaulicht. Neben den verschiedenen Fotografien der Tiroler Front erscheinen nämlich auf den Titelseiten der SZ auch Aufnahmen von anderen Kriegsschauplätzen. In der Ausgabe vom 25. Februar erscheint zum Beispiel eine „Einquartierung in Russland". Das Titelbild der Ausgabe vom 1. April zeigt „eine k. u. k. Haubitzbatterie auf der neuen Brücke in Konstantinopel", während im Titelbild vom 8. April „Albanische Gebirgsbauern in Skutari" zu sehen sind. Zusammen mit der Entfernung des Adjektivs ‚Tiroler' aus dem Titel der Zeitung zeigt diese Ausweitung der Perspektive auf die globale Dimension sehr deutlich, dass die SZ sich von der lokalen Einstellung der TSZ distanzieren will.

V. Erzählung vs. Kritik

Wie die angeführten Beispiele zeigen sollten, unterscheiden sich die Redaktionslinien der beiden Phasen der (T)SZ in wesentlichen Punkten.

Aus bestehenden Militärakten des 11. Armeekommandos geht hervor, dass in der ersten Phase die Betonung der Eigenart Tirols den Schwerpunkt der propagandistischen Konstruktion der TSZ bildet, „eines auf uralten Traditionen begründeten Lokalkolorits", das vor allem auf die breite Masse der einfachen Soldaten Eindruck machen sollte. Es seien vor allem „Bilder aus der den Mann zunächst interessierenden Front, Schilderungen von Waffentaten der ihn zunächst interessierenden Kameraden der eigenen Armee (Gruppe), die Möglichkeit bei solchen Gelegenheiten hie und da sich selbst oder ihm bekannte Personen gedruckt lesen zu können, Erlebnisse seiner Abteilung, seines Regiments etz., mit Bildern illustriert in der Zeitung wiederzufinden", durch die man das Interesse der Mannschaft an der TSZ zu wecken hoffte.[58] In diesem Zusammenhang wird die Veröffentlichung der von der Front eingesandten Materialien zu einem Schlüsselelement, das zusammen mit dem lokalen Anstrich „das Gefühl der Anhänglichkeit und der Begeisterung für unseren Allerhöchsten Kriegsherrn und sein Haus" wecken sollte.

Die Mittel zur Erreichung dieses Zieles hatte das 11. Armeekommando klar vor Augen:

> Man zeige [...] dem Soldaten immer wieder erzählend an Episoden dieser großen Tage, an Episoden aus früheren Kriegen, welch' unverwüstliche Lebenskraft unserem Staate trotz allem inne wohnt; man zeige ihm, wie dieser Staat auch aus den schwersten Prüfungen immer wieder glorreich hervorging, man rufe in ihm – neben Schilderung aktueller Waffentaten – die Erinnerung an die unsterblichen Heroen aller Nationen unseres Staates, auf politischem wie auf militärischem Gebiete, in's Gedächtnis.[59]

Die TSZ wird also von der ersten Redaktion als eine illustrierte Unterhaltungszeitschrift konzipiert, in der die Inhalte in erster Linie nach ei-

58 AT-OeStA/KA FA NFA HHK HFK/HGK Conrad (Erzherzog Joseph) Akten 1852, Rub. 16-9/35-52. (Abb. 4.1-4.2)

59 Ebd. (Abb. 4.3-4.4)

nem ästhetischen Prinzip ausgestaltet sind. Die Bilder – sowohl die Reproduktionen von Arbeiten der Kriegsmaler als auch die aus dem Feld eingesandten Zeichnungen und Fotografien – bleiben gewissermaßen unabhängig von den Texten und nutzen eine teilweise in der Tradition schon bestehende Symbolik, welche die Botschaft des Blattes unmittelbar verständlich und leicht erinnerlich machen soll. Der propagandistische Diskurs der Texte in der literarischen Beilage hallt im vaterländischen Ton des Nachrichtenteils wider und wirkt an der Konstruktion einer Vorstellungswelt mit, die wiederum durch die zahlreichen Bilder veranschaulicht wird. Das Wechselspiel von Wort und Bild erzeugt ein komplexes Netzwerk von Widerspiegelungen und wechselseitigen Bezügen, welche das vaterländische Narrativ des Blattes in einer Polyfonie von offiziellen und inoffiziellen Stimmen erzählt.

In der letzten Ausgabe der SZ kritisiert die zweite Redaktion resümierend unter anderem die Vorgehensweise und ideologische Ausrichtung ihrer Vorgänger. In ihrem „Vermächtnis" wird nämlich jener „bequeme Patriotismus" abgelehnt, „der in jedem Land der Welt – wo er gerade zuhause [sei] – den Himmel blauer [...] als in der Fremde" findet (S. 3). Die SZ befürworte vielmehr einen „kritischen Patriotismus, der sich weniger an das Gefühl als an Verstand und Willen wendet". Die Frage des Patriotismus wird dann auf den Hintergrund einer internationalen Geschichte von „Wachsen und Verfallen" der Staaten projiziert. „Was alle Erfahrungen dabei lehren", heißt es im Artikel, sei „Planmäßigkeit" (S. 3). Eben diese Planmäßigkeit ist die Logik, die in der Ausgestaltung der SZ vorherrscht.

Schwerpunkt der Kommunikationsstrategie des Heeresgruppenkommandos ist nämlich, dass die SZ

> [...] durch leichtfaßliche Aufsätze das Verständnis für die Lebensfragen des Staates und der Armee ausbildet und fördert, daß sie das vielfach mangelnde Staatsbewußtsein und die Lust am kräftigen Staate weckt und daß sie allen irredentistischen und anderen staatsfeindlichen oder auch nur dem Staate und der Armee abträglichen Bestrebungen kräftig entgegentritt.[60]

Die gezielte Ausbildung des „Verständnis[ses] für die Lebensfragen des Staates und der Armee" erfolgt auf den Seiten der SZ durch eine mit Zahlen, Tatsachen und Fotografien untermauerte Kritik der bestehenden Lage der österreichischen Monarchie.

60 AT-OeStA/KA FA NFA HHK HFK/HGK Conrad (Erzherzog Joseph) Akten 1852, Rub. 16-9/35-57. (Abb. 3)

Genauso wie diese Kritik nur Sinn macht, wenn sie vor dem Hintergrund der modernen internationalen Wirtschaft und Politik geäußert wird, soll die SZ nicht mehr nur eine vermeintliche Gemeinschaft von ‚Tiroler Landesverteidiger[n]' ansprechen, sondern an „alle Angehörigen der SW. Front", in erster Linie an „Offiziere und Gleichgestellte, aber auch [an] de[n] intelligente[n] Teil der Mannschaft" gerichtet sein. Der einzige lokale Kontextbezug der Truppen bleibt also die Darstellung der raumspezifischen Dimension des Krieges im Hochgebirge, die jetzt allerdings aus einem globalen und modernen Gesichtspunkt beobachtet wird. Somit lässt sich auch die Umgestaltung der Zeitung durch Musil in einen breiteren historischen und ideologischen Kontext setzen.

Der ‚kritische Patriotismus' der SZ spiegelt sich also in einer Ausgestaltung wider, welche der in der vorangegangenen Darlegung beschriebenen neuen Logik entspricht. Dem apodiktischen Narrativ von Mythen einer ‚uralten Tradition' wird die Klarheit der Beweisführung entgegengestellt, dem Netzwerk von wechselseitigen Bezügen zwischen Wort und Bild die zwingende Logik der Illustration, der Polyfonie von Stimmen die einzige, anonyme und daher autoritative Stimme des Militärs, der Erzählung steht die Kritik gegenüber.

Wie man den vorher zitierten Dokumenten entnehmen kann, diktieren die beiden Kommandos die Richtlinien der Redaktion der (T)SZ und somit auch ihre Umgestaltung. Es ist hier aber auch darauf hinzuweisen, dass weitere, sozusagen ‚äußere' Elemente, eine Rolle in der Umgestaltung des Blattes gespielt haben könnten, zum Beispiel die Finanzlage der Redaktion bzw. die Reaktionen oder der Einfluss der Zivilbehörde zur Politisierung der redaktionellen Linie des Blattes.[61]

Was Musils Rolle in der Redaktion der SZ betrifft, schreibt Karl Dinklage, der Schriftsteller habe „sich im Rahmen seiner Kompetenz vorwiegend der Leitung und Ausrichtung dieses Publikationsorgans gewidmet".[62] Folgte man dieser Interpretation, könnte also der Chefredakteur Musil auch für die Umgestaltung des Blattes zuständig gewesen sein, zumindest was den formalen ‚Umschwung' betrifft. Die besondere „Planmäßigkeit" der SZ und die Aufmerksamkeit auf die Wirkung spe-

61 So beginnt beispielsweise die Geschichte der SZ „mit einem Defizit von sehr gering gerechnet 6000 Kronen", was wahrscheinlich auch Einfluss darauf gehabt haben könnte, die auf teurem Kunstdruckpapier erschienene literarische Beilage zu streichen. Vgl. AT-OeStA/KA FA NFA HHK HFK/HGK Conrad (Erzherzog Joseph) Akten 1852, Rub. 16-9/35-52 und Urbaner, „‚… daran zugrunde gegangen, daß sie Tagespolitik treiben wollte'?" (Anm. 4), S. 12. Über die Reaktion der Zivilbehörde auf die Umgestaltung des militärischen Blattes vgl. ebd., S. 16-22.

62 Dinklage, „Musils Herkunft und Lebensgeschichte" (Anm. 2), S. 227.

zifischer Textsorten wie die politische Propaganda und die Wirtschaftswerbung könnten außerdem in Verbindung mit den Diskursen der Psychotechnik und der Gestaltpsychologie gebracht werden, mit denen sich Musil bereits während seines Studiums in der Vorkriegszeit beschäftigt hat.[63] In Ermangelung weiterer schriftlicher Nachweise ist es schwierig zu sagen, inwieweit die Freiräume allgemeiner Ausgestaltung der SZ reichen und diese vor allem den Entscheidungen des Chefredakteurs oder vielmehr der gemeinsamen Arbeit verschiedener Redaktionsmitglieder geschuldet sind. Aus der militärischen Aktenlage geht allerdings hervor, dass die spezifischen Ziele der Kommunikationsstrategien der beiden Kommandos das entscheidende Element für die Ausgestaltung der (T)SZ in beiden Phasen ihrer Geschichte sind.

63 Über Musils Studium der modernen Psychologie vgl. Margret Kaiser-El-Safti, „Robert Musil und die Psychologie seiner Zeit", in: *Robert Musil – Dichter, Essayist, Wissenschaftler*, hg. v. Hans Georg Pott, München, 1989, S. 126-170.

Harald Gschwandtner

Eine „Felddruckerei" als publizistische Parallelaktion. Die *Tiroler Soldaten-Zeitung* auf der Wiener Kriegsausstellung 1916[1]

I. Einleitung

Robert Musils journalistische Tätigkeit für die (T)SZ ist in den vergangenen Jahren verstärkt in den Fokus der Forschung gerückt,[2] wovon nicht zuletzt der vorliegende Sammelband Zeugnis ablegt. Der 1906 mit seinem Erstling *Die Verwirrungen des Zöglings Törleß* hervorgetretene Autor war bereits im August 1914, nachdem er erst ein halbes Jahr zuvor eine Stelle in der Redaktion der renommierten *Neuen Rundschau* angetreten hatte, zum Landsturmbezirkskommando Linz eingerückt und kurz darauf zum Grenzsicherungsdienst nach Südtirol abkommandiert worden.[3] Im Anschluss an einen Lazarettaufenthalt in Prag wurde Musil im Frühjahr 1916 dem Heeresgruppenkommando (HGK) Erzherzog Eugen in Bozen zugeteilt und in der Folge mit der Redaktion, ab Oktober 1916 mit der alleinigen Schriftleitung des seit August nur noch SZ betitelten Blattes betraut. Das Periodikum genoss in der Habsburgermonarchie nach übereinstimmenden Berichten „überregionales Ansehen",[4] ja es zählte sogar zu den „führenden Militärblättern des deutschen Sprachraums".[5] Kurz nach der Einstellung der Zei-

1 Für die Bereitstellung von Archivalien sowie diverse Hilfestellungen danke ich den Mitarbeiterinnen und Mitarbeitern der Wienbibliothek im Rathaus, des Salzburger Landesinstituts für Volkskunde sowie des Österreichischen Staatsarchivs in Wien (Abteilungen: Haus-, Hof- und Staatsarchiv bzw. Kriegsarchiv) sehr herzlich. Für die Verzeichnung der Archivbestände kommen folgende Abkürzungen zur Anwendung: KA = Kriegsarchiv Wien, HHStA = Haus-, Hof- und Staatsarchiv, FA = Feldakten, NFA = Neue Feldakten, HHK = Höhere Heereskommandos, HFK/HGK = Heeresfront- und Heeresgruppenkommandos, Kdo = Kommando, SB = Sonderbestände, Nl = Nachlass.

2 Vgl. dazu: Regina Schaunig, *Der Dichter im Dienst des Generals. Robert Musils Propagandaschriften im Ersten Weltkrieg*, Klagenfurt/Wien, 2014, S. 93-96; Harald Gschwandtner, „Kriegspublizistik", in: *Robert-Musil-Handbuch*, hg. v. Birgit Nübel/Norbert Christian Wolf, Berlin/Boston, 2016, S. 434-440.

3 Zu Musils Kriegsbiographie vgl. Karl Corino, *Robert Musil. Eine Biographie*, 2. Aufl., Reinbek b. Hamburg, 2005, S. 497ff.

4 Michael Forcher, *Tirol und der Erste Weltkrieg. Ereignisse, Hintergründe, Schicksale*, Innsbruck/Wien, 2014, S. 287.

5 Schaunig, *Der Dichter im Dienst des Generals* (Anm. 2), S. 53.

tung Mitte April 1917 lobte die Wiener *Kriegssammler-Zeitung* sie als „[e]ine der besten Kriegszeitungen", die sich im „Unterschied von anderen Kriegszeitungen [...] auch politische[n] Fragen" gewidmet und „in der kurzen Zeit ihres Bestandes einen Ehrenplatz in der Geschichte der Kriegszeitungen" errungen habe.[6] Die christlich-konservative *Reichspost* attestierte dem nach einem Namenswechsel im August 1916 nur noch SZ betitelten Blatt unmittelbar nach dem Erscheinen der letzten Nummer, sich „mit erfreulicher vaterländischer Wärme" „zum Anwalt eines sehr scharf zugeschnittenen Reformprogrammes gemacht" zu haben und dabei „auch literarisch mehr als eine bloße Gelegenheitsarbeit" gewesen zu sein.[7] Davide Zaffi hat in diesem Zusammenhang zutreffend vom „posthumen Ruhm"[8] der Zeitung gesprochen, der sich, wie die Durchsicht einschlägiger Publikationsorgane zeigt, zudem darin niederschlug, dass vollständig erhaltene Jahrgänge der (T)SZ in Sammlerkreisen bereits 1918 zu hohen Preisen gehandelt wurden.[9]

Während die Frage, ob es sich bei der (T)SZ um ein „Agitationsblatt",[10] das in den „tiefsten Sumpf begeisterter Verlogenheit" hinabgestiegen sei,[11] oder um ein Beispiel vergleichsweise „differenzierte[r] Kriegspropaganda"[12] gehandelt habe, ebenso wie das Problem der Zuschreibung einzelner anonym erschienener Beiträge[13] in der Musil-Forschung kontrovers diskutiert wurde, ist über konkrete Abläufe in der

---

6 W., „Kriegszeitungen", in: *Kriegssammler-Zeitung* (April/Mai 1917), Nr. 7-8, S. 52-53, hier S. 52. Vgl. die Dokumentation in: Karl Dinklage, „Musils Herkunft und Lebensgeschichte", in: *Robert Musil. Leben, Werk, Wirkung*, hg. v. Karl Dinklage, Zürich u. a., 1960, S. 187-264, hier S. 230f.

7 N. N., „Einstellung der Tiroler ‚Soldatenzeitung'", in: *Reichspost* (17.4.1917), Nr. 177, S. 2.

8 Davide Zaffi, *Eine Ungarin in Tirol. Die „Tiroli Katona Ujság"*, Levico Terme, 2010, S. 40.

9 Vgl. Harald Gschwandtner, „In der Sperrgewalt der *Fackel*? Karl Kraus, Robert Musil und die *Tiroler Soldaten-Zeitung*", in: *Musil-Forum* 34 (2015/2016), S. 157-176, hier S. 157f.

10 Elena Giovannini, *Robert Musils Beiträge in der „Soldatenzeitung". Propaganda und kritische Ironie im Vergleich*, Diss. Univ. Pescara, 1986/1987, S. 50.

11 Karl Corino, „Robert Musil, *Aus der Geschichte eines Regiments*", in: *Studi germanici* 11 (1973), S. 109-115, hier S. 113; vgl. ders., *Robert Musil. Eine Biographie* (Anm. 3), S. 561f.

12 Forcher, *Tirol und der Erste Weltkrieg* (Anm. 4), S. 286.

13 Vgl. dazu die gegensätzlichen Positionen, u. a. in Bezug auf die Wochenzeitung *Heimat*, die Musil ab März 1918 im Auftrag des Wiener Kriegspressequartiers betreute: Regina Schaunig, „*Viribus unitis*. Robert Musils Schreiben in kollektiver Anonymität", in: *Musil-Forum* 31 (2009/2010), S. 202-223; Harald Gschwandtner, „Dienst und Autorschaft im Krieg. Robert Musil als Redakteur der Zeitschrift *Heimat*", in: *Musil-Forum* 33 (2013/2014), S. 101-124.

redaktionellen Arbeit sowie über die institutionellen Kontexte und Verbindungen der Zeitung, trotz der verdienstvollen Arbeiten von Roman Urbaner,[14] noch relativ wenig bekannt.

Als Grund für das Renommee der (T)SZ in der Habsburgermonarchie hat man bislang vor allem die überdurchschnittliche stilistische und argumentative Qualität der Beiträge im Vergleich zu anderen Medien sowie den Wiederabdruck zahlreicher Artikel in zivilen und militärischen Blättern ausgemacht. Nur vereinzelt wurde indes darauf hingewiesen, dass die am 1. Juli 1916 eröffnete Kriegsausstellung im Wiener Prater die TSZ in einer eigenen Abteilung präsentierte und damit zweifellos zu ihrer Popularität beitrug.[15] Die Zeitung erfuhr im Sommer 1916 mit dem Wechsel des Redaktionspersonals,[16] der Übersiedlung nach Bozen sowie einer intensiven, in den Militärakten dokumentierten Reflexion ihres Profils nicht nur eine entscheidende journalistische Neuausrichtung,[17] sondern wurde im Rahmen der Kriegsausstellung auch einer breiteren, urbanen Öffentlichkeit bekannt – ein Umstand, der auch Karl Kraus auf die Zeitung aufmerksam machen sollte, wenngleich sich trotz mehrfacher Nennung der TSZ in der *Fackel* eine tatsächliche Lektüre bzw. eine direkte kritische Kommentierung ihrer Berichterstattung nicht nachweisen lässt.[18]

Mit der aufwendig gestalteten Expositur der TSZ auf dem Gelände der Kriegsausstellung, in deren „Felddruckerei" eine separate zweiseitige „Abendausgabe" des Blattes ohne redaktionelle Anteile hergestellt

---

14 Vgl. v.a. die folgenden drei Aufsätze: Roman Urbaner, „‚… daran zugrunde gegangen, daß sie Tagespolitik treiben wollte'? Die *Tiroler Soldaten-Zeitung* 1915-1917", in: *eForum zeitGeschichte* 3/4 (2001), http://www.eforum-zeitgeschichte.at/3_01a8.pdf (Stand: 13.2.2017); ders., „Schriftführer Musil. Der Jahrhundertschriftsteller als Redakteur der *Soldaten-Zeitung*", in: *Quart-Heft für Kultur Tirol* 5 (2005), S. 55-67; ders., „Presse", in: *Katastrophenjahre. Der Erste Weltkrieg und Tirol*, hg. v. Hermann J. W. Kuprian/Oswald Überegger, Innsbruck, 2014, S. 259-276. Den Arbeiten von Urbaner verdanke ich auch die Hinweise auf einzelne Aktenbestände des Wiener Kriegsarchivs.

15 Lediglich Urbaner, „‚… daran zugrunde gegangen, daß sie Tagespolitik treiben wollte'?" (Anm. 14), S. 4 u. 11f., hat an zwei Stellen auf die Präsentation der TSZ im Rahmen der Kriegsausstellung verwiesen; vgl. nun Gschwandtner, „In der Sperrgewalt der *Fackel*?" (Anm. 9), bes. S. 161-168.

16 Zur personellen Zusammensetzung der neuen Redaktion vgl. Urbaner, „‚… daran zugrunde gegangen, daß sie Tagespolitik treiben wollte'?" (Anm. 14), S. 16.

17 Vgl. KA, FA NFA HHK HFK/HGK Kdo Südwestfront I, Karton 492, 16-9/35-4 u. 35-14 (Abb. 1.1-1.3); dazu Urbaner, „‚… daran zugrunde gegangen, daß sie Tagespolitik treiben wollte'?" (Anm. 14), S. 7ff.; ders., „Schriftführer Musil" (Anm. 14), S. 59.

18 Vgl. Gschwandtner, „In der Sperrgewalt der *Fackel*?" (Anm. 9), S. 175f.

wurde,[19] waren im Laufe des Jahres 1916 in Wien nicht nur einzelne Sondernummern der Zeitung „in den meisten Buchhandlungen zum Preise von 1 Krone erhältlich".[20] Für insgesamt vier Monate, von Anfang Juli bis Ende Oktober 1916, beherbergte die Kriegsausstellung darüber hinaus auch eine Zweigniederlassung des Periodikums, mit der, so der Organisator Alfred Rapoport Edler von Porada, „die Wirksamtkeit [sic] der TSZ im besonderen, ferner auch die Bedeutung des gesamten Kriegszeitungswesens veranschaulicht werden" sollte.[21] Der vorliegende Beitrag versucht auf der Basis zeitgenössischer Presseberichte und bislang nur selektiv ausgewerteter Archivmaterialien die Zusammenhänge zwischen der Ausstellung im Wiener Prater und der Bozener Redaktion, der Robert Musil am 6. Juli 1916 offiziell zugeteilt worden war,[22] aber bereits zuvor an Besprechungen teilgenommen hatte,[23] zu rekonstruieren. Obgleich Musil selbst für diese Fragestellung nur eine untergeordnete Rolle spielt und er an der Wiener „Schaustellung der *Tiroler Soldaten-Zeitung*"[24] vermutlich nicht aktiv beteiligt war, dokumentieren die folgenden Ausführungen doch die intensive Verflechtung der Zeitung mit militärischen und zivilen Stellen und tragen damit zum Gesamtbild ihres publizistischen Profils bei.

---

19 *Offizieller Katalog der Kriegsausstellung Wien 1916*, hg. v. Arbeits-Ausschuss, Wien, 1916, S. 137.

20 N. N., „Eine Osternummer der ‚Tiroler Soldaten-Zeitung'", in: *Neue Freie Presse* (11.5.1916), Nr. 130, S. 8.

21 Alfred Rapoport von Porada, Tätigkeitsbericht, 4.7.1916, in: KA, FA NFA HHK HFK/HGK HGK Conrad, Karton 1852, Mappe „Dr. von Rapoport Oblt. / Kriegsausstellung 1916".

22 Vgl. KA, FA NFA HHK HFK/HGK Kdo Südwestfront I, Karton 492, 16-9/35-9 u. 35-10. Der Name Musils taucht bereits in einem Schreiben vom 19.6.1916 zur „Förderung der bestehenden Soldatenzeitungen" auf; es enthält einen Fragebogen zur Charakteristik der *Karnisch-julischen Zeitung* und der TSZ, der dazu dienen sollte, die eventuelle „Weiterführung nach dem Kriege" zu diskutieren sowie zeitnah die publizistische Strategie des HGK Erzherzog Eugen auf Basis aktueller Daten festzulegen. Vgl. KA, FA NFA HHK HFK/HGK Kdo Südwestfront I, Karton 492, 16-9/35-4 (Abb. 0.2).

23 Vgl. Urbaner, „‚… daran zugrunde gegangen, daß sie Tagespolitik treiben wollte'?" (Anm. 14), S. 10f.

24 *Offizieller Katalog der Kriegsausstellung Wien 1916* (Anm. 19), S. 137.

II. „Im Vorfeld eine Bierausschank“: die Kriegsausstellung in Wien 1916

Im Wiener Prater war bereits im Spätsommer des Jahres 1915 – „in Anwesenheit des Erzherzogs Karl Stephan“[25] – eine „Schützengrabenausstellung“ eröffnet worden, die es sich, so der Vorabbericht der amtlichen *Wiener Zeitung*, zum Ziel gesetzt hatte, der Bevölkerung „das Soldatenleben im Schützengraben vor Augen zu führen“, um „ein getreues und interessantes Bild des Lebens unserer Soldaten im Felde [zu] bieten“.[26] Wie in vergleichbaren „Schauschützengräben“, die seit der Jahreswende 1914/15 in den Parkanlagen zahlreicher deutscher Städte errichtet worden waren,[27] verfolgten die Initiatoren das Ziel, „mit Modellen und Nachbauten [...] der zivilen Kriegsgesellschaft ein authentisches und doch zugleich beruhigendes Bild von der Front zu vermitteln“.[28] Bald war in der von der Zensur streng überwachten Wiener Presse von einem begeisterten „Massenbesuch“,[29] noch kurz vor der Schließung der Ausstellung Ende November 1915 von einem „trotz des kühlen Wetters [...] glänzenden Besuch[ ]“[30] die Rede.

Die in den urbanen Zentren errichteten „Schau-“ oder „Musterschützengräben“[31] des Ersten Weltkriegs entwarfen, wie Christine Beil in ihrer detailreichen Studie gezeigt hat, ein bestimmtes „Bild von der

---

25 N. N., „Der Schützengraben im Prater. Die heutige Eröffnung“, in: *Neuigkeits-Welt-Blatt* (27.8.1915), Nr. 196, S. 9.

26 N. N., „Ein Schützengraben im Prater“, in: *Wiener Zeitung* (22.8.1915), Nr. 194, S. 12; vgl. auch N. N., „Der Wiener Schützengraben. Ein Stück Front im Hinterland“, in: *Neues Wiener Journal* (27.8.1915), Nr. 7846, S. 6. Vgl. dazu: Maureen Healy, *Vienna and the Fall of the Habsburg Empire. Total War and Everyday Life in World War I*, Cambridge, 2004, S. 111f.; Brigitte Strauß, „‚Ein Abbild des Krieges geben‘. Betrachtungen zu Kriegsausstellungen in Hauptstadt und ‚Provinz‘ (1915-1918)“, in: *Österreich in Geschichte und Literatur* 58 (2014), H. 2, S. 217-229, hier S. 221; Walter Reichel, *„Pressearbeit ist Propagandaarbeit“. Medienverwaltung 1914-1918: Das Kriegspressequartier (KPQ)*, Wien, 2016, S. 99.

27 Vgl. Britta Lange, *Einen Krieg ausstellen. Die „Deutsche Kriegsausstellung“ 1916 in Berlin*, Berlin, 2003, S. 74-87; Christine Beil, *Der ausgestellte Krieg. Präsentationen des Ersten Weltkriegs 1914-1939*, Tübingen, 2004, S. 143-153.

28 Christine Beil, „Kriegsausstellungen. Präsentationsformen des Weltkriegs für die ‚Heimatfront‘“, in: *Die vergessene Front. Der Osten 1914/15. Ereignis, Wirkung, Nachwirkung*, hg. v. Gerhard P. Groß, Paderborn u. a., 2006, S. 317-333, hier S. 324.

29 N. N., „Vom Wiener Schützengraben“, in: *Wiener Zeitung* (12.9.1915), Nr. 211, S. 12.

30 N. N., „Schützengraben im Prater“, in: *Neues Wiener Journal* (21.11.1915), Nr. 7923, S. 17.

31 Susanne Brandt, „Kriegsausstellungen“, in: *Enzyklopädie Erster Weltkrieg*, hg. v. Gerhard Hirschfeld u. a., akt. u. erw. Studienausgabe, Paderborn u. a., 2009, S. 628-630, hier S. 629.

Frontrealität", das mit dem Versprechen wirklichkeitsgetreuer „Authentizität" verknüpft war und das darüber hinaus „nicht über eine rein visuelle und rationale Aneignung des aktuellen Geschehens, sondern durch das eigene räumliche Erleben" vermittelt wurde,[32] wobei die Differenz zwischen harmloser Inszenierung und tödlicher Kriegsrealität kaum je explizit thematisiert wurde.[33] Das Publikum konnte dabei, „zumindest theoretisch, den Schritt von distanzierten Betrachtern und Betrachterinnen zu involvierten Darstellern und Darstellerinnen" vollziehen,[34] wodurch nicht zuletzt der emotionale Zusammenhang zwischen den Soldaten an der Front und der Bevölkerung an der ‚Heimatfront' gestärkt werden sollte. Die Konzeption der „Schauschützengräben" folgte einem Prinzip der ‚ganzheitlichen' Gestaltung, indem die Besucherinnen und Besucher durch die Begehung der Nachbauten aktiv in die Ausstellung einbezogen wurden und durch eigene Anschauung, durch den Nachvollzug der soldatischen Perspektive einen Eindruck vom Alltag an der Front vermittelt bekommen sollten. Diese Verbindung aus staatlicher Informationspolitik und Kriegspropaganda, empathischer Einfühlung in die Lebenswelt der Soldaten und Elementen der Unterhaltung – im Prater-Schützengraben wurden u. a. Konzerte und Hundevorführungen organisiert – sollte wenig später auch die konzeptionelle Keimzelle für die Abteilung „Im Felde" der Wiener Kriegsausstellung 1916 bilden.[35]

Erste Presseberichte zur Wiener Kriegsausstellung 1916, die zunächst noch als „Österreichisch-ungarische Kriegsausstellung" angekündigt wurde, finden sich Anfang Oktober 1915 in verschiedenen Wiener Blättern:

> Das große Interesse der Bevölkerung für die Erfindungen und Errungenschaften der Technik, die der Weltkrieg zeitigte, veranlaßte den Plan, am 1. Mai 1916 eine Kriegsausstellung in Wien zu eröffnen, die die Erzeugnisse der an der Heeresausrüstung unmittelbar beteiligten Industrie umfassen und den Zweck verfolgen soll, von der durch den Weltkrieg

32 Beil, *Der ausgestellte Krieg* (Anm. 27), S. 147 u. 152.

33 Vgl. N. N., „Der Schützengraben im Prater", in: *Reichspost* (27.8.1915), Nr. 403, S. 8: „Aus Verkehrsgründen für die Zuschauer beim Besuche der Gräben wurden dieselben viel breiter als sie – wegen der notwendigen äußeren Einschränkung als Ziel für die feindliche Artillerie – sein sollten."

34 Lange, *Einen Krieg ausstellen* (Anm. 27), S. 86; vgl. ebd., S. 84, 87 u. 100.

35 Vgl. Beil, *Der ausgestellte Krieg* (Anm. 27), S. 145-148. Der Prater-Schützengraben wurde im Frühjahr 1916 erneut geöffnet und kann in mancher Hinsicht als Vorläufer der Kriegsausstellungen gelten. Vgl. Alfred Pfoser, „Wohin der Krieg führt. Eine Chronologie des Zusammenbruchs", in: *Im Epizentrum des Zusammenbruchs. Wien im Ersten Weltkrieg*, hg. v. Alfred Pfoser/Andreas Weigl, Wien, 2013, S. 578-687, hier S. 686.

> unberührten Leistungsfähigkeit, vom Gewerbefleiß und der Kunstrichtung unseres Vaterlandes ein getreues Abbild zu geben und das durch die kriegerischen Ereignisse höchstgesteigerte Selbstvertrauen unserer Mitbürger noch zu erhöhen.[36]

Während der Abriss der bisherigen Bebauung des Kaisergartens (die Schau „Venedig in Wien“) sowie die Errichtung der neuen Ausstellungsarchitektur bald planmäßig voranschritt,[37] entwickelte sich die Vorbereitung hinter den Kulissen zu einem Lehrstück kakanischer Bürokratie, das in Robert Musil mit Sicherheit einen kundigen Kommentator gefunden hätte. Die Durchführung der Ausstellung drohte nämlich daran zu scheitern, dass Erzherzog Carl Franz Joseph, der spätere Kaiser Karl I., seine bereits öffentlich verlautbarte Patronanz[38] Anfang März 1916 überraschend niedergelegt hatte. Dies brachte die Organisatoren, allen voran den Präsidenten des „Arbeitsausschusses“ der Kriegsausstellung, Anton Ritter von Vuković, in die Bredouille; zumal der „Entschluß des Thronfolgers“, die Patronanz der Ausstellung zu übernehmen, als „sichtbares Zeichen der Zustimmung der höchsten Kreise der Monar-

---

36 N. N., „Oesterreichisch-ungarische Kriegsausstellung 1916“, in: *Neues Wiener Journal* (5.10.1915), Nr. 7885, S. 8-9, hier S. 8f.; vgl. auch N. N., „Österreichisch-ungarische Kriegsausstellung 1916“, in: *Wiener Zeitung* (5.10.1915), Nr. 230, S. 9-10; N. N., „Oesterreichisch-ungarische Kriegsausstellung im Jahre 1916“, in: *Neues Wiener Tagblatt* (6.10.1915), Nr. 277, S. 13. Laut Bernhard Denscher, *Gold gab ich für Eisen. Österreichische Kriegsplakate 1914-1918*, Wien, 1987, S. 75, habe es nach den ersten Ankündigungen „in Ungarn zunehmend Diskussionen über die Teilnahme an der Kriegsausstellung“ gegeben; sie wurde schließlich „ohne die Teilnahme Ungarns“ realisiert. Vgl. dazu auch: Healy, *Vienna and the Fall of the Habsburg Empire* (Anm. 26), S. 108. Im HHStA, Zeitungsarchiv, Karton 116-3, hat sich zudem eine Notiz mit dem Titel „Blätter aus Ungarn[,] 3. Juli 1916“ erhalten, die auf die Berichterstattung zur Kriegsausstellung in ungarischen Zeitungen im Sommer 1916 Bezug nimmt: „BUDAPESTI HIRLAP bringt einen längeren Bericht über die Kriegsausstellung in Wien und findet es bedauerlich, dass in dieser Ausstellung nicht das Geringste vorzufinden ist, was sich auf die Ungarn bezöge“, ja „dass in den vielfachen Beziehungen der Ausstellung sich nirgends eine Gemeinsamkeit der Armee auspräge.“

37 Vgl. N. N., „Beginn der Demolierung des Kaisergartens mit ‚Alt-Wien‘“, in: *Neue Freie Presse* (27.12.1915), Nr. 18443, S. 10. Dazu ausführlicher Strauß: „‚Ein Abbild des Krieges geben‘“ (Anm. 26), S. 221f.

38 Vgl. N. N., „Oesterreichisch-ungarische Kriegsausstellung Wien 1916“, in: *Neues Wiener Journal* (30.1.1916), Nr. 7922, S. 12: „Der Arbeitsausschuss der Kriegsausstellung, der sich vor einigen Tagen mit der Bitte an den Erzherzog-Thronfolger Karl Franz Josef gewendet hatte, das Protektorat der Exposition übernehmen zu wollen, hat nämlich vorgestern ein […] Schreiben erhalten, in dem sich der Erzherzog-Thronfolger bereit erklärt, dem an ihn gestellten Ansuchen zu entsprechen und das Protektorat der Kriegsausstellung zu übernehmen.“

chie […] für das patriotische Unternehmen" gewertet worden war[39] – einer Zustimmung, der man sich nun nicht mehr sicher sein konnte. „[D]er Schritt des akkerhöchsten [sic] Herrn Protektors" gefährde, so Vuković in einem desperaten Schreiben an Ministerpräsent Karl Graf Stürgkh vom 4. März 1916, „den Erfolg der ganzen Unternehmung […], sobald der Entschluss Sr. k. u. k. Hoheit in der Oeffentlichkeit bekannt wird, was ja auf die Dauer kaum zu vermeiden sein wird."[40] Man könnte die langwierigen, von diversen Partikularinteressen wiederholt durchkreuzten Vorbereitungen der Kriegsausstellung jenen „Reibungsverlusten im Propagandabereich" zurechnen, die sich, so Walter Reichels diplomatische Formulierung, aus der „komplexe[n] Natur der Monarchie" ergaben.[41]

Das „Unternehmen" sei, wie Kriegsminister Alexander Krobatin noch Mitte Mai 1916 – zweieinhalb Wochen nach dem zunächst angekündigten Termin für die Eröffnung[42] – vermerkte, „seitdem Seine k. u. k. Hoheit der durchlauchtigste Herr Feldmarschallleutnant Erzherzog CARL FRANZ JOSEPH das höchste Protektorat niederzulegen geruhte", auf vielfältige Weise behindert worden, weshalb „dessen Gelingen" auch zu diesem vorgeschrittenen Zeitpunkt „ernstlich in Frage gestellt" erschien.[43] Der im Nachlass von Leopold Graf Berchtold im Wiener Haus-, Hof- und Staatsarchiv aufbewahrte Schriftverkehr, der die Kalamitäten bei der Vorbereitung der Kriegsausstellung dokumentiert, macht deutlich, dass die „Protektionsniederlegung" des Erzherzogs beinahe die gesamte Initiative zu Fall gebracht hätte.[44] War die Kriegsausstellung zunächst in verschiedenen Wiener Zeitungen euphorisch angekündigt worden, verhängte das Justizministerium Anfang März 1916 eine „vollständige Einstellung aller Publikationen über die Kriegsausstellung in der Presse",[45] die erst Mitte April aufgehoben wurde, nachdem die offizielle „Bewilligung zur Veranstaltung einer

39 Ebd.

40 Vuković an Stürgkh, 4.3.1916, in: HHStA, SB Nl Berchtold, 9-2.

41 Reichel, *„Pressearbeit ist Propagandaarbeit"* (Anm. 26), S. 100.

42 Vgl. etwa N. N., „Die Oesterreich-ungarische Kriegsausstellung 1916", in: *Reichspost* (25.12.1915), Nr. 605, S. 7; N. N., „Die Oesterreichisch-ungarische Kriegsausstellung 1916", in: *Deutsches Volksblatt* (25.12.1915), Nr. 9691, S. 12. In späteren Berichten wurde vorsorglich kein konkretes Datum mehr genannt; vgl. N. N., „Die Kriegsausstellung 1916. Ein Rundgang durch die Bauten", in: *Reichspost* (19.4.1916), Nr. 182, S. 6: „Nur wenige Wochen trennen uns noch von dem Tage, an dem die Kriegsausstellung Wien 1916 im Kaisergarten ihre gastlichen Pforten öffnen wird […]."

43 Krobatin an Berchtold, 18.5.1916, in: HHStA, SB Nl Berchtold, 9-2.

44 Vuković an Berchtold, 21.3.1916, in: HHStA, SB Nl Berchtold, 9-2.

45 Vuković an Krobatin, 5.3.1916, in: HHStA, SB Nl Berchtold, 9-2.

Ausstellung […] auf dem Gebiete des ‚Kaisergartens‘ und auf dem angrenzenden Teil der ‚Galizinwiese‘ im k. k. Prater“ erteilt worden war.[46] Gleichwohl sollten bis zur Eröffnung am 1. Juli noch fast zweieinhalb Monate vergehen.

Als zentraler Diskussionspunkt erwies sich indes nicht nur die Frage der Patronanz durch einen Vertreter des habsburgischen Herrscherhaues, für die Anton von Vuković zwischenzeitlich sogar Kaiser Franz Joseph I. selbst ins Spiel gebracht hatte,[47] sondern im Besonderen das Gebot, eine „dem Ernste der Zeit angepaßte Durchführung“ der Ausstellung sicherzustellen.[48] Aufgrund vielfach geäußerter Kritik, die auch Bedenken gegenüber der Organisation einer pompösen Kriegsausstellung in Zeiten des Krieges einschloss,[49] wurde nach der anfangs recht unbedarften Ankündigung ihrer Entertainmentqualitäten[50] in der Folge besonderer Wert darauf gelegt, den „seriöse[n] Charakter der Ausstellung in weitreichendstem Maße“ zu wahren; darüber hinaus sollte die Kriegsausstellung nun „als eine private, ohne jedes Obligo der Regierung und ohne jeden offiziellen Anstrich stattfinden“.[51] Historiographische Studien haben gezeigt, dass „[ö]ffentliche Vergnügungen“ im Ersten Weltkrieg zwar in allen Ländern, sowohl im Lager der Mittelmächte als auch in jenem der Alliierten, dazu dienten, „die Moral von Bevölkerung und Soldaten aufrechtzuerhalten“, jedoch zugleich beständig dem Vorwurf ausgesetzt waren, eine unernste

---

46 Vgl. Stürgkh an Berchtold, 22.4.1916, in: HHStA, SB Nl Berchtold, 9-2: „Bei dieser Sachlage wurde nunmehr über Wunsch des Kriegsministeriums auch das Verbot einer Ankündigung oder Besprechung des Unternehmens in den öffentlichen Blättern folgerichtig behoben und eine Erörterung in geziemender Art grundsätzlich und vorbehaltlich der zensurmäßigen Ueberwachung der einzelnen Artikel freigegeben.“

47 Vgl. Vuković an Krobatin, 5.3.1916, in: HHStA, SB Nl Berchtold, 9-2: „Vielleicht ist Euer Exzellenz geneigt, in gütige Erwägung zu ziehen, ob es nicht empfehlenswert wäre, an die Person seiner k. u. k. Apostolischen Majestät als obersten Kriegsherrn mit der untertänigsten Bitte heranzutreten, das Protektorat des aminent [sic] patriotischen und charitativen Werkes zu übernehmen und diesem auf diese Weise die höchste Weihe zu erteilen.“

48 Stürgkh an Berchtold, 22.4.1916, in: HHStA, SB Nl Berchtold, 9-2.

49 Vgl. Monika Sommer, „Zur Kriegsausstellung 1916 im Wiener Prater ‚als mächtige Antwort der Monarchie an das feindliche Ausland‘“, in: *Im Epizentrum des Zusammenbruchs. Wien im Ersten Weltkrieg*, hg. v. Alfred Pfoser/Andreas Weigl, Wien, 2013, S. 502-513, hier S. 507.

50 Vgl. N. N., „Österreichisch-ungarische Kriegsausstellung 1916“, in: *Wiener Zeitung* (5.10.1915), Nr. 230, S. 9-10, hier S. 10: „Eine große Revuebühne, auf der patriotische Festspiele aufgeführt werden, ein Freilichttheater, das erste in Wien, ein Kriegskino, Militärkonzerte und künstlerische Veranstaltungen werden für Unterhaltung sorgen.“

51 Stürgkh an Berchtold, 22.4.1916, in: HHStA, SB Nl Berchtold, 9-2.

„Bedrohung" für ebendiese Moral darzustellen.[52] Geduldet war Unterhaltung allererst als „war-oriented entertainment",[53] wobei es insbesondere die Kriegsausstellungen verstanden, „den Krieg selbst zum Gegenstand der Unterhaltung" zu machen. Zusätzlich wurde der „Unterhaltungsaspekt" im Zuge einer Kooperation mit Kriegsfürsorgeeinrichtungen durch einen „humanitären Zweck" überformt und legitimiert.[54]

Dennoch zeigt das geschilderte Beispiel aus dem Frühjahr 1916, bei dem selbst die genaue Anzahl gastronomischer Angebote auf dem Gelände der Ausstellung intensiv diskutiert wurde,[55] dass sich auch fast zwei Jahre nach Kriegsbeginn keine definitive und verbindliche Bewertung der „Wechselbeziehungen zwischen Unterhaltung und Propagandapolitik"[56] etabliert hatte. Im offiziellen Katalog der Kriegsausstellung lässt sich dieses prekäre Nebeneinander exemplarisch nachvollziehen, wenn im Vorwort „die Opferwilligkeit der Bevölkerung" als kaum noch „steigerungsfähig" beschrieben wird,[57] jedoch an späterer Stelle innerhalb von nur zwei Seiten „Bierausschank", „Gullaschkanone", „Feldbäckerei", „Labestation", „Heurigenschank", „Buschenschenke" und „feldmässige Weinausschank" Erwähnung finden,[58] um die Attraktivität der Ausstellung zu unterstreichen. Indem der Katalogtext die Besucherinnen und Besucher, die in der sommerlichen Reichshauptstadt durch Schützengrabenkulissen wanderten, als „Publikum" anspricht, entlarvt er unwillkürlich die Problematik einer theatralischen Inszenierung von Frontrealität im größten Wiener Vergnügungsareal. Die Benennung der Abteilung „Hinter der Front" erhält dabei eine durchaus doppelsinnige Bedeutung: „Hinter der Front werden Erfrischungen aller Art dem Publikum in einer in einem Unterstande untergebrachten Labestation verabfolgt."[59]

---

52 Wolfgang Kruse, „Krieg und Kultur: Die Zivilisationskrise", in: *Eine Welt von Feinden. Der Große Krieg 1914-1918.*, hg. v. Wolfgang Kruse, Frankfurt a. Main, 1997, S. 183-195, hier S. 191.

53 Healy, *Vienna and the Fall of the Habsburg Empire* (Anm. 26), S. 97.

54 Beil, *Der ausgestellte Krieg* (Anm. 27), S. 206.

55 In der am 17. April 1916 erteilten „Licenz" für die Kriegsausstellung wurde schließlich ausdrücklich festgelegt: „Die Zahl der in der Ausstellung im Betriebe befindlichen Gast- und Kaffeehauslokale darf je zwei nicht übersteigen." (HHStA, SB Nl Berchtold, 9-2)

56 Beil, *Der ausgestellte Krieg* (Anm. 27), S. 207; vgl. Healy, *Vienna and the Fall of the Habsburg Empire* (Anm. 26), S. 88.

57 *Offizieller Katalog der Kriegsausstellung Wien 1916* (Anm. 24), S. 4.

58 Ebd., S. 136f.

59 Ebd., S. 136. Vgl. Healy, *Vienna and the Fall of the Habsburg Empire* (Anm. 26), S. 108: „Even as von Bukovic [recte: Vuković], chairman of the organizing committee, tried to stress in his opening remarks that the purpose of the War Exhibition

Von Carl Witzmann, Professor an der Wiener Kunstgewerbeschule, entworfen, sollte die aufwendige Schau im Prater die anhaltende und durch neue technische Errungenschaften bestärkte Leistungsfähigkeit der k. u. k. Armee demonstrieren; bereits in den ersten beiden Monaten zählte die Ausstellung 500.000 Besucher.[60] Mit jener fehlenden Sensibilität für die realen Schrecken des Krieges, die Karl Kraus in immer neuen Anläufen denunzierte, berichtete die Wiener Presse nach dem ersten Ausstellungswochenende nicht nur von einem „durchschlagenden",[61] sondern auch von einem „Bombenerfolg"[62] des patriotischen Unternehmens. Auch Kraus selbst war, wenn man seiner Glosse vom 2. August 1916 Glauben schenken darf, als Pressevertreter zur Eröffnung eingeladen worden. Er hatte jedoch wenig überraschend abgelehnt und die Einladung postwendend zurückgeschickt: „Ich würde eine Friedensausstellung besuchen, in der aber nichts zu sehen sein dürfte als aufgehängte Kriegsgewinnler", so Kraus in seiner drastischen Replik, um sogleich einen Gegenvorschlag zu formulieren: „Lockte die Menschheit nicht doch noch mehr eine Kriegs-Einstellung? Ich würde die Einladung annehmen."[63] – Mit Ausnahme der *Fackel* und der sozialdemokratischem *Arbeiter-Zeitung* kaum von journalistischem Störfeuer behelligt, präsentierte die Kriegsausstellung tägliche Theater- und Filmaufführungen sowie ausgedehnte Bereiche, in denen verschiedene thematische Aspekte wie die Kriegsfürsorge oder die Funktion von Literatur, bildender Kunst und Fotographie im Weltkrieg behandelt wurden. Mit der Errichtung von Gefechtsstellungen und Schützengräben, die vorgaben, das Geschehen an der Front weitgehend mimetisch wiederzugeben, betrieben die Architekten zudem ein „Reenactment"[64] des zeitgleich stattfindenden Krieges, was der Ausstellung im geschützten Raum eines Vergnügungsparks und in der prekären Verbindung von

was *not* amusement, the decision to stage it at the Prater made it *de facto* an entertainment event."

60 Vgl. Healy, *Vienna and the Fall of the Habsburg Empire* (Anm. 26), S. 88.

61 N. N., „Kriegsausstellung Wien 1916", in: *Neues Wiener Tagblatt* (3.7.1916), Nr. 182, S. 9; N. N., „Kriegsausstellung Wien 1916", in: *Neue Freie Presse* (3.7.1916), Nr. 18629, S. 9; N. N., „Der erste Sonntag in der Kriegsausstellung", in: *Der Morgen* (3.7.1916), Nr. 27, S. 4.

62 N. N., „Die beiden ersten Tage der Kriegsausstellung", in: *Neuigkeits-Welt-Blatt* (4.7.1916), Nr. 150, S. 8.

63 [Karl Kraus,] „Kriegsausstellung", in: *Die Fackel* (2.8.1916), Nr. 431-436, S. 26-27, hier S. 27.

64 Sommer, „Zur Kriegsausstellung 1916" (Anm. 49), S. 510.

Propaganda, Information und Unterhaltung den Charakter eines „war theme park" verlieh.[65]

Als Teil einer umfassenden, wenngleich erst allmählich militärisch koordinierten Propagandapolitik der Habsburgermonarchie[66] orientierte sich die Kriegsausstellung in Wien in vielerlei Hinsicht am Vorbild der „Deutschen Kriegsausstellungen",[67] die seit Anfang 1916 im Deutschen Reich und in verbündeten Staaten gezeigt wurde, wenngleich man deren Wanderausstellungsmodell für Österreich-Ungarn nicht übernahm.[68] Die Berliner Kriegsausstellung besuchte, zumindest hier lässt sich eine zarte biographische Verbindung herstellen, auch Robert Musils Stieftochter Annina Marcovaldi, wie Hanna Casper ihrer Schwester Martha im Februar 1916 nach Südtirol berichtet: „Annina ist recht wohl und munter, hat französischen und deutschen Aufsatz diese Woche zu komponieren. Freitag hatte sie frei wegen großer Goldsammlung und Sonnabend waren sie 3 Schulstunden in der Kriegsausstellung am Zoo. Darob große Begeisterung."[69]

---

65 Healy, *Entertainment* (*Vienna and the Fall of the Habsburg Empire*, [Anm. 26], S. 91) Vgl. Strauß, „‚Ein Abbild des Krieges geben'" (Anm. 26), S. 221f., die den „Mix aus Unterhaltung, Belehrung und Propaganda" in der Kriegsausstellung treffend als „patriotisches Edutainment" beschrieben hat. Zur Konzeption der österreichischen wie der deutschen Kriegsausstellungen außerdem Beil, „Kriegsausstellungen", S. 325f.: „Vonseiten des Staates forcierte man ein Konzept aus Belehrung und Unterhaltung, das dem der im 19. Jahrhundert populär gewordenen Welt-, Landes- und Gewerbeausstellungen sehr ähnlich war: Neben den wie Konsumartikel präsentierten Beutewaffen, Uniformen und Ausrüstungsstücken wurden Kriegsschriften, Kriegsfotografien und Kriegskunst ausgestellt, weiterhin Gegenstände aus dem Bereich der Kranken- und Verwundetenfürsorge und Bastelarbeiten aus Kriegsgefangenenlagern. Begleitet wurden die ‚Deutschen Kriegsausstellungen' von einem umfassenden Programm aus Militärkonzerten, Vorträgen, Filmvorführungen und Theateraufführungen […]."

66 Vgl. Peter Plener, „‚Extraausgabee –!' Vom Medienverbund k. u. k. Kriegspressequartier und seinem technoromantischen Abenteuer 1914-1918", in: *Kulturmanöver. Das k. u. k. Kriegspressequartier und die Mobilisierung von Wort und Bild*, hg. v. Sema Colpan u. a., Frankfurt a. Main u. a., 2015, S. 355-369, hier S. 360.

67 Vgl. Beil, *Der ausgestellte Krieg* (Anm. 27), S. 33; Reichel, *„Pressearbeit ist Propagandaarbeit"* (Anm. 26), S. 86.

68 Vgl. Beil, *Der ausgestellte Krieg* (Anm. 27), S. 161. Vgl. Lange, *Einen Krieg ausstellen* (Anm. 27) S. 3: „Als Wanderausstellungen konzipiert, zogen die fünf politisch ausgerichteten Schau- und Spendenunternehmen jeweils nach einigen Wochen weiter und gastierten so zwischen Anfang 1916 und Anfang 1917 in knapp dreißig deutschen Städten, darunter Dresden, Danzig, Mannheim, Freiburg, Heidelberg, Gotha, Hamburg, Frankfurt am Main, Rostock, Oldenburg, Bremen, Köln, Stuttgart, München, Leipzig, Halle, Hannover und Posen."

69 Robert Musil, *Klagenfurter Ausgabe. Kommentierte digitale Edition sämtlicher Werke, Briefe und nachgelassener Schriften. Mit Transkriptionen und Faksimiles*

In einer undatierten und nur fragmentarisch erhaltenen Abschrift einer Eingabe des Arbeitsausschusses an Kaiser Franz Joseph I. kommt die eminente Vorbildwirkung der „Deutschen Kriegsausstellungen" für deren österreichisches Pendant deutlich zum Vorschein:

> Sowohl im feindlichen Ausland, als auch im verbündeten Deutschland wurden Kriegsausstellungen zu dem Zwecke veranstaltet, um das Interesse der Bevölkerung für die militärischen Massnahmen zu erhöhen und ihre Opferwilligkeit rege zu erhalten. Insbesondere waren es die deutschen Kriegsausstellungen, die ein großes Interesse erweckten, den Patriotismus der Bevölkerung anregten und stärkten und ausserdem für Kriegsfürsorgezwecke eine namhafte Summe abwarfen.[70]

Offiziell bestand die Agenda der Ausstellungen vor allem in der „Belehrung der Bevölkerung"[71] über die militärischen Vorgänge und technischen Neuerungen. Neben diesen „ausgesprochen erzieherischen Absichten"[72] mussten sie, wie es im zitierten Schreiben an den Kaiser heißt, aber auch die „Opferwilligkeit" der Menschen „rege erhalten" und der Bevölkerung folglich vor Augen führen, „wofür die grossen Mittel, die aufgewendet werden müssen, um den Krieg glücklich zu bestehen, gebraucht werden."[73] Eine wichtige Rolle für die emotionale Affizierung der Besucher sollte dabei auch der bildenden Kunst zukommen. Auf dem Gelände der Wiener Kriegsausstellung präsentierte die Kunstgruppe des Kriegspressequartiers „Skizzen und Werke aus Galizien, Polen und Russland, vom Balkan und von Welschlands Grenzen", um, so das von Maximilian von Hoen verfasste Vorwort zum Katalog der Kunstausstellung, „die dankbare Erinnerung an unsere braven Truppen im Felde wach[zu]rufen" und „Ausschnitte aus ihrem bewegten Leben und Orte [zu] zeigen, die sie mit ihrem Blute zu immerwährenden Ruhmesstätten weihten."[74] Den Abdruck eines mit ebenso kruder bellizistischer Emphase gespickten Berichts der *Neuen Freien Presse*, der „den ehrlich künstlerischen Zug, der durch alle Säle" der Kriegsausstellung „geht",

---

aller Handschriften, hg. v. Klaus Amann/Karl Corino/Walter Fanta, Klagenfurt, 2009, Lesetexte/Bd. 18/Hanna Casper an Martha Musil, 6.2.1916.

70 HHStA, Neuere Zeremonialakten, Karton 479-7-6.

71 *Offizieller Katalog der Kriegsausstellung Wien 1916* (Anm. 24), S. 3.

72 N. N., „Verzeichnis der ausgestellten Gegenstände", in: *Deutsche Kriegsausstellung Dresden 1916*, Berlin, [1916], S. V-XXIII, hier S. V.

73 *Offizieller Katalog der Kriegsausstellung Wien 1916* (Anm. 24), S. 3.

74 Maximilian von Hoen, „Vorwort", in: *Kunstausstellung des k. u. k. Kriegspressequartiers. Kriegsausstellung Wien 1916. Kaisergarten im k. k. Prater*, hg. v. Kommando des k. u. k. Kriegspressequartiers, Wien, 1916, S. 3-6, hier S. 6.

beschworen hatte,[75] kommentierte Karl Kraus in der *Fackel*-Glosse *Es zieht!* mit einem lapidaren „Zumachen!".[76]

III. Ein „Unterstand" im Prater: die TSZ in Wien

Am 14. Juni 1916, also gut zwei Wochen vor der Eröffnung der Kriegsausstellung, erwähnte das *Neue Wiener Tagblatt* erstmals in einem ausführlichen Bericht, dass der auf der Galizinwiese errichtete Komplex „Im Felde"[77] als besondere Attraktion eine „Abteilung der ‚Tiroler Soldatenzeitung'" enthalten werde [Abb. 12]:

> Ein sehr interessantes Objekt in der Kriegsausstellung wird die Abteilung der „Tiroler Soldatenzeitung" bilden, die es sich zur Aufgabe gestellt hat, dem großen Publikum nicht nur das Entstehen und innere Getriebe einer Zeitung im Felde, sondern auch die ganze Entwicklung des Kriegszeitungswesens im allgemeinen vor Augen zu führen. Da, wo in der Abteilung „Im Felde" die Kampfstellung in die Zone der Anlagen und Einrichtungen hinter der Front übergeht, ragt aus dem Bergrücken ein Unterstand heraus, wie ihn sich unsere Truppen in Tirol zu bauen und auszuschmücken pflegen. Hier wird in einer ganz primitiven Felddruckerei das täglich erscheinende „Abendblatt der Tiroler Soldatenzeitung" vor den Augen des Publikums hergestellt werden. Dieses Abendblatt wird auf der Vorderseite unter dem Kopfe der „Tiroler Soldatenzeitung" täglich ein andres Bild von der Tiroler Front, auf der Rückseite die täglichen Heeresberichte der Verbündeten bringen und wird an Ort und Stelle sowie auf dem ganzen Territorium der Ausstellung ausschließlich zu wohltätigem Zweck verkauft werden. Auf dem Verkaufsstand liegen noch einige vollständige Exemplare der „Tiroler Soldatenzeitung" zur Ansicht auf, um den Besuchern Gelegenheit zu geben, sich zu überzeugen, inwieweit die Zeitung ihrer Aufgabe, der Informierung, Unterhaltung und Belehrung der Truppen, gerecht wird. Eine Sammlung aller bei unserm und beim deutschen Heere sowie in den okkupierten Gebieten erscheinenden Kriegszeitungen veranschaulicht die große Entwicklung, welche das Kriegszeitungswesen genommen hat.[78]

---

75 Vgl. N. N., „Theater- und Kunstnachrichten", in: *Neue Freie Presse* (10.7.1916), Nr. 18636, S. 8.

76 [Karl Kraus,] „Es zieht!", in: *Die Fackel* (2.8.1916), H. 431-436, S. 109.

77 Die Lagepläne der Ausstellung sind in Marianne Jobst-Rieder/Alfred Pfabigan/Manfred Wagner, *Das letzte Vivat. Plakate und Parolen aus der Kriegssammlung der k. k. Hofbibliothek*, Wien, 1995, S. 39, sowie in Sommer, „Zur Kriegsausstellung 1916" (Anm. 49), S. 508f., reproduziert; online ist der Plan der Abteilung „Im Felde" auf der Seite der Wienbibliothek im Rathaus abrufbar: http://opac.obvsg.at/opac_help/WBR-bildobjekt.html?AC10557262-4201 (Stand: 17.3.2017).

78 N. N., „Kriegsausstellung Wien 1916", in: *Neues Wiener Tagblatt* (14.6.1916), Nr. 163, S. 11.

Neben den in der Presse ventilierten Verlautbarungen gab der Arbeitsausschuss einen *Offiziellen Katalog der Kriegsausstellung Wien 1916* heraus, der im Laufe des Jahres in drei Auflagen gedruckt wurde; Anton Ritter von Vuković, der Präsident des Ausschusses, ließ ihn am 20. Juni auch dem Kabinettsdirektor des greisen Kaiser Franz Joseph I., Franz Freiherr Schiessl von Perstorff, zukommen: „Schliesslich nehme ich mir die Freiheit zu bitten mitfolgenden Katalog Sr. apostolischen Majestät im Namen des Arbeitsausschusses der Kriegsausstellung Wien 1916 geneigtest unterbreiten zu wollen.“[79] Der Katalog, auf dessen Titelblatt – ebenso wie auf dem ikonischen Plakat[80] – als Zeitraum der Ausstellung „Mai–Oktober“ angekündigt worden war, hob zunächst das „machtvolle[ ] Ganze[ ]“ „aller im Volke wurzelnden Kräfte“ sowie die „innigen Wechselbeziehungen von Front und Hinterland“ emphatisch hervor;[81] er präsentierte zudem die TSZ sowie deren „täglich“ „vor den Augen des Publikums“ gedrucktes „Abendblatt“ in einiger Ausführlichkeit.[82] Die Wiener Dependance der Zeitung verfolge die Idee, so der Katalogtext, „die Kämpfe, die charakteristischen Eigenschaften ihres Schauplatzes und der Kämpfer sowie den patriotischen Geist des ganzen Landes Tirol auch den übrigen Völkern der Monarchie in der Reichshauptstadt vor Augen zu führen“, und habe deshalb „in ihrem nach den Vorbildern in den Tiroler Gebirgen gebauten Unterstande alles ihr derzeit zur Verfügung stehende Materiale an Originalgemälden, Zeichnungen, Photographien usw. zur Schaustellung gebracht“.[83] Die in der Folge abgedruckte Liste der Materialien verzeichnet eine umfangreiche Sammlung österreichisch-ungarischer und deutscher Kriegszeitungen, darunter auch die „zeitweilig“ erschienenen „italienische[n] und ungarische[n] Ausgaben“ der TSZ: die *Tiroli Katona Ujság* sowie das *Giornale del soldato tirolese*.[84] Die *Neue Freie Presse*, das *Neue Wiener Tagblatt* und

---

79 HHStA, Neuere Zeremonialakten, Karton 479-7-6.

80 Reproduktionen des Plakats finden sich in Jobst-Rieder/Pfabigan/Wagner, *Das letzte Vivat* (Anm. 77), S. 38, sowie in Sommer, „Zur Kriegsausstellung 1916“ (Anm. 49), S. 502; online auf der Seite der Wienbibliothek im Rathaus: http://opac.obvsg.at/opac_help/WBR-bildobjekt.html?AC10557200-4201 (Stand: 17.3.2017).

81 *Offizieller Katalog der Kriegsausstellung Wien 1916* (Anm. 24), S. 3.

82 Ebd., S. 140; zur im Katalog geschilderten Geschichte der TSZ vgl. ebd., S. 138f.; dazu ausführlicher die Studie von Urbaner, „‚… daran zugrunde gegangen, daß sie Tagespolitik treiben wollte‘?“ (Anm. 14), S. 3ff.

83 *Offizieller Katalog der Kriegsausstellung Wien 1916* (Anm. 24), S. 139f.

84 Ebd., S. 139 u. 141. Hinweise zu den italienischen und ungarischen Ausgaben der TSZ finden sich in Urbaner, „‚… daran zugrunde gegangen, daß sie Tagespolitik treiben wollte‘?“ (Anm. 14), S. 2f. – Zur ungarischen Ausgabe, von der zwischen Februar und Mai 1916 mind. fünf Nummern erschienen, vgl. ausführlich Zaffi, *Eine Ungarin in Tirol* (Anm. 8); dort sind alle erhaltenen Ausgaben der *Tiroli Ka-*

zahleiche andere Zeitungen berichteten bereits wenige Tage nach der Eröffnung der Ausstellung, dass die TSZ „reißenden Absatz" gefunden habe.[85] Wichtig ist jedoch erneut zu betonen, dass für das vor Ort gedruckte zweiseitige „Abendblatt" keine redaktionellen Inhalte aus Bozen, sondern lediglich das Layout der Titelblätter übernommen wurde, die man durch die Reproduktion aktueller Heeresberichte auf der Rückseite ergänzte.

Die organisatorischen Vorbereitungen für die Zweigstelle der TSZ und ihr in Wien gedrucktes „Abendblatt", das seinen Namen „[a]us technischen Gründen" nicht änderte, „als die in Tirol herauskommende ‚Tiroler Soldatenzeitung' seit 18. August 1916 ‚Soldatenzeitung' benannt wurde",[86] lassen sich aus den militärischen Aktenbeständen leider nur ansatzweise rekonstruieren: Ein interner Bericht des 11. Armeekommandos an das HGK Erzherzog Eugen vom 30. Juni 1916 erläutert die Geschichte der Zeitung sowie deren bisherige inhaltliche Ausrichtung und Finanzierung; als Leiter bzw. als Redakteur werden zu diesem Zeitpunkt noch Oberstleutnant Paul Höger und Hauptmann Heinrich Juster genannt.[87] Ferner schildert der Bericht, der auf eine entsprechende Anfrage des HGK zu „Höhe der Auflagen", „Entstehung der Zeitschrift", „Art der Drucklegung" etc. vom 19. Juni antwortet,[88] auch den Plan einer Präsentation der TSZ im Rahmen der Wiener Kriegsausstellung als Teil einer beabsichtigten „Erweiterung der TSZ". Die Partizipation an der Kriegsausstellung sollte, so die Absicht des 11. Armeekommandos – die Agenden der Zeitung wurden erst kurz darauf an das HGK Erzherzog Eugen übergeben[89] –, „zu einem namhaften Zuwachs von Abonnenten und Interessenten" führen und zudem „im weiteren Sinne patriotisch wirken".[90] Die partiellen Übereinstimmungen mit dem oben zitieren Bericht des *Neuen Wiener Tagblatts* zeigen zudem, wie journa-

tona Ujság als Faksimile reproduziert. – Auf eine erhaltene Nummer des *Giornale del soldato tirolese* weist Fernando Orlandi, „Das Ergebnis einer langen Arbeit", in: Zaffi, *Eine Ungarin in Tirol* (Anm. 8), S. 7-11, hier S. 10, hin.

85 N. N., „Kriegsausstellung Wien 1916", in: *Neue Freie Presse* (3.7.1916), Nr. 18629, S. 9; N. N., „Kriegsausstellung Wien 1916", in: *Neues Wiener Tagblatt* (3.7.1916), Nr. 182, S. 9.

86 G. W., „Kriegszeitungen, die kamen und verschwanden", in: *Kriegssammler-Zeitung* (1.12.1916), Nr. 2, S. 7-8, hier S. 8; vgl. den wortgleichen Bericht in: *Oesterreichisch-ungarische Buchhändler-Correspondenz* (27.12.1916), Nr. 52, S. 649-650, hier S. 650.

87 Vgl. KA, FA NFA HHK HFK/HGK Kdo Südwestfront I, Karton 492, 16-9/35-87.

88 Vgl. KA, FA NFA HHK HFK/HGK Kdo Südwestfront I, Karton 492, 16-9/35-4.

89 Vgl. Urbaner, „‚… daran zugrunde gegangen, daß sie Tagespolitik treiben wollte'?" (Anm. 14, S. 13-16)

90 KA, FA NFA HHK HFK/HGK Kdo Südwestfront I, Karton 492, 16-9/35-87.

listische Textelemente, gerade im Kontext der Kriegspropaganda, im Ersten Weltkrieg zirkulierten und dabei oft mehrfache, nur leicht variierte Verwendung fanden – was, wie im Fall der Beiträge der (T)SZ selbst, erneut die Frage der (fehlenden) Originalität solcher Texte virulent werden lässt:

> Aus den vorstehenden Gründen, sowie um die glänzenden Leistungen unserer Truppen an der Südwestfront weiteren Kreisen der Öffentlichkeit bekannt zu machen, die Teilnahme des Hinterlandes an den Leiden und Freuden unserer Kämpfer noch inniger zu gestalten, und endlich um eine weitere Verbreitung der TSZ. in der Monarchie und bei unseren Bundesgenossen in die Wege zu leiten, beteiligt sich die TSZ. als geschlossene Abteilung an der in Wien am 1. Juli zu eröffnenden Kriegsausstellung. In der Abteilung „im Felde“ werden in einem Unterstand in einer ganz primitiven Felddruckerei die täglichen Heeresberichte in Form von Abendblättern der TSZ. hergestellt werden. Diese werden auf der Vorderseite unter dem Kopfe der Zeitung täglich ein anderes (bereits in der TSZ. erschienenes) Bild von der Tiroler-Front, auf der Rückseite die Heeresberichte der Verbündeten bringen und an Ort und Stelle sowie auf dem ganzen Territorium der Ausstellung ausschließlich im Interesse des oberwähnten Hilfsfondes [i. e. des „Dankl-Fonds“] verkauft werden.[91]

Die Wiener Zweigstelle beschränkte sich jedoch nicht auf die Herstellung eines „Abendblattes“ und die Information über das Kriegspressewesen, sondern sollte auch der künstlerischen Gestaltung der TSZ Rechnung tragen, deren aufwendig illustrierte Beilage eine Zeit lang die *Innsbrucker Kriegsflugblätter*[92] gebildet hatten:

> Weiters werden dort ganze Exemplare der TSZ, eine Sammlung aller bei unserem und dem deutschen Heere sowie in den okkupierten Gebieten erscheinenden Kriegszeitungen zur Ausstellung gebracht. Die Wände des Unterstandes sind geschmückt mit den Originalen der Künstler, welche dieselben der TSZ. zur Vervielfältigung zur Verfügung gestellt haben. Ausserdem werden eine Reihe von photogr.[aphischen] Aufnahmen, Panoramaaufnahmen, Autochrombilder, Stereoskop-Bilder sowie ein Di-

91 KA, FA NFA HHK HFK/HGK Kdo Südwestfront I, Karton 492, 16-9/35-87. Sporadische Erwähnungen der Ausstellung finden sich in der Folge in: KA, FA NFA HHK HFK/HGK Kdo Südwestfront I, Karton 492, 16-9/35-12 u. 35-13, wobei die Frage im Mittelpunkt steht, ob „das Reinerträgnis aus dem Verkaufe des [sic] in der Kriegsausstellung in Wien täglich zur Ausgabe gelangenden Abendblätter der T.S.Z. auch weiterhin dem Danklfonds“ – einem Fonds „zu Gunsten verwundeter und für Hinterbliebene gefallener Tiroler Landesverteidiger“ – „zuzufließen“ habe (ebd., 35-13 u. 35-21); die Akten stehen im Zusammenhang mit der organisatorischen Abwicklung der Übernahme der TSZ durch das HGK Erzherzog Eugen.

92 Vgl. Nikolaus G. Kogler, *Zwischen Freiheit und Knebelung. Die Tagespresse Tirols von 1914 bis 1917*, Innsbruck, 2000, S. 183f.

> orama des Mt. Christallo [sic] ausgestellt. Da infolge des weigehendsten [sic] Entgegenkommens der hiebei in Betracht kommenden Faktoren der TSZ. aus der Veranstaltung der Ausstellung und der Herausgabe des Abendblattes vermutlich keine Kosten erwachsen werden, dürfte [sic] dem Fonde aus dem Verschleisse des erwähten [sic] Blattes reichliche Mittel zufliessen.[93]

Als Organisator der Expositur der TSZ war der Wiener „Großgrundbesitzer“[94] und „Großindustrielle[ ]“[95] Alfred Rapoport Edler von Porada bestimmt worden. Rapoport, der seit Kriegsbeginn mehrmals in der *Neuen Freien Presse* als großzügiger Spender an die Kriegsfürsorge[96] sowie im Februar 1916 als Urheber einer Fotografie in der „Literarischen Beilage“ der TSZ genannt worden war,[97] schloss in diesem Zusammenhang einen Vertrag mit der Ausstellungsdirektion, der auch ein „Abkommen“ über die finanzielle Gebarung und Abwicklung enthielt: „Der Erlös der verkauften Zeitungen ist nach Abzug der Abgabe für die Ausstellungsdirektion an jedem Wochenende mittels der noch folgenden Posterlagscheine auf das Postsparkassen-Konto der ‚Tiroler Soldaten-Zeitung‘ zu erlegen.“[98] In einem mehrseitigen „Tätigkeitsbericht“,

93 KA, FA NFA HHK HFK/HGK Kdo Südwestfront I, Karton 492, 16-9/35-87.

94 *Tonindustrie-Zeitung und Keramische Rundschau* 41 (1917), H. 1, S. 474. Rapoport zählte um 1910 zur finanziellen Elite Wiens; vgl. dazu den Eintrag in: Roman Sandgruber, *Traumzeit für Millionäre. Die 929 reichsten Wienerinnen und Wiener im Jahr 1910*, Wien u. a., 2013, S. 419: „K. Rapoport, Alfred Edler von Porada, Dr., später Alfred Porada (geb. 9.3.1876 Krakau, gest. 1962), evang. H. C., getauft im Jahr 1919; Direktionsrat der Ung. Allg. Kohlenbergbaugesellschaft, 1040 Wien, Plösslgasse 8. 1911 Eheschließung mit Käthe, geb. Magnus, 1925 Namensänderung auf Porada. Dr. jur. Alfred Rapoport von Porada (auch ‚Rappaport‘ geschrieben) war der Sohn des 1907 verstorbenen Generalsekretärs der Länderbank Dr. Arnold Rapoport von Porada und der Laura Rapoport, geb. Eibenschitz. Im Jahr 1919 kaufte er das Gut Schwarzenau, das 1939 enteignet wurde; er emigrierte in die USA, kehrte aber 1957 fallweise nach Wien zurück; am 10.6.1958 abgemeldet nach Köln.“ Seine Frau Käthe (1891-1985), mit der Alfred Rapoport von 1911-1922 verheiratet war, stand u. a. mit Rainer Maria Rilke und Gottfried Benn in Kontakt. Vgl. Rainer Maria Rilke/Rudolf Kassner, *Freunde im Gespräch. Briefe und Dokumente*, hg. v. Klaus E. Bohnenkamp, Frankfurt a. Main, 1997, S. 158f.; Käthe von Porada, *Ich bin – ich lebe! Briefe an Gottfried Benn 1950-1956*, hg. v. Helmut Heintel, Warmbronn, 2001.

95 *Montanistische Rundschau* 10 (1918), S. 288.

96 Vgl. „Sammlung der ‚Neuen Freien Presse‘ für im Felde erblindete Angehörige des Heeres“, in: *Neue Freie Presse* (16.7.1915), Nr. 18282, S. 7; „Sammlung der ‚Neuen Freien Presse‘ für Weihnachtsgaben an unsere Soldaten im Felde“, in: *Neue Freie Presse* (15.12.1915), Nr. 18432, S. 9.

97 Vgl. TSZ (12.2.1916), „Literarische Beilage“, S. 5.

98 KA, FA NFA HHK HFK/HGK HGK Conrad, Karton 1852, Mappe „Kriegsausstellung 1916“.

der auf den 4. Juli 1916 datiert ist und sich als Typoskript im Kriegsarchiv erhalten hat, schildert Rapoport im Detail die Intentionen hinter der Idee, die TSZ im Wiener Prater zu präsentieren:

> Auf Grund des Beschlusses des 11. Armeekommandos, dass die „Tiroler Soldaten-Zeitung" in der österreichischen Kriegsausstellung 1916 in würdiger Weise vertreten sein solle, erhielt ich den Befehl, die bezüglichen Arbeiten in die Wege zu leiten.
> Für die Schaustellung der „Tiroler Soldaten-Zeitung" kamen folgende Gesichtspunkte in Betracht:
> 1/. Sollte die Wirksamtkeit [sic] der [„]Tiroler Soldaten-Zeitung["] im besonderen, ferner auch die Bedeutung des gesamten Kriegszeitungswesens veranschaulicht werden.
> 2/. Sollte die künstlerische Mitarbeit, welcher die hohe Stufe der „Tiroler Soldaten-Zeitung" zum grossen Teile zu verdanken ist, entsprechend gewürdigt werden.
> 3/. Sollte durch das Bekanntwerden der „Tiroler Soldaten-Zeitung" in weiten Kreisen eine Erhöhung der Abonnentenzahl, der Verkauf des Vorrates an älteren Nummern und damit eine Stärkung des „Tiroler Fonds" [i.e. des „Dankl-Fonds"] herbeigeführt werden, welchem der Gesamtertrag der Zeitung zufliesst.
> 4/. Sollte die Schaustellung der „Tiroler Soldaten-Zeitung" dem Publikum der Reichshauptstadt auch Bilder von Tirol zum besseren Verständnis der an den Grenzen tobenden Kämpfe und der damit für unsere Truppen zu überwindenden Schwierigkeiten sowie Bilder der Kämpfer selbst vorführen.[99]

Schließlich bezieht sich Rapoport in seiner detaillierten Meldung nach Bozen auch genauer auf die Vorbereitungen für die Herstellung einer „Extraausgabe" der TSZ, die im Rahmen der Kriegsausstellung als „Abendblatt" verbreitet wurde und, glaubt man den Ausführungen Rapoports – „habe ich die Idee gefasst" –, auf seine Initiative und nicht auf eine Anweisung zurückging:

> Um den Namen der „Tiroler Soldaten-Zeitung" auch in weiten Kreisen zu verbreiten, habe ich die Idee gefasst, in der errichteten Felddruckerei die täglichen oesterreichischen und deutschen Heeresberichte auf dem Titelblatte der „Tiroler Soldaten-Zeitung" unter Abdruck der Kliches [sic] als Extraausgabe drucken zu lassen und an das Ausstellungspublikum zu verkaufen.
> Die Bewilligung für diese Extraausgabe konnte nur mit der allergrössten Mühe erwirkt werden, da alle presse- und gewerbegesetzlichen Hemmungen überwunden werden mussten. Mit Rücksicht auf das allgemei-

99 Alfred Rapoport von Porada, Tätigkeitsbericht, 4.7.1916, in: KA, FA NFA HHK HFK/HGK HGK Conrad, Karton 1852, Mappe „Kriegsausstellung 1916".

> ne Verbot von Extraausgaben für alle Zeitungen musste die Ueberschrift „Abendausgabe“ gewählt werden. Es ist mir gelungen, einen Setzer und Drucker zugleich (Schweizerdegen) ausfindig zu machen, welcher der grossen zu leistenden Arbeit vollkommen gewachsen ist.
> Das Papiermaterial für die Abendausgabe habe ich für die Dauer der Ausstellung sichergestellt.
> Der vor den Augen des Publikums erfolgende Druck erregt nicht nur das grosse Interesse desselben, sondern weist es auch auf die Bedeutung der Kriegspresse und Kriegsliteratur hin. Durch das Titelblatt der Extraausgabe wird ferner der Name der „Tiroler Soldaten-Zeitung“ polulär [sic] und der Abonnentenkreis gewiss wesentlich erweitert werden.
> Der Verkaufspreis der Abendausgabe ist 10 Heller; hievon sind 2 Heller an die Ausstellungsdirektion für die Anstellung einer Verkaufsfräuleins [sic] zu entrichten. Der Verkauf wird aber auch durch Invalide auf dem ganzen Territorium der Ausstellung bewerkstelligt.
> Am Eröffnungstage der Ausstellung betrug der Verkauf 600 Stück, am Sonntag, dem 2. d. M. 1600 Stück, am gestrigen Tage 600 Stück. Ferner wurden zahlreiche ältere Nummern der „Tiroler Soldaten-Zeitung“ gekauft.
> Es ist zu erwarten, dass sich die Zahl der Abendausgabe steigern wird, sobald das Publikum mit dieser Einrichtung vertrauter geworden ist.
> Die Zahl der Abonnementanmeldungen beträgt bisher 52.[100]

Neben Ausführungen zur Errichtung eines „blockhausartige[n] Unterstand[es]“, der die Schaudruckerei der TSZ beherbergte, sowie einer „Bilderhalle“ für die Präsentation bildender Kunst aus den Beständen der Zeitung, bezieht sich Rapoports Bericht zuletzt auch auf die erfolgsversprechende wirtschaftliche Grundlage des Unternehmens:

> Die gesamte Schaustellung kostet die „Tiroler Soldaten-Zeitung“ gar nichts, da vieles Material von den Lieferanten freiwillig bereitgestellt und die Kosten für die Versicherung, für das notwendige Papier, die Uebermittlung der Nachrichten- und Korrespondenz-Bureaus, die Zulagen für die beschäftigte Mannschaft etc. etc. für die Dauer der Ausstellung durch freiwillige Beiträge sichergestellt wurde [sic].
> Es ist somit jeder Ertrag der Objekte und ihres Betriebes als Reinertrag anzusehen.
> Die Erfahrungen der ersten 3 Tage der Ausstellung haben nicht nur erwiesen, dass das Publikum beiden Ausstellungsobjekten [i. e. Druckerei und Bilderhalle] das regste Interesse entgegenbringt und ihnen reiche Anerkennung zollt, sondern auch einen Betrag von ca K 400,– eingebracht.
> Es steht daher zu hoffen, dass sowohl der moralische Erfolg als auch das finanzielle Resultat nicht hinter den Erwartungen zurückbleiben wird.[101]

100 Ebd.
101 Ebd.

Die Präsentation der TSZ im Rahmen der Kriegsausstellung diente demnach nicht nur der Erweiterung ihres Wirkungskreises und damit dem Ziel, der propagandistischen Agenda der Zeitung einen größeren und überregionalen Einfluss zu sichern, sondern war außerdem darauf ausgerichtet, zusätzliche Mittel zu lukrieren; „moralische[r] Erfolg“ und erfreuliches „finanzielle[s] Resultat“ waren, wie schon in den Debatten bei der Vorbereitung der Kriegsausstellung, untrennbar miteinander verbunden.

Während das nun für die TSZ verantwortliche HGK Erzherzog Eugen Mitte August 1916 wohlwollend zur Kenntnis nahm, dass „sie durch die Kriegsausstellung in Wien weiter bekannt geworden“ war,[102] sandte das Büro von Alfred Rapoport im halbmonatlichen Rhythmus Berichte über die Verkaufserlöse an die Bozener Redaktion, in der Musil mittlerweile seinen Dienst in vollem Umfang angetreten hatte. Ein Brief vom 22. August 1916 liefert dabei den Hinweis, dass man in Wien auch komplette Jahrgänge der TSZ zum Preis von 200 Kronen anbot „und bereits vor einigen Tagen ein Exemplar zu diesem Preise abgesetzt“ wurde.[103] In den regelmäßigen Berichten aus Wien, die sich wie andere Materialien Rapoports im Kriegsarchiv befinden, wurden die Verkaufszahlen der einzelnen Nummern akribisch dokumentiert sowie die Namen und Adressen neuer Abonnenten an die Südtiroler Redaktion weitergeleitet. Am 26. Oktober bat Rapoport schließlich darum, „[m]it Rücksicht auf die nächstwöchige Schliessung der Ausstellung […] von der Einsendung weiteren Verkaufsmaterials absehen zu wollen“,[104] um eine Woche später zu melden, „dass die Kriegsausstellung […] am 29. Oktober 1916 geschlossen wurde“.[105] Seinem Schreiben an die Verwaltung der SZ vom 2. November 1916 legte er einen erneuten „Tätigkeitsbericht“ bei, der im Wesentlichen seine Ausführungen vom 4. Juli rekapituliert, darüber hinaus aber auch ein Fazit über den Erfolg der Unternehmung zieht (und seine eigene Aufopferung für das Projekt ostentativ unterstreicht):

102 KA, FA NFA HHK HFK/HGK Kdo Südwestfront I, Karton 492, 16-9/35-51.

103 KA, FA NFA HHK HFK/HGK HGK Conrad, Karton 1852, Mappe „Kriegsausstellung 1916“.

104 KA, FA NFA HHK HFK/HGK HGK Conrad, Karton 1852, Mappe „Kriegsausstellung 1916“. Der Hinweis dürfte jedenfalls zu spät in Bozen eingelangt sein, wie ein Addendum in einem Schreiben Rapoports vom 1.11.1916 nahelegt: „P. S. Für die kürzlich eingelangten 30 Exemplare der letzten Nummer haben wir nunmehr keine Verwendung und werden dieselben mit dem anderen Ausstellungsmateriale zurückstellen.“

105 Ebd.

> Mit dem oben Angeführten hat die Abteilung der „Tiroler Soldaten-Zeitung" nicht nur den Lehrzweck der Darstellung des Kriegszeitungswesens, nicht nur das moralische Ergebnis der Hebung des Interesses für den Tiroler Kriegsschauplatz erstrebt, sondern auch ein finanzielles Resultat erzielt.
> Da das Baumaterial aus den aufgelassenen Befestigungen rückgewonnen, die Kosten des Baues aus einem verfügbaren Fonds der Befestigungs-Bau-Direktion, die Kosten der gesamten Inneneinrichtung, inkl. Diorama, der Versicherung, der Betriebsmaterialien und des Nachrichtenwesens, sowie der Ueberwachung vom Endesgefertigten getragen wurden, kamen von den Eingängen nur die Spesen für das in der Ausstellung angestellte Personal (Drucker, Verkäuferin, Austräger) und die Abgaben an die Ausstellungsdirektion in Abzug, so dass sich ein Gesamtreingewinn von K 5663.23 ergibt.[106]

Trotz unterschwelliger Kritik an den Rahmenbedingungen gelangt Rapoport zu einem im Grunde positiven Resümee:

> Der Ertrag der Extraausgaben wäre wesentlich höher gewesen, wenn die Ausstellung nicht erst am 1. Juli eröffnet worden wäre. Damit ging der für den Ausstellungsbesuch günstigste Monat Juni mit seinen das Publikum lebhaft interessierenden Kriegsereignissen für den Extraausgabenverkauf verloren. Auch unter dem schlechten Wetter und der Einführung der Winterzeit am 1. Oktober litt der Verkauf sehr. Trotzdem bürgerte sich die „Abendausgabe der Tiroler Soldaten-Zeitung" in Wien ein und wurden auch der nunmehrigen „Soldaten-Zeitung" eine ganze Reihe von Abonnenten gewonnen.
> Den Kriegsmalern wurde durch den Verkauf einiger Bilder ein Teil der Dankesschuld für die kostenlose Mitarbeit an der „Tiroler Soldaten-Zeitung" abgestattet.
> Die gesamte Manipulation in der Ausstellung wurde durch mein Privatbureau geleitet und von mir gelegentlich jedes vorübergehenden Aufenthaltes in Wien kontrolliert. Ebenso wurde die Auflösung der Ausstellung sowie die Rückstellung des gesamten Materials an die Künstler respektive Eigentümer unter meiner Leitung auf das genaueste durchgeführt.[107]

Die SZ fiel schließlich, wie Roman Urbaner im Detail gezeigt hat, im Frühjahr 1917 militärischen „Umgruppierungen an der Südwestfront

106 Alfred Rapoport von Porada, Tätigkeitsbericht, 2.11.1916, in: KA, FA NFA HHK HFK/HGK HGK Conrad, Karton 1852, Mappe „Kriegsausstellung 1916".

107 Ebd. Die organisatorische Abwicklung und „Rückstellung des gesamten Materials" sorgte in der Folge noch für Verstimmungen, weil Rapoport die „erbeteten Empfangsbestätigungen" Mitte Dezember immer noch nicht erhalten hatte (Schreiben von Rapoport an die Verwaltung der SZ vom 11.12.1916).

zum Opfer“.[108] Weil Pläne zur „Übernahme der Soldatenzeitung [...] zu keinem Ergebnis geführt“ hatten und, wie es in einem Schreiben des HGK Erzherzog Eugen vom 27. März heißt, „die Verlegung der Redaktion und Druckerei nach Marburg nicht möglich“ war,[109] erschien am 15. April 1917 mit Nummer 45 die letzte Ausgabe des Blattes. Alfred Rapoport hatte schon nach dem Ende der Kriegsausstellung 1916 erklärt, künftig keine weitere Expositur der Zeitung mehr betreuen zu wollen; es sei ihm „nicht möglich, für die Soldaten-Zeitung weiter tätig zu sein, was ich – so viel Arbeit und Unannehmlichkeiten mir aus der Ausstellung auch erwachsen sind und so wenig Dank ich auch dafür geerntet habe – dennoch gerne getan hätte“.[110] So verwundert es aus mehreren Gründen nicht, dass die kurz zuvor aufgelöste SZ für die im Mai 1917 wiedereröffnete Wiener Kriegsausstellung keinen „Unterstand“ mit Schaudruckerei mehr zugewiesen bekam[111] und demnach auch das „Abendblatt“, das mit dem Ende der ersten Kriegsausstellung ‚eingegangen‘ war,[112] nicht reaktiviert wurde. Die Wehrhaftigkeit Tirols repräsentierte nun, als neue Attraktion, ein Gemälde des bayrischen Künstlers Michael Zeno Diemer, das die Schlacht gegen die napoleonischen Truppen am Berg Isel (1809) zeigte und „in einem eigens für diesen Zweck errichteten Rundbau untergebracht“ war.[113] Der aktualisierte Katalog für 1917 erläuterte die Neukonzeption der ehemaligen Sektion „Im Felde“, in der die TSZ ausgestellt worden war, genauer:

> Auf der Galizinwiese werden Marineschauspiele zu Gunsten des Kriegsfürsorgeamtes des k. u. k. Kriegsministeriums aufgeführt und das von Innsbruck übernommene Panorama „Die Schlacht am Berge Isel“ dient der Wohlfahrtsaktion zu Gunsten der Witwen und Waisen nach den gefallenen Kaiserschützen. In den einzelnen Abteilungen des k. u. k. Kriegsministeriums sind durchgreifende Veränderungen vorgenommen

---

108 Urbaner, „Schriftführer Musil“ (Anm. 14), S. 61; vgl. auch ders., „‚... daran zugrunde gegangen, daß sie Tagespolitik treiben wollte‘?“ (Anm. 14), S. 22-24.

109 KA, FA NFA HHK HFK/HGK Kdo Südwestfront II, Karton 633, 16-10/3.

110 KA, FA NFA HHK HFK/HGK HGK Conrad, Karton 1852, Mappe „Kriegsausstellung 1916“. Der Brief vom 2.11.1916 richtet sich im vertraulichen Ton an einen nicht identifizierten „Sehr geehrte[n] [...] Kamerad[en]“: „Indessen wünsche ich Dir und allen anderen Herren der Soldaten-Zeitung alles Gute und der Soldaten-Zeitung selbst, an deren Entwicklung ich auch weiterhin regen Anteil nehmen werde, größte Prosperität [...].“ Rapoport muss also mit jemandem aus dem Umkreis der (T)SZ näher bekannt gewesen sein.

111 Vgl. die Abbildung des Ausstellungsplans 1917 in Healy, *Vienna and the Fall of the Habsburg Empire* (Anm. 26), S. 110.

112 Vgl. G. W., „Kriegszeitungen, die kamen und verschwanden“, in: *Kriegssammler-Zeitung* (1.12.1916), Nr. 2, S. 7-8, hier S. 8.

113 Denscher, *Gold gab ich für Eisen* (Anm. 36), S. 83.

> worden, so dass sich die Kriegsausstellung 1917 als eine erneuerte und verbesserte Auflage der Kriegsausstellung 1916 erweist.[114]

Hatte die Galizinwiese 1916 noch die Schaudruckerei einer renommierten Soldatenzeitung beherbergt, war die Kriegspublizistik in der Ausstellung des Jahres 1917 deutlich weniger prominent vertreten. Der Katalog verwies in der Rubrik „Literatur" zwar erneut darauf, „welche gewichtige Bedeutung gerade dem Buche in diesem Kriege zukommt und wie es sich der Buch- und Kunsthandel kraftvoll angelegen sein lässt, als Mittler frischer, geistiger Kräfte in diesem Kriege mitzuwirken";[115] „Kriegszeitschriften und -zeitungen" wurden nun jedoch bloß als letzter Punkt einer langen Auflistung von Druckerzeugnissen genannt, ohne Details zu nennen.[116] 1918 schließlich, als sich mit der *Heimat* wieder eine von Robert Musil betreute Zeitschrift für eine Präsentation im Prater angeboten hätte, beherbergte dieser keine heroische Kriegs-, sondern eine „Ersatzmittelausstellung",[117] die als „Revue unserer Armut"[118] den Niedergang der Habsburgermonarchie und die jahrelangen Entbehrungen des Ersten Weltkriegs sinnfällig dokumentierte.

IV. Fazit

Die Auswertung der Materialien im Wiener Kriegsarchiv sowie die Sichtung zeitgenössischer Presseberichte verweist auf einen bislang weitgehend unbeachtet gebliebenen Teil der Geschichte der (T)SZ, der wohl eine zentrale Rolle für die „Erhöhung ihrer Abnehmerzahl"[119] in der zweiten Jahreshälfte 1916 spielte. Die exponierte Präsentation der Zeitung auf der vielbesuchten und in der Presse vielbesprochenen Kriegsausstellung im Wiener Prater vergrößerte mit Sicherheit ihren

---

114 *Offizieller Katalog der Kriegsausstellung Wien 1917* (Anm. 24), hg. v. Arbeits-Ausschuss, Wien, 1917, S. 5.

115 Ebd., S. 107.

116 Ebd., S. 108.

117 Vgl. *Tagebuch der Straße. Geschichte in Plakaten*, hg. v. d. Wiener Stadt- und Landesbibliothek, Wien, 1981, S. 127; Denscher, *Gold gab ich für Eisen* (Anm. 36), S. 110f.; Healy, *Vienna and the Fall of the Habsburg Empire* (Anm. 26), S. 121; Bernhard Denscher, „‚Ueberall vor den Plakaten bildeten sich Ansammlungen…'", in: *Im Epizentrum des Zusammenbruchs. Wien im Ersten Weltkrieg* (Anm. 49), S. 494-501, hier S. 500f.; Strauß, „‚Ein Abbild des Krieges geben'" (Anm. 26), S. 219-221. Dazu Presseberichte in: HHStA, Zeitungsarchiv, Karton 116-3.

118 Egon Dietrichstein, „Pratersommer", in: *Neues Wiener Journal* (28.7.1918), Nr. 8883, S. 7.

119 HGK Erzherzog Eugen an das 5. und 10. Armeekommando, 10.11.1916, in: KA, FA NFA HHK HFK/HGK HGK Conrad, Karton 1852, Mappe „Kriegsausstellung 1916".

Wirkungskreis und Bekanntheitsgrad, zumal sie nach Angaben der *Kriegssammler-Zeitung* noch Anfang November 1916 „in Wien einzeln käuflich zu haben“ war.[120] Außerdem lieferte die Dependance der Zeitung im Rahmen der Wiener Kriegsausstellung *einen* zentralen Anlass für ihre Erwähnung in Karl Kraus' *Fackel*, wie ich an anderer Stelle ausführlicher gezeigt habe.[121] Fraglich bleibt indes, wie eng die Zusammenarbeit zwischen der kurz nach der Eröffnung der Ausstellung von Albin Schager und Robert Musil übernommenen Redaktion in Bozen und der Wiener Zweigstelle tatsächlich war, zumal sich die erhaltene Korrespondenz weitgehend auf organisatorische und finanzielle Belange beschränkt. Es überrascht jedenfalls, dass die Dependance in der (T)SZ selbst, soweit ich sehe, nie erwähnt wurde. In der Ausgabe vom 10. Dezember 1916 wird der *Offizielle Katalog der Kriegsausstellung Wien 1916* zwar mit einiger Verspätung in der Rubrik „Büchereinlauf“ angeführt[122] – die Kriegsausstellung war zu diesem Zeitpunkt längst wieder geschlossen –, ansonsten aber fehlen im Bozener Stammblatt jegliche Hinweise auf die von Alfred Rapoport geleitete Expositur der Zeitung.

Folgendes ist dabei zu beachten: Man hatte die TSZ zu einem Zeitpunkt dazu auserkoren, das gegenwärtige österreichische Pressewesen im Rahmen der Kriegsausstellung zu repräsentieren, als diese den Ruf einer weitgehend unpolitischen, gleichwohl durch die Mitarbeit von Albin Egger-Lienz u. a. künstlerisch hochwertigen Soldatenzeitung genoss. Die Initiative für die „Schaustellung der *Tiroler Soldaten-Zeitung*“[123] in Wien sowie die Bestellung Rapoports als Organisator erfolgte zudem noch durch das 11. Armeekommando,[124] während der Relaunch der Zeitschrift, der mit Musils Eintritt in die Redaktion und der Übersiedelung nach Bozen einherging, bereits vom HGK Erzherzog Eugen unter der Ägide von Alfred Krauß[125] betrieben wurde. Die zunehmende Politisierung der Zeitung, ihre pointierte „Kampfansage an die innere

120 N. N., „Kriegszeitungen“, in: *Kriegssammler-Zeitung* (1.11.1916), Nr. 1, S. 4.

121 Vgl. Gschwandtner, „In der Sperrgewalt der *Fackel*?“ (Anm. 9), bes. S. 161-168.

122 SZ, 10.12.1916, Nr. 27, S. 14.

123 *Offizieller Katalog der Kriegsausstellung Wien 1916* (Anm. 19), S. 137.

124 Vgl. Urbaner, „‚… daran zugrunde gegangen, daß sie Tagespolitik treiben wollte‘?“ (Anm. 14), S. 7.

125 Vgl. Schaunig, *Der Dichter im Dienst des Generals* (Anm. 2), S. 59ff. Mehrmals findet sich in den Militärakten der telegraphische Vermerk: „Tiroler Soldatenzeitung wurde am 28. Juli von Marskraus übernommen“, was, wenn es sich hier um einen Decknamen für Alfred Krauß handelt, Schaunigs These zur zentralen Bedeutung des Generals für das publizistische Profil der (T)SZ stützen würde (KA, FA NFA HHK HFK/HGK Kdo Südwestfront I, Karton 492, 16-9/35-35; KA, FA NFA HHK HFK/HGK Qu. Abt. HGK Erzherzog Eugen, Karton 760, 23-2/3-1).

Zerrissenheit der Monarchie, gegen Klientelwirtschaft und Irredentismus, Parteienzank und die Lähmung der Politik",[126] vollzog sich demnach parallel zur Laufzeit der Wiener Kriegsausstellung; zwischen den Entwicklungen in Bozen und Wien ist demnach, trotz des gemeinsamen Ziels, Tendenzen „staatliche[r] Desintegration"[127] mit einem „breite[n] Repertoire an Überzeugungstechniken"[128] entgegenzutreten, eine gewisse Ungleichzeitigkeit zu konstatieren. Während die Zeitung im Juli 1916 nach Bozen übersiedelte und – ab 18. August unter verändertem Namen – eine redaktionelle Neuausrichtung erfuhr, inszenierte die Wiener Kriegsausstellung die Idyllik eines Tiroler Blockhauses und ließ „Abendblätter" ohne redaktionelle Anteile drucken, die mit der zunehmend kritischen und von den (Militär-)Behörden argwöhnisch beobachteten Berichterstattung der ‚echten' SZ wenig zu tun hatten.

126 Urbaner, „Schriftführer Musil" (Anm. 14), S. 63.

127 Eberhard Sauermann, *Literarische Kriegsfürsorge. Österreichische Dichter und Publizisten im Ersten Weltkrieg*, Wien u. a., 2000, S. 27.

128 Beil, *Der ausgestellte Krieg* (Anm. 27), S. 372.

Massimo Salgaro, Simone Rebora,
Gerhard Lauer, J. Berenike Herrmann

Die *Tiroler Soldaten-Zeitung* und ihre Autoren. Eine computergestützte Suche nach Robert Musil

> Robert Musil selbst hat in der „Soldaten-Zeitung" eine Anzahl kennzeichnender Artikel geschrieben, beginnend mit einem gegen die Parteien-Mißwirtschaft „Herr Tüchtig und Herr Wichtig" in der Nr. 12 vom 27. August 1916. Diese Artikel sind nicht unterzeichnet, sondern nur durch Musils Stil zu erkennen [...]. Musil hat aber nur einen gewissen und keineswegs großen Anteil von eigenen Arbeiten zur „Soldaten-Zeitung" beigetragen, und sich im Rahmen seiner Kompetenz vorwiegend der Leitung und Ausrichtung dieses Publikationsorgans gewidmet.[1]

So begründet 1960 Karl Dinklage in seinem Handbuch zum Werk Robert Musils die Zuschreibung von drei Artikeln der TSZ an Musil. Dinklages Zuschreibung ist exemplarisch für den teils verlegenen, teils unscharfen Umgang mit dem Umstand, dass Robert Musil von Juni 1916 bis zum April 1917 zunächst Redakteur, dann ab Oktober 1916 Schriftleiter der SZ war (Abb. 8).[2] Die Schwierigkeiten im Umgang mit Musils Zeit als Redakteur und Schriftleiter haben vor allem damit zu tun, dass die in der (T)SZ publizierten Artikel wenig zu den übrigen Schriften Musils zu passen scheinen. Sie sind Agitationsprosa, wie sie in jenen Kriegsjahren vielfach zu finden ist. Von der Haltung eines Sich-Fernhaltens von jeder Politik, die ansonsten mit dem Namen Musil verbunden ist, wird man hier an keiner Stelle reden können. Doch ist historische und philologische Vorsicht geboten, aus dem Umstand der Schriftleitung auf den Autor Musil zu schließen. Die Vorsicht ist schon allein deshalb geboten, weil die Artikel in der (T)SZ anonym erschienen sind. Kein Artikel ist von Musil unterzeichnet oder durch ein Sigel oder Abkürzung des Namens kenntlich gemacht worden. Ein anderes Faktum, das die Rekons-

---

1 Karl Dinklage, „Musils Herkunft und Lebensgeschichte", in: *Robert Musil. Leben, Werk, Wirkung*, hg. v. Karl Dinklage, Zürich u. a., 1960, S.187-264, hier S. 228f.

2 Die *Tiroler Soldaten-Zeitung* wurde vom Redakteur Musil in *Soldaten-Zeitung* umbenannt. Die historische und dokumentarische Rekonstruktion der Redaktionsarbeit von Robert Musil in der (T)SZ verdanken wir Roman Urbaner: „,... daran zugrunde gegangen, daß sie Tagespolitik treiben wollte'? Die Tiroler Soldaten-Zeitung 1915-1917", in: eForum zeitGeschichte 3/4 (2001), www.eforum-zeitgeschichte.at [Stand: 26.04.2017].

truktion der Autorschaft(en) erschwert, ist der Umstand, dass Teile des Militärhistorischen Archivs, wo Hinweise auf Zusammensetzung und Aktivitäten der Redaktion der (T)SZ zu vermuten gewesen wären, teils systematisch nach dem Krieg zerstört wurden, teils durch einen Brand verloren gegangen sind. Im Folgenden möchten wir einen weiteren Ansatz vorstellen, wie die Zuschreibung einzelner Artikel an Musil plausibilisiert werden könnte. Wir nutzen dafür neben historisch-philologischen auch computergestützte Methoden des Stilvergleichs. Ausgangspunkt für die Ermittlung der möglichen Autorschaft Musils ist zunächst die Sichtung der bisherigen Versuche in der Musil-Forschung, einzelne oder auch Gruppen von Artikeln Musil zuzuschreiben.

I.

Die Zahl der Musil zugeschriebenen Artikel ist in der Forschung zu Robert Musil bislang höchst unterschiedlich, und die Zuschreibungen wurden bislang nur in seltenen Fällen durch biographische oder stilistische Belege untermauert. Die Divergenz der Zuschreibungen wird evident, wenn man sich die folgenden Zahlen vor Augen stellt:

Autor(-in) der Zuschreibung	**Jahr der Publikation(-en) der Zuschreibung**	**Zahl der Musil zugeschriebenen (T)SZ-Texte**
Karl Dinklage	1960	3 Texte
Marie-Louise Roth	1972	19 Texte
Karl Corino	1973 – 2010	8 Texte
Helmut Arntzen	1980	22 Texte
Fernando Orlandi	1987, 2003, 2011	36 Texte
Klagenfurter Ausgabe	2009	36 Texte
Regina Schaunig	2011, 2014	38 Texte („und 165 Beiträge die zusätzlich zur Diskussion gestellt werden")[3]

Abbildung 1: Zuschreibung der (T)SZ-Artikel an Robert Musil durch die Forschung

3 Regina Schaunig, *Der Dichter im Dienst des Generals. Robert Musils Propagandaschriften im Ersten Weltkrieg. Mit 87 Musil zugeschriebenen* Zeitungsartikeln, Klagenfurt/Wien, 2014, S. 358-361.

Augenscheinlich ist schon in dieser bloßen Zusammenstellung, dass die Forschungsgeschichte der Zuschreibungen der (T)SZ-Artikel seit mehr als einem halben Jahrhundert kontrovers ist und keine Konvergenz der Meinungen zu erkennen ist. Immerhin lassen sich einige Tendenzen der Forschung identifizieren. Da ist zunächst mit wenigen Ausnahmen[4] die eigentümliche Unschärfe der in Anschlag gebrachten Kriterien, jene von Harald Gschwandtner konstatierte „verbreitete Praxis, zwar vorderhand die Unsicherheit der entsprechenden Zuschreibungen zu betonen, jedoch im Grunde weitgehend selbstverständlich von einer Verfasserschaft Musils auszugehen",[5] „ohne die Zuschreibungskriterien sowie die aus der Praxis der Anonymisierung hervorgehenden Fragestellungen zu reflektieren".[6] Dies lässt sich bereits an den ersten, eingangs zitierten Zuschreibungen Karl Dinklages ablesen, der in seiner Studie *Robert Musil. Leben, Werk, Wirkung* (1960) Musil drei Texte[7] der SZ zugeschrieben hat. Obwohl Dinklage Musil „eine Anzahl" von Artikeln zuordnet, werden nur drei genauer benannt und einige Zeilen weiter noch einmal minimiert, wenn Dinklage betont, dass Musil „nur einen gewissen und keineswegs großen Anteil von eigenen Arbeiten zur Soldaten-Zeitung beigetragen" habe. Diese Zuschreibung wird aber nicht genauer begründet, sondern unter Verweise auf „Musils Stil" als selbstevident für den Kenner behauptet. Auch bezüglich der Qualität der Artikel werden wechselnde oder ambivalente Urteile über die Artikel gefällt, die auf der einen Seite von den Bedürfnissen des Heeresgruppen-Kommandos diktiert worden wären, auf der anderen Seite folgendermaßen eingestuft werden:

> So kommt es, dass in dieser bis zur letzten Nummer 45 bis zum 15. April 1917 redigierten Zeitung eine Reihe köstlicher kritisch-satirischer Betrachtungen enthalten sind, die zwar infolge der erforderlichen Einstellung auf ein niederes Leserniveau nicht auf der Höhe des Esprits stehen können, welche andere Essays Musils ausströmen, die aber doch einen schätzbaren Teil des dichterischen Werks Musils darstellen und in ihrer

---

4 Wir beziehen uns auf die Arbeit von Karl Corino, die wir in der Folge besprechen werden.

5 Harald Gschwandtner, „Kriegspublizistik", in: *Robert-Musil-Handbuch*, hg. v. Birgit Nübel/Norbert Christian Wolf, Berlin/Boston, 2016, S. 434-440, hier S. 438.

6 Ebd., S. 437.

7 „Herr Tüchtig und Herr Wichtig", „Seiner Hochwohlgeboren", „Vermächtnis". Die letzten zwei werden am Ende des Bandes abgedruckt, Dinklage „Musils Herkunft und Lebensgeschichte" (Anm. 1), S. 265-272. In ihrer Zuschreibung der Autorisierungen der Texte Musils nennt Regina Schaunig „Herr Tüchtig und Herr Wichtig" nicht, obwohl dieser Text von Dinklage ausdrücklich genannt wird, ebd., S. 229, vgl. Schaunig, *Der Dichter im Dienst des Generals* (Anm. 3), S. 356.

> Glossierung der Verhältnisse in der alten Monarchie, auch einen Ausgangspunkt für Gedankengänge bilden, die später im *Mann ohne Eigenschaften* ihren Niederschlag finden konnten.[8]

An diesem Beispiel werden weitere Charakteristika der Forschungspraxis deutlich: Zum einen fehlt eine philologische Verankerung der Zuschreibung dieser Texte an Musil. Zweitens wird Musils Stil nur vage beschrieben und kaum näher bestimmt, sondern zumeist schlicht als bekannt vorausgesetzt. Drittens werden die dann doch Musil zugeschriebenen Artikel als unwesentlich aus dem eigentlichen Werk Musils ausgegliedert. Das wird noch deutlicher in der Zuschreibungspraxis von Marie-Louise Roth, die Musil in ihrem Buch *Robert Musil. Ethik und Ästhetik* die Autorschaft von 19 Texten der (T)SZ zuweist und ihre Zuschreibung lapidar begründet: „Anonyme Texte, die bisher noch nicht mit Sicherheit identifiziert wurden".[9] Historischer und philologischer Begründungen scheint es hier nicht zu bedürfen, um Musil genau 19 Artikel der Zeitung zuzuordnen. Wenngleich wortreicher und detaillierter, so weist doch auch einige Jahre später Helmut Arntzen mit ähnlicher historisch-philologischer Großzügigkeit Musil 22 Artikel zu. Obgleich er die Autorisierung dieser Texte mit „großen Schwierigkeiten verbunden sieht" und obwohl als „positives Indiz der Verfasserschaft M.s […] nichts anderes als die Tatsache seiner Redakteur- und späteren Herausgebertätigkeit für die Soldatenzeitung in der Zeit vom 09.07.1916 bis 15.04.1917"[10] angeführt werden kann, werden Musil genau 22 Texte zugeschrieben. Eine Begründung sucht man auch hier vergeblich. Immerhin wird bei Arntzen differenziert zwischen „Texte[n], die mit einiger Sicherheit M. zugeschrieben werden können" und „Texte[n], die mit einiger Wahrscheinlichkeit (unterschiedlichen Grades) M. zugeschrieben werden können" und „Texte[n], die mit einiger Sicherheit nicht von M. stammen".[11] Interessant ist bei dieser Typologie weniger, dass sich Arntzen dabei an einigen Stellen von den Zuschreibungen von Dinklage und Roth abhebt, ohne dies näher zu begründen, sondern vielmehr das Fehlen von präzisierenden Argumenten, die diese kritische Unterschei-

8 Dinklage, „Musils Herkunft und Lebensgeschichte" (Anm. 1), S. 229f.

9 Marie-Louise Roth, *Robert Musil. Ethik und Ästhetik. Zum theoretischen Werk des Dichters*, München, 1972, S. 528. Die drei von Dinklage zugewiesenen Texte sind auch in der Liste von Roth enthalten. Interessanterweise hatte Dinklage in der Fußnote seines Beitrags eine Gesamtausgabe der Texte der Soldaten-Zeitung unter Mitwirkung von Marie-Louise Roth angekündigt, vgl. Dinklage, „Musils Herkunft und Lebensgeschichte" (Anm. 1), S. 263.

10 Helmut Arntzen, *Musil-Kommentar sämtlicher zu Lebzeiten erschienener Schriften außer dem Roman „Der Mann ohne Eigenschaften"*, München, 1980, S. 178.

11 Ebd., S. 179.

dung motivieren. Sehr allgemein wird Musil ein funktionaler Stil zugesprochen, der sich von dem autorentypischen Stil Kafkas oder Thomas Manns unterscheiden lasse:

> Die Abweichung des journalistisch arbeitenden Schriftstellers von seinem Personalstil und seiner Thematik kann von Fall zu Fall erheblich sein. Hinzu kommt daß M., anders als z. B. Thomas Mann, aber auch Franz Kafka, keinen werkimmanenten Personalstil, sondern einen funktionalen Stil hat.[12]

Was dieser funktionale Stil meint, wird von Arntzen nur angedeutet. Gemeint ist so etwas wie ein Registerwechsel je nach Publikationsort, den es so bei den anderen Autoren nicht gäbe. Nichtsdestotrotz listet Arntzen weitere neun Texte auf, „die M. zugeschrieben werden können".[13] Er glaubt nicht, dass diese Zuschreibungen, durch „wortstatistische Untersuchungen grundsätzlich evidenter werden können".[14] Auch diese Herangehensweise ist typisch für die Musil-Forschung, die sich mit der Zuschreibung der (T)SZ-Artikel befasst. Denn immer wieder werden statistische Analysen der Texte als ein vielversprechender Weg der genaueren Autorschaftsbestimmung evoziert, ohne solche Analysen je (oder fast je) durchzuführen.

In der Diskussion um Musils Stil und die Zuschreibung der Texte der (T)SZ nimmt Karl Corino eine Sonderstellung ein. Seine feine stilistische Analyse von „Aus der Geschichte eines Regiments" verweist auf die Ähnlichkeit zwischen der in der TSZ anonym erschienenen Erzählung und einigen Tagebuchpassagen und ist die einzige textuell begründete Zuschreibung eines Textes der TSZ an Musil.[15] Eine entgegengesetzte Richtung verfolgen Michelle Rychewaert[16] und Elena Giovannini.[17] Sie setzen die Musil-Zuschreibung der Texte der (T)SZ

12 Ebd., S. 178.

13 Ebd., S. 180.

14 Ebd., S. 179. Wahrscheinlich bezieht sich Arntzen hier auf einen Aufsatz von Jürgen Thöming, der mit Hilfe von quantitativen Methoden – z. B. Wort- und Satzlänge – anonym erschienene Texte Musil oder Döblin zuteilen möchte, vgl. Jürgen Thöming, „Wie erkennt man einen anonym-veröffentlichten Musil-Text?", in: *Études germaniques* 25 (1970), S. 170-183.

15 Karl Corino, „Robert Musil: Aus der Geschichte eines Regiments", in: *Studi germanici* 11 (1973) H. 1-2, S. 109-115.

16 Michelle Rychewaert, *Robert Musils Beiträge in der Soldatenzeitung*, Saarbrücken, 1973.

17 Elena Giovannini, *Robert Musils Beitrage in der „Soldatenzeitung" Propaganda und kritische Ironie im Vergleich*, Pescara (Dissertation), 1987. Zwar erkennt Giovannini das Problem der Zuordnung (S. 41), kümmert sich aber nicht weiter darum und stützt sich auf die Fassung und Kriterien der italienischen Ausgabe von Ales-

einfach voraus. Besonders von der Magisterarbeit von Rychewaert, die von Marie Luise Roth betreut wurde, hätte man sich Aufklärungen über die Zuschreibungen erwarten dürfen. Ihre Recherche legt zwar mehrere stilistische und thematische Parallelen zwischen den Texten der (T)SZ und Musils Werk nahe. Doch dient ihre Untersuchung nicht der Zuschreibung von Texten an Musil, sondern stützt sich auf die bereits erfolgten Zuschreibungen ihrer Betreuerin und stellt nur knapp fest: „[Musil] selbst liefert eine Anzahl von kennzeichnenden anonymen Artikeln, deren Autorschaft sowohl an den Themen, wie am Stil zu erkennen ist".[18] Die argumentative Lücke in der Autorisierung der Texte kann und soll jedoch nicht das Verdienst der Arbeiten von Rychaewert und Giovannini für die Musil-Forschung einschränken, die sorgfältig Leitmotive und stilistische Elemente aus Musils Zeitungsartikeln und literarischem Werk herausgefiltert haben.

Regina Schaunigs so gründliche und bisher einzige Monographie zur Herausgebertätigkeit Musils als Schriftleiter der SZ geht genauer auf Musils Stil ein.[19] Während seiner Tätigkeit als Schriftleiter sei Musil zum Aktivisten und Volkspädagogen geworden, wovon auch seine Sprache betroffen sei, konstatiert Schaunig. Sie bezeichnet Musils Sprache als „unstabil"[20] und fährt fort: „Musils Sprache und Stil passten sich der Situation, den Notwendigkeiten, dem militärischen Marschbefehl und dieser für ihn einzigartigen Chance, in der Breite zu wirken und geistig zu herrschen, an".[21] Auch bezeichnet sie die Sprachverwendung Musils in einigen der belehrenden Leitartikeln der (T)ZS als „stilistisch neutral".[22] Wenn Schaunig diesen Texten der (T)SZ einen neutralen Stil zuschreibt, scheint es vordergründig konsequent, wenn sie auf eine stilometrische Überprüfung dieser Neutralität verzichtet. Aus ihrer Pers-

---

sandro Fontanari/Massimo Libardi, „La guerra come sintomo", in: Robert Musil, *La guerra parallela*, hg. v. Fernando Orlandi, Trento, 1987, S. 201-257.

18 Rychewaert, *Robert Musils Beiträge in der Soldatenzeitung* (Anm. 16), S. 6.

19 Zur kritischen Diskussion dieser Studie s. Harald Gschwandtner, „Rezension zu Regina Schaunig: *Der Dichter im Dienst des Generals*", in: *Musil-Forum* 34 (2015/2016), S. 348-352.

20 Schaunig, *Der Dichter im Dienst des Generals* (Anm. 3), S. 78.

21 Ebd., S. 78.

22 Ebd., S. 100. Die Flexibilität von Musils Stil wird durch seine Fähigkeit erklärt, seine Schreibweise dem jeweiligen Schreibzweck unterzuordnen: „Musils Stil lässt sich gerade im Fall von Gebrauchstexten und populärwissenschaftlichen Arbeiten, wie er sie zwischen 1921 und 1932 in finanziell prekären Lebensphasen verfasste, nur mit Hilfe brieflicher Hinweise wiedererkennen, zumal sie sich, wie beispielsweise die anonym erschienenen *Kulturchroniken* für die *Prager Presse* völlig der geforderten Sachlichkeit unterordnen" (Ebd., S. 99f.)

pektive handelt es sich um „aufwändige Untersuchungen“, die „jedoch nur Vergleichswerte, keine absoluten Beweise [...] liefern“.[23]

Angesichts der hier umrissenen Forschungslage mag es nicht verwundern, dass die erste, übrigens ins Italienische übersetzte Ausgabe alle 36 mehr oder weniger wahrscheinlichen – um die Terminologie von Arntzen zu verwenden – der Musil zugewiesenen (T)SZ-Artikel abgedruckt hat.[24] Das ist eine diplomatische Lösung angesichts der offensichtlich divergierenden Zuschreibungen, weil hier alle mehr oder weniger bis dahin vorgeschlagenen Texte in die italienische Übersetzung aufgenommen worden sind. In der dann 2009 erschienen *Klagenfurter Ausgabe*[25] wird ähnlich vermittelnd mit der Divergenz der Zuschreibungen umgegangen wie in der italienischen Edition von 1987.[26] Obwohl für diese Edition Fragen nach der Wissenschaftlichkeit der Zuschreibung und die Ansprüche an eine historisch-kritischen Edition im

---

23 „Die Zuschreibung von Texten aufgrund stilistischer Eigenheiten ist grundsätzlich problematisch. Anders als die Texte Shakespeares, die ein beliebtes Objekt stilometrischer Untersuchungen bilden, wurden die Soldatenzeitungs-Beiträge bisher keiner forensischen Analyse unterzogen. Stilistische Merkmale wie Satzlänge, Häufigkeit einzelner Wörter, Umfang und Differenziertheit des Wortschatzes sowie syntaktische Spezifika können heute mit Hilfe aufwändiger Computerprogramme in Vergleichstabellen aufgelistet werden und unterstützen Kriminalisten und Plagiatsjäger bei ihren Recherchen. Die Ergebnisse der aufwändigen Untersuchungen vermögen jedoch nur Vergleichswerte, keine absoluten Beweise zu liefern. Die Idee vom sicher identifizierbaren ‚sprachlichen Fingerabdruck‘ eines Textes erweist sich dabei als Mythos. Auch die Erstellung sogenannter Autorprofile gemäß Herkunft, Muttersprache/Dialekt, Alter, Beruf, Bildung, Weltanschauung, Zugehörigkeit zu sozialen Gruppen usw. lässt bestenfalls ‚mehr oder weniger hohe Wahrscheinlichkeiten möglicher Zuschreibungen‘ erwarten.“ (Schaunig, *Der Dichter im Dienst des Generals* [Anm. 3], S. 99, Fußnote 188)

24 So rechtfertigt es der Herausgeber Fernando Orlandi: „La maggior parte degli articoli che apparivano sulla *Soldaten-Zeitung* erano anonimi. E fra quelli siglati, manca la firma dell'autore dell'*Uomo senza qualità*. Sorge, così, il problema dell'attribuzione. I massimi esperti musiliani – fra i quali Karl Dinklage, Karl Corino, Helmut Arntzen e soprattutto Marie-Louise Roth – attribuiscono alla penna di Musil i testi qui raccolti [...] Detto ciò, si deve pure significare che nessuno possiede l'assoluta certezza che in questo corpus di testi tutti siano effettivamente di Musil“, Fernando Orlandi, „Nota editoriale“, in: Robert Musil, *La guerra parallela*, hg. v. Fernando Orlandi, Rovereto, 2003, S. 9-11, hier S. 10f. Dass diese Texte zweifellos von Musil stammen sollen, scheint hingegen aus dem Aufsatz von Fontanari und Libardi am Ende des Bandes hervorzugehen: „Musil stesso, oltre al suo lavoro di direttore, collabora direttamente al giornale con un certo numero di articoli che compaiono anonimi, e che sono riprodotti nel presente volume“, Fontanari/Libardi, „La guerra come sintomo“ (Anm. 17), S. 224.

25 KA. Zur Diskussion vgl. *Robert Musil in der Klagenfurter Ausgabe. Bedingungen und Möglichkeiten einer digitalen Edition*, hg. v. Massimo Salgaro, München, 2014.

26 Schaunig, *Der Dichter im Dienst des Generals* (Anm. 3), S. 91-97.

Vordergrund stehen müssten, unterscheidet sich das Ergebnis de facto nicht von der vorausgegangenen italienischen Ausgabe:

> Die digitale *Klagenfurter Ausgabe* präsentierte in ihrer ersten Auflage von 2009 ebenfalls die bisher zugewiesenen 36 *Soldaten-Zeitungs*-Texte, die damit erstmals in einem größeren Umfang auf Deutsch zu lesen waren, ohne dass das *work in progress* zu diesem Zeitpunkt näher auf die Zuschreibungsdiskussion einging.[27]

Die *Klagenfurter Ausgabe* nimmt zwar die bisher Musil zugeschriebenen Texte auf, weist sie aber nicht als Musils eigene Texte aus. Ausschließlich wissenschaftliche Überlegungen scheinen nicht die einzige Motivation für diese editorische Entscheidung gewesen zu sein. Vielmehr verweist Schaunig mit Recht auf den Umstand, dass der Propagandaschriftsteller und „Schriftführer" Musil nicht recht in das bis dahin etablierte Bild der Musil-Forschung passe:

> Wie lassen sich diese Texte in das Bild des „Mannes ohne Eigenschaften" einordnen, wie aus biografischer und poetologischer Hinsicht verstehen? Soll man sie vor den Augen der Öffentlichkeit verstecken, um das Ansehen des renommierten Schriftstellers nicht zu beflecken? Oder weisen vielleicht gerade diese propagandistischen Schriften auf wichtige neue Aspekte des literarischen und philosophisch-essayistischen Schaffens Robert Musils hin?[28]

Weitere Hinweise im Rahmen der *Klagenfurter Ausgabe* bestätigen die Vermutung, warum die Zuschreibung von Artikeln der SZ bislang nur zögerlich erfolgt ist,[29] und die erste Edition der (T)SZ-Texte nicht zufällig in italienischer Sprache erschienen ist. In Italien und besonders in Bozen ist nicht nur das historische Interesse an Musil und dem I. Weltkrieg groß. Wichtiger dürfte noch sein, dass die italienische Germanistik *qua* Auslandsgermanistik einen unabhängigeren, d. h. weniger ideologischen Blick auf den inzwischen in Österreich zum staatlichen kulturellen Erbe zählenden Schriftsteller werfen konnte. Die kritische Evaluierung dieser Texte von Seiten italienischer Germanisten wurde daher nicht vom Selbstbild Österreichs beeinträchtigt.

---

27 Ebd., S. 96.

28 Ebd., S. 12.

29 In einer Email von 19.01.2015 an einen der Verfasser dieses Artikels (M. Salgaro) beschreibt Regina Schaunig ihre Arbeit an der *Klagenfurter Ausgabe*, in der sie beauftragt worden war, sämtliche Artikel der SZ zu edieren. Ihre Arbeit deckte einen „anderen" Musil auf, nämlich den Frontautor und Agitator, der sich nur schwerlich mit dem Bild des Schriftstellers, das sich inzwischen in der Musil-Sekundärliteratur durchgesetzt hatte, vereinbaren ließ. Auch deshalb sind die (T)SZ-Texte, die Musil zugeschrieben wurden, auf Irritation gestoßen.

Dazu passt auch, dass man für die erste Monographie über Musils Herausgebertätigkeit während des Kriegs und im Grunde auch für die erste deutsche Buchausgabe der möglichen Musil-Texte in der (T)SZ eine Kompromisslösung gefunden hat. Regina Schaunig hat auf mehr als 200 Seiten eine „Auswahl an Soldatenzeitungs-Texten, bei denen eine Verfasserschaft Musils angenommen werden kann",[30] versammelt. Über diese Textauswahl hinaus hat sie im Anhang auch eine Liste der Titel zusammengestellt, die einen Überblick über die „40 Musil bisher zugewiesene und ca. 250 weiter zu diskutierende publizistische Beiträge der *Tiroler Soldaten-Zeitung* und der *Heimat*"[31] gibt. Bei aller Vorsicht der Zuschreibung gilt auch hier, dass selbst nur näherungsweise trennscharfe Kategorien für die Zuschreibungen fehlen, so verschieden die Gründe für die mehr oder minder gewollte Unschärfe letztlich auch sein mögen.

II.

Die gegenwärtige Diskussion um die Texte der (T)SZ ist vor allem um das *Musil-Forum* mit dem Themenschwerpunkt: „Robert Musil und der Erste Weltkrieg"[32] und um das *Musil-Handbuch*[33] zentriert. Das hundertjährige Jubiläum des I. Weltkriegs dürfte das Interesse an der literarischen und publizistischen Produktion in diesem Zeitraum angestoßen haben. Doch auch diese beiden Veröffentlichungen schreiben die Forschungslinie fort, die die Musil-Forschung seit mehr als 50 Jahren in Bezug auf die Zuschreibung der (T)SZ charakterisiert. Walter Fanta bilanziert den Forschungsstand nüchtern, wenn er schreibt: „Die bisherigen Zuordnungsbemühungen sind letztlich kläglich gescheitert"[34] und fährt dann fort: „[Es] steht zu bezweifeln, ob stilvergleichende Untersuchungen mit den Methoden der forensischen Linguistik je eindeutig und endgültig Klärung erbringen können. Jenseits der Frage, ob es einen Individualstil denn überhaupt gibt".[35] Mit dieser methodologischen

30 Schaunig, *Der Dichter im Dienst des Generals* (Anm. 3), S. 114. Die Texte finden sich im Intervall 138-149.

31 Ebd., S. 115. Die Liste steht im Intervall 356-361. Zur Kritik an dieser Zuschreibung s. Harald Gschwandtner, „In der Sperrgewalt der Fackel. Karl Kraus, Robert Musil und die Tiroler Soldatenzeitung", in: *Musil-Forum*, 34 (2015/2016), S. 157-176, hier S. 173.

32 *Musil-Forum*, 34 (2015/2016).

33 *Robert-Musil-Handbuch* (Anm. 5).

34 Walter Fanta, „Musils bleibende Bedeutung als Militärkritiker und Anti-Bellizist", in: *Musil-Forum* 34 (2015/2016), S. 129-156, hier S. 136.

35 Ebd., wenn man den Stilbegriff aber auf stilometrische und forensische Analysen bezieht, wie es Walter Fanta tut, muss man daran erinnern, dass der Begriff des

Einschätzung folgt Fanta der bisherigen Forschungslinie, die urteilt ohne zu begründen. Dabei scheint es bei der „höchst unbefriedigenden editorischen Situation",[36] die Fanta gegenüber der von ihm mitverantworteten *Klagenfurter Ausgabe*[37] bezüglich der Texte der (T)SZ konstatiert, geradezu paradox, keine methodische Weiterentwicklung der Forschung zu wünschen. Wie auch sonst üblich, so bewertet auch Fanta die Texte der (T)SZ als marginal für das Gesamtwerk.[38]

Anders argumentiert dagegen Harald Gschwandtner. Er schlägt vor, die Artikel mit Blick auf unterschiedliche Modelle der Autorschaft zu verstehen und zu bewerten. Seine Überlegungen zur anonymen Autorschaft Musils als Mitarbeiter der *Heimat* lassen sich ohne weiteres auf die Texte der (T)SZ übertragen.[39] Im Kontext der propagandistischen Publizistik der damaligen Zeit sollte man besser von „anonymer" oder „kollektiver" Autorschaft sprechen, weil diese Texte unfrei, d. h. unter dem Druck des Krieges und der Aufsicht staatlicher Autoritäten entstanden seien und nicht den einen, souveränen Autor haben konnten.[40] Diese Form der Autorschaft sei „doppelt anonym" gewesen, so Gschwandtner. Einerseits waren die im Propaganda-Krieg eingesetzten Autoren in der Anonymität ihrer Publikationen vor Zugriffen des Staates geschützt. Andererseits nahm damit die Leserschaft die propagandistischen Mitteilungen der Zeitung als objektives und allgemeines Informationsmedium wahr.[41]

Stils bereits erfolgreich benutzt wurde, um Fragen des Plagiats und der Autorschaft zu lösen. Um nur einen der berühmtesten und jüngsten Fälle zu nennen: Patrick Joula hat mit stilometrischen Methoden J.K. Rowling als Autorin des unter einem Künstlernamen 2013 geschriebenen Detektivroman *The Cuckoo's Calling identifiziert.*

36 Fanta, „Musils bleibende Bedeutung als Militärkritiker und Anti-Bellizist" (Anm. 34), S. 136.

37 KA; Robert Musil, *Der Mann ohne Eigenschaften. Roman*, hg. v. Walter Fanta, *Gesamtausgabe*, Band 1., Erstes Buch, Kapitel 1-75, Salzburg, 2016.

38 „Nicht weil er eine Soldatenzeitung redigiert hat, nicht weil er erziehungsbedingt vielleicht auch eine militäraffine Seite hatte, sondern weil er der Autor des *Mann ohne Eigenschaften* ist, in dem der Zusammenbruch der europäischen Kultur in seinen tiefsten Ursachen dargestellt wird – nur deswegen beschäftigen wir uns mit ihm". (Fanta, „Musils bleibende Bedeutung als Militärkritiker und Anti-Bellizist" [Anm. 34], S. 156)

39 Harald Gschwandtner, „Dienst und Autorschaft im Krieg. Robert Musil als Redakteur der Zeitschrift *Heimat*", in: *Musil-Forum* 33 (2013/2014), S. 101-124.

40 Gschwandtner, „Kriegspublizistik", in: *Robert-Musil-Handbuch* (Anm. 5), S. 434-440.

41 Ebd., S. 116.

III.

2016 hat Norbert Christian Wolf den Stand der Diskussion zu Musil und der (T)SZ resümiert und zugleich angeregt, doch methodisch neue Wege zu gehen, um Argumente zu bieten statt Vermutungen darüber vorzutragen, welche Artikel möglicherweise von Musil stammen könnten. Wolf schreibt: „Die Frage nach Musils Autorschaft von *Soldaten-Zeitungs-* und *Heimat*-Texten der Jahre 1916–1918 impliziert eine komplexe theoretische Problematik, die mit Blick auf die von Michel Foucault diagnostizierte, historisch variable ›Autor-Funktion‹ zu diskutieren sein wird. Empirische Ansätze zur Zuschreibung der Verfasserschaft mit Hilfe computerlinguistischer Methoden sollen dabei eine Rolle spielen".[42] Einen solchen computergestützten Zugang stellen wir im Folgenden vor. Er kann das bestehende Forschungsproblem weder mit einem Schlag lösen, noch eine abschließende Zuschreibung vornehmen, wohl aber sachliche Argumente in die Forschungsdiskussion einbringen, denn „ohne konzise Interpretationsmodelle ist dieser biographisch, historisch wie editionsphilologisch komplexe Fall nicht hinreichend zu ergründen".[43]

Bei dem von uns vorgeschlagenen Ansatz handelt es sich um eine Reihe stilometrischer Analysen. Die Stilometrie ist nicht neu und kann bis in die 60er Jahre des 20. Jahrhunderts rückverfolgt werden, als Frederick Mosteller und David L. Wallace versucht hatten, die Autorschaft der *American Federalist Papers* zu ermitteln.[44] Man kann die stilometrische Forschungstradition sogar bis zu August de Morgan oder Thomas Corwin Mendenhall ins 19. Jahrhundert zurück verlängern.[45] Den entscheidenden Anstoß aber erhielt der Ansatz durch einen literaturwissenschaftlichen Aufsatz von 2002, in dem der Literaturwissenschaftler John Burrows eine erstaunlich effektive Methode zur Bestimmung von Autorschaft vorgestellt hat, die seitdem als ‚Delta distance' oder Delta-Maß bezeichnet wird.[46] Die logische Ableitung ist einfach: Die Wör-

42 Norbert C. Wolf, „Einleitung", in: *Musil-Forum* 34 (2015/2016), S. 1-4, hier S. 4.

43 Gschwandtner, „Rezension zu Regina Schaunig: *Der Dichter im Dienst des Generals*" (Anm. 19), S. 351f.

44 Frederick Mosteller/David L. Wallace, *Inference and Disputed Authorship: The Federalist*. Reading (MA), 1964.

45 Vgl. *Contributions to the Science of Text and Language. Word Length Studies and Related Issues*, hg. v. Peter Gryzbek, Dordrecht, 2006, S. 15-60; Patrick Juola, „Authorship attribution", in: *Foundations and Trends in Information Retrieval* 1.3 (2006), S. 233-344, hier S. 240-243.

46 John F. Burrows, „Delta: A measure of stylistic difference and a guide to likely authorship", in: *Literary and Linguistic Computing* 17 (2002), S. 267-287.

ter werden nicht in ihrer syntagmatischen Reihenfolge, sondern nur nach ihrer Häufigkeit analysiert. Aus einer Gruppe von Texten wird die Häufigkeit jedes einzelnen Wortes ermittelt und daraus eine Liste der häufigsten Wörter des ganzen Korpus erstellt, beginnend vom häufigsten bis zu den Wörtern, die nur einmal im Korpus vorkommen. Für jeden Text des Korpus wird dann jeweils die Häufigkeit seiner Wörter errechnet und mit der entsprechenden durchschnittlichen Häufigkeit der Wörter im Gesamtkorpus verglichen. In der Sprache der Statistik formuliert, sind das z-Werte, die eine standardisierte Abweichung vom Durchschnitt des Korpus angeben. Aus diesen Werten wird dann ein Vektor für jeden Text gebildet. Die Distanz oder das Delta zwischen zwei Texten des Korpus ist dann die Distanz zwischen den beiden sie jeweils repräsentierenden Vektoren. Um Schwankungen aufgrund der unterschiedlichen Textmenge der Autoren des Korpus auszugleichen, wird hier die Häufigkeit als Proportion der jeweiligen Autorentexte ausgedrückt. Burrows hat diese Methode an einem Korpus von Autoren der Restaurationsepoche erprobt und erstaunlich genau die Texte den Autoren richtig zuordnen können. Die Texte, die diese Methoden als stilistisch ähnlich klassifiziert, sind tatsächlich diejenigen Texte desselben Autors. In den letzten 15 Jahren wurden verschiedene Verbesserungen vorgeschlagen, aber der Rechenweg ist im Kern derselbe geblieben.[47] Inzwischen wird der Ansatz Burrows' nicht nur für Autorschaftsbestimmung genutzt, sondern auch um stilistische Ähnlichkeiten, Einfluss und Ableitungen zwischen Werken zu bestimmen.[48]

Innerhalb der Methode der Autorschaftsbestimmung sind Maße wie Delta Schlüssel für verschiedene Experimente, die üblicherweise durch die Konstruktion von zwei getrennten Korpora entwickelt werden. Das eine Korpus enthält die Texte, deren Autorschaft bekannt ist, das andere Korpus enthält die Texte, deren Autor zu bestimmen ist. In der Terminologie der Informatik spricht man auch von einem Trainingsset und einem Testset. Die Funktion des Trainingssets ist es, genügend Indikatoren für den Stil des gesuchten Autors im Testset zu liefern. Die be-

47 Eine aktuelle Übersicht liefern Fotis Jannidis/Steffen Pielström/Christof Schöch/Thorsten Vitt, „Improving Burrows' Delta – An empirical evaluation of text distance measures", in: *Digital Humanities Conference Book of Abstracts, Sydney*, 2015; online: http://dh2015.org/abstracts/xml/JANNIDIS_Fotis_Improving_Burrows__Delta___An_empi/JANNIDIS_Fotis_Improving_Burrows__Delta___An_empirical_.html [Stand: 26.04.2017].

48 Vgl. Fotis Jannidis/Gerhard Lauer, „Burrows's Delta and its use in German literary history", in: *Distant Readings – Descriptive Turns: Topologies of German Culture in the Long Nineteenth Century*, hg. v. Matt Erlin / Lynn Tatlock, Rochester, 2014, S. 29-54.

kannten Texte Musils sind also das Trainingsset, die Texte der (T)SZ bilden das Testset. Doch ist die Sachlage im vorliegenden Fall, angefangen beim Testset, etwas komplizierter, geht man in die Details der Analyse.

Zunächst sind nicht alle Texte der (T)SZ digital zugänglich. Zwar wurden alle Ausgaben der Zeitung durch die Österreichische Nationalbibliothek digitalisiert.[49] Aber die Qualität der Volltext-Digitalisate ist sehr schlecht. Etwa 20% der erfassten Seiten sind fehlerhaft transkribiert, ein Rauschfaktor, der eine stilometrische Analyse stark beeinträchtigt, werden doch zu viele Wörter, die ja die Grundlage der Berechnung liefern, nicht erkannt. Das liegt an der Frakturschrift der (T)SZ, die durch automatisierte Buchstabenerkennung, die Optical Character Recognition (OCR), nur ungenügend erfasst wird.[50] Weil eine händische Nachkorrektur der gesamten (T)SZ den Rahmen einer ersten stilometrischen Studie überschreitet, haben wir uns für unsere Analyse auf diejenigen Artikel der (T)SZ beschränkt, für die Musil als Autor von der Forschung vorgeschlagen wurde. Die meisten dieser Texte liegen, um OCR-Fehler bereinigt, in der *Klagenfurter Ausgabe* vor. Ein größeres Problem für die Durchführung einer stilometrischen Analyse hat jedoch mit der Textsorte Zeitungsartikel zu tun.

Wie man leicht erkennen kann, bringt das Delta-Maß probabilistische Annahmen über Wortverteilungen in Anschlag. Jedes probabilistische Verfahren braucht, um valide Ergebnisse zu ermitteln, eine hinreichend große Stichprobe. Für die Stilometrie schlägt Maciej Eder nach einer ausführlichen Prüfung verschiedener Methoden vor, dass ein Text minimal ca. 5.000 Wörter umfassen muss, um einem Autor valide zugeordnet zu werden, unabhängig von der (modernen) Sprache des Textes. Ideal ist nach Eder ein Text von ungefähr 8.000 Wörtern Umfang.[51] Die durchschnittliche Länge der 38 Musil zugeschriebenen (T)SZ-Artikel, die Schaunig auflistet,[52] liegt jedoch leicht unter 1.000 Wörtern. Für unsere Zwecke ist dieser Umstand eine erhebliche Herausforderung. Als mögliche Lösung hat Eder vorgeschlagen, miteinan-

49 http://anno.onb.ac.at/cgi-content/anno?aid=tsz [Stand: 26.04.2017].

50 Ein Ansatz, der versucht, dieses Problem in den Griff zu bekommen, findet sich bei Thomas M. Breuel/Adnan Ul-Hasan/Mayce Al Azawi/Faisal Shafait, „High-Performance OCR for Printed English and Fraktur Using LSTM Networks", in: *Proceedings of the 12th International Conference on Document Analysis and Recognition*, 2013, S. 683-687. Die Texte der (T)SZ wurden mit OCRed automatisiert erkannt und dann verbessert mit der freien Software OCRopus: https://github.com/tmbdev/ocropy [Stand: 26.04.2017].

51 Maciej Eder, „Does size matter? Authorship attribution, small samples, big problem", in: *Digital Scholarship in the Humanities*, 30 (2015) 2, S. 167-182.

52 Schaunig, *Der Dichter im Dienst des Generals* (Anm. 3), S. 356-357.

der verkettete Stichproben zu erzeugen.[53] Das heißt für uns, Texte bzw. Textabschnitte zusammenzufassen. In einem idealen experimentellen Design ergeben so jeweils acht Texte der (T)SZ die Arbeitsgröße von 5.000 bis 8.000 Wörtern, jedoch mit zwei weiteren Problemen. Erstens funktioniert eine solche Stichprobe nur unter der Annahme, dass mindestens 8 Artikel tatsächlich von Musil stammen, wofür wir aber keinen hinreichenden Beweis haben. Zweitens bedeutet diese methodologische Lösung, um die mangelnde Größe der (T)SZ-Artikel auszugleichen, einen immensen kombinatorischen Aufwand. Es bedeutet nicht weniger als alle möglichen Kombinationen von 8 Texten aus der Gesamtheit von 38 Texten zu testen, das sind im Ganzen 48.903.492 Testläufe eines solchen Testsets. Dies ist auch für einen rechenstarken Computer eine aufwändige Aufgabe. Wenn man annimmt, dass hier in etwa eine Iteration pro Sekunde durchgeführt werden kann, würde für diese Texte insgesamt mehr als ein Jahr und acht Monate Rechenzeit benötigt werden. Doch lässt sich die Komplexität des Untersuchungsdesigns durch eine sorgfältig abzuwägende Vereinfachung reduzieren.

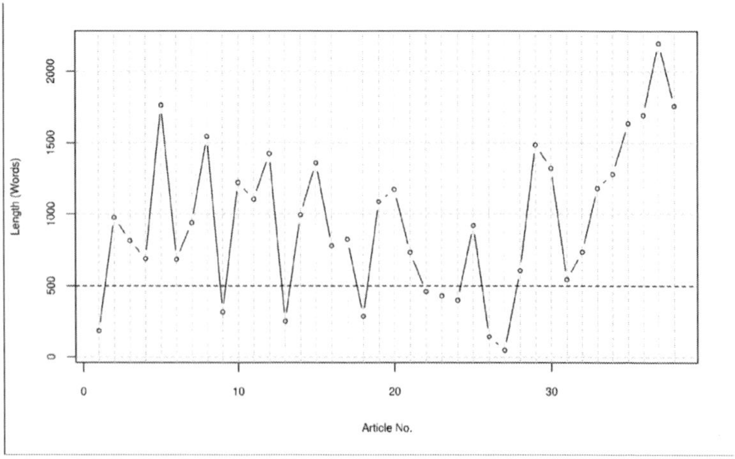

Abbildung 2: Länge der 38 TSZ-Artikel (Übersicht zu den Artikel-Nummern s. Abb. 4), die Musil in der Forschung zugeschrieben werden, gemessen in Wörtern.

53 Eder, „Does size matter? Authorship attribution, small samples, big problem" (Anm. 51), S. 175.

Wie in Abbildung 2 zu erkennen ist, fallen einige Texte deutlich unter die 1.000-Wörtergrenze. Der kürzeste Text umfasst gerade einmal 47 Wörter. Diese extrem kurzen Texte schließen wir aus zwei Gründen aus: erstens ist die Wahrscheinlichkeit mit der sie durch unsere Methode zugeschrieben werden können sehr klein; zweitens reduziert ihr Ausschluss die Zahl der Kombinationen erheblich. Ein Abwägen zwischen Rechenaufwand und Präzision führt dazu, dass wir alle 9 Texte ausschließen, die kürzer als 500 Wörter sind. Außerdem können wir den Artikel „Aus der Geschichte eines Regiments", publiziert in der TSZ vom 26. Juli 1916, ebenfalls aus dem Testset ausschließen, da dies der einzige Text ist, der Musil mit Sicherheit zugeschrieben werden kann.[54] Das Kombinationsdesign kann so mit 28 statt 38 Texten kombiniert zu 6 statt 8 Text-Stichproben durchgeführt werden. Dann besteht jede Stichprobe im Durchschnitt aus 6.963 Wörtern mit einer Standardabweichung von 909 Wörtern. Nur knapp ein Prozent der so hergestellten Texte ist dann kürzer als 5.000 Wörter. Auch dieses Experiment ist immer noch Rechenzeit-intensiv. Die 376.740 Rechenschritte zur Bestimmung der Ähnlichkeit zwischen den so hergestellten Testsets nehmen immer noch mehr als hundert Stunden in Anspruch.

Die Probleme für die Herstellung der Trainingssets aus den klar Musil zugeschriebenen Texten gleichen bezüglich Digitalisierung und Textlänge denen für die Herstellung des eben beschriebenen Testsets. Für eine aussagekräftige stilometrische Studie braucht man zudem auch Daten von Texten, die anderen Autoren als Musil zugeschrieben werden könnten. Damit kommen wir zu einem der kompliziertesten Probleme im Feld der Autorschaftsbestimmung, dem der Autorschaftsverifikation.

IV.

Für die eben umrissenen stilometrischen Analysen sind die historischen Bedingungen, unter denen die Texte der (T)SZ entstanden sind, von ausschlaggebender Bedeutung, weil sie es ermöglichen, die Arbeit in der Bozner Redaktion zu beleuchten und damit die potentiellen Autoren auszumachen. Der Historiker Roman Urbaner hat 2001 eine gut dokumentierte Studie veröffentlicht, in der er die Details der Arbeitspraxis und der Komposition der Redaktion der (T)SZ beschreibt:[55]

> Das Aktenmaterial vom August 1916 gestattet aber einen Einblick in die personelle Zusammensetzung der Redaktion. Neben Oberleutnant Hans

54 Vgl. Corino, „Robert Musil: Aus der Geschichte eines Regiments" (Anm. 15), S. 123-236.

55 Vgl. Urbaner, „‚... daran zugrunde gegangen, daß sie Tagespolitik treiben wollte'?" (Anm. 2), S. 1-27.

> Kleindienst und Leutnant Rudolf Neumann standen Musil, eigens aus Wien nach Bozen beordert, der Kadettaspirant Heinrich Gartenberg und Oberleutnant Hans Feigel, den man zur Erledigung der administrativen Arbeiten aus Trient abberufen hatte, zur Seite.[56]

Für unsere stilometrische Analyse ist es wichtig zu wissen, dass fünf Soldaten als Autoren der Texte der in Bozen herausgegebenen Frontzeitung zu vermuten sind (Abb. 2 u. 5). Zwei andere Soldaten, die von Urbaner genannt werden, sind nur zeitweilig in der Redaktion im Einsatz, und, wie aus den Dokumenten hervorgeht, hauptsächlich mit Verwaltungstätigkeiten befasst. Für ein Experiment, bei dem die fünf anzunehmenden Redaktionsmitglieder explizit als alternative Kandidaten der Autorschaft konzipiert werden, ist die Datenlage insgesamt nicht geeignet. Noch schwerer wiegt, dass wir nicht von allen potentiellen Mitgliedern der Redaktion weitere digitalisierte Schriften zur Verfügung haben, die als Vergleichswert für unsere Untersuchung herangezogen werden könnten.

Für die stilometrische Analyse hat das Fehlen von Vergleichstexten der anderen potentiellen Autoren zur Folge, dass diese Autoren nicht hinreichend verifiziert werden können. Die Unterscheidung von Autoren ist vergleichsweise einfach, wenn es nur darum geht, aus einer begrenzten Zahl von Kandidaten, von denen auch andere Texte vorliegen, den jeweils zunächst unbekannten Autor von den bekannten Autoren zu unterscheiden. Es handelt sich hier dann um eine geschlossene Zuordnung, denn der Text ist je einem der untersuchten Kandidaten mit Sicherheit zuzuordnen, die Frage ist nur welchem. Verifikation dagegen ist schwieriger, da das Ziel zwar auch hier ist, die Frage zu beantworten, ob der vermutete Autor der tatsächliche Autor ist oder nicht, nun aber theoretisch mehrere Möglichkeiten in Frage kommen. Es handelt sich hier um eine offene Zuordnung, da ein mit Sicherheit bestimmbarer Kandidat nicht im Trainingsset enthalten ist. Hier kann es also nicht das Ziel sein, einen Text einem anderen Autor als dem vermuteten zuzuordnen, sondern zu überprüfen, wie hoch die Wahrscheinlichkeit ist, dass der vermutete Autor den Text tatsächlich geschrieben hat. Das verkompliziert die Zusammenstellung des Trainingssets. Für das Trainingsset bräuchten wir zum einen Texte, die sicher Musil zugeschrieben werden können, damit das Programm weiß, wonach es für den ‚stilistischen Fingerabdruck' Musils suchen muss. Zum anderen sind aber auch Texte anderer Autoren vonnöten, damit der Stil Musils von dem anderer Autoren unterschieden werden kann. Da uns Texte der anderen mög-

56 Ebd., S. 16.

lichen Beiträger nun aber nicht vorliegen, folgen wir der sogenannten ‚Betrüger-Methode' (impostor method) von Moshe Koppel und Yaron Winter:

> Suppose we are asked to determine if the documents *X* and *Y* were written by the same author. We systematically produce a set of "impostor" documents and—in a matter reminiscent of a police lineup—ask if *X* is sufficiently more similar to *Y* than to any of the generated impostors. The trick is using the proper methods to select the impostors and, more important, to measure document similarity.[57]

Diese Technik, die eine Reihe von eigentlich fremden, aber aufgrund ihrer Stilmerkmale sorgfältig ausgesuchten Autoren mit in die Analyse einbringt, ist in den letzten Jahren in verschiedenen Varianten angewendet worden. Dabei wurden teilweise bis zu hundert ‚Betrüger' in das Trainingsset eingespielt. Für unsere bescheidenen Zwecke folgen wir einem Hinweis von Patrick Juola, demzufolge zwar die genaue Zahl solcher Distraktoren-Autoren offen ist, aber sich drei bis sieben solcher ‚gefälschter' Autoren als methodisch tragfähig erwiesen haben.[58] Ist die Zahl dieser möglichen anderen Autoren festgelegt, dann ist darauf zu achten, dass sie hinsichtlich Zeit, Sprache, Region, Genre und Geschlecht zum Testset passen sollten.[59] Folgt man der Pionierarbeit von Jürgen Thöming,[60] wäre Alfred Döblin der ideale ‚Betrüger' für Musils Stil. Da ein freier Zugang zu Döblins Werk aufgrund des geltenden Urheberrechts erst 2027 erlaubt ist, bleiben jedoch nur die derzeit frei zugänglichen Werke von zeitgenössischen Autoren wie Franz Blei, Franz Kafka oder Stefan Zweig.

Ein Sonderfall für unser Trainingsset ist der Vorarlberger Schriftsteller Albert Ritter, den Roman Urbaner als ein hypothetisches Mitglied der Redaktion nennt.[61] Diese Annahme, die neben Urbaner auch

---

57 Moshe Koppel/Yaron Winter, „Determining if two documents are by the same author", in: *Journal of the Association for Information Science and Technology* 65 (2014) 1, S. 178-187, hier S. 178.

58 Patrick Juola, „The Rowling Case: A Proposed Standard Analytic Protocol for Authorship Questions", in: *Digital Scholarship in the Humanities* 30 (2015), S. i100-i113, hier S. i106.

59 Ebd.

60 Vgl. Thöming, „Wie erkennt man einen anonym-veröffentlichten Musil-Text?" (Anm. 14)

61 Urbaner, „‚,... daran zugrunde gegangen, daß sie Tagespolitik treiben wollte'?" (Anm. 2), S. 16. Als Quelle nennt Urbaner den *Allgemeiner Tiroler Anzeiger* vom 17.4.1917, 173. Ebd., Fußnote 120.

von anderen Forschern diskutiert wird,[62] ist besonders interessant, weil wir damit über weitere hochrelevante Texte für das Trainingsset verfügen würden. Wie das „Protokoll" der Sitzung vom 22. April 1917 (Abb. 9.1), das in der Bozner Redaktion der SZ erstellt wurde, beweist, ist die Gegenwart von „Oblt. Dr. Albert Ritter" in der Bozner Redaktion kein „wenig stichhaltiges Gerücht", das „nicht den Aktenvermerken über die Bozner Redaktion entspricht",[63] sondern ein historisch belegtes Faktum. Mit Robert Musil sowie dem Inhaber der Firma Rudolf Grabner und anderen Offizieren bespricht Ritter am 22. April 1917 die „Inseratengebühren aus dem Konto Grabner".[64]

Albert Ritter war ein Journalist und Schriftsteller, der im Laufe seiner Karriere mehrere Pseudonyme verwendete wie z. B. Konrad v. Winterstetten oder R.W. Conrad.[65] In der SZ finden wir unter dem Datum des 28. Januar 1917 eine Ankündigung seines geschichtspolitischen Traktats „Autonomie?" (Abbildung 3)

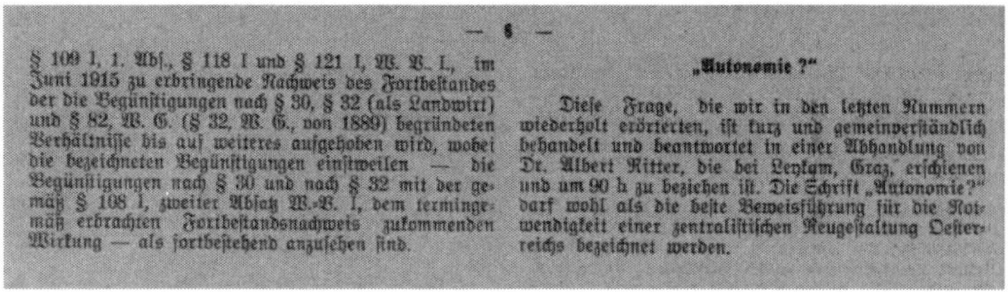

— 8 —

§ 109 1, 1. Abs., § 118 I und § 121 I, W. V. I., im Juni 1915 zu erbringende Nachweis des Fortbestandes der die Begünstigungen nach § 30, § 32 (als Landwirt) und § 82, W. G. (§ 32, W. G., von 1889) begründeten Verhältnisse bis auf weiteres aufgehoben wird, wobei die bezeichneten Begünstigungen einstweilen — die Begünstigungen nach § 30 und nach § 32 mit der gemäß § 108 I, zweiter Absatz W.-V. I, dem termingemäß erbrachten Fortbestandsnachweis zukommenden Wirkung — als fortbestehend anzusehen sind.

„Autonomie ?"

Diese Frage, die wir in den letzten Nummern wiederholt erörterten, ist kurz und gemeinverständlich behandelt und beantwortet in einer Abhandlung von Dr. Albert Ritter, die bei Leykam, Graz, erschienen und um 90 h zu beziehen ist. Die Schrift „Autonomie?" darf wohl als die beste Beweisführung für die Notwendigkeit einer zentralistischen Neugestaltung Oesterreichs bezeichnet werden.

Abbildung 3: Ankündigung des Traktats „Autonomie" von Albert Ritter in der SZ vom 28. Januar 1917.

Diese Schrift von Albert Ritter haben wir ausfindig gemacht[66] und digitalisiert.[67] Sie behandelt ein umstrittenes Thema der Zeit, die Frage

62 Regina Schaunig hält die Präsenz Ritters in der Bozner Redaktion für wenig glaubwürdig, weil sie sich nicht durch Aktenvermerke belegen lasse und weil dieser – auch in *Autonomie?* – eine föderalistisch-nationalistische Position in Bezug auf die österreichische Politik vertrat, die im Gegensatz zur (T)SZ stand, die den Vielvölkerstaat zu erhalten und ihn zugleich geistig, moralisch und politisch zu reformieren suchte. (Schaunig, *Der Dichter im Dienst des Generals* [Anm. 3], S. 65)

63 Ebd.

64 S. AT-OeStA/KA FA NFA HHK HFK/HGK Conrad (Erzherzog Joseph) Akten 1852, das wir in der Anlage abdrucken.

65 Zur Einführung s. den Beitrag *Albert Ritter, der ghostwriter in der Redaktion der Tiroler Soldatenzeitung – ein Profil* in diesem Band.

66 Albert Ritter, *Autonomie? Zur Frage der Neugestaltung Österreichs*, Graz, 1916.

67 Der Text ist ebenfalls in Fraktur gedruckt. Wir haben OCRopus zur automatisierten Worterkennung genutzt und das Ergebnis von Hand korrigiert.

ob Deutschland und Österreich einen einheitlichen Staat bilden sollten. Ritter bietet sich mit seinen zeitlich und im Genre verwandten Texten als weiterer Kandidat für die von uns aus methodischen Gründen gesuchten ‚Betrüger-Autoren' an, so dass wir zusätzlich zu der *Autonomie*-Schrift noch ein weiteres Pamphlet Ritters[68] in das Trainingsset aufgenommen haben. Ausgehend von den Kriterien ‚Zeit', ‚Sprache', ‚Region', ‚Genre' (nicht-literarische Texte) und ‚Geschlecht' ist Ritter damit neben Blei, Kafka, Zweig der vierte ‚Fälscher'-Autor in unserem Trainingskorpus, jedoch mit dem Unterschied, dass wir annehmen, dass er selbst mehrere Texte in der (T)SZ veröffentlicht haben könnte.

Neben Ritter haben wir das Trainingsset noch um zwei weitere Autoren erweitert, die Urbaner als mögliche Mitarbeiter für die (T)SZ nennt: Hugo Salus und Marie delle Grazie.[69] Ihre Aufnahme in das Trainingsset ist nicht ganz konsistent, u. a. weil wir von ihnen nur erzählend-fiktionale Texte zur Hand haben, das Genre also nicht konstant gehalten wird. Für eine explorative Studie, wie wir sie hier unternehmen, ist das noch akzeptabel. Wir benennen hier nicht ohne Umständlichkeit alle möglichen Einschränkungen im experimentellen Design, um so kontrolliert wie möglich die Möglichkeiten und Grenzen des hier gewählten stilometrischen Ansatzes offenzulegen.

V.

Der Test wurde mit den in Abbildung 4 aufgeführten 28 Texten aus der (T)SZ durchgeführt:[70]

Text Nr.	Titel	Publikationsort	Länge in Wörtern
1	Kameraden arbeitet mit!	TSZ, Nr. 9, (6. 8. 1916), S. 3-4	814
2	Bin ich ein Österreicher?	SZ, Nr. 11 (20. 8. 1916), S. 2	689
3	Herr Tüchtig und Herr Wichtig	SZ, Nr. 12 (27. 8. 1916, S. 3-4	1.763

68 Albert Ritter, *Grossdeutschland und die Weltpolitik. Ein Programm für die grossdeutsche Republik*, Graz, 1919.

69 „Der Bericht erwähnt weiters: Hugo Salus, Obstlt. Merkh, Th. von Sosnosky, Marie delle Grazie, Dr. Otto Rudl." (Urbaner, „... daran zugrunde gegangen, daß sie Tagespolitik treiben wollte"? [Anm. 29], S. 2)

70 Wir referieren im Folgenden abkürzend auf die Nummern dieser Zählung.

4	Das Schlagwort	SZ, Nr. 12 (27. 8. 1916), S. 5	684
5	Die Erziehung zum Staat	SZ, Nr. 13 (3. 9. 1916), S. 4-5	939
6	Bauernleben	SZ, Nr. 17 (1. 10. 1916), S. 3-4	1.545
7	Sonderbare Patrioten	SZ, Nr. 19 (15. 10. 1916), S. 4-5	1.222
8	Noch einmal Bauernleben	SZ, Nr. 21 (29. 10. 1916), S. 4-5	1.106
9	Opportunität	SZ, Nr. 23 (12. 11. 1916), S. 2-3	1.425
10	Eine gute persönliche Beziehung	SZ, Nr. 25, (26. 11. 1916), S. 4-5	995
11	Eine österreichische Kultur	SZ, Nr. 27 (10. 12. 1916), S. 2-3	1.360
12	Der Nörgler und der neue Österreicher	SZ, Nr. 28 (17. 12. 1916), S. 3-4	779
13	Das Kompromiß	SZ, Nr. 29 (24. 12. 1916), S. 1	824
14	Heilige Zeit	SZ, Nr. 30 (31. 12. 1916), S. 3-4	1.087
15	Zentralismus und Föderalismus	SZ, Nr. 31 (7. 1. 1917), S. 2-3	1.174
16	Föderalismus oder Zentralismus	SZ, Nr. 32 (14. 1. 1917), S. 2	732
17	Zu Milde und zu Wilde	SZ, Nr. 36 (11. 2. 1917), S. 3-4	920
18	Neu-Altösterreichisches	SZ, Nr. 38 (25. 2. 1917), S. 5	606
19	Ist die »österreichische Frage« schwierig?	SZ, Nr. 39 (4. 3. 1917), S. 2-3	1.486
20	Seiner Hochwohlgeboren!	SZ, Nr. 39 (4. 3. 1917), S. 3-4	1.323
21	Luxussteuern	SZ, Nr. 39 (4. 3. 1917), S. 5	543

22	Positive Ziele	SZ, Nr. 40 (11. 3. 1917), S. 2	735
23	Der Frieden versprochen!	SZ, Nr. 41 (18. 3. 1917), S. 2-3	1.182
24	Das Staatsprogramm der Deutschen	SZ, Nr. 41 (18. 3. 1917), S. 3-4	1.280
25	Wehe dem Staatsmann!	SZ, Nr. 42 (25. 3. 1917), S. 2-3	1.636
26	Der Frieden und die Zukunft	SZ, Nr. 43 (1. 4. 1917), S. 2-3	1.693
27	Presse und Krieg	SZ, Nr. 44 (8. 4. 1917), S. 2-4	2.197
28	Vermächtnis	SZ, Nr. 45 (15. 4. 1917), S. 3-4	1.757

Abbildung 4: Verzeichnis der Artikel in der (T)SZ, die in der Forschung Musil zugeschrieben werden (nach Schaunig [Anm. 3], S. 356f), gekürzt um 9 Artikel, die zu kurz für diese Untersuchung sind und 1 Artikel, für den Musils Autorschaft gesichert ist.

Das Trainingsset besteht aus 21 Stichproben ausreichender Länge, wobei jede Stichprobe aus je drei Textfragmenten der jeweiligen Autoren (Musil und der sieben ‚Betrüger'-Autoren) zusammengesetzt ist, und so je eine Länge zwischen 6.000 bis 8.000 Wörtern hat. Zusammengefügt wurden die Stichproben aus der folgenden Liste (siehe Abbildung 5):

Autor	Texte komponiert aus	Digitale Vorlagen
Robert Musil	Artikel publiziert in PAN, Der Lose Vogel, Die Aktion, Revolution, Die weissen Blätter, Die Neue Rundschau, S. Fischers Mitteilungen über neue Literatur, Das große Jahr 1914-1915, Der Friede und Summa zwischen 1911 und 1919	Klagenfurter Ausgabe[71]
Stefan Zweig	Auswahl aus Buchbesprechungen zwischen 1902 und 1939[72]	Projekt Gutenberg-DE

Franz Blei	Auszüge aus den Büchern Das große Bestiarium der modernen Literatur (1922), Formen der Liebe (1930), und Männer und Masken (1930)[73]	Projekt Gutenberg-DE
Franz Kafka	Eine Auswahl der Briefe zwischen 1909 und 1919[74]	Projekt Gutenberg-DE
Albert Ritter	Autonomie? Zur Frage der Neugestaltung Österreichs (1916) und Auszüge aus Grossdeutschland und die Weltpolitik (1919)	Eigendigitalisierung
Hugo Salus	Die kurzen Erzählungen Pietà, Der Spiegel, und Das Meerweibchen (1906)[75]	Projekt Gutenberg-DE
Marie delle Grazie	Auszüge aus der Erzählung Das Buch der Liebe (1916)[76]	Projekt Gutenberg-DE

Abbildung 5: Liste der Texte des Trainingssets

Die stilometrische Analyse des Korpus wurde mit dem vielfach erprobten Stylo-Paket von Eder, Kestemont und Rybicki[77] in der freien Programmiersprache R durchgeführt. Das Stylo-Paket ermöglicht u. a. die Berechnung des Delta-Maßes und eröffnet umfangreiche Möglichkeiten der analytischen Präzisierung von Abfragen an Textkorpora. Dazu gehört die Clusteranalyse, eine intuitiv nachvollziehbare graphische Darstellung der Nähe bzw. Distanz zwischen den untersuchten Texten. So zeigt etwa Abbildung 6 für unser Trainingsset (vgl. Abbil-

71 Die Texte sind die ersten 16, die im *Band 12 Essays* aufgeführt sind.

72 Vgl. Stefan Zweig, *Begegnungen mit Büchern,* hg. v. Knut Beck, Frankfurt a. Main, 1983.

73 Vgl. Franz Blei, *Das große Bestiarium der modernen Literatur,* Berlin, 1922; ders., *Formen der Liebe: mit über 100 Abbildungen nach zeitgenössischen Originalen und Photographien sowie Farbtafeln,* Berlin/Wien, 1930; ders., *Männer und Masken,* Berlin, 1930.

74 Franz Kafka, *Brief an den Vater,* Frankfurt a. Main, 1994; ders., *Briefe an Ottla und die Familie,* Frankfurt a. Main, 1981.

75 Hugo Salus, *Das blaue Fenster.* Novellen, Berlin, 1906.

76 Marie Eugenie delle Grazie, *Das Buch der Liebe,* Berlin/Wien, 1916.

77 Maciej Eder/Mike Kestemont/Jan Rybicki, „Stylometry with R: a suite of tools", in: *Digital Humanities 2013. Conference Abstracts*, 2013, S. 487-489. (https://github.com/computationalstylistics/stylo [Stand: 26.04.2017])

dung 5), dass die Texte desselben Autors einander stilistisch ähnlicher sind als Texte anderer Autoren.

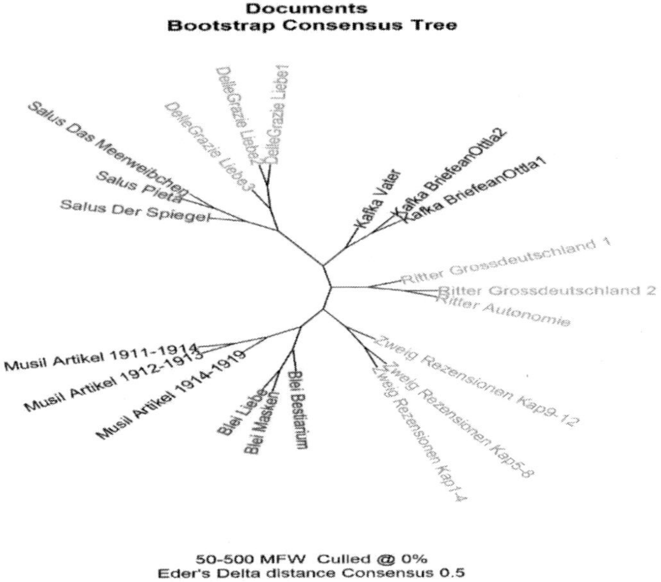

Abbildung 6: Bootstrap Consensus Tree des Trainingssets (Eder's Delta, 50-500 Most Frequent Words)

Der Graph in Abbildung 6 zeigt, dass das Delta-Maß die Autoren voneinander unterscheiden kann. Hier wird durch den Cluster-Algorithmus die jeweilig berechnete Distanz zwischen den Einzeltexten auf die ‚Äste' des ‚Baums' abgebildet: die zusammenhängenden Äste bilden die sogenannten Ähnlichkeits-Cluster. Die Logik hinter diesem intuitiv zu lesenden Graphen ist freilich komplexer. Zunächst ist die Distanz zwischen den Texten bzw. Autoren nicht genau Burrows' Delta, sondern modifiziert durch Maciej Eders Delta, das das Gewicht der häufigen Wörter erhöht und die der weniger häufigen Wörter abschwächt, um die unterscheidende Funktion zufälliger, seltener Wörter zu minimieren.[78] Zweitens ist auch die Auswahl der Wortfrequenzen, die in die Berechnung einbezogen werden, entscheidend für die Berechnung und damit auch für die graphische Darstellung wie in Abbildung 6. Das Statistikpaket Stylo hat zudem die besondere Eigenschaft, die Distanzen zwischen

78 Maciej Eder/Mike Kestemont/Jan Rybicki, „‚Stylo': a package for stylometric analyses" (2015), S. 17 (online: https://sites.google.com/site/computationalstylistics/stylo [Stand: 28.04.2017]).

den Texten jeweils in iterativen Rechendurchgängen zu erheben, wobei die Anzahl der in die Analyse einbezogenen meisthäufigen Wörter systematisch variiert, um dann die Resultate in einem sog. Bootstrap Consensus Tree (wie in Abbildung 6 dargestellt) zusammenzufassen. So können statistisch zufällige Ausreißer ausgeglichen werden, ein Grundverfahren vieler statistischer Ansätze.[79] Anders gesagt, der Algorithmus berechnet für die 50, 100, 150 bis 500 häufigsten Wörter des Korpus die Delta-Werte und zieht dann diese Frequenz-Daten im Bootstrap Consensus Tree zusammen, so dass man eine durchschnittliche stilistische Distanz zwischen den Texten erhält.[80]

Ein erster Test, der die Trainingsdaten mit einer Auswahl der (T)SZ-Artikel vergleicht, zeigt bereits vielversprechende Ergebnisse: Abbildung 7 demonstriert, dass eine Reihe von Texten aus der SZ (Nr. 7-12) mit Musils Texten clustert, während in Abbildung 8 andere Texte aus dem SZ-Korpus (Nr. 18-23) mit den Streitschriften Albert Ritters clustern. Dies legt zunächst nahe, dass die SZ-Artikel sehr wahrscheinlich nicht alle vom selben Autor geschrieben worden sind.

Das ist so aber nur eine erste Exploration und noch kein systematischer Delta-Distanz-Vergleich über Trainingsset und Testset.[81]

Die algorithmische Logik hinter den Bootstrap-Consensus Trees wie in Abbildung 7 und 8 ist vergleichsweise komplex. Die Bäume basieren auf je einer Tabelle von Delta-Werten, die zwischen den Textstichproben erhoben werden, und zwar für jedes Text-Paar, das zwischen Trainingsset und Testset verglichen wird. Zum Beispiel beträgt in Abbildung 7 der Abstand zwischen der Testset-Stichprobe „Test Musil SZ 7-12" und der Trainingsset-Stichprobe „Musil Artikel 1914-1919" Delta = 206,96, der Abstand zwischen derselben Testset-Stichprobe und Kafkas *Brief an den Vater* dagegen Delta = 291,46. Aus diesem Grunde steht die Testset-Stichprobe in Abbildung 7 näher bei Musil als bei Kafka – und aufgrund der gleichen Logik zeigt auch Abbildung 9 für Mu-

79 Vgl. Maciej Eder, „Visualization in Stylometry: Cluster Analysis Using Networks", in: *Digital Scholarship in the Humanities*, 32, 1, 2017, S. 50-64.

80 Ebd., S. 7.

81 Das vollständige kombinatorische Design wurde durch eine ad hoc-Vereinfachung implementiert, der nur ein Zehntel der möglichen Vergleichsoperationen (entsprechend 37.674 Iterationen) zugrunde lag. Diese Vereinfachung war möglich, da sehr ähnliche Ergebnisse erzielt wurden, unabhängig davon, ob die Berechnung auf der Grundlage einer Teilmenge oder dem vollständigen Datensatz mit 376.740 Kombinationen der 6 Texte des Testsets beruht (vgl. Abb. 9). Eine Wiederholung der Analyse ohne kombinatorisches Design zeigt dagegen ein sehr viel verrauschteres Bild, so dass unsere Entscheidung für das kombinatorische Design bestätigt wurde.

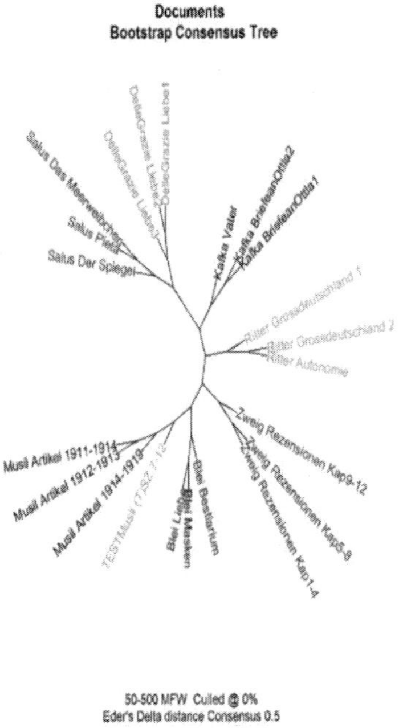

Abbildung 7: Bootstrap Consensus Tree des Trainingssets mit SZ-Artikeln Nr. 7-12 (Eder's Delta, 50-500 Most Frequent Words)

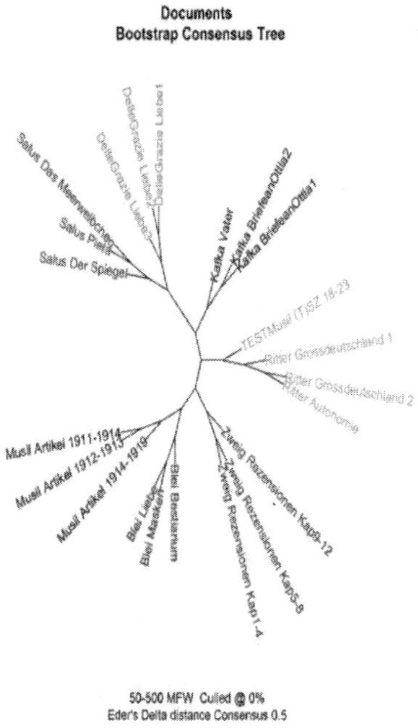

Abbildung 8: Bootstrap Consensus Tree des Trainingssets mit SZ-Artikeln Nr. 18-23 (Eder's Delta, 50-500 Most Frequent Words)

sil eine deutlich geringere stilistische Distanz vom Testset als für Kafka und andere Autoren.[82]

82 Tatsächlich sind die Dinge noch etwas komplizierter. Die Tabelle der Delta-Abstände, die Stylo berechnet, bezieht sich nur auf den letzten Durchgang, der den Graphen erzeugt, hier den der 500 häufigsten Wörter. Um alle Tabellenwerte auch der weniger häufigen Wörter einzubeziehen, haben wir ein Skript geschrieben, das den mittleren Abstand zwischen den häufigsten Wortwerten berechnet. Für Abbildung 7 wurde so der Abstand der „Musil Artikel 1914-1919" neu berechnet als Delta = 112,81 und der Abstand zu Kafkas Brief an den Vater als Delta = 161,06. Das ist auch der Grund, warum jede Vergleichsrechnung ca. 15 Sekunden Rechenzeit auf der virtuellen Maschine benötigte – eben, weil die Berechnung jeweils zehn Mal für jeden Text mit 50, 100, 150 usw. der häufigsten Wörter gerechnet werden musste.

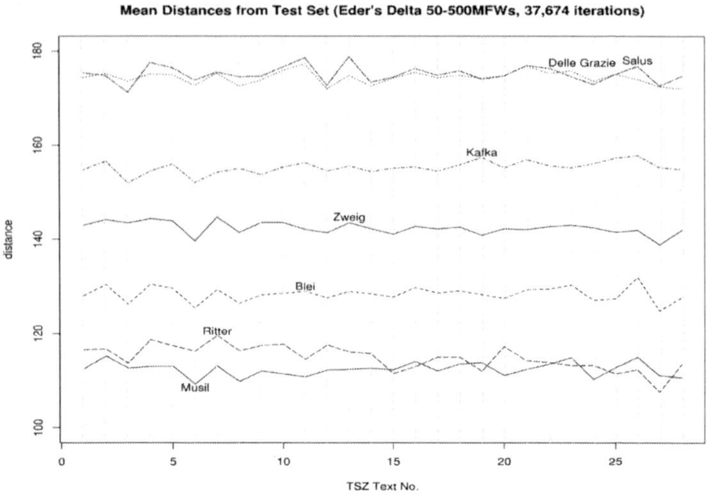

Abbildung 9: Mittelwert-Abstand der Artikel in der SZ zu den Test-Autoren bzw. zu Musil (Eder's Delta, 50-500 Most Frequent Words, 37.674 Vergleiche)

Die Matrix aller Vergleiche zwischen Trainings- und Testset ist noch aufschlussreicher, wenn mehrere Ergebnisse miteinander verknüpft werden. In den 37.674 Durchgängen werden ungefähr 8.000 verschiedene Ergebnisse für jeden einzelnen Text des Testsets errechnet.[83] Ein Weg, diese enorme Zahl an Ergebnissen zusammenzuführen ist es, den Mittelwert für jeden Eintrag in der Matrix zu berechnen. In Abbildung 9 sind die 28 verwendeten Texte des Testsets auf der x-Achse aufgetragen, auf der y-Achse hingegen der durchschnittliche Abstand zwischen jedem Text des Testsets und den Texten des Trainingssets, geordnet nach Autoren. Je niedriger der Wert auf der y-Achse, desto ähnlicher sind die Texte dieser Autoren dem Testset. Musil und Ritter sind demnach die beiden Autoren, die am wahrscheinlichsten die Autoren der SZ-Artikel sein könnten.

Noch einmal ist zu betonen, dass solche Ergebnisse nicht unwesentlich von den Vorentscheidungen abhängen. Das sind hier die Entscheidung für das Maß ‚Eders Delta' und die Entscheidung, die Frequenz-

83 Beispielsweise kommt Text Nr. 2 in den folgenden Testset-Varianten vor: Text Nr. 1, 2, 3, 4, 5, 6; Text Nr. 2, 4, 6, 11, 22, 28; aber nicht, in: Text Nr. 1, 3, 4, 5, 6, 7 und Text Nr. 3, 4, 7, 11, 22, 28. Alle Testset-Varianten beziehen sich jedoch auf Text Nr. 4.

daten zwischen 50 und 500 der häufigsten Wörter zur Grundlage der Berechnungen zu machen. Obwohl innerhalb der Stilometrie inzwischen eine Vielzahl von Experimenten zu Delta-Maßen[84] und auch zu weiteren Parametern durchgeführt worden ist, hat man einen idealen Ansatz bislang nicht eindeutig identifizieren können. Dennoch gibt es einige Anhaltspunkte. So gebrauchen Autoren Funktionswörter, wie etwa bestimmte und unbestimmte Artikel, Pronomina und Adverbien, sehr viel seltener bewusst als Inhaltswörter wie etwa Nomen, so dass die Untersuchung von Funktionswörtern ein viel subtileres Maß des Autorenstils liefert. Dies kann mit Methoden der Kunstgeschichte verglichen werden, wenn etwa der italienische Kunsthistoriker (und Politiker) Giovanni Morelli im 19. Jahrhundert anhand der Form der gemalten Ohrmuschel und der Nägel der gemalten Hände und Füße Werke der italienischen Malerei klassifizierte, anstatt die vielbeschworenen, bewusst eingesetzten Stilmerkmale der großen Maler zu bemühen.[85] Jedoch ist die Trennung zwischen Funktions- und Inhaltswörtern für unsere 500 häufigsten Wörter nicht immer klar. So zeigt eine Inspektion der Liste der häufigsten Wörter, dass sich das Pronomen „deinen" auf Rang 500, auf den Rängen 474 und 392 jedoch Wörter wie „Autonomie" und „Politik" finden. Diese Wörter, so kann man mutmaßen, könnten die Nähe von Ritters Texten zu denen des Testsets der SZ beeinflusst haben. Wir nehmen also mit steigender Anzahl von Wörtern eine Beeinflussung durch Inhaltswörter in Kauf.

In der vorliegenden Studie zeigen die verschiedenen Durchläufe trotz einiger Unterschiede eine Reihe von konsistenten Ergebnissen. Zunächst fällt auf, dass Autoren wie Kafka, Salus und delle Grazie stets am weitesten von den Texten des Testsets entfernt sind. Dies könnte mit den stärker narrativ-ästhetischen Textsorten der verwendeten Texte dieser Autoren zu tun haben und bestärkt so die methodologische

84 So haben Studien gezeigt, dass die Wahl des Delta-Maßes (Cosinus, Canberra, Manhattan, Euklidisch) die Ergebnisse beeinflusst, vgl. z. B. Stefan Evert/Thomas Proisl/Fotis Jannidis/Steffen Pielström/Christof Schöch/Thorsten Vitt, „Towards a better understanding of Burrows's Delta in literary authorship attribution", in: *Proceedings of NAACL-HLT Fourth Workshop on Computational Linguistics for Literature*, 2015, S. 79-88.

85 Gemeint ist hier die sogenannte Morellische Methode. Morelli hat seine Ergebnisse unter dem ironischen Anagram Ivan Lermolieff auf Deutsch als vorgebliche Übersetzung aus dem Russischen veröffentlicht: *Die Werke italienischer Meister in den Galerien von München, Dresden und Berlin*, Leipzig, 1880 und *Kunstkritische Studien über italienische Malerei*, 3 Bde., Leipzig, 1890-93; vgl. Mike Kestemont, „Function Words in Authorship Attribution From Black Magic to Theory?", in: *Proceedings of the 3rd Workshop on Computational Linguistics for Literature (CLfL) EACL*, 2014, S. 59-66, hier S. 61.

Richtlinie, das Genre möglichst konstant zu halten. Hauptsächlich jedoch war es unsere Absicht, Musils Stil mit Hilfe der ‚Betrüger'-Autoren unterscheidbar und ggf. verifizierbar zu machen. Dies ist gelungen: Salus, delle Grazie, Kafka, Zweig, Blei sind stets deutlich von Musil zu unterscheiden. Musil erscheint in diesem Experiment also als wahrscheinlicher Kandidat für die Autorschaft der SZ-Artikel. Doch gibt es einen Autor, der Musil ähnelt, nämlich Ritter. Er ist daher möglicherweise mehr als ein ‚Betrüger'-Autor, wobei auffällt, dass er sich von Musil besonders dann unterscheidet, wenn hohe Werte der meistgebrauchten Wörter verwendet werden (z. B. 50-500 häufigste Wörter), bei niedrigen Werten (z. B. 10-100 häufigste Wörter) jedoch nicht. Um den Unterschied zwischen Ritter und Musil näher zu beleuchten, und mögliche methodologische Artefakte auszuräumen, führten wir ein Experiment mit mehreren Distanzmaßen und Frequenzgruppen der berücksichtigten Wörter durch.

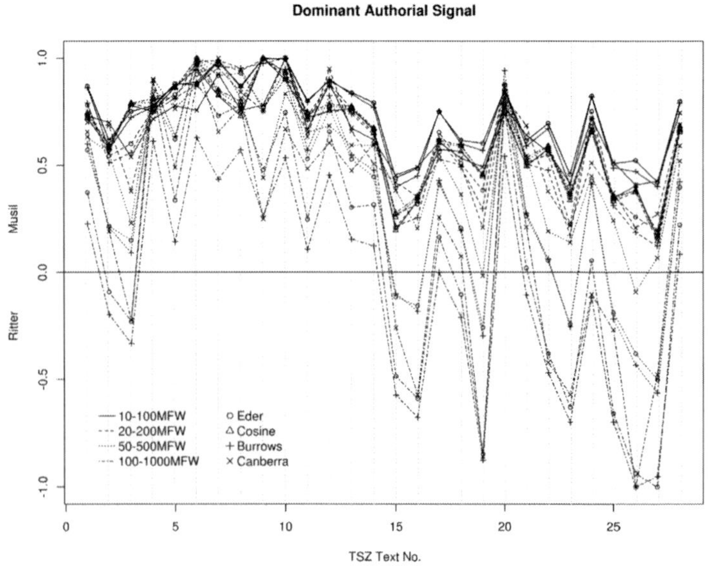

Abbildung 10: Vergleich der Unterscheidungsleistung zwischen verschiedenen Häufigkeitsgruppen von Wörtern (10-100, 20-200, 50-500 und 100-1.000 häufigste Wörter) und verschiedenen Delta-Maßen (Eder, Cosinus, Burrows, Canberra).

Abbildung 10 zeigt die Ergebnisse von 16 verschiedenen Experimenten. Diese kreuzen die vier Ähnlichkeitsmaße Delta Burrows', Eders, Cosinus und Canberra mit vier Frequenzgruppen der häufigsten Wörter der jeweiligen Texte (10 bis 100, 20 bis 200, 50 bis 500, 100 bis 1.000), um die Wahrscheinlichkeit zu beurteilen, mit der entweder Musil oder Ritter der Autor eines oder mehrerer der 28 SZ-Artikel ist. Die verschiedenen Frequenzgruppen der häufigsten Wörter werden bezüglich ihres Diskriminierungswerts zwischen Musil und Ritter als Linien im Graph repräsentiert, wobei die Ergebnisse auf Werte zwischen -1 und +1 normalisiert wurden. Ist ein Wert unter 0, dann ist das Signal Ritters stärker als das Musils, Ritter also wahrscheinlich der Autor. Ist ein Wert über 0, ist das Musil-Signal stärker und Musil mit größerer Wahrscheinlichkeit der Autor des Artikels. Zum Beispiel wird für den SZ-Artikel Nr. 1 der Wert für Eders Delta für die 50 bis 500 häufigsten Wörter (vgl. Abb. 10) durch den kleinen Kreis oberhalb der zentralen Achse angezeigt, für den Artikel Nr. 2 knapp unterhalb der Achse usw. Wie in Abbildung 9 sind die einzelnen SZ-Texte also auf der x-Achse aufgetragen, wobei die fortlaufende Textnummer auch die Chronologie des Erscheinens abbildet.

Die Ergebnisse sprechen für sich: Auf den ersten Blick ist zu erkennen, dass der ‚Fingerabdruck' Musils – gemittelt über die Parameter – mit wenigen Ausnahmen (Text Nr. 2 und 3) im ersten Teil des Testkorpus dominiert, was in etwa mit Musils Tätigkeit für die Zeitung im Jahr 1916 zusammenfällt. Mit dem Jahr 1917, das mit Text Nr. 15 einsetzt (vgl. Abb. Nr. 4), verändern sich die Ergebnisse jedoch. Musil ist nicht mehr der wahrscheinlichere Autor, besonders für die Texte Nr. 26 und 27. Abbildung 11 gibt die Verlässlichkeit der Autorenzuschreibung Musils für jeden Text des Testsets an, basierend auf dem Prozentsatz der Übereinstimmung zwischen den 4x4-Kombinationen von Häufigkeitswerten und den Delta-Maßen. Hier wird die insgesamt niedrigere Autorschaftswahrscheinlichkeit im Jahre 1917 (Text 15-28) noch einmal deutlich, mit dem Tiefstwert bei Text 19 und 26. Die ‚Ausnahmetexte' sind in den beiden Jahren gerade umgekehrt, in Jahr 1916 stechen Text 2 und 3 mit deutlich unter 90% heraus, in Jahr 1917 sind es die Texte 20 und 28, mit jeweils 100%.

(T)SZ Text Nr.	Verlässlichkeit der Zuschreibung[86]	SZ-Text Nr.	Verlässlichkeit der Zuschreibung
1 „Kameraden arbeitet mit!"	100,00%	15 „Zentralismus und Föderalismus"	68,75%
2 „Bin ich ein Österreicher?"	87,50%	16 „Föderalismus oder Zentralismus"	68,75%
3 „Herr Tüchtig und Herr Wichtig"	81,25%	17 „Zu Milde und zu Wilde"	93,75%
4 „Das Schlagwort"	100,00%	18 „Neu-Altösterreichisches"	87,50%
5 „Die Erziehung zum Staat"	100,00%	19 „Ist die ‚österreichische Frage' schwierig?"	62,50%
6 „Bauernleben"	100,00%	20 „Seiner Hochwohlgeboren!"	100,00%
7 „Sonderbare Patrioten"	100,00%	21 „Luxussteuern"	93,75%
8 „Noch einmal Bauernleben"	100,00%	22 „Positive Ziele"	81,25%
9 „Opportunität"	100,00%	23 „Der Frieden versprochen!"	68,75%
10 „Eine gute persönliche Beziehung"	100,00%	24 „Das Staatsprogramm der Deutschen"	87,50%
11 „Eine österreichische Kultur"	100,00%	25 „Wehe dem Staatsmann!"	68,75%
12 „Der Nörgler und der neue Österreicher"	100,00%	26 „Der Frieden und die Zukunft"	62,50%
13 „Das Kompromiß"	100,00%	27 „Presse und Krieg"	68,75%
14 „Heilige Zeit"	100,00%	28 „Vermächtnis"	100,00%

Abbildung 11: Tabelle der Reliabilität der Autorenzuschreibung zu Musil, geordnet nach Texten der TSZ.

86 Definiert als Prozentsatz der Klassifizierer, die übereinstimmend die Artikel der (T)SZ Musil zuschreiben

Es muss festgehalten werden, dass diese Ergebnisse zunächst eher eine Richtung angeben, als dass sie in allen Details schon aussagefähig wären. Sie beruhen auf einer einfachen Gegenüberstellung der 16 unterschiedlichen Klassifizierungen, die weiter differenziert werden sollten. Zudem müssen wir bei den Fällen von niedriger Autorschaftswahrscheinlichkeit berücksichtigen, dass diese auf hohen Werten bei den Frequenzgruppen der häufigsten Wörter beruhen (50-500 und 100-1.000 Wörter), was eben bedeutet, dass hier auch Inhaltswörter (nicht nur Funktionswörter als ‚reine' Stilindikatoren), also das Thema der jeweiligen Artikel, die Ergebnisse mitbestimmen. Zu erkennen ist in Abbildung 10 auch, dass das Cosinus-Distanzmaß,[87] das als verlässlichstes Maß für stilometrische Analysen gilt, nicht von den unterschiedlichen Frequenzgruppen beeinflusst ist – es scheint also unabhängiger von der Unterscheidung in Funktions- und Inhaltswörter. Zudem ordnet es in unserem Experiment alle Texte der SZ eher Musil als Ritter zu. Hier ist aber trotz der guten Ergebnisse für Cosinus-Maß Skepsis angeraten, gilt es doch grundsätzlich gerade auch negative Ergebnisse ernst zu nehmen – auch weil die Falsifikation einer möglichen Autorschaft mehr Wert hat als die wissenschaftstheoretisch weniger belastbare Annahme, das Signal eines bestimmten Autors im Testset gefunden zu haben. Skepsis muss sicherlich besonders im Kontext der (T)SZ walten, mit Musil als Chefredakteur und seinem anzunehmenden stilistischen Einfluss auf andere. Möglicherweise wird das Autorsignal Musils durch das hier gewählte kombinatorische Untersuchungsdesign auch überbewertet, bzw. seine Abwesenheit durch einen Sättigungseffekt verdeckt. Dies könnte dann der Fall sein, wenn mehrere kurze Texte zusammen analysiert werden. Tatsächlich hat sich gezeigt, dass die beiden Texte mit der niedrigsten Attributionswahrscheinlichkeit an Musil zu den längeren des Korpus zählen (Text 19 und 26). Eine weitere Analyse zeigte interessante Ergebnisse: Die Wiederholung desselben Experiments mit einer auf 14 Texte reduzierten Auswahl derjenigen Texte mit einer Wahrscheinlichkeit unter 100% (s. Abb. 11) zeigt, dass Ritter sehr viel deutlicher als möglicher Autor hervortritt. Ohne also etwas am Aufbau der Analyse verändert zu haben, legt die Untersuchung der nicht eindeutig Musil zuschreibbaren Texte Ritter als möglichen Autor dieser Texte nahe.

Unsere Ergebnisse enthalten mindestens drei Implikationen. Erstens bestätigen sie die Annahme der Dominanz von Musils Autorensignal für einen Teil der Texte, wenn auch nicht für alle 28 Texte des Testsets. Zweitens erscheint Ritter als einer der möglichen weiteren Autoren der SZ, auch wenn unsere Untersuchungen das nicht abschließend ent-

87 Repräsentiert durch Dreiecke bildet das Cosinus Delta ein stärker sichtbares Muster in Abb. 10.

scheiden können.[88] Drittens hat das Ergebnis auch noch eine methodische Implikation. Es zeigt die Grenzen des von uns gewählten Ansatzes, der nur probabilistische Aussagen erlaubt, aber keine detaillierten Auskünfte über die Klasse der möglichen und vielfach auch unbekannten Autoren machen kann. Hier müssen historisch-hermeneutische und statistische Verfahren noch enger miteinander verschränkt werden.

VI.

Die Reihe der hier begonnen Analysen zum Stilvergleich zwischen den Artikeln der (T)SZ und ihren möglichen Autoren ist ein erster, durchaus schon aufwändiger Versuch, mit den Begrenzungen in der Überlieferung des Materials zurechtzukommen. Viel hängt dabei vom gewählten Trainingsset ab. Für unsere Zwecke müssten noch weitere Trainingsdaten gesammelt werden, um die erhaltenen Ergebnisse mit unserem Trainingssatz zu validieren. Dabei ist es wichtig, dass alle Daten aus mehr oder weniger derselben ‚Population' von Texten stammen, also hinsichtlich Ort, Zeit, Gattung etc. möglichst wenig variieren. Unsere erste, hier vorgestellte Analyse war insofern wichtig, um eine Methodologie zu entwickeln, die in weiteren Experimenten weiter angewendet werden kann. Dabei muss berücksichtigt werden, dass die Textpopulation unterschiedlich definiert werden kann. So kann etwa ein Korpus aus nur österreichischen Autoren zusammengestellt werden, die während des I. Weltkriegs propagandistische Schriften veröffentlicht haben; eine andere Möglichkeit wäre, die Textsorte möglichst konstant zu halten, um etwa Autoren wie Salus und delle Grazie nicht aufgrund einer anderen, hier narrativen, Textsorte als mögliche Autoren fälschlich auszuschließen. Umgekehrt könnten gerade narrative Texte aus dem Werk Musils, etwa Auszüge aus dem *Mann ohne Eigenschaften* oder Erzählungen wie *Grigia* oder *Die Amsel* genutzt werden, um das Autorensignal Musils genauer zu erfassen.

Doch unsere Methode ist sicherlich nicht der einzige Ansatz im schnellwachsenden Feld der Autorschaftsattributionsforschung. Eine Vielzahl innovativer Ansätze ermöglicht eine verbesserte Überprüfung

---

88 In Zahlen ausgedrückt: 1) Wenn die Gesamtauswahl aller 28 Texte, 14 mit einer Wahrscheinlichkeit von 88,62% Musil zuordnen, 2) und wenn die 14 Texte, bei denen die Zuordnung unter 100% liegt, diese zu 100% dann Ritter zugeschrieben werden, und 3) bei dem komplementären Testset von dann ebenfalls 14 Texten, bei denen eine gänzliche Übereinstimmung aller Zuordnungsverfahren vorliegt, diese 14 dann Musil zu 100% zugeschrieben werden, dann können wir folgern, dass 69,31% des Testsets durch das Autorensignal Musil bestimmt werden, die übrigen 30,69% dagegen näher zu Ritter gehören.

möglicher Autorschaftszuschreibungen.[89] Patrick Joula, der wohl renommierteste Vertreter dieses Forschungsfeldes, legt eine Kombination von Analysemethoden als am ehesten erfolgsversprechend nahe:

> We can therefore use multiple analyses as a multistage filter, where the proposed author is required to pass each stage in order to be confirmed as a plausible candidate. This insight can be formalized mathematically as follows:
> If a technique is X% accurate, the chance of it being wrong is (1 – X) (e.g. an 80% chance of being right yields a 20% chance of being wrong).
> If two independent techniques are X% accurate, the chance of them both being wrong is $(1 - X) \times (1 - X)$ or $(1 - X)^2$.- This generalizes. If K different and independent techniques are each X% accurate, the chance of them all being wrong is $(1 - X)^K$, which becomes arbitrarily small as K increases.[90]

Schon die Kombination von drei Methoden erhöht also die Validität der Ergebnisse erheblich. Software wie JGAAP[91] machen sich diese Annahme Joulas zunutze, indem sie durch Kombination von mehreren tausend Ansätzen die Validität der Ergebnisse erhöhen.[92] Dennoch sind sich auch Fachleute wie Juola sicher, dass es Grenzen auch solcher kombinierter Ansätze gibt, schon weil erfolgreiche Methoden teilweise deckungsgleich sind und daher Fehler reproduzieren.[93] Für die Zwecke der validen Ermittlung von Musils möglicher Autorschaft einiger oder vieler Artikel in der (T)SZ wäre es ein guter Kompromiss, drei Methodologien zu kombinieren, die auf drei verschiedenen Aspekten der Sprache beruhen. Das hier verwendete Delta-Maß beruht vor allem auf

89 „The current state of the art […] shows empirically that authorship attribution will work with substantial accuracy under a wide variety of conditions, and that it can be applied to a wide variety of documents. Perhaps more importantly, the community has also developed a huge variety of different methods, all of which are known to work with substantial accuracy, but do not rely on each other, and can therefore cross-check each other.“ (Juola, „The Rowling Case: A Proposed Standard Analytic Protocol for Authorship Questions“ [Anm. 58], S. 102)

90 Ebd., S. 107.

91 https://github.com/evllabs/JGAAP [Stand: 26.04.2017].

92 Vgl. Patrick Juola/John Noecker/Michael Ryan/Sandy Speer, „Jgaap 4.0—a revised authorship attribution tool“, in: *Proceedings of Digital Humanities*, 2009.

93 Juola schreibt die vergebliche Suche nach einem dominaten Autor in einem kombinatorischen JGAAP-Experiment an 250 Elisabethanischen Stücken einer fehlenden Unabhängigkeit der Analysen zu: „Any two analyses of, for example, the distribution of punctuation in two documents will produce similar results regardless of the specifics of the analysis. The number of different and independent analyses is, therefore, more limited than the JGAAP combinatorics suggest“. (Patrick Juola, „Large-Scale Experiments in Authorship Attribution“, in: *English Studies* 93.3 [2012], S. 275-283, hier S. 281)

bestimmten besonders häufigen Wörtern und deren relativer Frequenz. Andere Ansätze nutzen Buchstaben oder Satzzeichen, andere wiederum höherstufige Eigenschaften wie Grammatik und Syntax.

Der Präzisierung der Methode kommt der inzwischen institutionalisierte Wettbewerb um die Verbesserung der Autorschaftszuschreibung PAN zugute.[94] 2014 konnte an einem Korpus niederländischer Essays gezeigt werden, dass Autorschaft schon von Texten mit einer durchschnittlichen Länge von 412 Wörtern bestimmt werden konnte.[95] Im Folgejahr konnte die Erkennungsrate schon auf Texte mit durchschnittlich nur 354 Wörtern reduziert werden, wenn auch mit etwas schlechteren Gesamtergebnissen,[96] so dass wir für weitere Untersuchungen bei der 500-Wörtergrenze bleiben sollten. Für Texte in deutscher Sprache wurden vergleichbare Ergebnisse bisher noch nicht erbracht bzw. solche Studien überhaupt durchgeführt. Einen interessanten Ansatz gerade für Texte in deutsche Sprache eröffnet die automatisierte Autorschaftserkennung von Oren Halvani, Christian Winter und Anika Pflug.[97] Sie arbeiten auf der Grundlage einer Kombination von niederstufigeren Texteigenschaften wie Buchstaben und Zeichensetzung sowie einer ‚internen Validierung', die für das Trainingsset keine ‚Fälscher'-Autoren benötigt. Es liegt nahe, solche und weitere Ansätze unter Anwendung von Kreuzvalidierung zu nutzen.

Auf der Ebene der komplexeren Texteigenschaften gibt es weitere vielversprechende Methodologien, etwa die, zwei aufeinanderfolgende Annotationen syntaktischer Eigenschaften zu nutzen,[98] um die verschiedenen Romane der Brontë-Schwestern automatisiert differenzieren zu können und das auch mit kurzen, nur 200 Wörter umfassenden Exzerpten. Das alles entspricht dem von Juola vorgeschlagenen Ideal einer Mehrebenen-Authentifizierung, wie wir sie auch in anderen Pro-

---

94 http://pan.webis.de/ [Stand: 26.04.2017].

95 Vgl. Efstathios Stamatatos/Walter Daelemans/Ben Verhoeven/Martin Potthast/Benno Stein/Patrick Juola/Miguel A. Sanchez-Perez/Alberto Barrón-Cedeño, „Overview of the Author Identification Task at PAN 2014", in: *Working Notes Papers of the CLEF 2014 Evaluation Labs,* 2014, S. 877-897, hier S. 881.

96 Vgl. Stamatatos et a., „Overview of the Author Identification Task at PAN 2014" (Anm. 95).

97 Vgl. Oren Halvani/Christian Winter/Anika Pflug, „Authorship Verification for Different Languages, Genres and Topics", in: *Digital Investigation* 16 (2016), S. 33-43.

98 Vgl. Graeme Hirst/Olga Feiguina, „Bigrams of syntactic labels for authorship discrimination of short texts", in: *Literary and Linguistic Computing* 22 (2007) 4, S. 405-417.

jekten wie dem Projekt des Aufbaus und der Analyse eines Korpus der literarischen Moderne verfolgen.[99]

Wir haben hier einen neuen Ansatz zur Beantwortung einer alten Frage in der Musil-Forschung vorgestellt, der nicht mehr, aber auch nicht weniger als ein erster Schritt einer methodisch kontrollierteren Bestimmung der möglichen Autorschaft Musil für einzelne oder mehrere Artikel in der (T)SZ ist. Viele Fragen mussten wir offen lassen, etwa warum der Artikel „Kameraden arbeitet mit!“ so deutlich zu Musils Stil zu passen scheint und das auch trotz seines propagandistischen Tons, während andere Texte wie „Herr Tüchtig und Herr Wichtig“, die ihm in der bisherigen Forschung als besonders wahrscheinlich zugeschrieben werden,[100] nach unserer Analyse eher nicht von Musil stammen könnten, ähnlich wie die Texte „Der Frieden und die Zukunft“ und „Presse und Krieg“. Hier könnten Untersuchungen zu den in diesen Texten im Vergleich zum Trainingskorpus signifikant häufig gebrauchten Wörtern, sogenannte Keyness-Analysen,[101] oder kontrastive Analysen lexikalischer Präferenzen[102] geeignet sein, Antworten zu finden.

Das unterstreicht noch einmal, warum noch die aufwändigste quantitative Analyse nicht ohne qualitative, historisch-hermeneutische Verfahren auszukommen vermag. Quantitative und qualitative Ansätze ergänzen und erhellen sich gegenseitig. Erst der Dialog beider Ansätze macht den echten Fortschritt in den Digital Humanities aus, reduziert die Zahl möglicher Fehler und warnt vor einer unbedachten Überbewertung der Ergebnisse. Unsere bescheidene Absicht hier war es nur, für die Musil-Forschung erste Schritte einer solchen, idealerweise die

99 https://kolimo.uni-goettingen.de/about.html [Stand: 28.03.2017]. Vgl. J. Berenike Herrmann/Gerhard Lauer, „Das ‚Was-bisher-geschah‘ von KOLIMO. Ein Update zum Korpus der literarischen Moderne“, in: *DHd 2017 Konferenzabstracts* (2017), S. 107-111. Vgl. auch J. Berenike Herrmann, „In a test bed with Kafka. Introducing a mixed-method approach to digital stylistics“, in: Chambers, S./Jones, C., Kestemont, M./Koolen, M. & J. van Zundert (Eds.). Special Issue DHBenelux 2015, *Digital Humanities Quarterly,* in print.

100 Vgl. Dinklage, „Musils Herkunft und Lebensgeschichte“ (Anm. 1) 1960, S. 228-229.

101 Die Analyse der Keyness ist Teil verschiedener korpuslinguistischer Tools, z. B. *AntConc*, online: http://www.laurenceanthony.net/software.html [Stand: 26.04.2017] oder *WordSmith Tools*, online: http://www.lexically.net/wordsmith/ [Stand: 26.04.2017], kann aber auch in Programmiersprachen wie R mithilfe von packages, etwa quanteda, durchgeführt werden, siehe http://quanteda.io/reference/textstat_keyness.html [Stand: 12.08.2017]

102 Etwa die „oppose“-Funktion im R-Package *Stylo*, „that generates a vector of words significantly *preferred* by a tested author, and another vector containing the words significantly *avoided*“, Eder et al., „‚Stylo‘: a package for stylometric analyses“ (Anm. 76), S. 26.

Methoden verbindenden Analyse vorzustellen. Die Frage, ob und wenn ja, welche Artikel Musil in der (T)SZ geschrieben haben könnte, ist also vielleicht nur anders gestellt worden. Aber eine Frage zu präzisieren, ist schon Wissenschaft. An der Verbesserung der Antwort ist zu arbeiten.

Massimo Salgaro

Albert Ritter, der Ghostwriter in der Redaktion der *Tiroler Soldaten-Zeitung* – ein biographisches Profil

Wie wir im vorhergehenden Aufsatz gezeigt haben, gab es in der Redaktion der (T)SZ jemanden, der der Mehrheit der Musilforschung und auch der Geschichtsschreibung nicht aufgefallen ist. Dieser regelrechte ‚ghostwriter' ist Albert Ritter (1872–1931). Seine Anwesenheit in der Redaktion (Abb. 9.1) war nicht folgenlos, weil mit hoher Wahrscheinlichkeit einige der Artikel, die Musil zugeschrieben wurden (und werden), von ihm verfasst worden sind.[1] Weil er heute ein unbekannter Autor ist, lohnt es sich, ihn gegenüber Robert Musil, dem Redakteur der (T)SZ, hervorzuheben und erste Hinweise über seine Mitarbeit an der TSZ zu geben. Wie wir sehen werden, wird es die Profilierung Ritters in mehreren Fällen ermöglichen, einige Texte der T(SZ), die wir ihm durch die stilometrische Analyse zugeschrieben haben, auch durch inhaltliche Elemente zu erhärten.

Einführend lässt sich sagen, dass Ritter ein Autor ist, der sich vor allem in drei Gebieten ausgedrückt hat: Theologie, Politik und Literatur. Er ist ein sich äußerst treu bleibender Autor, der geradezu obsessiv immer wieder auf die gleichen Themen zurückkommt. Während in den religionsphilosophischen Schriften die Dreiteilung des Menschen in Leben, Leib und Geist das Leitmotiv darstellt, bildet den Angelpunkt der politischen Schriften die deutsche Einheit. Für ihn stellen diese Motive keine beliebigen Themen dar, sondern sind regelrecht einer intellektuellen Mission geschuldet, der er sein Leben widmet. Was die literarische Tätigkeit Ritters anbelangt, so ist er – neben der Jugendlyrik – Autor eines Dramas[2], zweier Erzählungen[3] und zweier Romane.[4] Eine Schwierigkeit in der Erforschung seines Werks stellt sicherlich der Umstand dar, dass viele seiner Publikationen, wegen ihres politischen Gehalts, unter verschiedenen Pseudonymen erschienen sind.

1 S. Abbildung 11 im Beitrag von Salgaro, Rebora, Lauer, Herrmann in diesem Band.

2 Albert Ritter, *Kaiser Rotbarts Erben*, Innsbruck/Leipzig/Wien, 1917.

3 *Tonis Liebesgeschichte* und *Der Mörder*.

4 *Das Nibelungenjahr. Kultur-Roman aus der Zeit der Hohenstaufen*, Leipzig, 1912; *Der Gottesfreund. Roman aus dem alten Graubünden*, Graz, 1920/1924.

Die Hauptquelle zur Biographie Ritters ist nach wie vor die Dissertation von Ingeburg Heinzle, *Albert Ritter, Leben und Werk*, die 1935 in Wien verteidigt wurde, also wenige Jahre nach Albert Ritters Tod 1931.[5] In der Einleitung merkt die Autorin an, Ritter persönlich kennengelernt zu haben. Auf den Erinnerungen an ihre Treffen und den Briefen Ritters, der, wie sein Bruder Ludwig, 1872 geboren wurde, fußt die biographische Rekonstruktion Heinzles, die leider allzu oft ins Anekdotische abgleitet. Die Dissertation ist unterteilt in sein Leben, Schaffen, Bibliographisches, Literatur-Nachweis.

Am Anfang ergeht sich die Dissertation in mehreren Details aus Ritters Familiengeschichte und Kindheit. Berichtet wird über Ritters außergewöhnliche Leistungen als Schüler, von denen seine „Schularbeiten in tadellosen Hexametern und Alexandrinern"[6] zeugen. 1892, nach Ableistung des Militärdienstes, widmete er sich in Graz dem Studium der Philosophie. Zu jener Zeit beschäftigte sich Ritter mit den Problemen der Entstehung der Nibelungenhandschriften. In seinem historischen Roman *Das Nibelungenjahr*[7] verarbeitet Ritter Politik und Kultur der späten Hohenstaufen. Er versucht dabei seine Wunschvorstellung zu beglaubigen, dass die Walser, von denen er abstammte, die Nachfahren der Burgunder seien. Er beabsichtigt mit diesem Buch die Nibelungensage mit seiner Heimat Vorarlberg in Verbindung zu bringen. Das zweite Motiv des Romans kreist um die deutsche Einheit und deren Helden Konrad von Winterstetten. Dieses literarische Erstlingswerk geriet zum Fiasko, auch aufgrund seiner Ansammlung der Materialien aus verschiedenen Quellen und dem Mangel an Komposition und psychologischer Tiefe der Hauptfiguren.[8]

Daneben verfasste er mehrere Gedichte, unter denen einige im Vorarlberger-Dialekt hervorstechen.[9] Was das Urteil zur Qualität seiner Lyrik anbelangt, könnte man sich auf einen Passus seines Gedichtes

---

5 Ingeburg Heinzle, *Albert Ritter, Leben und Werk*, Diss. Univ. Wien (Doktorvater: J. Nadler), 1935. Auf Heinzles Dissertation berufen sich auch die wichtigsten Studien zu Ritters Leben und Werk: Eugen Thurnher, „Das literarische Schaffen", in: Karl Ilg, *Landes- und Volkskunde, Geschichte, Wirtschaft und Kunst Vorarlbergs*, Bd. 4, Innsbruck, 1967, S. 294-295; Alois Niederstätter, „Albert Ritter", in: *Österreichisches Biographisches Lexikon*, Wien, 1985, S. 176-177; Karl Rohrer, *Vorarlberg 1918-1922, Opfer zweier grossdeutscher Intriganten. Dr. Albert Ritter*, Feldkirch, 1990, S. 19.

6 Heinzle, *Albert Ritter, Leben und Werk* (Anm. 5), S. 9.

7 Albert Ritter, *Das Nibelungenjahr. Kultur-Roman aus der Zeit der Hohenstaufen*, Leipzig 1912.

8 Heinzle *Albert Ritter, Leben und Werk* (Anm. 5), S. 221.

9 *Vorarlberg. Eine Blumenlese*, hg. v. Hermann Sander, Innsbruck, 1891; *Dichterstimmen aus Vorarlberg*, hg. v. Hermann Sander, Innsbruck, 1895.

„Meine liebste Braut“ berufen: „Gar Vieles muss schreiben der Germanist, /was Andern zu lesen ein Gräuel ist, /Was bald unter andern unnützen Scharteken / Spinngeweb und Staub bedecken.“[10] Während des Krieges dichtete er mehrere Verse mit politischem Hintergrund z. B. auf Bismarck, Kaiser Franz Joseph, das Eiserne Kreuz. Für sich stehen die Übersetzungen der Verse des amerikanischen Dichters Very da, dessen tiefes Gottvertrauen Ritter schätzte.[11]

In Heinzles Dissertation wird an mehreren Stellen Ritters Nationalismus unterstrichen, der an finstere Zeiten der deutschen Geschichte erinnert. Heinzle beschreibt ihn folgendermaßen, und auch ihre Diktion trägt deutlich die Züge der Zeit: „Seine Verbundenheit mit den urtümlichen Kräften des Blutes und der heimatlichen Erde wirkte sich in ihm rein aus, und er wusste noch mehr, daß Deutscher sein, nicht einfach heißt von deutschen Eltern geboren, sondern dass man als solcher wiedergeboren werden soll. Sein Deutschtum war echt und ursprünglich und seinem eigensten Werte nach erkannt und bekannt“.[12] Seinen Nationalismus und seine Liebe zur Heimat Vorarlberg drückt er auch in einem, seinem Landsmann Michael Felder gewidmeten, Gedicht (1889) aus, der dort als „Kämpfer“ erscheint, dem „ein deutsches Herz im freien Busen schlug“:

Den freiesten Sohn von deinen freien Söhnen,
Vergiss ihn nicht du schönes Vaterland;
Dem treuen Priester am Altar des Schönen,
Der für das Licht den kühnen Kampf bestand,
Gib ihm den Kranz, die Urne noch zu krönen,
Der nicht das Haupt des Lebenden umwand –
Nicht wird dir's mehr der blinde Haß verwehren,
Gib ihm den Kranz, du wirst dich selber ehren! [13]

1896 promovierte er mit einer Doktorarbeit über Altschwäbische Gedichte des 13. und 14. Jahrhunderts, die in einer Handschrift des 14. Jahrhunderts, dem sogenannten Codex 104, enthalten sind. Diese Arbeit wurde 1897 zum ersten Mal publiziert und jüngst neu aufgelegt.[14]

10 Heinzle *Albert Ritter, Leben und Werk* (Anm. 5), S. 169.

11 Ebd., S. 176ff.

12 Ebd., S. 12.

13 Albert Ritter, „Zu Michael Felders 50. Geburtstage. 13. Mai 1889“, in: *Feldkircher Zeitung*, 29. Jg., Nr. 38 vom 11.5.1889. Vgl. Anne Bösch, *Franz Michael Felder als regionaler Erinnerungsort*, Dipl.-Arb. Universität Wien, 2015, S. 41f.

14 Albert Ritter, *Altschwäbische Liebesbriefe. Eine Studie zur Geschichte der Liebespoesie*, Graz 1897. Die Neuauflagen sind erschienen bei Hansebooks 2016 und beim Salzwasser Verlag 2013.

Albert Ritter untersuchte darin Reimtechnik, Sprache und Versbau der 269 im Manuskript enthaltenen Minnegedichte.

Nachdem er nach Abschluss seines Studiums in die Heimat zurückgekehrt war, gründete er mit dem Bruder einen Stickereibetrieb, der aber fallierte. Damit war auch der Versuch missglückt, Dichterleben und Unternehmertum zu vereinen. Um die Jahrhundertwende schrieb er sein erstes größeres Werk *Los von Rom, hin zu Christus*[15], in dem er, unter dem Decknamen Armin Winfried, für eine Wiederbelebung der Religiosität plädiert. Beeinflusst wurde er in diesen Jahren von der Evolutionstheorie Darwins und den Lehren zum psychophysischen Parallelismus von Fechner und Wundt, die die Seele als einen Teil der allgemeinen Weltvernunft verstehen.[16] Seele ist für ihn ein Teil des Geistes Gottes, der im Körper des Menschen wirkt. Vom Noismus und von der Kritik des menschlichen Erkenntnisvermögens Kants beeinflusst, negiert er den Jenseitsgedanken der Religionen und begründet sein Denken auf der Triade von Leib, Leben und Geist. Der Geist ist der Inbegriff des Guten, durch das Gottes Gnade im Menschen erfahrbar wird. Gott wird als „Gesamtgeist" definiert.[17] Der Mensch steht also für Ritter im Kampf zwischen Geist und Leben, versucht den Geist der Herrschaft der Triebe unterzuordnen. Ritter verwirft alles Absolute und Transzendente und zugleich den Monismus der Naturwissenschaften und den psychophysischen Parallelismus. Zu dieser eigenartigen Religionsdefinition fügt Heinzle hinzu: „Seine Religiosität ist merkwürdig im Rationalistischen verankert. Dem Gefühlsmäßigen, Dunkeln, Halbbewußten wird kaum Raum gelassen. Aus dem Studium der Mystik, die Ritter immer wieder fesselte, erwuchs ihm die eine, verständnismäßige sichere Erkenntnis, daß das Gotterlebnis eine durchaus erfahrbare Tatsache und jedermann zugänglich, Religion aber eine natürliche Funktion des menschlichen Wesens sei. Zu glauben bleibt uns nichts, da wir diese, für uns letzten Dinge, klar und deutlich wissen".[18] Die religionsphilosophischen Arbeiten Ritters, die zwischen „zünftigem Philosophieren und Volkstümlichkeit" stehen, erscheinen Heinzle letztlich als Variationen über dieses eine Thema.[19] Für andere sind sie „ein Gemisch von dogmenlosem Christentum und falsch verstandenem Pantheismus".[20]

15 Albert Ritter, *Los von Rom, hin zu Christus*, Graz, 1901.
16 Heinzle, *Albert Ritter, Leben und Werk* (Anm. 5), S. 23.
17 Ebd., S. 114.
18 Ebd., S. 86.
19 Ebd., S. 132.
20 Thurnher, „Das literarische Schaffen" (Anm. 5), S. 295.

Herrmann Hesse, der sein Buch *Christ der Erlöser* (1903) las, lobte es 1909 in einem Brief mit diesen Worten: „[...] natürlich wird es lange dauern, bis man die Größe und Bedeutung dieser einfachen Lehre begreift. Das Selbstverständliche abzuschätzen ist ja am schwersten [...]. Und wie völlig frei von jedem unbeweisbaren Wort, wie ganz Einheit, Abrundung und Licht ist der Noismus!“[21] Der von Ritter erwartete Nachklang dieser Schriften blieb aber aus.

Nachdem sein Betrieb in Konkurs gegangen war, wurde Ritter von 1912 bis 1914 Geschäftsführer des Alldeutschen Verbandes in Wiesbaden.[22] 1912 veröffentlichte er unter dem Decknamen Rhenanus die Streitschrift *Vernunfteuropa – ein Mahnruf an Regierungen und Völker*, in dem er seine politische Ideologie ausdrückte, die auf ein vereintes Großdeutschland zielte. In den Hohenzollern und in den Habsburgern sah er die Gegner seiner politischen Utopie.[23] Ritters alldeutsche Lösung, die von den Ideen Georgs Ritter von Schönerer bestimmt war, plädierte für ein vereintes Deutsches Reich unter der Führung Preußens.[24] Seine alldeutschen Ideen veröffentlichte er 1913 unter dem Decknamen Dr. Konrad von Winterstetten im politischen Essay *Berlin Bagdad. Neue Ziele für die mitteleuropäische Politik*, der in Deutschland und Österreich großes Aufsehen erregte. Symptomatisch für den politischen Inhalt dieser Streitschrift wählt er als Pseudonym für dieses Buch denselben Namen der Hauptfigur seines ersten geschichtlichen Romans *Das Nibelungenjahr*. Der zentrale Gedanke des Pamphlets war, Mitteleuropa unter deutscher Führung zusammenzuschließen. Dabei sollte Österreich die Idee eines Nationalitätenstaates aufgeben. Um die Einkreisungspolitik der Gegner der Mittelmächte zu brechen, sollte die asiatische Türkei als Verbündeter dienen.[25] Auch Bulgarien und Rumänien würden sich laut Ritter einer solchen Konstellation anschließen. Dieser potentielle Staatenbund von 150 Millionen Menschen hätte den russischen, amerikanischen und englischen Imperien gleichwertig gegenübergestanden. Unerklärlicherweise wurde Ritter von seinen Rezensenten bezichtigt, für habsburgische Interessen zu arbeiten.[26] Wir finden denselben Gedankengang im Artikel „Der Frieden und die Zukunft“, der am 04.01.1917 in der SZ erschienen ist und den die stilometrische

21 Heinzle, *Albert Ritter, Leben und Werk* (Anm. 5), S. 31.
22 Ebd., S. 33.
23 Ebd., S. 44.
24 Turnher, „Das literarische Schaffen“ (Anm. 5), S. 295.
25 Heinzle, *Albert Ritter, Leben und Werk* (Anm. 5), S. 46.
26 Ebd., S. 147.

Analyse mit einer gewissen Wahrscheinlichkeit Ritter zuweist.[27] Nachdem er die ungeheure Macht der Weltreiche China, Großbritannien, Russland und Südamerika beschrieben hat, drückt er mit folgenden, etwas großspurigen Worten das „größte Kriegsziel" aus, das für ihn in der Errichtung Mitteleuropas besteht: „Wir haben gerade noch Zeit, unsere Selbständigkeit in diesem Krieg durch einen Bund von etwa 160 Millionen Menschen zu retten und kämpfen jetzt um die Sicherung dieses Bundes".[28]

In seiner im Frühjahr 1914 veröffentlichten Schrift *Hannover, Nordmark, Elsass frei! Eine Forderung an Preussen* widersetzt er sich seinen Kollegen des alldeutschen Vereins, die gefordert hatten, Preußen solle sich Elsass-Lothringen einverleiben. Er kritisierte die preußische Regierung, die seines Erachtens die deutsche Einigung nicht vollbracht hätte und das „Welschtum" begünstigt habe.[29] Länder wie Hannover und Elsass sollen aus der preußischen Einflusssphäre herausgelöst werden und als autonome Länder dem Reich einverleibt werden.

Während er diese Ideen verkündete, brach der Krieg aus und er rückte am 1. August 1914 zu seinem Regiment in Klagenfurt ein. Hochtrabend pompös wirken seine Worte in einem Brief vom 02.08.1914 an seine Frau: „Jetzt muß jeder deutsche Mensch ein Held sein. Genauso kam es, wie ich als Einziger es seit Jahren verkünde. Ich glaube das Vaterland wird sich meiner noch erinnern. Meine Warnung hat nichts genützt, nun heißt es den Becher leeren, den Unverstand und Kleinmut gefüllt haben: jetzt heißt es auch gleichwohl nicht schelten, sondern den Becher des Schicksals leeren mit einem Hoch auf Kaiser und Reich und Volk!".[30] Weniger heroisch sind allerdings seine Kriegstaten. Am 5. November rückte Ritter mit einigen Kameraden zum 9. Feldkanonenregiment nach Galizien ein. In den Briefen an seine Frau beklagt er sich über die spärliche Zeit, die er dem Schreiben widmen könne: „Mein Bestes leiste ich in Tagesaufsätzen. Doch dazu fehlen mir hier die Zeitungsunterlagen und es dauert immer zu lange, bis die Arbeit an den Bestimmungsort gelangt. Schwerere politische Aufsätze bedürfen richtiger Studien und dauernder Sammlung. Ich bin aber keine Minute vor Störung, Dienst oder gar Abmarsch sicher".[31] In dem von ihm als idyllisch beschriebenen Galizien schlug ein Pferd in seiner Nähe aus

27 S. Abbildung 10 im Beitrag von Salgaro, Rebora, Lauer, Herrmann in diesem Band.

28 „Der Frieden und die Zukunft", SZ, 4.1.1917, S. 3.

29 Heinzle, *Albert Ritter, Leben und Werk* (Anm. 5), S. 47.

30 Ebd., S. 50.

31 Ebd., S. 52.

und zerschmetterte ihm den Unterschenkel. Dieser Unglücksfall bewirkte seinen Rücktransport nach Wien, wo er im Januar 1916 einen vielbesuchten Vortrag über die Tagespolitik hielt und Verbindungen mit wichtigen Persönlichkeiten suchte. Nach seiner Genesung kam er ins Kriegspressequartier nach Bozen, „das anfangs der günstige Boden schien, seine politischen Kenntnisse zu nützen und seinen Weitblick zu erweisen".[32] Mit Ritter verkehrten in Bozen der Maler Albin Egger-Lienz und der Volkskundler Karl Felix Wolff, der lange den Alldeutschen nahestand und sich schon seit längerem mit Rassenlehre beschäftigte. Heinzle gibt uns auch einen einschlägigen Hinweis auf die (T)SZ, wenn sie schreibt: „Neben seinen journalistischen Tätigkeiten, an der Tiroler Soldatenzeitung (sie erschien von 1915-1917 und ging nach Angaben, die mir Redakteur Ritter in München machte, auf Betreiben der Kaiserin Zita ein.) sowie an anderen Blättern, blieb Ritter Zeit und Muße genug zu verschiedenen Arbeiten".[33] In dieser Passage finden wir auch einen kryptischen Hinweis auf die Einstellung der (T)SZ.[34]

Dieser agitatorische und nationalistische Schriftsteller schien wie geschaffen für eine propagandistische Frontzeitung (Abb. 1.1-1.3). Im September 1915 hatten die *Süddeutschen Monatshefte* seinen Aufsatz *Der heutige Stand der Berlin-Bagdad-Politik* publiziert, 1916 erschien sein Essay *Autonomie. Zur Frage der Neugestaltung Österreichs,* in dem er die Idee der Autonomie in der staatlichen Organisation Österreichs und Deutschlands als verheerend für ihre Zukunft und ihren Wohlstand bezeichnet. Als Patriot warnt er seine Landsleute, die, verursacht durch die Illusion der Siege, erblindet wären. „Die Einheit brachte den Sieg. Nicht die Vielheit".[35] Und er wiederholt rhythmisch sein Konzept, wie es für seinen Stil typisch ist: „Die Autonomie ist die Schwäche, der Zentralismus ist die Kraft."[36] Sehr ähnliche Reflexionen finden wir in den Artikeln der (T)SZ „Zentralismus und Föderalismus" und „Föderalismus oder Zentralismus", die laut den Ergebnissen unserer stilometrischen Analysen Ritter zuzuschreiben sind.[37] Im ersteren ähnelt sogar die Wortwahl sehr dem eben zitierten Passus aus *Autonomie,* wenn be-

---

32 Ebd., S. 54-55.

33 Ebd., S. 55.

34 S. Roman Urbaner: „‚... daran zugrunde gegangen, daß sie Tagespolitik treiben wollte'? Die ‚Tiroler Soldaten-Zeitung' 1915-1917", in: *eForum zeitGeschichte,* 3/4, 2001, www.eforum-zeitgeschichte.at.

35 Albert Ritter, *Autonomie. Zur Frage der Neugestaltung Österreichs*, Leykam Verlag, Graz, 1916, S. 11.

36 Ebd., S. 12.

37 S. Abbildung 10 im Beitrag von Salgaro, Rebora, Lauer, Herrmann in diesem Band.

hauptet wird: „Der Zentralismus sammelt die Kräfte straffer und ist dadurch in der Lage, Geltung und Gewicht des Staates nach außen stärker wirken zu lassen".[38] In „Föderalismus oder Zentralismus" wird für eine „tüchtige Staatserziehung im zentralisierten Staat" plädiert und der Autor gibt sich am Ende des Artikels durch ein Selbstzitat, oder vielleicht sollte man von Eigenwerbung sprechen, zu erkennen: „Zur Belehrung über diese Frage kann am besten dienen die ganz volkstümlich gehaltene Schrift ‚Autonomie?' von Dr. Albert Ritter, Verlag Leykam, Graz, Preis 90 h."[39]

Dieses Leitmotiv wird in der Gegenüberstellung zwischen National- und Nationalitätenstaaten wiederaufgenommen, wobei Ritter den ersten bevorzugt. Dass Österreich als Nationalitätenstaat den Nationalstaaten überlegen sei, wird von ihm nachdrücklich zurückgewiesen, da es „überhaupt kein Staat ist, sondern eine Verbindung zweier Staaten, deren einer ein Nationalstaat schärfster Ausprägung ist, während der andere als Nationalitätenstaat, aber keineswegs als Vorbild eines Staates dasteht.[40] Eine ähnliche Reflexion in Bezug auf Österreichs Staatsorganisation finden wir im Artikel „Ist die ‚österreichische Frage' schwierig?", der am 04.03.1917 in der SZ erschienen ist.

In der Bozner Zeit schrieb er auch sein „Kriegsgedicht", das eigentlich ein Drama ist, *Kaiser Rotbarts Erben*, das, wie er im Nachwort betont, „den Zweck hat, dem großen Kriegsspielgedanken Mitteleuropa zu huldigen".[41] Das Schauspiel erschien 1917 bei Rudolf Grabner in Innsbruck. Obwohl Ritter die geschichtliche Treue dieses Dramas betont, das die Zeit des Auszuges Friedrichs und des dritten Kreuzzuges beschreibt, scheint das geschichtliche Faktum ein Vorwand, um die Allianz zwischen Deutschland und Österreich im 1. Weltkrieg zu verherrlichen.

In seinen Streitschriften kritisiert Ritter den österreichisch-ungarischen Vielvölkerstaat und sieht die einzige Lösung in einem deutschen Gesamtstaat, der, für ihn, den Kern der deutschen Kultur bildet. Heinzle bezieht sich vielleicht auf die für die SZ verfassten Texte, wenn sie zu den Artikeln dieser Jahre schreibt, dass er in diesen Texten seine für ihn charakteristischen Ideen „von den verschiedensten Seiten"[42] beleuchtet. Leider sind diese Artikel nicht im Register der Werke Ritters genannt, das man am Ende der Dissertation findet.[43] Aus der zur Verfügung ste-

38 „Zentralismus und Föderalismus", SZ, 7.1.1917, S. 3.
39 „Föderalismus oder Zentralismus", SZ, 14.1.1917, S. 2.
40 Ritter, *Autonomie* (Anm. 35), S. 35.
41 Heinzle, *Albert Ritter, Leben und Werk* (Anm. 5), S. 55.
42 Ebd., S. 57.
43 Ebd., S. 242.

henden Dokumentation geht hervor, dass er sich nicht recht in die Gesellschaft der Offizierswelt in Bozen eingliedern konnte. Am 30.07.1917 schreibt er an seine Frau, „[...] ich fühle mich so recht mit Gott und der Welt zerfallen und wütend auf alles". Wenig später meldet er sich wieder an die Front. Über den Grund dieser Entscheidung vermerkt Heinzle: „Er wurde umso lieber versetzt als das Kriegspressequartier in dem Journalisten Novak, der Hötzendorf näherstand, schon längere Zeit einen Ersatz gefunden hatte".[44] Er wird an die Front in den Sieben Gemeinden versetzt, die in der Hochebene um Asiago verläuft. Am 14.09.1917 schreibt er seiner Frau bereits von seiner Stellung am „Monte Bianco".[45] Er berichtet seiner Frau, dass er sich an der Front besser fühle als „unter den Etappenschweinen".[46] Von der Front wird Ritter im Herbst 1918 abgerufen und zu einer politischen Mission nach Berlin gesandt.

Der Zusammenbruch des Deutschen Reiches im ersten Weltkrieg war für Albert Ritter ein tragisches Ereignis, das er seiner Frau mit den folgenden Worten beschreibt: „Wir sind ein gescheitertes Schiff, dessen tausende von Insassen an einer öden Klippe getrieben sind".[47] Da Ritter im Nachkriegsdeutschland keine Anstellung fand, kehrte er nach Weiler zurück, wo er seine inzwischen fast erwachsenen Söhne traf.

Ab 1918 setzte sich Ritter für den Anschluss Vorarlbergs an Deutschland ein.[48] Auf die Kriegsniederlage reagierte er mit den programmatischen Schriften *Kein Bayern, kein Preussen, nur Deutschland*[49] und *Grossdeutschland und die Weltpolitik,*[50] in denen Deutschland als „das Weltvolk des Geistes" den Nationstaaten wie Frankreich und England gegenübergestellt wird.[51] In *Grossdeutschland* plädiert er für die Anwendung der 14 Punkte Wilsons auf Deutschland, damit es als ein deutscher Staatenbund auf volkstümlichen und stammesinhärenten Grundlagen aufgebaut werde. Deutschland solle laut Ritter ein Bund fünfzehn freier Stämme sein, in dem jeder Hüter und Pfleger seiner Eigenart wird. Außerdem sollte jeder die eigene Mundart gebrauchen und nicht die ar-

44 Ebd., S. 57.

45 Ebd. Hier ist Heinzle möglicherweise ein Fehler unterlaufen. Es handelt sich wahrscheinlich um das Corno Campobianco in der Nähe von Asiago.

46 Ebd., S. 57.

47 Ebd., S. 59.

48 Rohrer, *Vorarlberg 1918-1922* (Anm. 5), S. 23.

49 Albert Ritter, *Kein Bayern, kein Preussen, nur Deutschland*, Innsbruck, o. J.

50 Albert Ritter, *Grossdeutschland und die Weltpolitik, Ein Programm für die grossdeutsche Republik*, Graz, 1919.

51 Ebd, S. 26.

tifizielle deutsche Hochsprache. Mittelpunkt des Reiches sollte Weimar sein, das die Stellung eines neues „Olympia“[52] einnehmen sollte.

In den Nachkriegsjahren spricht sich Ritter gegen den Anschluss Südtirols an Italien und gegen den in Aussicht gestellten Anschluss Vorarlbergs an die Schweiz aus. In einem neuen Roman wollte er seine Lehre des wahren Glaubens verkünden; er erschien 1920 unter dem Titel *Der Gottesfreund. Roman aus dem alten Graubünden* in Graz. In diesem Roman verarbeitet er das Leben eines Laien des 14. Jahrhunderts, des „Gottesfreundes im Oberland“, der nach seiner Bekehrung ein sehr frommes Leben geführt haben soll. Die historische Existenz dieser Figur wurde von vielen Seiten bezweifelt.[53] Sie ist aber nur der Anlass, um über das Zeitgeschehen zu sprechen, da der eigentliche Träger der Haupthandlung der mächtige Herr von Graubünden Donat von Vaz ist, der durch Vaterlandsliebe und Frömmigkeit gekennzeichnet ist. Nachdem der 1. Weltkrieg das politische System Deutschlands zum Einsturz gebracht hatte, versuchte Ritter mit diesem historischen Roman die Probleme des römisch-deutschen Kaisertums aufzudecken und eine mögliche geistige Erneuerung durch den Noismus zu veranschaulichen.

1922 zog er nach München, um als Redakteur beim Zentralarchiv für Politik und Wirtschaft zu arbeiten. Er lieferte auch in diesen Jahren verschiedene Beiträge an Zeitungen. 1925 erschien in München sein letztes politisches Werk unter dem Decknamen R.W. Conrad – das wiederum einen Hinweis auf den Nationalhelden Konrad von Winterstetten enthält – *Das deutsche Volk will den Einheitsstaat,* in dem er jeglichen Föderalismusgedanken, inklusive der Autonomiebestrebungen Bayerns, ablehnt. Seine Grundstimmung nach dem Krieg blieb düster, zudem verlor er 1928 seinen Posten beim Zentralarchiv und erhielt eine neue Anstellung beim Münchner Konsulat der österreichischen Regierung. Kurz nach der Übernahme des neuen Postens verschlechterte sich sein Gesundheitszustand und er verstarb am 7. Juni 1931.

Obwohl auch nach seinem Tode Albert Ritters Texten keine signifikante Rezeption zuteil wurde, fand es einen unerwarteten literarischen Nachklang im Werk seines Kommilitonen und Kollegen der Redaktion der Tiroler Soldatenzeitung, Robert Musil.[54] Albert Ritter wird nämlich in den Manuskripten Musils genannt, in denen das Romanprojekt *Der*

52 Heinzle, *Albert Ritter, Leben und Werk* (Anm. 5), S. 157.

53 Ebd., S. 225.

54 Albert Ritter wird auch in einem Brief Martha Musils an ihre Tochter Annina vom 5. Novembers 1919 genannt. (KA, Band 19, Wiener und Berliner Korrespondenz, 1919-1938)

Spion zwischen 1918 und 1922 aufzeichnet wurde.[55] *Der Spion* ist eine Vorstufe des *Mann ohne Eigenschaften,* in der Musil die Vorgeschichte des ersten Weltkriegs rekonstruiert. In diesem Roman will Musil die repräsentativen Typen der damaligen Kultur aufzeichnen wie „den Expressionisten, die Courts-Mahler, den Schieber, den Psychopädagogen, den Steinerianer usw." (KA, Heft 8, 10) Die meisten dieser Typen sind nicht auf den Krieg vorbereitet: „Darum muß man auch einen Alldeutschen zeichnen, der nicht überrascht wird. zb. Ritter." (KA, Heft 8, 11) Musil schien vor allem an der alldeutschen Ideologie Ritters interessiert zu sein und an dessen Vorhersage des Kriegsausbruches. Dies wird auch aus einer anderen Notiz Musils aus derselben Zeit ersichtlich: „Was mir außer dem neuen Hingabegefühl zu Anfang Eindruck machte, waren die Alldeutschen. Verschrien als Hetzer, in der inneren Politik wenig sympathisch. Aber wenn etwas die ganze Welt überrascht und auf den Kopf stellt und es hat Leute gegeben, welche, beschimpft und verlacht, das vorausgesagt haben, welche dieses für die anderen Unerwartete immer als einen festen Posten in ihrem Leben geführt haben: – sind das nicht interessante Leute? Man hat sie im Frieden als präsumptive Kriegsgewinner verdächtigt. Aber waren sie es? Diese Professoren, Beamten Publizisten?" (KA, VII, 11, 93) Einige Zeilen unter dieser Notiz steht der Name Gerda. Und aus einer anderen Notiz zu den Alldeutschen („Freideutsche Jugend. Junger Mensch. Alldeutsche." KA VII/3/1) wird deutlich, in welchem narrativen Komplex des *Spion*-Projekts Albert Ritter eine Rolle gespielt haben könnte. Walter Fanta, der im *Spion* die Vorformen vieler Schlüsselfiguren des *Mann ohne Eigenschaften* erkennt[56], sieht in Gerda und ihrem Kreis „die Exponenten der deutschnationalen, antisemitischen, zugleich antizivilisatorischen und sexualfeindlichen Richtung".[57] Für diese narrative Konstellation, die politisch nicht unproblematisch ist, dürfte Albert Ritter eine begrenzte aber nennenswerte Inspirationsquelle gewesen sein.

Die Erforschung von Ritters Publikationen dürfte wichtig für all jene Wissenschaftler werden, die sich mit der T(SZ) und der Zuordnungsfrage ihrer Artikel auseinandersetzen wollen.

55 Fanta Walter, *Die Entstehungsgeschichte des „Mann ohne Eigenschaften" von Robert Musil,* Wien, 2000, S. 123-255.

56 Ebd., S. 139-255.

57 Ebd., S. 236.

Christoph Hoffmann

Von Ing. Dr. phil. Robert Musil, Fachbeirat im Bundesministerium für Heerwesen

I.

In Robert Musils letztem Reisepass, ausgestellt im Dezember 1938, findet sich unter der Rubrik „Beruf" der Eintrag „Schriftsteller".[1] Bekanntlich übte Musil aber in den Jahren vor und nach dem Ersten Weltkrieg eine Reihe weiterer Tätigkeiten aus. Im Einzelnen war er Bibliothekar an der Technischen Hochschule in Wien, Redakteur der *Neuen Rundschau*, sowie zwischen 1920 und 1923 Fachbeirat im Österreichischen Staatsamt und späteren Bundesministerium für Heerwesen. Dazu kommen während des Ersten Weltkriegs Verwendungen als Redakteur und Schriftleiter der (T)SZ und der vom Kriegspressequartier in Wien lancierten Zeitschrift *Heimat*. Alle diese Tätigkeiten waren mehr oder weniger ausgiebig mit Schreibereien verbunden. Einige der damit verbundenen Texte kennen wir heute, besonders die unter Musils Namen erfolgten Veröffentlichungen. Das weitaus meiste dürfte heute allerdings verloren sein. Ich denke hier an die vielen Mitteilungen, Notizen, Berichte, Konzepte, Aktenvermerke und dergleichen mehr, die Musils tägliches Geschäft gewesen sind, es aber nicht über die Schwelle der Aufbewahrung geschafft haben.

Dieser Kosmos von Schreibereien bildete lange Zeit die andere Seite jener Schriften, die wir herkömmlich Musils Werk nennen. Sie gehörten nach der Nomenklatur von Carlos Spoerhase zum „Patrimonium", der Überlieferung, wurden jedoch, selbst wenn sie publiziert waren, nicht in das „Œuvre" eingebunden.[2] Offenkundig wurde das am Umgang mit Musils Dissertation, zwei frühen Aufsätzen in der Zeitschrift *Natur und Kultur* und dem Aufsatz über Psychotechnik aus der Tätigkeit am Bundesministerium für Heerwesen, die 1980, zwei Jahre nach der Werkausgabe von Adolf Frisé, in einem eigenen Band versammelt erschienen. Die Grenzlinie verlief dabei keineswegs klar zwischen literarischen und sogenannten nicht-literarischen Texten. Hatte doch Frisé die Referate

1 Vgl. die Reproduktion bei Karl Corino, *Robert Musil. Leben und Werk in Bildern und Texten*, Reinbek b. Hamburg, 1988, S. 448.

2 Vgl. Carlos Spoerhase, „Was ist ein Werk? Über philologische Werkfunktionen", in: *Scientia Poetica. Jahrbuch für Geschichte der Literatur und der Wissenschaften*, Bd. 11, 2007, S. 276-344, hier S. 289.

aus technischen und wissenschaftlichen Zeitschriften, die Musil 1923 für die *Prager Presse* anfertigte, in seine Werkausgabe aufgenommen (GW II, 1691-1705).

Mittlerweile liegen die Dinge anders. Zunächst in der „Klagenfurter Ausgabe" (2009) und dann in der Hybridausgabe, die seit 2016 erscheint, finden sich alle Publikationen vereint, die mindestens durch den Namen Robert Musil ausgewiesen sind. Es bleibt allerdings die Frage, ob dieser Schachzug nicht ebenfalls seine Tücken hat. Denn was editionstechnisch in derselben Weise behandelt wird, ist nicht notwendig unter denselben Voraussetzungen entstanden und zu rezipieren. Das Signal, das die separate Ausgabe der Dissertation und der drei weiteren Aufsätze aus dem Jahr 1980 sendet: Achtung, dies sind Publikationen Robert Musils, aber sie unterscheiden sich in irgendeiner Weise von den anderen, für die wir Robert Musil kennen, dieses Signal geht mit den neueren Ausgaben verloren. Anders gesagt: Man muss nicht alle editorischen Entscheidungen von Frisé mittragen, um anzuerkennen, dass einige der unter dem Eigennamen Robert Musil vorhandenen Veröffentlichungen Sorgen bereiten. Man kann die Herausforderung so formulieren: Wer schreibt dort in der Dissertation, in den technischen Aufsätzen, in dem Artikel über Psychotechnik? Ist das ‚Robert Musil'? Oder ist es ‚Robert Musil I, II, III usw.'?

An diesem Punkt angelangt, könnte man zu den Feinheiten der Autorschaftsdiskussion abbiegen oder man kennt überhaupt nur noch Mengen von Äußerungen, egal, wer schreibt. Ich möchte hingegen das Unbehagen ernstnehmen, das den editorischen Umgang mit dem Kosmos von Musils beruflichen Schreibereien und Lohnarbeiten charakterisiert. Klassifikationsprobleme haben die schöne, aber eben auch quälende Folge, dass sie die Kategoriensysteme vor Augen führen, denen wir gewöhnlich unbesehen folgen. Im vorliegenden Fall muß man in Rechnung stellen, dass die Gesamtmenge von Publikationen eines Schriftstellers gewöhnlich in Bezug auf die Teilmenge ‚Produkte des Schriftstellers' respektive Œuvre hin geordnet wird. Mit der Folge, dass in der Regel zwei Klassen von Publikationen Gestalt gewinnen: Eine Publikation ist entweder Teil des Werks (in welcher Schwundstufe auch immer) oder sie ist nicht Teil des Werks (aber dennoch vorhanden). Denken wir nun an die Schreibereien aus Musils Broterwerb, dann sehen sich Editoren entweder gezwungen, eine nicht unerhebliche Menge von Robert Musils Produkten gleichsam in den Abfallkorb zu werfen, weil sie nach ihren Kriterien nicht als Teil des Werks klassifiziert werden können. So geschehen bei Adolf Frisé. Wie die Ausgabe der Dissertation und der anderen Schriften aus dem Jahr 1980 zeigt, werden dann einige dieser Produkte notdürftig als eine Art Beiwerk gerettet. Oder Editoren verstehen die Kategorie Werk so umfassend, dass (fast) alle Produkte Robert Musils in die Klasse ‚Teil des Werks' hineinpassen, so geschehen in der „Klagenfurter Ausgabe" und der neuen Hybridausgabe. Das Zwei-Klassen-System ‚Teil des Werks/kein Teil des Werks' wird damit zwar formal aufgehoben, aber zugleich auch wieder bestätigt. Denn nun ist aus der Dissertation zum Beispiel einfach ein Bestandstück von Musils Œuvre geworden.

Es besteht allerdings keine Notwendigkeit, diesen Dualismus bei der Klassifikation der Produkte eines Schriftstellers zur Anwendung zu bringen. Ebensogut können wir dafür auf die verschiedenen Schreibpositionen Bezug nehmen, die sich in der Anfertigung von Schreibereien zur Geltung bringen. Im Deutschen lassen sich grob drei solcher Schreibpositionen unterscheiden: Wir kennen Schreiber, Verfasser und Autoren von Schriftstücken.[3] Unter einem Schreiber verstehen wir eine Person, die für die korrekte Ausfertigung eines Schriftstückes zuständig ist. Ein Verfasser formuliert hingegen ein Schriftstück; man kann hier an die Verfasserin einer Medienmitteilung denken oder an die Richterin, die ein Urteil verfasst. Die Schreibposition Autor lässt sich nach zwei Seiten definieren. Autor ist ökonomisch betrachtet eine Person, deren Schreibereien verlegt werden – in der Regel durch einen Autorenvertrag bestätigt. Davon abgesetzt ist Autor im enger literaturwissenschaftlichen Verständnis des Ausdrucks eine Person, deren Produkte unter ihrem Namen nicht nur vertrieben werden, sondern unter diesem Namen als eine innere Einheit begriffen werden. Nach der einschlägigen Formulierung Michel Foucaults wird unter den Produkten eines Autors „eine Beziehung der Homogenität, der Abhängigkeit, der wechselseitigen Beglaubigung, der gegenseitigen Erklärung oder der gleichzeitigen Verwendung" hergestellt.[4] Dabei gilt, dass nicht schon jede Person, die ökonomisch betrachtet Autor ist, auch literaturwissenschaftlich als Autor begriffen wird. Ein Ratgeberautor kann zu einer Art Marke werden, seine Produkte werden aber (bislang) nicht auf ihre Filiationsverhältnisse hin untersucht.

---

3 Ich verwende der Einfachheit halber durchgängig die männlichen Formen. Zu den folgenden Überlegungen siehe ausführlich Christoph Hoffmann, „Schreiber, Verfasser, Autoren", in: *Deutsche Vierteljahresschrift für Literaturwissenschaft und Geistesgeschichte*, 91 (2) 2017, S. 163-187.

4 Michel Foucault, „Was ist ein Autor?", in: *Schriften in vier Bänden. Dits et Ecrits*, hg. v. Daniel Defert u. François Ewald unter Mitarbeit von Jacques Lagrange, Frankfurt a. Main, 2001, Bd. 1, S. 1003-1042, hier S. 1014.

Gewöhnlich kommt einer Person nur eine Schreibposition zu. Im Falle Musils (und ebenso bei allen anderen Schriftstellern mit Brotberufen) geht es jedoch darum, die verschiedenen Schreibpositionen zu unterscheiden, die unter ein und demselben Eigennamen laufen. Von diesen Schreibpositionen her Musils schriftliche Produkte in den Blick zu nehmen, gestattet zunächst eine feinere Strukturierung der Überlieferung: Statt zwei Großgruppen (Teil des Werks/kein Teil des Werks) hat man nun mindestens drei Großgruppen (Schreiber, Verfasser, Autor) zur Verfügung. Damit einher geht, dass man alle Produkte nebeneinander präsent halten kann, ohne zugleich im Grundsatz die Unterschiede zwischen ihnen zu beseitigen, wie das beim Einschluß in die Werkklasse respektive dem Ausschluß aus derselben automatisch passiert. Gleichzeitig werden mit dem Blick auf die Schreibposition charakteristische Eigenarten der Produkte deutlich. Ein Schreiber ist anders an seinem Produkt beteiligt als ein Verfasser, ein Autor im engen literaturwissenschaftlichen Sinne wird zu seinen Produkten in ein anderes Verhältnis gerückt als ein Verfasser. Übertragen auf Robert Musils vielfältige Schreibereien können wir entsprechend besser verstehen, in welcher Weise die Person dieses Eigennamens an dem Produkt teilhat, und wir können auf dieser Grundlage dann präzisieren, in welche Beziehung verschiedene Produkte dieser Person untereinander gebracht werden können – und in welche eher nicht.

Diese Überlegungen möchte ich im Folgenden an dem Aufsatz über Psychotechnik vertiefen, der als einziger publizistisch von Musils Tätigkeit als Fachbeirat im Bundesministerium für Heerwesen zeugt. Die Betonung liegt auf publizistisch, denn im Österreichischen Staatsarchiv-Kriegsarchiv in Wien befinden sich eine Reihe weiterer Schreibereien aus diesem Kontext, die Musils Tätigkeit als Fachbeirat zugeordnet werden können. Ich gehe damit nicht auf die Publikationen in der (T)SZ respektive ein, die den Anlaß für diesen Band bilden. Zum einen lässt sich hier vieles von dem übertragen, was Harald Gschwandtner schon früher über Musils Tätigkeit für die Zeitschrift *Heimat* gesagt hat.[5] Zum anderen steht der hier behandelte Fall dafür ein, dass die Frage nach der Beziehung zwischen den verschiedenen Produkten, die unter dem Eigennamen Robert Musil laufen, nicht nur dort zu stellen ist, wo ein besonders umstrittener Bestand von Veröffentlichungen Aufmerksamkeit auf sich zieht. Es handelt sich vielmehr um einen Aspekt, der jedes

---

5 Vgl. Harald Gschwandtner, „Dienst und Autorschaft im Krieg. Robert Musil als Redakteur der Zeitschrift *Heimat*", in: *Musil-Forum* 33 (2013/2014), S. 101-124.

Mal systematisch in Betracht zu ziehen ist, wo Produkte verschiedener Schreibpositionen unter einem Eigennamen zusammenkommen.

II.

Die Angabe „Ing. Dr. phil. Robert Musil, Fachbeirat im Bundesministerium für Heerwesen" findet sich in der Zeitschrift *Militärwissenschaftliche und Technische Mitteilungen*, Bd. 53, 1922, Heft 6, S. 244.[6] Sie steht dort unter der Überschrift „Psychotechnik und ihre Anwendungsmöglichkeit im Bundesheere". Was bezeichnet diese Angabe? Eine erste Antwort auf diese Frage führt auf das kleine Wort „von", das diese Angabe mit der vorangestellten Überschrift verknüpft: Dieses da, umrissen durch die Überschrift, ist „von" jenem; er hat es gemacht. Was hier passiert, ist trivial. Eine Publikation wird mit einem Namen verknüpft. Dies hat zunächst zur Konsequenz, dass diese Publikation unter dem Namen adressierbar wird. Schau an, sagen die Kollegen im Büro nebenan, Fachbeirat Musil hat in den *Mitteilungen* einen Aufsatz! Mit ‚Siehe Musil, Psychotechnik und ihre Anwendungsmöglichkeiten im Bundesheere' wird der Aufsatz fortan nachgewiesen.

Der letzte Punkt ist keineswegs selbstverständlich. Im selben Heft der *Mitteilungen* findet sich am Ende unter der Rubrik „Kleine Mitteilungen" eine Reihe von Kurzreferaten, beispielsweise über „Offiziersausbildung im tschechoslowakischen Heere", die anonym publiziert worden sind.[7] Die Angabe „Ing. Dr. phil. Robert Musil, Fachbeirat im Bundesministerium für Heerwesen" lässt sich so besehen bereits als eine Art Auszeichnung verstehen: Die zugehörige Publikation verdient es, dass die Leserschaft der *Mitteilungen* erfährt, von wem sie geschrieben wurde. Ihr Produzent gerät damit zugleich über die Schwelle der bibliographischen Unsichtbarkeit. Man kann den Aufsatz nach dieser Angabe erfassen, verwalten und suchen. Eben dies charakterisiert die zugehörige Schreibposition: Bei „Ing. Dr. phil. Robert Musil, Fachbeirat im Bundesministerium für Heerwesen" handelt es sich um einen Verfasser. Denn ein einschlägiges (aber nicht unbedingt notwendiges) Merkmal von Verfasserschaft ist, dass die Produkte, die unter dieser Schreibposition entstehen, nach dem Namen der ausführenden Person bereitgehal-

6 Musils Aufsatz wird im Weiteren nach dem Erstdruck mit der Sigle ‚PT' und Seitenzahl direkt im Text nachgewiesen; siehe Robert Musil, „Psychotechnik und ihre Anwendungsmöglichkeit im Bundesheere", in: *Militärwissenschaftliche und Technische Mitteilungen*, Bd. 53, 1922, S. 244-265.

7 Siehe „Kleine Mitteilungen", in: *Militärwissenschaftliche und Technische Mitteilungen* (Anm. 6), S. 268-272.

ten werden. Man findet sie nach dem Namen in Inhaltsverzeichnissen, Registern und anderen Suchmitteln.

Außer als bibliographischer Operator, spielt die Angabe noch in einer zweiten Hinsicht eine Rolle. Über die verschiedenen Zusätze zum Eigennamen wird die ‚persona' des Verfassers charakterisiert. Mit „Ing. Dr. phil." werden bestimmte Kompetenzen signalisiert: Es handelt sich offenkundig um einen sowohl technisch wie akademisch vorgebildeten Verfasser, von dem man mit Rücksicht auf das in der Überschrift bezeichnete Thema entsprechend fachkundige Ausführungen erwarten kann. Der zweite Zusatz, „Fachbeirat im Bundesministerium für Heerwesen", verortet den Verfasser: Hier spricht nicht irgendein Laie, so viel er auch von der Sache sonst verstehen mag, sondern ‚einer von uns' oder etwas vorsichtiger formuliert – denn ein Fachbeirat ist kein Offizier – einer, der über ‚unsere Verhältnisse' im Bilde ist. Ich stelle hierbei in Rechnung, dass die *Mitteilungen* mehrheitlich von einem militärischen Publikum gelesen wurden, das einem Verfasser mit diesem Hintergrund etwas mehr vertraut haben dürfte als einem bloßen „Ing. Dr. phil.". Der Verfasser, so die Botschaft, kennt sich mit militärischen Dingen zumindest potentiell aus. Der Effekt ist ganz derselbe wie bei dem im selben Heft abgedruckten Aufsatz „Unsere Kriegsbrücken und die Erfahrungen des Weltkriegs", der mit der Angabe „von Oberst Ingenieur Franz Ullreich des Bundesheeres" versehen ist.[8]

Wenn ich sage, dass „Ing. Dr. phil. Robert Musil, Fachbeirat im Bundesministerium für Heerwesen" den Aufsatz „Psychotechnik und ihre Anwendungsmöglichkeit im Bundesheere" verfasst hat, heißt dies dann auch, dass er den Aufsatz geschrieben hat? Dafür muss man überlegen, was das Verb ‚schreiben' hier bedeuten soll. Versteht man darunter die praktische Ausfertigung eines Schriftstücks, kann man diese Frage mit einiger Sicherheit bejahen. Zwar wurde Musil bei seiner Anstellung nach Bedarf eine Schreibkraft versprochen, dieselben waren aber Mangelware, so dass er in dieser Zeit sein eigener Typist wurde.[9] Die Druckvorlage dürfte demnach von ihm selbst erstellt worden sein. Was aber, wenn man mit dem Verb ‚schreiben' nicht ‚abschreiben' meint, sondern ‚formulieren' und ‚disponieren', wenn Schreiben also gleichbedeutend damit sein soll, einen Gedankengang zu entwickeln?

8 Franz Ullreich, „Unsere Kriegsbrücken und die Erfahrungen des Weltkrieges", in: *Militärwissenschaftliche und Technische Mitteilungen* (Anm. 6), S. 229-235, hier S. 229.

9 Vgl. Christoph Hoffmann, *„Der Dichter am Apparat". Medientechnik, Experimentalpsychologie und Texte Robert Musils 1899-1942*, München, 1997, S. 239.

Am Ende des Aufsatzes findet sich folgender Hinweis: „Literatur: Die angeführten Beispiele sind folgenden Werken entnommen: Münsterberg, Psychotechnik. Piorkowski, Die psychologische Methodologie der wirtschaftlichen Berufseignung. Tramm, Psychotechnik und Taylorsystem." (PT, 265) Nimmt man die genannten Schriften zur Hand und vergleicht sie mit Musils Aufsatz, wird man feststellen, dass auf der Mehrheit der Seiten Stellen aus der Literatur ungekennzeichnet übernommen wurden, mal nur ein Hinweis, mal paraphrasiert, mal ganze Passagen im Wortlaut.[10] Nach meiner Synopse handelt es sich insgesamt um rund fünfundzwanzig Anleihen. Eine solche Arbeit nennt man Kompilation. Der Verfasser schreibt einen Text zusammen, er benutzt Elemente aus anderen Schriften als Versatzstücke für seine eigenen Ausführungen.

Dies festzustellen, bedeutet nicht, Musil des Plagiats zu bezichtigen. Der Hinweis am Ende des Aufsatzes mag das Ausmaß der Übernahmen etwas verschleiern, im Prinzip wird die Leserschaft aber darüber in Kenntnis gesetzt, wie das Produkt erstellt wurde. Wir müssen nur überlegen, in welcher Weise dies die Verfasserschaft an dem Aufsatz charakterisiert. Offenkundig ist „Ing. Dr. phil. Robert Musil, Fachbeirat im Bundesministerium für Heerwesen" kein Verfasser von der Art, dass alles, worüber er spricht, von ihm selbst entwickelt worden ist. Er scheint auch kein streng wissenschaftlicher Verfasser zu sein, insofern er, anders als auch schon zu dieser Zeit üblich, die Übernahmen nicht einzeln als Zitate oder Paraphrasen nachweist. Am ehesten kann man diesen Verfasser mit dem eines Berichts vergleichen, in dem der Stand einer Angelegenheit zusammengefasst und für ein bestimmtes Publikum aufbereitet wird. Die Tätigkeit des Verfassers fällt in diesem Kontext vor allem mit der Auswahl der Materien und der Gliederung ihrer Darstellung zusammen.

Hierbei handelt es sich keineswegs um eine anspruchslose Tätigkeit; im Gegenteil, ein solcher Verfasser besitzt einen großen Gestaltungsspielraum, denn er entscheidet, was erwähnt wird, setzt Akzente und stellt Zusammenhänge her. Der Unterschied etwa zu dem Verfasser eines politischen Kommentars in einer Tageszeitung, besteht nicht darin, dass „Ing. Dr. phil. Robert Musil, Fachbeirat im Bundesministerium für Heerwesen" nicht wertet. Der Unterschied besteht darin, dass seine Wertungen, statt direkt markiert zu sein (etwa im Gebrauch urteilender Verben), sich in den Kriterien verstecken, nach denen Musil seinen Auf-

10 Vgl. Christoph Hoffmann, „Technische Aufsätze", in: *Robert-Musil-Handbuch*, hg. v. Birgit Nübel/ Norbert Christian Wolf, Berlin/Boston, 2016, S. 432.

satz zusammengeschrieben hat. Sein Bericht liefert eine mögliche Vorstellung davon, worum es sich bei Psychotechnik handelt und in welcher Weise Psychotechnik für militärische Aufgaben relevant sein könnte. Andere Verfasser könnten zu einer anderen Auffassung gelangen.

Deutlich wird das, wenn man zum Vergleich Johann Baptist Riefferts im selben Jahr erschienenen Aufsatz „Psychotechnik im Heere" heranzieht.[11] Rieffert, der bei der Deutschen Reichswehr eine ähnliche Stellung innegehabt hat wie Musil im Bundesministerium für Heerwesen (und nebenbei ein Kommilitone Musils bei Stumpf gewesen ist), geht deutlich anders vor. Zunächst zählt er alle Arbeiten auf, die Psychologen während des Ersten Weltkriegs für deutsche militärische Dienststellen durchgeführt haben, und hebt ihre Hauptpunkte hervor. Der Fokus liegt damit fast ausschließlich auf Erfahrungen bei der Auswahl von Spezialisten. Näher besprochen werden im Weiteren dann ausschließlich die hierbei entwickelten Methoden. In Musils Darstellung fehlt es nicht an Beispielen, allerdings bezieht er sich dafür auf Literatur aus dem Bereich der industriellen (in der Regel von Ingenieuren betriebenen) Psychotechnik, läßt die Erfahrungen aus dem Krieg beiseite und entwickelt ein breites Spektrum von Anwendungsmöglichkeiten. In dem letzten Teil von Musils Aufsatz, der sich enger mit militärischen Aufgaben beschäftigt, stehen wiederum nicht allein Fragen der Spezialistenauswahl im Mittelpunkt, sondern Psychotechnik begegnet wesentlich umfassender als eine Technik zur planvollen Gestaltung psychischer Leistungen und Einstellungen.

Die Unterschiede erklären sich daraus, dass Riefferts Aufsatz zunächst als Referat für den 1921 abgehaltenen 7. Kongress für experimentelle Psychologie geschrieben worden ist. Er wendet sich also an die Fachkollegen, bringt sie auf den Stand der Untersuchungen und akzentuiert seine Darstellung als Methodendiskussion. Musil schreibt hingegen für ein militärisches Publikum, von dem er annehmen muss, dass es weder mit der Materie vertraut ist, noch deren Brauchbarkeit selbstverständlich voraussetzt. Davon unbenommen zeigt der Vergleich aber, dass Musil in seinem Aufsatz, trotzdem es sich im Kern um ein Kompilat handelt, das Thema ‚Psychotechnik und Militär' unter einer eigenen Perspektive entwickelt. Zu überlegen ist jedoch, wessen Perspektive genau aus dem Aufsatz spricht.

11 Vgl. Johann Baptist Rieffert, „Psychotechnik im Heere", in: *Bericht über den VII. Kongreß für experimentelle Psychologie in Marburg vom 20.–23. April 1921*, Jena, 1922, S. 79-96.

III.

Wenn wir sagen, „Ing. Dr. phil. Robert Musil, Fachbeirat im Bundesministerium für Heerwesen" ist der Verfasser des Aufsatzes „Psychotechnik und ihre Anwendungsmöglichkeit im Bundesheere", müssen wir drei Dinge berücksichtigen. Erstens fällt Verfasserschaft hier, wie erwähnt, sehr stark mit Kompilieren und Arrangieren zusammen. Zweitens handelt es sich bei dem Aufsatz um eine Dienstleistung im Rahmen seiner Anstellung als „Fachbeirat für Methoden der Geistes- und Arbeitsausbildung", zunächst entstanden für einen Vortrag vor einem ausgewählten Offizierspublikum im März 1922 (B II, 147f). Drittens lag die Schriftleitung der *Mitteilungen* zu diesem Zeitpunkt laut Titelblatt beim „Heeresinspektor",[12] so dass gewiss nicht völlig frei war, was unter der Angabe „Ing. Dr. phil. Robert Musil, Fachbeirat im Bundesministerium für Heerwesen" erscheinen konnte. Alle drei Aspekte charakterisieren diese Verfasserschaft, setzen ihr Bedingungen, deuten an, in welcher Weise der Verfasser sich in sein Produkt einschreibt.

Beginnen wir bei dem letzten Punkt: Wenn die *Mitteilungen* letzten Endes eine Art Hauszeitschrift des Österreichischen Heeres gewesen sind, wird man in Erwägung ziehen müssen, dass Musils Beitrag vor der Publikation durchgesehen und kritische Stellen (das heißt Stellen, die mitzuteilen der „Heeresinspektor" entweder nach innen oder nach außen nicht für opportun gehalten hat) unterdrückt worden sind. In der Konsequenz ergäbe sich die Frage, wie weit der Aufsatz „Psychotechnik und ihre Anwendungsmöglichkeit im Bundesheere" tatsächlich in jeder Hinsicht einer Person mit dem Eigennamen Robert Musil zuzurechnen ist. Hier lässt sich jedoch nur spekulieren, so lange nicht zum Vergleich mit dem gedruckten Text zum Beispiel ein Manuskript der Vortragsfassung aufgefunden wird.

Der zweite Punkt – der Vortrag als Dienstleistung – prägt erheblich die Kommunikationssituation. Besonders deutlich wird das beim Übergang „auf das Gebiet des eigentlich Militärischen" (PT, 259), wo Musil als wissenschaftlicher Experte aus der Position des ‚Theoretikers' spricht, der mit einer erheblichen Reserve der versammelten ‚Praktiker' rechnet. Gleich einleitend verneigt er sich vor seinen Zuhörern mit der Bemerkung: „Man darf dem Psychotechniker dabei jedoch nicht etwa den Glauben unterstellen, daß er gekommen sei, und nun werde alles anders werden". Kurz darauf erfahren dieselben, dass es „gerade in der Tradition des militärischen Dienstes liegt, ganz von selbst eine Art Psy-

12 Vgl. *Militärwissenschaftliche und Technische Mitteilungen* (Anm. 6), Titelblatt.

chotechnik zu werden", so dass, wieder etwas später, das Unterfangen letztlich nur darauf hinausläuft, „einen sozusagen arbiträren Zustand in einen systematischeren zu überführen", wobei, wie es dann im nächsten Absatz heißt, die „Zusammenarbeit mit militärischen Fachmännern" unerläßlich ist (PT, 259).

Musil betreibt in dieser Passage durchgängig „foreclosing".[13] Er nimmt Einwände gegen die Einfälle von ‚Theoretikern' vorweg, indem er nahelegt, dass das Militärwesen von sich aus, seiner Natur gemäß, schon lange psychotechnisch vorgeht und es einzig darum geht, den ‚Praktikern' – selbstverständlich im Verein mit ihnen – ihre Methoden bewusster an die Hand zu geben. Für den Vortrag im Ganzen darf man aus dieser Passage folgern, dass Argumentationsform und Inhalt in sehr kalkulierter Weise auf das Publikum zugeschnitten sind. Der Fachbeirat Musil schreibt einen Vortrag, der im Idealfall passgenau auf die Perspektive eines höheren Offiziers abgestimmt ist; kurzum, der Verfasser betreibt Mimikry. Damit steht zwar nicht in Frage, dass der Vortrag (und entsprechend der auf dieser Basis entstandene Aufsatz in den *Mitteilungen*) der Person mit den Eigennamen Robert Musil zuzurechnen ist. Nur taktiert diese Person in erheblicher Weise bei der Anfertigung ihres Produkts.

Bleibt noch die besondere Machart des Produkts, die ebenfalls in die Charakteristik der Verfasserschaft eingeht. Wie erwähnt, bedeutet der Umstand, dass Fachbeirat Musil seinen Vortrag im Wesentlichen unter Verwendung der von ihm genannten Literatur zusammenschreibt, noch nicht, dass er im Ergebnis auf einen eigenen Standpunkt verzichtet. Im Gegenteil lassen sich mit der Auswahl und Aneinanderreihung von Literaturstellen deutliche Akzente setzen. Ein Beispiel hierfür bildet die Passage zur Abfassung von „Vorschriften"; ein Thema, das dem Schriftsteller Musil nahegelegen hat, in der Literatur zu psychotechnischen Fragen allerdings eher beiläufig erwähnt wird (PT, 261).[14] Vor allem macht sich Musils Auswahl aber in der Schlusspassage des Vortrags be-

13 Vgl. Bruno Latour/Françoise Bastide, „Writing Science – Fact and Fiction. The Analysis of the Process of Reality Construction Through the Application of Socio-Semiotic Methods to Scientific Texts", in:, *Mapping the Dynamics of Science and Technology. Sociology of Science in the Real World*, hg. v. Michel Callon/John Law/Arie Rip, London, 1986, S. 51-66, hier S. 59-61.

14 Auf die Ausarbeitung von Arbeitsanweisungen geht in der von Musil benutzten Literatur direkt Tramm ein; allerdings setzt Tramm statt auf schriftliche Anweisungen auf Bilder und Graphiken (siehe Karl August Tramm, *Psychotechnik und Taylor-System*, Berlin, 1921, S. 38-42). Münsterberg behandelt allgemein die psychotechnische Durchgestaltung sprachlicher Kommunikation (siehe Hugo Münsterberg, *Grundzüge der Psychotechnik*, Leipzig, 1914, S. 253).

merkbar, die sich mit der Anwendung der Psychotechnik auf „höhere Tätigkeiten und Anforderungen" beschäftigt (PT, 263-265).

Fachbeirat Musil versteht hierunter verschiedene – in seiner Terminologie – geistige und moralische Eigenschaften von Soldaten, die sich mit Hilfe psychotechnischer Verfahren direkt oder durch die geeignete Personalauswahl fördern lassen. Musil öffnet damit die Kompetenz der Psychotechnik auf einen Bereich hin, der in der psychotechnischen Praxis seiner Zeit kaum eine Rolle gespielt hat. Mehr noch, indem er im letzten Absatz „militärische Körperhaltung" und die „Disziplin" in einem Heer in direkten Zusammenhang bringt (PT, 264f), forciert er ein Verständnis von Psychotechnik, in dem physische und psychische Aspekte umfassend zusammengedacht werden. Arbeitsleistungen, mit denen sich die psychotechnische Praxis vornehmlich beschäftigt, werden unter dieser Perspektive als Ansatzpunkt kenntlich, zielgenau psychische Einstellungen zu erreichen; oder in Musils Diktion: „Disziplinformen" (PT, 265) gewinnen den Status von Objekten, die über die Körperausbildung eingeübt werden können.

Wenn Musil seinem Publikum Psychotechnik, beim Wort genommen, als Technik zur Durchgestaltung der Psyche nahebringt, stellt sich noch einmal die Frage, wer hier spricht. Handelt es sich um einen Schachzug des Fachbeirats, mit dem er an einem für das Publikum ohne Zweifel sehr interessanten Aspekt aufzeigen will, wie weit das Potential der Psychotechnik reicht? Oder macht an dieser Stelle das taktische Kalkül einem eigenen Interesse (des Fachbeirats, des Schriftstellers, des Ingenieurs etc.) Platz? Diese Frage ist mit Blick auf das Produkt nicht zu entscheiden. Zu vielschichtig ist die Schreibposition, zu viele verschiedene Einflüsse prägen die Verfasserschaft von „Ing. Dr. phil. Robert Musil, Fachbeirat im Bundesministerium für Heerwesen", um sicher sagen zu können, welche Teile des Vortrags auf Rechnung der Kommunikationssituation gehen, welche eventuell von einer Art Zensur betroffen gewesen sind und welche möglicherweise einen Standpunkt bezeichnen, der weitergehend für den Fachbeirat, den Schriftsteller oder für beide zusammen von Belang gewesen ist. Positiv formuliert: Diese Verfasserschaft wird eigentümlich dadurch charakterisiert, dass sie im Dienst steht. Die Unwägbarkeiten, die hieraus resultieren, sind bei jeder Bezugnahme auf die Publikation systematisch zu berücksichtigen.

IV.

Folgt man Marcus Krause, dann gibt „es eine wissenschaftliche Autorschaft Musils gar nicht“, weil sie „von den literarischen und essayistischen Autorschaften auf eine Weise überlagert und eingeschlossen ist, die einen unvoreingenommenen Blick auf Musil als wissenschaftlichen Autor nahezu unmöglich macht.“[15] Ich stimme Krauses Überlegung so weit zu, dass es heute schwer möglich ist, die Produkte von Musils wissenschaftlicher Schreibtätigkeit naiv in Betracht zu ziehen. Sie sind einzig deshalb immer noch von Interesse, weil es den Autor Robert Musil gibt (den Autor eines Werks, den Autor, wie er in der Literaturwissenschaft veranschlagt wird). Das schließt aber nicht aus, Musils Psychotechnik-Aufsatz als das zu lesen, was er in den Augen der zeitgenössischen Leserschaft gewesen ist: Eine wissenschaftliche Darlegung zu Fragen der militärischen Ausbildung von „Ing. Dr. phil. Robert Musil, Fachbeirat im Bundesministerium für Heerwesen“. Dass dieser Aufsatz im Kern ein Kompilat darstellt und seine Wirkung eher mager gewesen ist, fällt dann auch nicht zu Lasten des Autors und besagt über dessen Werk gar nichts, sondern charakterisiert einzig das Produkt des Fachbeirats und dessen Rezeption.[16]

Krause macht allerdings darauf aufmerksam, dass es einer zusätzlichen Anstrengung bedarf, diesen Standpunkt einzunehmen. Man muss bei der Lektüre des Psychotechnik-Aufsatzes zunächst zu der Fiktion greifen, dass es den ‚Autor Robert Musil‘ nie gegeben hat. Der Aufsatz verliert dann einerseits an Bedeutsamkeit, er ist nicht länger allein schon dadurch von Interesse, weil er von der Person desselben Eigennamens verfasst worden ist. Andererseits gewinnt der Aufsatz aber erheblich an Signifikanz, weil nun, wie vorgeführt, die Eigenheiten seiner Produktionsweise und damit verbunden die Merkmale der Verfasserschaft des Fachbeirats Musil hervortreten können. Dies zu tun ist kein Selbstzweck. Ich behaupte vielmehr, dass man erst an diesem Punkt angelangt sinnvoll anfangen kann, den Psychotechnik-Aufsatz (und dasselbe würde für die anderen fraglichen Produkte gelten) mit den Pro-

15 Marcus Krause, „Beitrag zur Beurteilung der Autorschaften Musils“, in: *Sprache und Literatur*, Bd. 43, 2012, H. 2, S. 66-80, hier S. 79.

16 Mir ist bislang nur eine Referenz auf Musils Psychotechnik-Aufsatz bekannt; sieben Jahre nach der Publikation ebenfalls in den *Mitteilungen*. Siehe Kurt Fechner, „Die Psychotechnik und militärische Bedeutung“, in: *Militärwissenschaftliche Mitteilungen*, Bd. 60, 1929, S. 689-696, hier S. 689. In einer Fußnote zum Titel heißt es lapidar: „Vergl. auch den Aufsatz ‚Psychotechnik und ihre Anwendungsmöglichkeiten im Bundesheere‘ vom Ing. Dr. phil. Robert Musil im Heft 6 von 1922 dieser Zeitschrift.“

dukten des Schriftstellers und Essayisten Robert Musil in Verbindung zu bringen (also mit den Produkten, die Musils Autorschaft heute ausmachen). Sinn dieser Übung ist also nicht, ein heute bedeutungsloses wissenschaftliches Elaborat zu diskutieren, sondern eine Schreiberei vor Augen zu bekommen, die nach ihren in der Schreibposition enthaltenen Bedingungen in ein Verhältnis zu weiteren Schreibereien gesetzt werden kann. Im Ergebnis entsteht, um noch einmal eine Formulierung von Carlos Spoerhase aufzugreifen, ein „Raum möglicher Parallelstellen", ohne dass gleichzeitig diese Parallelstellen homogenisiert werden, nämlich als Teile eines Werks begriffen werden.[17]

Bezüge zur Psychotechnik kommen in den Produkten des Schriftstellers Musil verschiedentlich vor.[18] Im Folgenden beschränke ich mich aber auf die im Heft 19 enthaltene Skizze einer Satire, deren 2. Akt in einem „Psychotechnische[n] Staatsinstitut" spielen soll (TB I, 564f). Hält man diese Skizze neben den Psychotechnik-Aufsatz, werden die Umstände der Verfasserschaft von „Ing. Dr. phil. Robert Musil, Fachbeirat im Bundesministerium für Heerwesen" in spezifischer Weise zum Problem. Bei der Lektüre der Vorgänge rund um das „Psychotechnische Staatsinstitut" drängt sich der Eindruck auf, dass der Schriftsteller Musil Psychotechnik geradezu als Musterfall einer inhaltsleeren, technokratischen Methode vorführt; für alles zu gebrauchen und jedem Ziel beliebig dienstbar. Der Psychotechnik-Aufsatz liefert hierfür hingegen keine Anhaltspunkte. Weder nach dem Inhalt noch nach dem Ton lässt sich bemerken, dass sich der Fachbeirat von seinem Gegenstand distanziert. Zu bemerken sind einzig Vorbehalte hinsichtlich des erreichten Stands in der wissenschaftlichen Bearbeitung und Umsetzung psychotechnischer Erkenntnisse. Gesperrt gedruckt heißt es gegen Ende der einleitenden Passage: „Es dürften schon diese Angaben fühlen lassen, daß man in der Psychotechnik eine zwar neue und unvollendete, aber wissenschaftlich wie praktisch vollkommen ernst zu nehmende Erscheinung größter Wichtigkeit vor sich hat." (PT, 182)

Ehe man nun aber den Schriftsteller gegen den Fachbeirat Musil respektive die Satire auf psychotechnische Unternehmungen gegen deren

17 Vgl. Spoerhase, „Was ist ein Werk? Über philologische Werkfunktionen" (Anm. 2), S. 322.

18 Vgl. Manfred Moser, „Ing. Dr. phil. Robert Musil. Ein Soldat erzählt", in: *Arsenale der Seele. Literatur- und Medienanalyse seit 1870*, hg. v. Friedrich A. Kittler/Georg Christoph Tholen, München, 1989, S. 97-115; Hoffmann, „Der Dichter am Apparat" (Anm. 9), S. 230-265; Albert Kümmel, *Das MoE-Programm. Eine Studie über geistige Organisation*, München, 2002, insb. Kap. 2; Anne Fleig, *Körperkultur und Moderne. Robert Musils Ästhetik des Sports*, Berlin/New York, 2008, S. 185-192.

Einschätzung als eine „vollkommen ernst zu nehmende Erscheinung größter Wichtigkeit" ausspielt (oder umgekehrt), wäre noch einmal in Rechnung zu stellen, dass es systematisch unklar ist, welche Äußerungen im Psychotechnik-Aufsatz taktischer Natur sind, um auftragsgemäß das Thema dem Publikum nahezubringen, und welche Äußerungen eventuell den eigenen Standpunkt des Fachbeirats markieren. Die zitierte Stelle lässt sich in beide Richtungen verstehen: Sie kann dazu dienen, die versammelten Offiziere von der Bedeutung der vorgetragenen Angelegenheit zu überzeugen, sie kann aber ebensogut der vollen Überzeugung des Fachbeirats entsprechen. Die Gemengelage von Faktoren, welche die Verfasserschaft des Fachbeirats prägt, erlaubt es so besehen nicht, die Satire zum Psychotechnik-Aufsatz in ein simples Verhältnis der Negation zu setzen. Ganz abgesehen davon, dass bei dem unausgeführten Zustand der Satire keineswegs klar ist, was genau dort dem Spott preisgegeben wird.

Harald Gschwandtner hat mit Blick auf das Verhältnis von Musils Redakteurs- und Schreibtätigkeiten während des Ersten Weltkriegs zu den Veröffentlichungen des Schriftstellers Robert Musil dafür plädiert, dass hier „im Grunde unterschiedliche Anlässe, ‚zur Feder zu greifen'" gegeben sind.[19] In der Konsequenz würde sich „das intrikate Verhältnis von Dienst und Autorschaft"[20] in ein Nebeneinander auflösen. Man hätte es mit zwei Musils zu tun, die jeweils für sich entlang ihrer Schreibposition zu verhandeln wären. Daraus leitet sich allerdings keine allgemein anwendbare Lösungsschablone ab. Was in diesem Fall gerechtfertigt erscheint, wenn man die Umstände eines schreibenden und redigierenden Kriegsdienstes bedenkt, kann sich mit Blick auf die Tätigkeit des Fachbeirats, aber auch des cand. phil. Musil, des Bibliothekars in Wien oder des Redakteurs der *Neuen Rundschau* grundsätzlich anders darstellen. Die unter verschiedenen Schreibpositionen entstandenen Produkte müssen nicht auf jeden Fall scharf getrennt voneinander verhandelt werden. Nur darf man diese Produkte nicht von vornherein als quasi-natürlichen Zusammenhang behandeln. Dieser Zusammenhang ist vielmehr erst zu untersuchen, zu begründen oder genausogut zu bestreiten. Die jeweilige Schreibposition zu klären, ist hierbei sicherlich hilfreich.

---

19 Gschwandtner, „Dienst und Autorschaft im Krieg. Robert Musil als Redakteur der Zeitschrift *Heimat*" (Anm. 5), S. 124.

20 Ebd., S. 119.

Regina Schaunig

„Von einer unnennbaren Demut geballt und eingeschmolzen" – Musil als Feldliterat

Robert Musils Selbstverständnis(se) und Rollenbild(er) als Autor wurden zuletzt in Einzelbeiträgen (Marcus Krause,[1] Harald Gschwandtner,[2] Alexander Honold,[3] Oliver Pfohlmann[4]) thematisiert, eine zusammenhängende Studie liegt jedoch bisher nicht vor. Daher befassen sich die folgenden Überlegungen nochmals mit der Frage nach den Kontinuitäten und Zäsuren in Musils Autorschaft, insbesondere im Hinblick auf die Kriegspublizistik.

Um seinem Brotberuf als Bibliothekar der Wiener Technischen Hochschule zu entkommen und, wie Karl Corino schreibt, „das Glück, als freier Autor mit monatlichem Fixum oder in einer bezahlten abhängigen Stellung zu suchen, die genügend Zeit für das Schreiben lassen würde", bemüht sich Musil Anfang 1914 bei Samuel Fischer erfolgreich um eine Anstellung als Redakteur der *Neuen Rundschau.* Damit kehrt er nicht nur an seinen vorherigen Wohnsitz Berlin zurück, sondern auch in jenes Umfeld, in dem er sich 1910 erstmals ‚freier Schriftsteller' genannt hat.[5] Wie Rolf Parr in seiner Sozialgeschichte der Autorschaft darlegt, zählt die Berufsbezeichnung ‚freier Schriftsteller' in ihrer „Uneigentlichkeit" zu den „metaphorischen Substitutionen", die sich in Reaktion auf die zunehmende Professionalisierung dieser Berufsgruppe seit der Goethezeit herausgebildet haben, um dem nicht-spezialisierten ‚Dichter' „in einem breiten Spektrum von Zuständigkeiten (in einem quasi-professionellen Handlungsfeld) das Gewerbe der ‚Lebensdeu-

1 Marcus Krause, „Beitrag zur Beurteilung der Autorschaften Musils", in: *Sprache und Literatur* 43 (2012), H. 110, S. 66-80.

2 Harald Gschwandtner, „Dienst und Autorschaft im Krieg. Robert Musil als Redakteur der Zeitschrift Heimat", in: *Musil-Forum* 33 (2013/2014), S. 101-124.

3 Alexander Honold, *Einsatz der Dichtung. Literatur im Zeichen des Ersten Weltkriegs*, Berlin, 2015, insbesondere S. 696-724.

4 Oliver Pfohlmann, „‚Eine Reihe wundersamer Erlebnisse'. Robert Musil im Ersten Weltkrieg: Vom August 1914 über das ‚Fliegerpfeil-Erlebnis' bis zur ‚österlichen Weltstimmung'", in: *Musil-Forum* 34 (2015/2016), S. 98-128; vgl. auch: Helmuth Kiesel, „Erfahrung und Verarbeitung des Ersten Weltkriegs bei Robert Musil und Ernst Jünger", in: *Musil-Forum* 34 (2015/2016), S. 79-97.

5 Karl Corino, *Robert Musil: Eine Biographie*, Reinbek b. Hamburg, 2003, hier S. 467 u. 470f. – Auch die weiteren Ausführungen stützen sich in biographischer Hinsicht jeweils auf Corino.

tung'" zu sichern.[6] Während sich Journalisten und Wissenschaftler zunehmend über institutionalisierte Curricula definierten, blieb der ‚freie Schriftsteller' einer unspezifischen „Mentalität" verpflichtet, die zum einen eine relative Handlungsautonomie und zum andern ein gesichertes Einkommen bedeuten sollte.[7] Letzteres traf auf Musil 1914 tatsächlich zu, da seine glücklich ausgehandelte Stellung als Verlagsautor Samuel Fischers für die nächsten Jahre gesichert schien und seine Anstellung als Literatur-Redakteur mit einem entsprechenden Monatsgehalt von 416,65 Mark honoriert wurde.[8] Gleichzeitig hatte sich der Autor jedoch verpflichtet, nicht nur Anweisungen seines Chefredakteurs Oskar Bie entgegenzunehmen, sondern auch keinerlei Beiträge mehr für verlagsfremde Zeitungen zu schreiben – Vorgaben, die zur gleichzeitig erwünschten „Freiheit" seines literarischen Schaffens im Widerspruch standen.

In einer solchen Doppelrolle als angestellter, weisungsgebundener Redakteur der *Neuen Rundschau* und ‚freier Schriftsteller' bzw. ‚Dichter' traf ihn im meteorologisch begünstigten Sommer des Jahres 1914 die Nachricht, dass Österreich und Deutschland gegen die unbeugsamen Serben und ihre Verbündeten in den Krieg ziehen.[9] Er brach seinen Urlaub auf der Nordseeinsel Sylt ab und fuhr zurück nach Berlin, wo er die „Stimmung" miterlebte, „wie es von allen Seiten herbrach".[10] Vermutlich noch im Zug nach Berlin konzipierte er seinen ersten patriotischen Zeitungsartikel *Europäertum, Krieg, Deutschtum* in der Tradition des politischen Journalismus als Redaktionsmitglied, Intellektueller und, wie sich am Text zeigt, auch als ‚Dichter' und angehender Soldat. Musil wurde zu diesem Zeitpunkt nicht nur Zeuge historischer Wandlungsprozesse seiner Zeitgenossen, die sich „als eine überraschend viel bildsamere Masse erwiesen, als man gemeinhin annahm",[11] sondern entdeckte die Folgen anthropologischer ‚Gestaltlosigkeit' auch an sich

6 Rolf Parr, *Autorschaft. Eine kurze Sozialgeschichte der literarischen Intelligenz in Deutschland zwischen 1860 und 1930*, Heidelberg, 2008, S. 15. Vgl. auch ebd., S. 21f.: „Als Schriftsteller ‚frei' zu sein, hieß im späten 18. Jahrhundert, sich als Mensch frei verwirklichen zu können, sich aus den ständischen Bindungen des Gelehrtentums zu lösen, unabhängig von Mäzenen und gnädig gewährten Versorgungsämtern zu sein; in der ersten Hälfte des 19. Jahrhunderts wurde dazu der Anspruch auf ‚freie Ideenproduktion' […] und rechtliche Sicherung erhoben."

7 Ebd., S. 16f.

8 Corino, *Robert Musil* (Anm. 5), S. 470f.

9 Stefan Zweig, *Die Welt von Gestern. Erinnerungen eines Europäers*, in: *Gesammelte Werke in Einzelbänden VI*, Hamburg, 1981, S. 248.

10 TB I, S. 298.

11 *Das hilflose Europa oder die Reise vom Hunderdsten ins Tausendste*, in: GW VIII, S. 1080.

selbst. Die Idee eines „konstanten seelischen Habitus" – auch in Bezug auf seine Autorschaft – wurde als „Fiktion" entlarvt und deren Abhängigkeit von äußeren ‚Umständen' trat offen zutage.[12]

Trotz des „häßliche[n] Singen[s] in den Cafés" und verschiedener menschlicher Entgleisungen, die er im Tagebuch festhält,[13] spricht Musil in diesem ersten patriotischen Zeitungsartikel[14] in ungewöhnlich direkten, personalisierten und wenig ausgefeilten Worten von der „Entwertung" moderner ästhetischer Haltungen, einer „Erschütterung" des „Weltbildes" und einem Bruch mit der Moral der Vorkriegszeit.[15] Der bisherige Literatur-Redakteur des S. Fischer-Verlags entschuldigt sich mit einer Geste inszenierter oder gefühlter ‚Offenheit' für die Irrwege einer Schriftstellergeneration, sich selbst inbegriffen, der es um „[d]as Wenden, Durchblicken und zu diesem Zweck Durchlöchern überkommener, eingesessener und verläßlicher seelischer Haltungen" ging. Er rechtfertigt sich für die ganze Klasse der „Arbeiter am Geiste", denen „die gegenwärtigen Lebensformen […] nicht genügten", die den Krieg aus Unbedachtsamkeit bekämpften oder belächelten, denn – wie er später anhand der „Parallelaktion" im *Mann ohne Eigenschaften* demonstriert – „es schwebte uns ein Ideal des europäischen Menschen vor, das über Staat und Volk hinausging".[16] „[Wir] fühlen", schreibt er in diesem Zusammenhang,

> wie wir von einer unnennbaren Demut geballt und eingeschmolzen werden, in der der Einzelne plötzlich wieder nichts ist außerhalb seiner elementaren Leistung, den Stamm zu schützen. Dieses Gefühl muß immer dagewesen sein und wurde bloß wach; jeder Versuch, es zu begründen, wäre matt und würde aussehn, als müßte man sich überreden, während es sich doch um ein Glück handelt, über allem Ernst um eine ungeheure Sicherheit und Freude. Der Tod hat keine Schrecken mehr, die Lebensziele keine Lockung. Die, welche sterben müssen oder ihren Besitz opfern, haben das Leben und sind reich: das ist heute keine Übertreibung, son-

12 Ebd., S. 1080, vgl. auch GW VIII, S. 1072: „Ich glaube, daß das seit 1914 Erlebte die meisten gelehrt haben wird, daß der Mensch ethisch nahezu etwas Gestaltloses, unerwartet Plastisches, zu allem Fähiges ist; Gutes und Böses schlagen bei ihm gleich weit aus, wie der Zeiger einer empfindlichen Waage." – Vgl. zur Thematik auch Norbert Christian Wolf, „Gestaltlosigkeit", in: *Robert-Musil-Handbuch*, hg. v. Birgit Nübel/Norbert Christian Wolf, Berlin/Boston, 2016, S. 712-719, hier S. 712ff.

13 TB I, S. 298.

14 Vgl. Gschwandtner, „Dienst und Autorschaft" (Anm. 2), S. 2014.

15 Robert Musil, *Europäertum, Krieg, Deutschtum*, GW VIII, S. 1020.

16 GW VIII, S. 1020.

> dern ein Erlebnis, unüberblickbar aber so fest zu fühlen wie ein Ding, eine Urmacht, von der höchstens Liebe ein kleines Splitterchen war.[17]

Und dem folgt der „von Demut eingeschmolzene" emotionalisierte Zusatz: „[Wir] haben nicht gewußt, wie schön und brüderlich der Krieg ist". Im zitierten Text kommt es zu einer extremen Personalisierung der Autorrolle, die einerseits empirisch greifbar und andererseits im kollektiven „Wir" aufgelöst wird. Dieses ‚Wir' wird in den Jahren 1914 bis 1918 zu einem Bestandteil von Musils Autorrolle(n), indem es die kollektive Autorschaft vorbereitet, die er als Redakteur zweier Soldatenzeitungen bis zum November 1918 durchexerzieren wird.[18]

Vergleicht man Musils übrige essayistische Prosa mit der etwa zwei Typoskriptseiten langen Reaktion auf den Ausbruch des Krieges, so fällt die Dichte an pragmatischen Aussagen auf, die man vom Autor so nicht gewohnt ist. Nach den später von ihm gegebenen Definitionen lässt sich der Beitrag nur schwer unter seine „Essays" einreihen. Der Sturm der Geschichte scheint in Musils Schreiben alle Mehrdeutigkeiten und Unbestimmtheiten weggefegt zu haben. Wenn er bekennt, es sei „ungeheuer, wie die plötzlich erwiesene Möglichkeit eines Krieges in unser moralisches Leben von allen Seiten umändernd eingreift",[19] so scheint er diesen veränderten Bedingungen gemäß der antiken Gleichsetzung ‚Mensch = Stil' auch die Moral seiner Rede anzupassen.[20] Der unter Bohemiens und Kaffeehausliteraten gepflegte ‚dekadente' Lebensstil, Ästhetizismus und sittliche Freizügigkeit, werden – und Musil spricht hier durchwegs in der Wir-Form – mit einem Schlag zur Untugend erklärt. Aus gegebenem Anlass übernimmt er in seinem Artikel die Rolle des ‚Dichters als Helden', wie sie Carl Bleibtreu nur wenige Jahrzehnte zuvor eingefordert hatte, wenn er die Auffassung vertrat, dass „in jedem wahren Dichter [...] auch ein Held" stecke und „in jedem Held ein Stück Dichter".[21] Tatsächlich lässt sich die von Musil im *Europäertum*-Artikel eingenommene Position des Meinungsbildners und dichterischen ‚Lebensdeuters' nicht nur in Abhängigkeit von seinem Auftraggeber Samuel Fischer verstehen, sondern auch an seiner juridischen Person

---

17 *Europäertum, Krieg, Deutschtum*, in: GW VIII, S. 1021f.

18 Vgl. Regina Schaunig, „*Viribus unitis*. Robert Musils Schreiben in kollektiver Anonymität", in: *Musil-Forum* 31 (2009/2010), S. 202-223.

19 GW VIII, S. 1020.

20 Vgl. Wolfgang G. Müller, *Topik des Stilbegriffs. Zur Geschichte des Stilverständnisses von der Antike bis zur Gegenwart*, Darmstadt, 1981 (Impulse der Forschung, Bd. 34), S. 9.

21 Carl Bleibtreu, *Revolution der Literatur*, Leipzig, 1889, S. 77 und 79, zitiert nach Parr, *Autorschaft* (Anm. 6), S. 41.

festmachen, die potentiell von staatlich-rechtlicher Seite zur Verantwortung gezogen werden könnte. Auf die politische und historische „Verantwortung" des Autors im „Akt öffentlicher Kommunikation" verweist auch Fotis Jannidis.[22] Allerdings stimmt Musil in den Mainstream der patriotischen Stellungnahmen samt und sonders renommierter Intellektueller und Schriftstellerkollegen mit ein,[23] und hat daher für sein beherztes Auftreten keinerlei Sanktionen zu befürchten. Im Gegenteil, man könnte sagen, er macht sich durch die Verwendung spezieller, dem militärischen Sprachgebrauch entlehnter und sehr wirksam mit dem literarischen Diskurs verknüpfter Begrifflichkeiten gleichsam zum Anführer der voreilend gehorsamen ‚Dichter' seiner Zeit. So schreibt er: „Treue, Mut, Unterordnung, Pflichterfüllung, Schlichtheit, – Tugenden dieses Umkreises sind es, die uns heute stark, weil auf den ersten Anruf bereit machen zu kämpfen."[24]

Mit der Veröffentlichung seiner literarischen ‚Feldherrnrede' verkündet Musil quasi die Umwertung ästhetischer Kategorien in militärische, Zivilrecht in Militärrecht, wobei er aus der Doppelrolle des ausgebildeten k.u.k. Offiziers und ‚Dichters' spricht, der angesichts der „Tatsache" des Krieges zum Helden berufen sei und auch von der breiten Leserschicht der *Neuen Rundschau* eine solche „Heldenhaftigkeit" einfordert. Es ist dies eine Tugend, die bisher „in unsrer Kunst und unsren Wünschen eine geringe Rolle gespielt hat."[25] In Musils Forderung nach einer kampfentschlossenen ‚Moral' drückt sich nicht nur die Ambivalenz des Autorverständnisses seit 1900 aus, das zwischen nüchterner Professionalisierung und auratischer Selbststilisierung als Erlöser, Prophet, Mystiker usw. in der Nachfolge Nietzsches schwankt.[26]

22 Fotis Jannidis, „Einführung: Der Autor in Gesellschaft und Geschichte", in: *Rückkehr des Autors. Zur Erneuerung eines umstrittenen Begriffs*, hg. v. Fotis Jannidis/Gerhard Lauer/Matias Martinez/Simone Winko, Tübingen, 1999 (Studien und Texte zur Sozialgeschichte der Literatur, Bd. 71), S. 297-301, hier S. 297f.

23 Vgl. Honold, *Einsatz der Dichtung* (Anm. 3).

24 GW VIII, S. 1020, vgl. auch ebd.: „Trotzdem bleibt ungeheuer, wie die plötzlich erwiesene Möglichkeit eines Krieges in unser moralisches Leben von allen Seiten umändernd eingreift, und wenn heute auch nicht der Zeitpunkt ist, über diese Fragen nachzudenken, wollen wir, vielleicht auf lange hinaus letzten Europäer, in ernster Stunde doch auch nicht auf Wahrheiten baun, die für uns keine mehr waren, und haben, bevor wir hinausziehn, unser geistiges Testament in Ordnung zu bringen."

25 Ebd., S. 1020.

26 Vgl. Parr, *Autorschaft* (Anm. 6), S. 14f. – Vgl. auch: Friedhelm Marx, „Heilige Autorschaft? Self-Fashioning-Strategien in der Literatur der Moderne", in: *Autorschaft. Positionen und Revisionen*, hg. v. Heinrich Detering, Stuttgart, 2002 (Germanistische Symposien, Berichtsbände, XXIV), S. 107-120, hier S. 107.

Die – in diesem Fall nicht ohne Honorar veröffentlichte – Proklamation für Heldenmut trug gewissermaßen auch zur prekären pekuniären Situation der Journalisten und „Hinterlandsdichter“[27] bei. Denn von den Tagesschriftstellern wurde fortan auf Kosten eines ständig gekürzten Zeilenhonorars ‚nationale Gesinnung‘ erwartet, während ein hoher Prozentsatz der literarischen und wissenschaftlichen Zeitschriften ihr Erscheinen einstellen musste. Denn Pfarrer, Lehrer, Soldaten und sonstige ‚Berufene‘ fabrizierten und lieferten ihre patriotischen Texte während des Krieges meist kostenlos.[28] Im Rahmen der von Musil mitgetragenen „radikale[n] patriotische[n] Restauration der ‚vocatio‘“ wurde an Kriegsliteraten eine Reihe weiterer Forderungen gestellt, wie Parr in seinem Kapitel über die Situation der Autoren im 1. Weltkrieg anführt, nämlich der Kampf für die deutsche Kultur und ihre Ideale sowie das Eintreten gegen die westliche kapitalistisch-utilitaristische Zivilisation.[29] Zahlreiche zweitrangige Autoren erhielten für ihre Rolle als ‚Berufene‘ (im Gegensatz zu bloßen Lohnschreibern) Orden hoher und höchster Art und Klasse,[30] wobei anzumerken ist, dass sich auch Musils Leistungen, die ihn der Dekoration mit dem Ritterkreuz des Franz-Josefs-Ordens im November 1917 würdig machten, auf seine schriftstellerische und redaktionelle Tätigkeit während des Krieges gründeten.

Um mit Norbert Christian Wolf zu fragen: „Wie viele Leben“ als Autor hatte Musil?[31] Lässt sich nach bald fünfzigjähriger Autorschaftsdebatte überhaupt noch nach der juridisch-biographischen Person fragen? Erlebte Musil eine expressionistische ‚Wandlung‘? Eine ‚Bekehrung‘? Einen ‚anderen Zustand‘? „Verschwand“ er als Jahrhundertschriftsteller an dieser Stelle bzw. machte er eine fünfjährige Pause und „tauchte“ danach wieder auf, wie aus Bourdieus ‚fonction-auteur‘ gefolgert werden könnte?[32] Was immer hermeneutische Intentionalismusforscher zu Vorgängen in den inneren Seelenschichten des damaligen Mittdreißigers herausfinden mögen,[33] aus dem Blickwinkel der Textlektüre lässt

27 *Kameraden, arbeitet mit* [unsign.], in: TSZ, Nr. 9, (06.08.1916), S. 3-4, zit. nach KA/Kommentare&Apparate/Gesamtverzeichnis der Kriegspublizistik/Textauswahl.

28 Parr, *Autorschaft* (Anm. 6), S. 69.

29 Ebd.

30 Ebd., S. 70.

31 Norbert Christian Wolf, „Wie viele Leben hat der Autor? Zur Wiederkehr des empirischen Autor- und des Werkbegriffs in der neueren Literaturtheorie“, in: Parr, *Autorschaft* (Anm. 26).

32 Vgl. ebd., S. 405.

33 Zum Stand der ‚faktischen‘ und ‚hypothetischen‘ hermeneutischen Autorschaftsforschung vor dem Hintergrund eines ‚Anti-Intentionalismus‘ vgl. *Theorien und*

sich sagen, dass mit der Veröffentlichung des *Europäertum*-Artikels eine Neubestimmung seiner Autorrolle stattgefunden hat. Die Forschungsliteratur zu Autorschaftsfragen ist mittlerweile sehr umfangreich, sodass „Rekonstruktionen" wie die von Schaffrick und Willand zu *Theorien und Praktiken der Autorschaft* hilfreich sind, zumal hier in einem gut strukturierten Forschungsüberblick grundsätzlich zwischen hermeneutischen und poststrukturalistischen Autorschaftstheorien, zwischen „Autorschaft in Fiktionstheorie und Narratologie" sowie „Theorien der Inszenierung von Autorschaft" unterschieden wird.[34]

Die in der Literaturkritik ehedem vorausgesetzte Einheit von Autor und Werk bzw. Autor und Autorname hat sich seit den kanonischen Publikationen Roland Barthes' und Michel Foucaults in den späten 1960er Jahren als unhaltbar erwiesen und führte im Verlauf intensiver Beforschung zu wichtigen Differenzierungen und einem disziplinierteren Gebrauch textkritischer Begriffe.[35] Foucault gibt auf die Frage *Qu'est-ce qu'un auteur?* eine ganze Reihe von Antworten, darunter jene, die den Autor als multifunktionalen Sprecher und als Instanz ausweist, unter deren Namen man „eine gewisse Zahl von Texten zusammenfassen, sie abgrenzen und anderen gegenüberstellen" kann, wodurch „ein In-Beziehung-Setzen der Texte untereinander" überhaupt erst ermöglicht wird.[36] Doch, fügt er hinzu, „[d]er Autorname ist nicht im Personenstand der Menschen lokalisiert, nicht in der Fiktion des Werks, sondern in dem Bruch, der eine bestimmte Gruppe von Diskursen und deren singuläre Erscheinungsweise hervorbringt".[37] Foucault sieht den Autor weder als „Eigentümer" noch als „Verantwortliche[n]" des Textes, weder als „Produzent[en]" noch „Erfinder",[38] er verortet ihn auch nicht im Innern oder ‚Innersten' eines Werkes, sondern sieht ihn „in gewisser Weise an der Grenze der Texte entlangl[aufen], sie zerteil[en], ihren Kanten folg[en]".[39]

Praktiken der Autorschaft, hg. v. Matthias Schaffrick/Markus Willand, Berlin/Boston, 2014, hier vor allem S. 19ff.

34 Ebd., S. 19-119.

35 Michel Foucault, „Was ist ein Autor?", in: *Schriften in vier Bänden. Dits et Ecrits, Bd. 1. 1954-1969*, hg. v. Daniel Derfert/François Ewald/Jaques Lagrange, Frankfurt a. Main, 2001, S. 1003-1041, hier S. 1007 u. 1014ff. Foucault schlägt vor, die Autorrolle ihrer durch die Literaturkritik nachträglich konstruierten „psychologisierende[n] Projektion" zu entkleiden und von einer ihr zugeschriebenen Identität zu befreien.

36 Ebd., S. 2014.

37 Ebd., S. 2015.

38 Ebd., S. 1004.

39 Ebd., S. 2014. Einmal mehr sagt Foucault hier im Hinblick auf die Arbeit der Philologen: „Tatsächlich jedoch ist das, was man bei einem Individuum als Autor be-

Die poststrukturalistische Ansiedlung des Autors an der Peripherie des Textes erinnert an zahlreiche Passagen, in denen Musil sein erwähntes ‚Theorem der menschlichen Gestaltlosigkeit' und ‚Eigenschaftslosigkeit' formuliert. Die Frage nach Berührungspunkten zwischen dem Philosophen und dem Schriftsteller wurde schon mehrfach gestellt,[40] eine Foucaultsche Anwendung des Musilschen Axioms auf ihn selbst, insbesondere in Bezug auf sein Rollenspiel als Autor während der Kriegsjahre, könnte unter dem Aspekt der ‚peripheren Autorschaft' jedoch zusätzliche Aufschlüsse geben. „Das Substrat, der Mensch", heißt es in den Entwürfen zu Musils *Der deutsche Mensch als Symptom*, „ist überhaupt nur eines und das gleiche durch alle Kulturen und historischen Formen hindurch; wodurch sie und somit auch er sich unterscheiden, kommt von außen und nicht von innen."[41] Er setzt fort: „Was immer wir tun, tun wir in den Formen unserer Zeit und von ihr bestimmt".[42] Entsprechend heißt es in *Das hilflose Europa*, man müsse das „Entscheidende und Treibende" menschlicher Verhaltensweisen, „an der Peripherie suchen, bei den Um-ständen, beim ‚Ans-Ruder-Kommen' bestimmter Menschen- oder Anlagengruppen", die jeweils Geschichte oder – auf den Autor bezogen – ‚Geschichten' schreiben.[43] Musils Bild vom Menschen als „[h]auchähnliche Masse, die sich an festen Flächen niederschlägt"[44] wurde in der Forschung bisher vor allem auf die Metamorphosen seiner Zeitgenossen und Romanfiguren, nicht aber auf seine eigene Autorrolle angewandt, die sich nicht nur funktional in verschiedene Gattungs- und Fachbereiche aufsplittert, sondern auch auf dem alles andere als homogenen Terrain des Schreibens am *Mann ohne Eigenschaften* dynamische Entwicklungen durchlebt.[45] Es handelt sich um eine Autorschaft in Abhängigkeit von den jeweiligen ‚Verhältnissen'

zeichnet (oder was ein Individuum zum Autor macht), nur die mehr oder weniger psychologisierende Projektion der Behandlung, die man den Texten angedeihen läßt, der Annäherungen, die man vornimmt, der Merkmale, die man für wichtig hält, der Kontinuitäten, die man zuläßt, oder der Ausschlüsse, die man vornimmt." (Ebd., S. 1015f.)

40 Vgl. dazu etwa Sieglinde Grimm, „Robert Musil und Michel Foucault: Das Scheitern des ‚Ratioiden' und die Legitimation ästhetischer Existenz", in: *Denken/Schreiben (in) der Krise – Existentialismus und Literatur*, hg. v. Cornelia Blasberg/Franz-Josef Deiters, St. Ingberg, 2004 (Kunst und Gesellschaft. Studien zur Kultur im 20. und 21. Jahrhundert), S. 125-158.

41 GW VIII, S. 1368.

42 GW VIII, S. 1370.

43 GW VIII, S. 1081.

44 KA/Transkriptionen&Faksimiles/Mappe I/1/1 („Ideen-Hauptblatt").

45 Vgl. dazu zuletzt Regina Schaunig, *Robert Musils ‚Achillesroman'*, Klagenfurt, 2015, S. 62ff.

und, wie es Jürgen Habermas verstand, als „Konglomerat aus subjektiver Autonomie und gesellschaftlicher Legitimation".[46]

Die Annahme einer dynamischen, vom Zeitgeist bestimmten und vom Sprecher jeweils neu ausgeloteten Präsenz des Autors am Rande einzelner Texte oder größerer Werkkomplexe lässt Spielräume offen, in denen sich Musils Schreiben während des Ersten Weltkriegs einordnen und in seiner Bedeutung näher beleuchten lässt. Zwar ist die Autorfunktion mit Foucault „charakteristisch für die Existenz-, Zirkulations- und Funktionsweise bestimmter Diskurse innerhalb einer Gesellschaft",[47] doch setzt diese Praxis nicht die Beibehaltung erstarrter Bezugsmuster voraus. Ist der Autor erst einmal aus der (durch den sich identifizierenden Leser verhängten) Geiselhaft des Textes und eines bestimmten ‚Autorstils' befreit oder ist diese Verschränkung auf analytischer Ebene gelockert,[48] lassen sich Onymität und Anonymität, Stilbrüche und -metamorphosen, geänderte Meinungen, bewusste Distanzierungen und kollektive bzw. multiple Schreib- und Autorschaftsszenarien um einiges entkrampfter diskutieren. Die Aufwertung des sozialhistorischen Kontextes und die Berücksichtigung jeweiliger Herrschaftsstrukturen führen zu einer Profanierung und Entmythisierung des Autors, der im Gefolge von Roland Barthes' Diktum weder als unfehlbarer ‚Gott' inthronisiert noch für ‚tot' erklärt werden muss.[49]

Anlässlich einer jüngst an der Universität Münster veranstalteten Tagung zum Thema Autorschaft weisen Christel Meier und Martina Wagner-Egelhaaf auf die Notwendigkeit einer Unterscheidung zwischen Urheberschaft und Autorschaft hin. „Die Frage ist", schreiben sie im Vorwort zu ihrem Tagungsband, „wie [Autorschaft] unter differenten historischen und sozialen Bedingungen ihre Deutungskompetenzen unter Beweis stellt und welche Art Autorisierungen ihre öffentliche Rede legitimieren."[50] Der nach Barthes' und Foucaults Grablegung

46 Schaffrick/Willems, *Theorien und Praktiken der Autorschaft* (Anm. 33), S. 120.

47 Foucault, „Was ist ein Autor?" (Anm. 35), S. 1015.

48 Vgl. dazu Fotis Jannidis, „Der Autor ganz nah. Autorstil in Stilistik und Stilometrie", in: Schaffrick/Willems, *Theorien und Praktiken der Autorschaft* (Anm. 33), S. 169-196. Vgl. auch Felix Steiner, *Dargestellte Autorschaft. Autorkonzept und Autorsubjekt in wissenschaftlichen Texten*, Tübingen, 2009 (Reihe Germanistische Linguistik), S. 58. Steiner gibt folgende Definition von Autorschaft: sie sei „das die Autorinstanz bestätigende, rhetorisch-performative Prinzip im Text".

49 Vgl. dazu Schaffrick/Willand, *Theorien und Praktiken der Autorschaft* (Anm. 33), S. 49f.

50 Christel Meier-Staubach/Martina Wagner-Egelhaaf, „Vorwort", in: *Autorschaft. Ikonen – Stile – Institutionen*, hg. v. Christel Meier-Staubach/Martina Wagner-Egelhaaf, Berlin, 2011, S. 7-9, hier S. 7.

letzthin ‚wiederauferstandene Autor'[51] werde zunehmend nicht aus der „unidirektionale[n] Blickrichtung, die vom Autor auf den Text sah", thematisiert, sondern der einzelne ‚historische' Text sowie dessen Schnittstelle zum „polykontexturalen" Autor, trete mehr und mehr in den Vordergrund.[52] Dieser Autor könne, wie Thomas Mann dies im Schweizer Exil zu verkörpern wusste, vorübergehend die Rolle eines „Gewissens der Nation" übernehmen, sei jedoch prinzipiell das Produkt wechselnder „Autorschaftsinszenierungen".[53]

In der Frage nach Musils Autorfunktion im Krieg bietet das eben erschienene *Robert-Musil-Handbuch* eine Reihe systematischer Beiträge zur Schreibsituation des Autors in historisch-soziologischer, politischer, wissenschaftlicher und ästhetisch-poetologischer Hinsicht. Im Kontext der Autorschaftsfrage sind hier vor allem die Kapitel „Biographie", „Zeitgeschichtlicher Kontext", „Kriegspublizistik", „Militärische Ausbildung, Arbeits- und Ordnungswissenschaft", „Zäsuren", „Kakanien", „Militär" und Krieg" aufschlussreich.[54] Alexander Honold bestätigt in seinem Beitrag zum Thema „Zäsuren", dass Musil bzw. der Held seines großen Romans, ‚mit der Zeit geht' und während wiederholter kultureller Paradigmenwechsel eine „hohe Flexibilität" an den Tag legt.[55] Während jedoch an anderer Stelle ausführlich auf den „Bruch" im literarischen Alltag der Literatengeneration von 1914 eingegangen wird,[56] fehlen hier entsprechende Hinweise auf eine mögliche Neupositionierung in Musils Autorrolle, die über das biographische und narratologisch-‚implizite' Modell hinausgeht. Dem Autor wird angesichts der Kriegserklärung an Serbien lediglich ein existentielles „Überraschtsein" zugebilligt, das er mit seinen Schriftstellerkollegen teilte, während dafür plädiert wird, den Kriegsausbruch „ex post" mit den Augen des Schriftstellers (und seines Romanhelden) zu betrachten, um hier ein klareres Bild zu gewinnen.[57] Der hohe Stellenwert, den die Rezeption des *Der Mann ohne Eigenschaften* im Musil-Diskurs einnimmt, verleitet eventuell dazu, in

51 Vgl. dazu das Kapitel „Poststrukturalistische Autorschaftstheorien", in: Schaffrick/Willand, *Theorien und Praktiken der Autorschaft* (Anm. 33), S. 41ff.

52 Ebd., S. 10f. – Vgl. dazu auch Niels Werber/Ingo Stöckmann, „Das ist ein Autor! Eine polykontexturale Wiederauferstehung", in: *Systemtheorie und Hermeneutik*, hg. v. Henk de Berg/Matthias Prangel, Tübingen/Basel, 1997, S. 233-259.

53 Ebd., S. 15. – Vgl. dazu: Christian Sieg, „Schriftsteller als ‚Gewissen der Nation'. Religiöse und politische Aspekte eines Autorschaftskonzepts der Nachkriegszeit", in: *Autorschaft. Ikonen – Stile – Institutionen* (Anm. 50), S. 317-330.

54 *Robert-Musil-Handbuch* (Anm. 12).

55 Honold, „Zäsuren", in: *Robert-Musil-Handbuch* (Anm. 12), S. 53-64, hier S. 54.

56 Honold, *Der Einsatz der Dichtung* (Anm. 3).

57 Honold, „Zäsuren", in: *Robert-Musil-Handbuch* (Anm. 12), S. 55ff.

die gut fünfzehn Jahre nach Kriegsausbruch konstruierte distanzierte Rolle Ulrichs einzutreten, während die in den dazugehörigen Nachlassblättern dokumentierten Stationen der Schreibgeschichte ein noch unmittelbares, immer wieder schwankendes, abbrechendes und neu beginnendes Ringen um die Autorrolle erkennen lassen. Die Verwandlung der Vorkriegsfigur Ulrich zum patriotischen Kriegsfreiwilligen wird zur zentralen Pointe des über weite Strecken autobiographischen Romans, wie der Autor ihn Mitte 1918 neu und im wesentlichen Aufbau bereits endgültig konzipiert. Der Held, der hier noch als „Anarchist" auftritt, soll gemäß diesem Plan eine „Doppelte Bekehrung" durchleben: auf seine Wandlung zum Kriegsbegeisterten von 1914 folgt 1918 angesichts veränderter moralischer Verhältnisse („zivile Kehrseite des Krieges") ein neuerlicher Sinnesumschwung, nämlich die Rückkehr zur moralisch experimentellen Haltung der Vorkriegszeit.[58] Der noch namenlose Held erlebt, wie der Autor selbst, den „Anfangsrausch" der Mobilisierung in Berlin und lenkt unter diesem Eindruck „in das Gemeinsame" ein.[59] Die Wandlung Ulrichs (und seiner Namensvorgänger) vom „Mann ohne Eigenschaften" zum demütigen militärischen Befehlsempfänger, vom „Fürsten des Geistes" zum Anwalt einfacher, Dialekt sprechender Soldaten, wird in den zu Lebzeiten ausformulierten Romanteilen erzählerisch vorbereitet, es fehlt ihnen nur noch der Schluss, das – so auch von Walter Fanta rekonstruierte – „Finale".[60] Musils Axiom der moralischen Gestaltlosigkeit des Menschen war also nicht nur an Agathe und den Nebenfiguren des Romans zu demonstrieren, sondern auch an Ulrich selbst. Der Vorkriegs-„Anarchist" sollte zum Teil der Maschinerie des Krieges werden. Er „lenkt" im Sommer 1914 „ein", und dieses „Einlenken ins Gemeinsame" war im mehrteilig geplanten Roman als Beginn des II. Teils konzipiert.[61] Der zunächst noch weitgehend der Autobiographie folgende Handlungsverlauf sieht nicht nur vor, dass Ulrich freiwillig in den Krieg zieht, sondern auch, dass er sich als Soldat „bei[m] Kommando" in Bozen „einteilen" lässt: „Kommt Frühjahr 1915 nach Tirol. […] Palai der blumige Tod. Tenna [,] der Fliegerpfeil usw. Erkrankung. [...] Einteilung bei K[omman]do. – Panama",[62] wobei sich das Stichwort „Panama" auf die von Musil

58 TB I, S. 338.

59 Ebd.

60 Walter Fanta, *Krieg. Wahn. Sex. Liebe: Das Finale des ‚Mann ohne Eigenschaften' von Robert Musil*, Klagenfurt, 2015.

61 Vgl. das „Dossier génétique des Romans von 1914-1921", in: Schaunig, *Musils ‚Achillesroman'*, Klagenfurt, 2015, S. 123ff.

62 TB II, S. 52.

als Soldatenzeitungsredakteur beobachteten Missstände in der Bozener Kommandozentrale bezog.

Den nachgelassenen Aufzeichnungen ist nicht zu entnehmen, ob Ulrich ebenso wie sein Autor zum Dienst mit der Feder, nämlich als Chefredakteur einer Soldatenzeitung abkommandiert werden sollte, ob er, wie Musil es Rilke gegenüber ausdrückte, „bis gegen Ende draußen" bleiben sollte.[63] Doch legen die bisher Musil als Schreiber mit großer Wahrscheinlichkeit zugewiesenen Soldatenzeitungstexte eine weitgehende Kontinuität in der Autorrolle nahe, die vom ersten Kriegsessay in der *Neuen Rundschau* bis zum „Vermächtnis" als verantwortlicher Redakteur der SZ reicht.[64] Diese Rolle wurde vom Autor in abgeschwächter Form bis ins Jahr 1918 (Redaktion der *Heimat*) und (mit den Essays *Buridans Österreicher* und *Der Anschluß an Deutschland*) noch bis 1919 beibehalten. Man könnte sich sogar fragen, ob Musil nicht 1916 als alleinverantwortlicher Schriftleiter der Bozener Soldatenzeitung in seiner Rolle als Feldliterat gewissermaßen zur ‚Hochform' gelangt ist. Die „Viel- oder Mehrzahl von Autorschaften", die Musil bei Kriegsbeginn für sich in Anspruch nimmt,[65] wäre jedenfalls durch die ihm zugeteilte Rolle des ‚verantwortlichen' Soldatenzeitungsredakteurs zu erweitern.

Musil wurde nach seinem Sommererlebnis, wie im Artikel der *Neuen Rundschau* angekündigt, Soldat. Er verschwand in dieser Lebensphase als Autor nicht von der Bildfläche, sondern suchte sowohl in seiner Funktion als Kriegs- wie als Nachkriegsautor nach literarischen Motiven, verfolgte seine bisherigen Schreibprojekte, wie *Die Schwärmer*, weiter, sofern dafür Zeit war.[66] Auch Musils Frau Martha führte 1915 ein Tagebuch, in dem sie für ihren Mann Eindrücke aus dem Hinterland festhielt.[67] Im Krieg entstanden Notizen und Entwürfe für die spätere Prosa, unter anderem *Grigia*, *Die Portugiesin* und für die Kurzprosa des späteren *Nachlass zu Lebzeiten*. Musil sammelte seine Eindrücke sorgsam in zwei Feldtagebüchern im Smartphoneformat, – Quartheften, wie sie auch Franz Kafka zu dieser Zeit benutzt hat, die leicht in die Hemd- oder Rocktasche passten. Musil beschrieb sie, solange er ‚im Feld' war, mit Bleistift oder Tintenbleistift, Füllfeder und Tinte verwendete er erst

63 KA/Lesetexte/Bd. 18: Vorkriegs- und Kriegskorrespondenz, 1895-1918, Robert Musil an Rainer Maria Rilke, am 16. November 1924.

64 KA/Lesetexte/Bd. 11: Publizistik/Kriegspublizistik,1916-1918, Vermächtnis (SZ, H. 45, 15.04.1917, S. 3-4).

65 Vgl. Gschwandtner, „Dienst und Autorschaft" (Anm. 2), S. 118.

66 Vgl. dazu auch Alexander Honold, „Krieg", in: *Robert-Musil-Handbuch* (Anm. 12), S. 636-643, hier S. 638ff.

67 KA/Transkriptionen&Faksimiles/Hefte/Heft 18.

wieder 1918 in Wien. Eines der Heftchen begann er im Sommer 1915 in Palai, das andere, gemäß den von ihm vermerkten Daten, im April 1916 in Prag.[68] Wobei ihm das Palaier Heftchen mit der Nummer I offenbar während seiner Lazarettaufenthalte abhandengekommen und ihm später wiedergebracht worden sein muss, da die Eintragungen im Winter 1915/1916 enden und erst im Jahr 1918 weiter fortgesetzt werden.[69] Er trägt ins (neu gekaufte?) Heft II noch in Prag, vor seiner Abreise nach Bozen, Angaben zu seinem Genesungsfortschritt ein, in denen eine stetige Verbesserung der Körperfunktionen und ein Anstieg der „Arbeitsstimmung" vermerkt werden. Das im zweiten Heftchen verso und in Tabellenform geführte Diarium wird recto durch Tagebucheinträge ab Mai 1916 ergänzt. Die Notizen beginnen mit einer unsystematischen Rekonstruktion einzelner Erlebnisse während seiner Erkrankung, einschließlich mehrerer Szenen, die er in Prag beobachtet hatte.[70]

Zwischen diesen Eindrücken erinnert er sich an einen Moment, als er im Februar 1916 während seines Hochgebirgseinsatzes im Gebiet von Arraba, zu Deutsch Buchenstein, einen Blick auf den berüchtigten „Blutberg", den Col di Lana geworfen hat: „*Col di Lana* Im leisen dunklen Abstieg vom Campolungo Sattel plötzlich der berühmte Berg mit schnee[-] und mondweißem Gipfel, so beglänzt vom Scheinwerferlicht. Dann die dunklen (geschwärzten) Ruinen von Varda und Arabba."[71] Der Berg erlangte im Ersten Weltkrieg vor allem Bekanntheit wegen des hohen Blutzolls, den seine Verteidigung resp. Eroberung auf beiden Seiten der Südfront kostete. Da dieser für den Autor „heilige Berg"[72] im Zentrum eines literarischen Prosaprojektes stand, das in der Forschung bisher unentdeckt blieb, seien hier einige weitere Anmerkungen erlaubt.

Musil befand sich im Winter 1915/1916 im Stellungskrieg in Arabba (buchensteinisch-ladinisch Reba), ein in den Dolomiten gelegener Ortsteil von Livinallongo del Col di Lana, in der heutigen italienischen Provinz Belluno. Er hatte nach eigenen Angaben „das Beschossenwerden als eine Art Glück [...], eine Erlösung aus der Langeweile und Schlimmerem [empfunden]. Eine Befreiung, eine Art Taumel", und hatte sich in dieser Euphorie, wie aus dem Briefwechsel mit seiner Frau Martha im Dezember 1915 hervorgeht, auch durch den „Lärm" und das „die

68 Vgl. KA/Transkriptionen&Faksimiles/Hefte/Heft II, S. 81-84.

69 Vgl. KA/Nachlass/Hefte/Heft II, S. 36 bzw. TB I, S. 333.

70 KA/Nachlass/Hefte/Heft II, S. 12ff. bzw. TB I („Heft ohne Nummer"), S. 326ff.

71 Ebd., Heft II, S. 15. bzw. TB I, S. 326.

72 Ebd., Heft II, S. 55 bzw. TB I, S. 340.

ganze Nacht“ über währende „Gedröhn“ nicht stören lassen.[73] Selbst nach der Erkrankung an Gingivitis, Stomatitis und Pharyngitis kam der Wunsch nach einem Rückzug von der Frontlinie, wie er wenig später in einem autobiographischen Prosaentwurf ausführt, gar nicht von ihm, sondern entsprach lediglich dem Wunsch seiner Frau.[74] Inwieweit Musil die dergestalt bezeugte Heldenrolle auch tatsächlich durchexerziert hat, lässt sich nicht feststellen, doch gibt es immerhin Anhaltspunkte dafür, dass seine im August 1914 eingenommene aktiv-patriotische Haltung dem Krieg gegenüber keinen Abbruch erlitten hatte, auch nicht nach Schneelawinenabgängen im Hochgebirge und einer lebensgefährlichen Erkrankung.

Die Erinnerung an das Schwarzweiß des umkämpften Col di Lana-Gipfels und die Ruinen von Varda und Arabba verknüpft sich für ihn jedenfalls nach seiner Ankunft in Bozen Anfang Mai 1916 zu einem neuen Schreibprojekt, dem er etwa Mitte 1918 den provisorischen Titel „Der heilige Berg“ gibt und ihn unter den literarischen Projekten eines geplanten „Idyllen“-Buches einreiht. Er vermerkt hier: „Der heilige Berg. (C[ol]. d[i]. Lana) In der V[al]. Sug[ana]. blühten damals schon die Veilchen.“[75] Als Kanzleimitarbeiter seines Brünner Bekannten (nun Oberstleutnant des Generalstabs, Chef der Operationskanzlei beim Heeresgruppenkommando Generaloberst Erzherzog Eugen) Maximilian Becher fertigt er mit der Quellenangabe „F[eld]p[ost] am 12[.] Mai 1916“ ein 14-seitiges Exzerpt an, das sich diesem „Idyllen“-Projekt zuweisen lässt. Es handelt sich um einen „Auszug aus dem Tagebuch über die dienstliche Tätigkeit ihrer k. u. k. Hoheiten der Erzherzoge Rainer und Leopold Salvator während Ihrer Kommandierung beim Artillerie-Kommando Buchenstein“. Die genannten Erzherzöge nahmen genau während der Zeit von Musils Erkrankung in ‚seinem‘ Kampfabschnitt Arabba am Dolomitenkrieg teil, wo sie in Begleitung des Artilleriechefs Generalmajor Ernst Edler von Terboglav, Kommandant des Sperrforts Folgaria/Lavarone, und ihres Erziehers Hauptmann Kurz die Truppen inspizierten und Kommandobefehle gaben. Die sorgfältige militärische Tagebuchführung der beiden Prinzen vom 10. März bis 11. Mai 1916 fügt sich in Musils „Rückblicke“ des Heftes II daher schreibbiographisch nahtlos ein und schließt die Lücke, die durch seine Erkrankung und darauffolgende Überstellung nach Bozen entstanden war. Mit der

73 KA/Lesetexte/Bd. 18: Vorkriegs- und Kriegskorrespondenz, 1895-1918/Martha Musil an Robert Musil, 9. Dezember 1915.

74 Vgl. KA/Transkriptionen&Faksimiles/Mappen/Mappe IV/2/209. (Der in der Du-Form geschriebene Entwurf über die Ankunft des Autors in Bozen im Mai 1916 wird später in der Novelle *Die Portugiesin* verarbeitet.)

75 KA/Nachlass/Hefte/Heft II, S. 55. bzw. TB I, S. 340.

Lektüre der Feldpost vom 12. Mai 1916 war der Autor wieder ganz auf dem Laufenden, was die Ereignisse im Umfeld ‚seiner' Truppe betraf. Darüber hinaus spiegelt der Bericht auch die dramatische, verlustreiche Eroberung des Col di Lana aus der Perspektive zweier gut abgeschirmter Angehöriger des Kaiserhauses, die den Kampfhandlungen dem Bericht nach stets „kaltblütig" zusahen, in Wahrheit jedoch, wie Musil dem Exzerpt hinzufügt, kaum Heldenmut an den Tag legten.[76]

Dass die Heldenthematik im Col di Lana-Projekt eine Rolle gespielt haben könnte, ist auch vor dem Hintergrund der bald darauf entstandenen Kriegsprosa „Aus der Geschichte eines Regiments" vorstellbar. Nach 1918 findet der „heilige Berg" jedoch in Musils Tagebüchern keine Erwähnung mehr. Die ehrfürchtige Bezeichnung scheint von ihm immerhin alles andere als in ironischer Weise gewählt. Die italienischen Alpini hatten durch wiederholte Versuche, die österreichischen Stellungen am Col di Lana einzunehmen, schwere Verluste erlitten. So entschlossen sie sich zu einer Sprengung des Gipfels, die schließlich gelang und etwa 200 österreichischen Kaiserjägern das Leben kostete. Diese hatten die Bohrgeräusche der Italiener gehört, die ein insgesamt 1000 Meter langes Tunnelsystem für die Sprengsätze gegraben hatten. Auch die Österreicher hatten von ihrer Seite aus mit einer Grabung begonnen – schließlich ging am 17. April 1916 mit der Munition der Italiener auch ihre eigene Sprengladung in die Luft. Für die österreichischen Soldaten lautete das Kommando: „Stellung halten um jeden Preis!", wie sich Augenzeugen später erinnern. Die überlebenden Österreicher verwehrten den Italienern allerdings weiterhin erfolgreich den Zugang zum Pustertal (*Val Pusteria*), da sie sich auf den nur wenige hundert Meter weiter zurückliegenden Monte Sief zurückzogen.[77]

Ebenfalls in die Zeit seines Kanzleidienstes in Bozen fallen Musils Beobachtungen, die er später metaphorisch mit dem Stichwort „Panama" umschreiben wird. Er konzipiert offensichtlich bereits im Mai/Juni 1916 ein Dramenprojekt mit dem Titel „Der kleine Napoleon", Arbeitstitel „Panama", in dem es um die in der Bozener Kanzlei herrschende Korruption, die Stümperhaftigkeit und Leichtfertigkeit im Umgang mit

76 KA/Nachlass/Hefte/Heft II, S. 36. bzw. TB I, S. 333: Der „Anm[erkung] 1) Erzherzöge sahen der Beschießung von Seilbahn Corvara aus der Offiziersmesse zu" fügt Musil hinzu: „1 km. Entfernt", zur Anmerkung „2) Beide standen am 29/3 u 1/4 am Beobachtungsstand der Corte Batt (Cherzplateau) im Feuer, erwiesen sich hiebei sehr unerschrocken" ergänzt er: „Beobachtungsstand, Felskaverne, dort noch nie jemand verletzt worden."

77 Zum Kampfgeschehen vgl. Ulrich Mößlang/Volker Jeschkeit, *Die Geschichte des KuK Festungsartillerie-Bataillons Nr.1, Trient/Der Col di Lana*, http://www.moesslang.net/der_col_di_lana_dolomitenfront.htm (Stand: 8.11.2016).

den an der Front leidenden und sterbenden Soldaten und die Dümmlichkeit und Selbstgefälligkeit der Offiziere geht. Die Zustände in der Offiziersstube geben ein Spiegelbild der österreichisch-ungarischen Beamtenschaft ab, die Musil bald darauf in seinen Leitartikeln bekämpfen wird. So wird sein redaktioneller Feldzug als Schreiber und Redakteur von Soldantenzeitungsartikeln gegen alle Arten von Machtmissbrauch innerhalb der Verwaltung des österreichischen Staates zum Teil auch zu einer *Oratio pro domo*.

Die Kanzlei seines Vorgesetzten Maximilian Becher, in der er täglich ein und ausgeht, beschreibt Musil folgend:

> Zimmer des Chefs der Operations-Kanzlei. Aneinandergeschobene, mit Karten bedeckte Tische. An den Wänden eine Karte der Monarchie mit den Etappeneinrichtungen (Grenze zwischen engerem und weiterem Kriegsgebiet, Etappenraum, Hinterland, Kurierverbindungen, Eisenbahnkommanden, Krankenabschub, Verbotszonen usw.). Und eine Karte in größerem Maßstab von der eigenen Kriegsgebietszone und dem zugehörigen Etappengebiet. Neben einer Balkontür mittelgroßer Schreibtisch. Stehkalender.[78]

Wie der teilweise bereits elaborierte Entwurf des Kriegsstücks zeigt, muss sich Musil während dieser Kanzleitätigkeit auch eine Vielzahl an Dialogen und Gesprächsfetzen notiert haben. Nun beobachtet er eine ganz andere Seite des Krieges – er ist vom Gebirgseinsatz mit Blick auf den „heiligen Berg“ in den Mief und bürokratischen Sumpf einer Operations-Zentrale geraten, in der – zum Spott für die sogenannten „braven Kerle“ – mehr auf Formalitäten als auf die Realität des immer prekärer sich entwickelnden Krieges geachtet wird.

Diese moralische Empörung verkörpert der Autor in der Folge auch in seiner Rolle als Chefredakteur der SZ. Es kann nicht davon ausgegangen werden, dass Musil nunmehr in dieser neuen Funktion Abschied nahm von der Vorstellung eines ‚freien Schriftstellers‘/‚Dichters‘, als der er sich noch Anfang 1914 deklarierte. Vielmehr bilden die Nummern der (T)SZ, für die er zwischen August 1916 und April 1917 literarisch – vielleicht weniger politisch und mit Sicherheit nicht militärisch – „verantwortlich“ war, einen Teil seines – auch sonst keineswegs homogenen, sondern zusammen mit den wissenschaftlichen und populärwissenschaftlichen Beiträgen, Briefen und insbesondere dem umfangreichen Nachlass heterogenen – ‚Werkes‘. Eine Konfrontation des Musil-Lesers mit solchen ‚heterogenen Textkorpora‘ hängt allerdings von jeweils ent-

78 KA/Lesetexte/Bd. 15: Fragmente aus dem Nachlass/Dramatische Fragmente/Unvollendete Projekte/Der kleine Napoleon.

wickelten editorischen Lösungen ab.[79] Da sich die Schreiber einzelner Beiträge der Bozener Soldatenzeitung nicht eindeutig bestimmen lassen, können die unter Musils Verantwortung verfassten Nummern eigentlich nur als eigene ‚Werkeinheiten' gelten, die der Autor in ihrer sprachlichen und (photo)graphischen Zusammensetzung so strukturiert und, wenn nicht mit eigener Hand geschrieben bzw. umgeschrieben, so doch für die Publikation endredigiert hat. Er wählte aus, formulierte, reagierte auf zahlreiche Artikel anderer Zeitungen, zitierte, redigierte, konzipierte, korrigierte, delegierte, und verantwortete was immer von einem Chefredakteur erwartet wurde. Insbesondere konzentriert sich Musils Autorrolle auf die Rubrik der neu hinzugekommenen Leitartikel, die die Funktion der ‚Welt- und Lebensdeutung' für die ‚Kameraden' im Feld und eine breite Bevölkerungsschicht übernahm. Als Autor zeichnete ein Kollektiv namens „Die Redaktion".[80]

Das entscheidende Signal für die Übernahme dieser Autorrolle durch die neue Schriftleitung setzte Musil am 6. August 1916 mit einem ungewöhnlichen Aufruf an die Soldaten im Feld, deren Leben er noch wenige Wochen davor geteilt hat. „Die Redaktion" gibt hier unter dem Titel „Kameraden, arbeitet mit!" eine Anleitung zum ‚Dichten'. Nach dem Grundsatz Carl Bleibtreus heißt es hier im Tonfall des *Europäertum*-Artikels nicht nur, dass „[j]eder Soldat [...] ein Dichter" sei, sondern auch, dass „Hinterlandsdichter" nur dann einen unverwelkbaren Lorbeerkranz verdienen, wenn sie gleichzeitig Soldaten resp. ‚Helden' sind. Der Marschbefehl des neuen Chefredakteurs, in dem Politik und militärische Überlegungen noch keine Rolle spielen, liest sich wie eine Proklamation einer neuen und zugleich alten, Herder'schen Ästhetik. Einzelne Thesen, die die Schriftleitung hier vertritt, können nicht von Feldmarschall-Leutnant Alfred Krauß oder Major-Auditor Dr. Albin Schager stammen, sondern entsprechen der Vision des literarischen Aktivisten, der in seiner Redaktion auch keine weiteren Literaten zur Unterstützung vorfand:

> Es muß [schreibt er, – aus einer echten Soldatenzeitung] anders [...] klingen, als man es sonst in den Zeitungen liest!
> Das Leben in unmittelbarer Nähe des Gegners muß es sein, das aus der Kriegszeitung spricht!
> Der Mann, der täglich Gefahr und Entbehrung erträgt, schreibt anders als einer, der sich das bloß vorstellt!

79 Vgl. Gschwandtner, „Dienst und Autorschaft" (Anm. 2), S. 118.

80 Regina Schaunig, *Der Dichter im Dienst des Generals. Robert Musils Propagandaschriften im Ersten Weltkrieg. Mit zwei Beiträgen von Karl Corino und 87 Musil zugeschriebenen Zeitungsartikeln*, Klagenfurt, 2014, S. 91ff.

> […] Denn – ohne Übertreibung – ist doch das, was man an der Front seit zwei Jahren erlebt hat, rein als Erlebnis betrachtet, das noch nicht da war, etwas Ungeheures. Wenn ein Dichter eine Utopie geschrieben hätte, wie man in 2000 Jahren leben wird oder nach seiner Meinung vor 2000 Jahren gelebt haben soll: die Kühnheit keiner Dichterphantasie hätte ausgereicht, um mit solcher Selbstverständlichkeit etwas so Unglaubwürdiges zu behaupten, wie es das Leben ist, das Millionen von Männern seit zwei Jahren führen.
> Und das sollte in unserer Soldatenzeitung festgehalten werden. *Vor* den Hinterlandsdichtern, deren Phantasie ein Leibschaden vor der Berührung mit Dreck und Herrlichkeit des Lebens in der vordersten Linie schützt. Die auch den Etappenraum mit seinen bunten Wundern nicht sehen können, weil ihn nur der begreift, der ihn nach wochenlangen Entbehrungen zum ersten Mal wie ein Märchen von Üppigkeit und Bequemlichkeit wiedersieht. Diese Zivildichter werden sehr gute Dichtungen schreiben, die alle den Krieg behandeln werden; aber das, was die an ihm geliebt haben, die mit offenen Augen schweigen, das wird dahin sein, wenn wir es nicht festhalten. […]
> Man muß nicht Verse machen können, um ein Dichter zu sein: ein Dichter sieht die Dinge wie zum ersten Mal; jeder Soldat, der sich unbefangen von dem Rechenschaft gibt, was er sieht, wird ein Dichter.
> […] Die Bilder der Tiroler Soldaten-Zeitung werden allen Kämpfern dieses Krieges dauernd die seltsame und große Gegenwart festhalten.
> Wenn Ihr mitarbeitet![81]

Der Aufruf zur Mitarbeit der Leserschaft erklärt sich vordergründig aus dem Umstand, dass der Bozener Zeitung fortan die Mittel für Honorare fehlten und Musil in der Redaktion keine oder kaum literarische Mitarbeiter zur Seite standen.[82] Andererseits definiert der Aufruf an die ‚Kameraden' ein sehr begrenztes Feld an erwünschten Texten, deren Qualitätskriterien den kaum literarisierten Soldaten nur schwer einleuchten konnten. Es ging der Redaktion nicht um zweideutige Karikaturen, Spottverse auf den Feind oder leichten Schützengrabenhumor, wie sie bis dahin in großer Zahl eingesandt und veröffentlicht worden waren, sondern um die ernste, gewissermaßen ‚heilige' Aufgabe zu ‚dichten'. Die ‚Kameraden' des Autors und Redakteurs sollen eine Autorschaft verkörpern, die durch die „Umstände" des Krieges dem Leben und der Muse „gleichsam aus dem Euter" tranken, wie im Essay *Literat und Literatur* über das Klischeebild vom „Dichter" zu lesen ist, einer

81 *Kameraden, arbeitet mit* [unsign.], in: Tiroler Soldaten-Zeitung, Nr. 9, Ausgabe 06.08.1916, S. 3-4, neu abgedruckt in: Schaunig, *Der Dichter im Dienst des Generals* (Anm. 80), S. 152-154.

82 Vgl. Gschwandtner, „Kriegspublizistik", in: *Robert-Musil-Handbuch* (Anm. 12), S. 434-440, hier S. 434.

„besonders füllige[n] Art Mensch [...], die für die ‚Tatsachen des Lebens' in ungewöhnlicher Weise aufnahmefähig sei".[83] Im *Kameraden*-Aufruf vom 6. August 1916 zeigt sich nochmals die von Musil 1914 vollzogene Verschmelzung von militärischer Eindeutigkeit und Geradlinigkeit mit der seit der Genie-Ästhetik geforderten ‚vocatio' des ‚Dichtens'.[84] Doch nach mittlerweile zwei Kriegsjahren kommt hier noch eine weitere ästhetisch-poetologische Forderung hinzu, indem die Redaktion nach Johann Gottfried Herder „das Volk zum Ursprungsort der Dichtung" macht und „das Volk als Autor" beschwört.[85] Herders Konzept der Dichtung ist, wie Franz-Josef Deiters zeigt, als eine „Doppelbewegung des ‚Belauschens' und ‚Idealisierens'" zu verstehen, wobei der Dichter den Bewusstseinsstrom des Volkes – als des ‚wahren Dichters' und „Ozean[s] der Empfindungen" – aufzunehmen hatte, um letztlich nur mehr als blasser Geburtshelfer eines „sich selbst schreibenden nationalen Text[es]" (‚textura naturans') zu fungieren.[86] Wird das Volk zum „Ursprungsort der Dichtung",[87] so bleibt für den Schreibenden nur mehr die dienende Funktion des Verwalters und Anwalts der Poesie – eine Autorrolle, die Musil als Redakteur offenbar auszufüllen bereit war.

In der Frage nach der Autorschaft von Musils Kriegstexten kann auch sein 1931 veröffentlichter Essay *Literat und Literatur* weiterhelfen, der als Versuch einer „Ehrenrettung des Literaten"[88] – verkörpert durch seinen Freund Franz Blei – gegenüber dem ‚Dichter' konzipiert war. Musil verweist darin im Sinn einer Analyse der Begriffe ‚Dichter', ‚Schriftsteller', ‚Autor', ‚Humanist' usw. auf den reduzierten (Grund-) Begriff „Literat", der als Titel für jeden Schriftkundigen gelten kann:

> Wir alle sind zuerst und zuoberst Literaten. Denn Literat im richtigen Sinn, das ist der noch nicht spezifizierte Funktionär der Literatur, das Grundgebilde, woraus alle anderen entstehen. Der junge Mensch beginnt als Literat und nicht als Dichter oder gar gleich als Dramatiker, Historiker, Kritiker, Essayist und so weiter [...].[89]

83 GW VIII, S. 1209.

84 Vgl. Parr, *Autorschaft* (Anm. 6), S. 18ff.

85 Vgl. Franz-Josef Deiters, „Das Volk als Autor? Der Ursprung einer kulturgeschichtlichen Fiktion im Werk Johann Gottfried Herders", in: *Autorschaft* (Anm. 26), S. 181-201, hier S. 182.

86 Ebd., S. 192.

87 Ebd., S. 182.

88 Vgl. KA/Kommentare&Apparate/Werkkommentare/Bd. 12: Essays/Literat und Literatur.

89 *Literat und Literatur. Randbemerkungen dazu*, in: GW VIII, S. 1204.

Dem tadelnde[n] Gebrauch des Begriffs widerspricht Musil ausführlich. Die verschiedenen Formen, in denen sich der Literat selbst inszeniert oder von anderen dargestellt wird, sind nicht als Identitäten, sondern als jeweilige Rollen zu verstehen. Dies verdeutlicht der Autor bereits in *Der deutsche Mensch als Symptom:*

> Was immer wir tun, tun wir in den Formen unsrer Zeit und von ihr bestimmt. [...] Versuchen wir von uns abzuziehen, was zeitbedingtes Convenu ist, so bleibt etwas ganz Ungestaltetes, denn auch unser Persönlichstes ist als Abweichung auf das System der Umwelt bezogen. Der Mensch existiert nur in Formen, die ihm von außen geliefert werden. „Er schleift sich an der Welt ab", ist ein viel zu mildes Bild; er preßt sich in ihre Hohlform, müßte es heißen.[90]

Dass Musil 1931 um eine Aufwertung der Rolle des ‚bloßen' Literaten bemüht ist, hängt auch mit dem seitens der Kritik gegen ihn gerichteten Vorwurfs des Intellektualismus, des ‚poeta doctus' zusammen, der dem von ihm zeitlebens für sich beanspruchten Titel des ‚Dichters' entgegenstand.[91] Wenngleich der ‚Dichter' seit Goethe durch eine „nachtwandlerische Produktionsweise" charakterisiert worden ist,[92] die sowohl Musils Selbstcharakterisierung als zeitgebundener „Versucher" bzw. „Essayist" als auch der in seinen Nachlassmanuskripten beobachtbaren poetischen Praxis widersprach.[93]

Nachdem dem Aufruf der TSZ keinerlei später publizierte Einsendungen poetischen Materials folgten, füllte die Redaktion deren Seiten aus anderen Quellen und mit eigenen Texten, die grundsätzlich dem Prinzip der Anonymität folgten. Schon die inszenierte Bruderschaft mit

90 Entwürfe zu „Der deutsche Mensch als Symptom", KA/Transkriptionen&Faksimiles/Mappen/Mappe VII/11/43 bzw. GW VIII, S. 1375.

91 Vgl. u. a. seine *Skizze zur Erkenntnis des Dichters* (GW VIII, S. 1029), die ebenfalls in der Formulierung gipfelt, „daß die Struktur *der Welt* und *nicht die seiner Anlagen dem Dichter seine Aufgabe zuweist, daß er eine Sendung hat*!"

92 Vgl. Anne Bohnenkamp, „Autorschaft und Textgenese", in: *Autorschaft* (Anm. 26), S. 62-79, hier S. 62-63.

93 Vgl. dazu Musils Vorwort zum Projekt „Versuche, einen andren Menschen zu finden", das Adolf Frisé unter dem Titel „[Was ich zu sein glaube]", GW VIII, S. 1352 publizierte, vgl. KA/Transkriptionen&Faksimiles/Mappe VII/11/142. Er definiert seine Autorrolle darin als „Dichter" bzw. Essayist und schreibt, „daß ich mir eine andre Aufgabe überhaupt schwer vorstellen kann. Ich habe sie seit je vertreten u[nd] gefordert[.] Es hat sich in meinem Leben gezeigt, daß die Leute mich deshalb gescholten haben und mich einen kranken Menschen, einen Intellektualisten, einen unmoralischen Menschen, einen Wissenschaftler, kurz alles genannt haben, was ich nicht bin, und sich nur zögernd, unter dem Druck Einzelner, sich bequemen mich für das zu halten, was ich zu sein glaube, und sein will: ein Dichter."

dem ‚Kameraden im Feld' verlangte das von Musils erstem Kriegstext her bereits bekannte ‚Wir', das ehemals die abgehobene Klasse der ‚Arbeiter am Geiste', nun eine Schicksalsgemeinschaft von „Österreichern" sämtlicher Bildungsschichten zu bedeuten hatte. Anonymität wird, wie Stephan Pabst in seiner Studie *Anonymität und Autorschaft* darlegt, im 18., 19. und 20. Jahrhundert häufig als journalistisches Mittel zur Autoritätssteigerung eingesetzt.[94] Pabst liefert für die hier erörterte Fragestellung mehrere wertvolle Hinweise: 1. In Zeitschriften mit politisch brisantem Inhalt wurde „Anonymität als bewusste Entkoppelung von Text und Kontextwissen", und damit zum Schutz des Schreibers eingesetzt.[95] Die Situation Musils als Redakteur zweier Soldatenzeitungen im Ersten Weltkrieg entsprach durchaus diesem Prinzip („Anonymität als Bedingung der Möglichkeit freier Rede").[96] Er war im ‚Etappenraum' nicht der allmächtige Erzähler seines Romans, als den ihn seine Leser kennen, sondern eine in der militärischen Hierarchie „eingeschmolzene" Person, die unter dem Schutz des System stand und keine vollständige Verantwortung für ihre dienstlich verpflichtende Publikationstätigkeit zu übernehmen hatte. 2. setzte das politische Zeitungswesen seit Ende des 19. Jahrhunderts nach Pabst vor allem bei aufklärerischen Leitartikeln auf den Kollektivitäts-, Multiplikations- und Autoritätseffekt der Anonymität, nämlich propagandistische Mittel, deren sich auch Militärzeitungen bedienen.[97] 3. Im Hinblick auf Musils Schreiben bei der (T)SZ (und nur mehr bedingt bei der *Heimat*) ist auch zu berücksichtigen, dass ein Autor als Anonymus in seinen politischen Aussagen mitunter noch weiter geht als ein namentlich Genannter, „dass also gerade der anonyme Text dem Autor in besonderer Weise entspricht".[98] – In Musils Fall kommt ein viertes Kriterium hinzu: dass seine Textproduktion während des Krieges nicht an das Niveau seiner übrigen Veröffentlichungen heranreichte, und Anonymität damit als Mittel der Verschleierung von Autorschaft gedient haben könnte. Hier gibt es jedenfalls Übereinstimmungen Musils mit Ingeborg Bachmann, die ihre Hör-

94 Stephan Pabst, „Anonymität und Autorschaft. Ein Problemaufriss", in: *Anonymität und Autorschaft. Zur Literatur- und Rechtsgeschichte der Namenlosigkeit*, Berlin, 2011 (Studien zur Sozialgeschichte der Literatur, Bd. 126), S. 1-34. Vgl. auch Gschwandtner, „Dienst und Autorschaft" (Anm. 2), S. 114f., sowie Gschwandtner, „Kriegspublizistik" (Anm. 12), S. 438.

95 Stephan Pabst, „Anonymität und Autorschaft" (Anm. 94), S. 5 u. 10ff.

96 Ebd., S. 29.

97 Ebd., S. 28f.; vgl. ebd., S. 29: „Diese Pluralität der Autoren, die durch die Anonymität zum Kollektivsubjekt der Zeitung verschmelzen, lässt sich [bei Mangel an Mitarbeitern] natürlich auch simulieren."

98 Ebd., S. 30.

spieltexte für den Nachkriegssender *Rot-Weiß-Rot* ebenfalls nicht nachträglich namentlich ausgewiesen hat.[99] Welche der genannten Gründe auch für die Anonymität der von Musil redigieren Soldatenzeitungen verantwortlich waren, er hat die von ihm selbst bereits vor Foucault beschriebene ‚periphere', an den Texten ‚entlang' führende Autorrolle zumindest innerhalb der von ihm literarisch verantworteten Nummern der (T)SZ und teilweise auch noch in den Ausgaben der *Heimat* gespielt– zunächst noch mit souveränen Gesten, ab 1918 mit reichlich gedämpftem Eifer. Die Leitartikel zur Erneuerung Österreichs aus dem Geist des Militärs sind Teil von Musils Schreibbiographie. Wie wünschenswert auch die Fortsetzung der vor allem Karl Corino (1973ff.), Helmut Arntzen (1980) und der italienischen Forschergruppe um Fernando Orlandi (2003) verpflichtete Diskussion um die Zuordnung einzelner Soldatenzeitungsartikel auch ist, so lässt sich doch davon ausgehen, dass diese Zuschreibungen nie ganz abzuschließen sind. Die Kriterien, laut Foucault „das Ergebnis komplexer und selten begründeter Verfahren der Literaturkritik",[100] haben sich seit dem Mittelalter kaum verändert. Die vier Autorschaftsprinzipien des hl. Hieronymus scheinen daher noch in der laufenden Zuschreibungs- und Editionsdebatte von Musils Kriegstexten eine Rolle zu spielen, und sollen daher hier mit der Kommentierung Foucaults kurz zitiert werden. Der Kirchenvater schlug zur Abwehr von Texten, die einem Autornamen vermutlich fälschlich ‚untergeschoben' wurden, vor:

> Wenn unter mehreren Büchern, die man einem Autor zuschreibt, eines schlechter ist als die anderen, so muss man es aus dem Verzeichnis seiner Werke streichen (der Autor wird somit als ein bestimmtes konstantes Wertniveau definiert); ebenso, wenn bestimmte Texte der Doktrin der anderen Werke widersprechen (der Autor wird somit als ein bestimmtes Feld begrifflicher oder theoretischer Kohärenz definiert); ebenso muss man die Werke ausschließen, die in einem anderen Stil geschrieben sind, mit Worten und Wendungen, die man für gewöhnlich aus der Feder des Schriftstellers nicht kennt (dies ist der Autor als stilistische Einheit); schließlich muss man die Texte als untergeschoben betrachten, die sich auf Ereignisse beziehen oder Personen zitieren, die erst nach dem Tod des Autors anzusiedeln sind (damit ist der Autor ein bestimmter historischer Augenblick und ein Schnittpunkt von Ereignissen).[101]

99 Ingeborg Bachmann, *Die Radiofamilie*, hg. und mit einem Nachw. von Joseph McVeigh, Berlin, 2011.

100 Foucault, „Was ist ein Autor?" (Anm. 35), S. 1004.

101 Ebd., S. 1018f.

Mit dem Blick auf die nun 1600 Jahre ‚gültigen' Methoden der Zuschreibung ‚authentischer' Texte können die Ergebnisse der seit einiger Zeit in dieser Sache tätig gewordenen *digital humanities*-Forschergruppe um Massimo Salgaro und Elmar Locher mit Spannung erwartet werden.[102]

Musils Rolle als Redakteur der Bozener (T)SZ, die sich mit dem strategisch-funktionalen Autornamen „Die Redaktion" einigermaßen konkretisieren lässt, besitzt, wie bereits an anderer Stelle ausgeführt,[103] zahlreiche Facetten eines selbstbewussten, engagierten und kritischen Schreibers. Das kämpferisch-kritische Element in den Musil seit Jahren zugeschriebenen Leitartikeln, und besonders auch dem „Vermächtnis"-Text von April 1917, zählt für den Autor ausdrücklich zu den überzeitlichen Merkmalen von „Dichtung". „Dichtung" sei, schreibt er bereits in seinem *Europäertum*-Aufsatz, „im Innersten der Kampf um eine höhere menschliche Artung", getragen von „der Tugend des kühnen Zweifels", belebt vom „gleichen kriegerischen und erobernden Geist [...], den wir heute in seiner Urart verwundert und beglückt in uns und um uns fühlen".[104]

Abschließend sei noch ein Hinweis auf den als Typoskript mit Durchschlag erhaltenen Essayentwurf „[Das Ende des Krieges]" von Mitte 1918 erlaubt.[105] Musil verknüpft hier die verschiedenen Modellierungen seiner Autorrolle einmal mehr mit den ihnen jeweils vorangegangenen Strohfeuern eines moralischen Wandels der Gesellschaft.[106] Es heißt hier:

> Alle Zusammenhänge ließen aus; Zusammengehörigkeitsgefühl der Geistigen wie des Proletariats. [...] Neue Zusammenhänge waren da. Verschmelzen sehr verschiedenartiger Ichs in der neuen Zusammengehörigkeit, Bergführer und Tourist. Das Ende des Kriegs bereitet sich sehr umständlich vor und die moralische Struktur, welche der Krieg hinterlassen wird, wird schon lange vor seinem Ende sichtbar.[107]

102 Zum Forschungsstand vgl. die in diesem Band veröffentlichten Beiträge der genannten Autoren, weiteres vgl. Gschwandtner, „Kriegspublizistik" (Anm. 12), S. 434-440.

103 Vgl. Schaunig, *Der Dichter im Dienst des Generals* (Anm. 80), S. 91ff.

104 GW VIII, S. 1021.

105 KA/Lesetexte/Bd. 15: Fragmente aus dem Nachlass/Essayistische Fragmente/Krieg und Nachkrieg (1917-1921)/Das Ende des Krieges.

106 Vgl. Mathias Mayer, „Ethik und Moral", in: *Robert-Musil-Handbuch* (Anm. 12), S. 611-616, hier S. 612 (zu Musils Unterscheidung zwischen Ethik und Moral).

107 KA/Lesetexte/Bd. 15: Fragmente aus dem Nachlass/Essayistische Fragmente/Krieg und Nachkrieg (1917-1921)/Das Ende des Krieges.

„Eindruck" machte ihm, wie er schreibt, „zu Anfang" vor allem das „neue[] Hingabegefühl".[108] Auch ein Jahr später, als der aus dem Feld Zurückgekehrte „Kehraus" hält und den „Rausch", das „religiöse Erlebnis", vor dem Hintergrund der Friedensverträge von 1919 reflektiert,[109] wird er sich für seine patriotische Kehrtwende, sein „geistiges Testament" von 1914, nicht entschuldigen oder es beschönigen, wohl aber durch die – bzw. auch seine eigene – moralische ‚Gestaltlosigkeit' erklären.[110] Auch in Musils privaten Aufzeichnungen, Briefen und den späten autobiographischen Äußerungen brandmarkt er seinen literarischen Einsatz im Krieg nicht als Fehler. Und dies – könnte man biographistisch folgern –, weil er sich offenbar in den Mobilisierungstagen des Ersten Weltkriegs, wie er im Tagebuch notiert, nicht zur Gruppe der „entwurzelten Intellektuellen" zählte, „[d]ie, welche nach einer Weile erklären, das[s] sie ihr Gleichgewicht wiedergefunden haben und nichts an ihren Anschauungen zu ändern brauchen",[111] sondern zu den Ergriffenen. Er unterscheidet sich von der Schar der kriegsfreiwilligen Schriftsteller durch den ‚heiligen' Ernst, mit dem er sich aktiv, *in persona* dem militärischen Weg verpflichtet und neben der „elementaren" Funktion als „Schützer des Stammes" auch die Rolle des Feldliteraten übernimmt.[112]

---

108 Ebd.

109 Musils im November 1919 begonnenes Heft Nummer 19 trägt den Titel „Kehraus", s. TB II, S. 527 u. 543f. Vgl. TB II, S. 544: „Es war ganz richtig, was man anfangs gestammelt hat und später zur Phrase entarten ließ: der Krieg war ein religiöses Erlebnis. […] Das Irrationale, Unvernünftige des Kriegs. Das Aufreißen des Problems der Existenz. Ich jammere nicht darüber, daß der Krieg zu lang gedauert hat um das zu bewahren; die nachträglichen Auslegungsversuche hätten es auch zerstört. Mir selbst ist es bald verloren gegangen; warum? Es blieb nur, wo man allein mit dem Tod, dem unsichtbaren Gegner und der Natur war."

110 TB I, S. 450: „Ich möchte etwa sagen, daß die Menschen eine außerordentlich indolente Masse sind in jeder moralischen Frage."

111 TB I, S. 298

112 KA/Lesetexte/Bd. 12: Essays/Europäertum, Krieg, Deutschtum bzw. GW VIII, S. 1022.

Massimo Libardi, Fernando Orlandi

Die *Soldaten-Zeitung*. Übungsplatz für *Der Mann ohne Eigenschaften*

Hundert Jahre nach dem Ersten Weltkrieg haben viele Veranstaltungen das Interesse für Robert Musils Militärzeit verstärkt. Seine Militärzeit war Gegenstand von zahlreichen Ausstellungen, Tagungen und Publikationen.[1] Bis vor kurzem hatte die deutschsprachige Germanistik die Bedeutung des Militärdienstes für die Entwicklung der Vorstellungswelt Musils unterschätzt, während sich die italienische Germanistik in dieser Frage einen freieren Blick bewahrt hatte.[2] Die Auswertung der Beiträge Musils in Kriegszeitungen wie der *Soldaten-Zeitung* und den Wochenzeitschriften *Heimat, Domov, Domovina* und *Üzenet* ist dennoch nach wie vor durch Missverständnisse beeinträchtigt.

---

1 Robert Musil als Redakteur der *Tiroler Soldaten-Zeitung*, Internationale Tagung der Universität Verona, Bozen, Palù/Italien, 27. bis 29.9.2015; Musil direttore della *Soldaten-Zeitung*, convegno organizzato dalla Biblioteca Archivio del CSSEO, Levico Terme/Italien, 13-14 dicembre 2016; *„Der Gesang des Todes": Robert Musil und der erste Weltkrieg = „Il canto della morte": Robert Musil e la Grande guerra*, Katalog der vom Literaturhaus München und Schloss Tirol veranstalteten Ausstellung, hg. v. Reinhard G. Wittmann, Tirol, Südtiroler Landesmuseum Schloss Tirol, 2014; Regina Schaunig, *Der Dichter im Dienst des Generals. Robert Musils Propagandaschriften im Ersten Weltkrieg*, Klagenfurt/Wien, 2014; *Robert Musil: Der Mann mit Eigenschaften: Offizier, Literat, Psychologe, Ingenieur*, hg. v. Walter Feigl/Günther Fleck/Ursula Hamersky, Wien, 2015; Themenschwerkpunkt: „Robert Musil und der Erste Weltkrieg", in: *Musil-Forum* 34 (2015/2016), S. 1-209. Vgl. auch die auf den Krieg bezogenen Stichworte in: *Robert-Musil-Handbuch*, hg. v. Birgit Nübel/Norbert Christian Wolf, Berlin/Boston, 2016. Die Archiv-Bibliothek CSSEO gibt demnächst eine DVD mit der Digitalausgabe der *Tiroler Soldaten-Zeitung/Soldaten-Zeitung*, der ungarischen Ausgabe und der einzigen aufgefundenen Nummer der italienischen Ausgabe *Giornale del soldato tirolese* heraus. Die ungarische Ausgabe ist inzwischen veröffentlicht worden: Davide Zaffi, *Eine Ungarin in Tirol*. Die *Tiroli Katona Ujság*, Levico Terme, 2010.

2 Die erste veröffentlichte Sammlung seiner Beiträge in der SZ in: *Robert Musil: La guerra parallela*, hg. v. Fernando Orlandi, Trento, 1987. Das Buch ist zweimal nachgedruckt worden, mit jeweils neuen Abhandlungen: *Robert Musil: La guerra parallela*, hg. v. Fernando Orlandi, Rovereto, 2003; und *Robert Musil: La guerra parallela*, hg. v. Fernando Orlandi, Scurelle, 2012. Die dritte Auflage ist um drei Musilsche Texte erweitert. Die erste deutsche Ausgabe ist erst 27 Jahre danach erschienen. Schaunig, *Der Dichter im Dienst des Generals* (Anm. 1). Im letztgenannten Buch sind auch einige Texte Musils aus der Zeitschrift *Heimat* enthalten. (Schaunig, *Der Dichter im Dienst des Generals* [Anm. 1], S. 349-356)

Insbesondere ist die Zusammenarbeit Musils mit der SZ tabuisiert worden, weil sie nicht ins Bild eines antimilitaristischen und fortschrittlichen Schriftstellers passen will. Das Tabu ist noch wirksam, obwohl es durch viele Fakten, nicht zuletzt durch die Eintragungen in den Tagebüchern, eindeutig widerlegt wird.[3]

Für die geistige Entwicklung Musils hat die militärische Erfahrung in vielerlei Hinsicht eine außerordentliche Bedeutung gehabt, die sich auch in seiner Person widerspiegelte. Als sich der italienische Schriftsteller Ignazio Silone 1939 mit ihm in Zürich trifft, fällt ihm auf: „[I]n Haltung und persönlicher Akkuratesse war er der ehemalige österreichische Offizier".[4] Das Verhältnis Musils zum Militär liegt tief, wie auch an seiner Arbeit im Bundesministerium für Heerwesen nachgewiesen werden kann, als er sich mit der Frage der Reorganisation des österreichischen Heeres nach dem Zusammenbruch beschäftigt hat.[5]

Von Musil gibt es, wie bekannt, wenige Fotos. Viele davon haben einen direkten Bezug zum militärischen Milieu, so z. B. das berühmte Foto in der Uniform des österreichisch-ungarischen Offiziers, sowie ältere Fotos, auf denen er wiederum in Uniform zu sehen ist – 1892 als Gymnasiast in Eisenstadt, 1894 als junger Kadett in der Militärschule von Mährisch-Weißkirchen, 1903 als Unteroffizier in Brünn.[6] Diese Bilder halten Episoden aus einem Militärleben fest, dessen vielfältiger Einfluss große Bedeutung für die geistige Entwicklung Musils gehabt und viele Spuren in seinem Werk hinterlassen hat.

Was ihn dazu bewegt, ganz jung in eine Militärschule einzutreten, ist zweifellos auch der Wunsch, sich von den Eltern unabhängig zu machen, „der eigene Wunsch des ungebärdigen Knaben", der sich für reif genug hält oder danach aussehen will: „Eine lange blaue Hose [hat] ganz entscheidend auf mich eingewirkt". Es gibt aber noch einen tieferen Grund für diese Entscheidung, den Musil 50 Jahre danach noch sehr lebendig in Erinnerung hat: „Aber als ich fortging, war es doch die Vor-

---

3 TB I, S. 813. In den Tagebüchern unterstreicht Musil oft sein Unpolitischsein, das nicht Desinteresse für die Politik ist, sondern Gleichgültigkeit für die politischen Lager. (TB I, S. 1070)

4 Ignazio Silone, „Musil in der Schweiz", in: *Erinnerungen an Robert Musil*, hg. v. Karl Corino, Wädenswil, 2010, S. 397-403.

5 Robert Musil, „Psychotechnik und ihre Anwendungsmöglichkeit im Bundesheere", in: *Militärwissenschaftliche und Technische Mitteilungen* 53 (1922), S. 244-265, jetzt auch in: Robert Musil, *Beitrag zur Beurteilung der Lehren Machs und Studien zur Technik und Psychotechnik*, Reinbek b. Hamburg, 1980, S. 177-200.

6 Hinzu kommen die Fotos in Palù und in Bozen: Alessandro Fontanari, *Die Porträts Musils in Palù und Bozen*, Vortrag anlässlich der Tagung 2015: Robert Musil als Redakteur der *Tiroler Soldaten-Zeitung* (Anm. 1).

stellung eines Lebens, die mich, wenn auch ungenau, führte, die Wahl des Geistigen als höchsten Guts."[7] Die anfängliche Faszination fürs Militärleben enthält viel von jener Abenteuerlust, die wir, mit reiferen Reflexionen angereichert, auch in Ulrich, dem Mann der Möglichkeiten und des Experiments, wiederfinden. Das als Experiment seiner selbst und der Wirklichkeit verstandene Abenteuer ist das, was „die Wahl des Geistigen" bestimmt. Die Einstellung, die den jungen Musil ins Militärkollegium lockt, ist dieselbe, die ihn in seinen wissenschaftlichen Studien und in der literarischen Arbeit ständig begleitet. Der Eintritt in die Schule ist somit „der erste Versuch, ein bedeutender Mann zu werden".[8]

Die Unterschätzung, ja Verneinung dieses Aspekts – Karl Corino betitelt in seiner Biographie die Periode des Dienstes als *Fünfjährige Sklaverei* – gründen unseres Erachtens im schlechten Gewissen der österreichischen Gesellschaft, die eigene Geschichte betreffend. Die von den Alliierten während des Zweiten Weltkrieges erwiesene Gefälligkeit (die Erklärung, Österreich sei das „erste Opfer" Hitlers gewesen) hat dazu geführt, dass Österreich zu keiner Rechenschaft gezogen wurde und weiterhin am Mythos „einer unschuldigen Vergangenheit" festhalten konnte, mit dem es sich gut leben lässt.[9]

II

Um die Rolle Musils als Chefredakteur der SZ zu verstehen, muss man sie im Kontext der komplexen Geschichte der Zeitschrift betrachten.[10] Der Eintritt Musils in die Redaktion im Sommer 1916 fällt zeitlich mit ihrer organisatorischen und konzeptuellen Umstrukturierung zusammen. Die grundlegende Korrektur der Ziele und der politischen Linie markiert nämlich die dritte Phase der *Tiroler Soldaten-Zeitung*, die mit ihrem Übergang vom IX. Armeekorps in die Verantwortung des Heeresgruppekommandos Erzherzog Eugen beginnt und die Zeit von Juli 1916 bis zur Einstellung der Publikation im April 1917 umfasst.

---

7 *Curriculum vitae* (etwa 1931), GW VII, S. 949; *Der Variationskreisel nach Musil*, GW VII, S. 942; TB I, S. 965.

8 Alessandro Fontanari/Massimo Libardi, „La guerra come sintomo. Esperienza e scrittura: Robert Musil 1916-1917", in: Robert Musil: *La Guerra parallela*, hg. v. Fernando Orlandi, Trento, 1987, S. 201-257, hier S. 201.

9 Gian Enrico Rusconi, „La ‚questione austriaca' ieri e oggi", in: *Il „caso Austria"*, hg. v. Roberto Cazzola/Gian Enrico Rusconi, Torino, 1988, S. VII-XXIV, hier S. IX.

10 Roman Urbaner, „‚… daran zugrunde gegangen, daß sie Tagespolitik treiben wollte'? Die *Tiroler Soldaten-Zeitung* 1915-1917", in: *eForum zeitGeschichte* 3/4 (2001) (http://www.eforum-zeitgeschichte.at/3_01a8.pdf); Massimo Libardi/Fernando Orlandi, *„Eine ziemlich einflußreiche Soldatenzeitung". Die Geschichte der Tiroler Soldaten-Zeitung*, (in Vorbereitung).

Was dabei für die Zeitung verlorengeht, ist die Bindung zum Land Tirol und zu seinen Mythen, was sich bereits in der Kopfzeile des Blattes niederschlägt: der Tiroler Adler verschwindet genauso wie das Motto „Für Gott, Kaiser und Vaterland". Bezugspunkt ist von nun an nicht mehr die kleine Tiroler Heimat, sondern der politische Plan zur Erneuerung der Monarchie, den Erzherzog Eugen und die Generäle Alfred Krauss und Viktor Dankl, ungeachtet der Missbilligung des Wiener Hofes, befürworteten und zu dem sie einen möglichst breiten Konsens herstellen wollten. Der zugrundeliegende Gedanke war, dass die Irredentisten ein Produkt des Tiroler Nationalismus waren. Die Lösung bestand also darin, die italienische Bevölkerung der südlichen Bezirke Tirols zu entnationalisieren und die deutsche im übrigen Tirol zu nationalisieren. Dieser Gedanke fand seine eigentliche Inspiration am konkreten Beispiel des Heeres. Die Soldaten verstanden sich nicht als Tiroler Kämpfer, und das Heer war weder böhmisch noch ungarisch, sondern stand im ausschließlichen Dienst der Monarchie.

Gegenüber der vorhergehenden Phase der Zeitung nahm sich das Kommando eindeutig „wichtigere Ziele" vor. Es waren dies: „[...] das Verständnis der Lebensfragen des Staates und der Armee [...]. Der neuen Ausrichtung geht es keineswegs darum, Politik in die Armee zu tragen, sondern um die Erweckung des Staatsbewußtseins, der Lust am kräftigen Staate, des Verständnisses der Selbstbeschränkungen, die dazu nötig sind, des Bedürfnisses nach einer starken Führung der Staatsgeschäfte".[11]

Die Projekte zur Umgestaltung des Kaiserreiches finden einen klaren Ausdruck im Leitartikel der TSZ vom 21. Januar 1916, der den vielsagenden Titel „Österreichs Neugestaltung" trägt und mit den Worten eingeführt wird: „Der Aufsatz ist uns von besonderer Seite zur Verfügung gestellt worden; wir geben ihm gerne Raum, denn er hat den Vorzug, daß er ein wahres Staatsprogramm enthält. Die Schriftleitung". Die uns zur Verfügung stehenden Informationen erlauben keine sichere Zuweisung des Textes. Er wurde wahrscheinlich von General Alfred Krauss verfasst.[12]

Der Autor stellt einem kompakten und zentralisierten Ungarn ein streitsüchtiges und chaotisches Österreich gegenüber, in dem unablässig ethnische und politische Konflikte toben. Sie wurden erst vom Krieg unterbrochen, allerdings um den Preis, dass das Parlament zum Schweigen gebracht wurde, und sich die gesamte Monarchie in „einen

11 Urbaner, „...daran zugrunde gegangen" (Anm. 10).
12 SZ, 21.01.1917, S. 2-4.

von militärischen Notwendigkeiten geleiteten Absolutismus" umwandelte. Dies sollte nun keine vorläufige Notlösung bleiben, sondern ein erstrebenswertes Modell auch für die Friedenszeit darstellen. Nach dem Krieg, so der Plan, sollte der österreichische Staatsteil die Benennung Österreich erhalten und in sieben Länder unterteilt werden: Böhmen, Mähren und Schlesien, Niederösterreich, Oberösterreich und Salzburg, die Steiermark, Tirol und Vorarlberg, Südösterreich (Kärnten, Krain, Görz, Istrien, Triest). Diese würden wiederum in Kreise und Gemeinden gegliedert, die, auf eigenem Einkommen fußend, „eine gesunde Selbstverwaltung" sichern sollten. Im Artikel ist keine ausführliche Zuteilung der Kompetenzen angegeben, aber es geht aus ihm klar hervor, dass die wichtigsten dem Staat zufallen würden.[13]

Der Nationalitätenstreit hätte durch die Stärkung des deutschen Elements in den ‚gefährdeten' Gebieten, d. h. Kärnten, Tirol, Triest und Istrien, ein Ende gefunden. In territorial umfangreicheren Ländern hätten sich Slawen und Italiener schwerlich in straffen und eigenständigen Organisationen zusammenschließen können.

Das Kommando hatte schon 1915 Vorschläge zu einer umfassenden Reform der Monarchie entwickelt. Nachdem diese Vorschläge in der ‚Bekämpfung des Irredentismus' eine eingehende Erörterung gefunden hatten, versuchte man zwischen November 1915 und Februar 1916 zweimal vergebens, ihnen im Kanzleramt Gehör zu verschaffen. Sie betrafen vor allem die Schule (Einführung des Deutschen und militärischer Pflichtübungen), das Gerichtswesen (Militärgerichte für politische Verbrechen auch in Friedenszeiten) und die lokale Selbstverwaltung (Einschränkung ihrer Kompetenzen zugunsten des Zentralstaats, Verbot der politischen Karriere für Beamte).[14] Ein Beispiel für die Notwendigkeit dieser Reorganisation liefert der Leitartikel vom 3. September 1916 „Die Volksschule", in dem die lokale Selbstverwaltung dafür verantwortlich gemacht wird, dass unter den Lehrkräften viele Irredentisten zu finden sind. Auf Seite 3 derselben Nummer steht der zweite Teil des Artikels „Wie das Büblein Irredentist wird", in dem von einem Triester Waisenhaus die Rede ist, in dem die Kinder zum Kult

13 Unter anderem wäre er zuständig gewesen für „Schulwesen, Kultus, Handel und Gewerbe, Landwirtschaft, Gemeindewesen, soziale Gesetzgebung usw.", ebd.

14 Eine detaillierte Analyse auf der Grundlage von Archivmaterial über die „Pläne des Kommandos der Südwestfront zu einer umfassenden Staats- und Verwaltungsreform" ist zu finden in: Gerd Pircher, *Militär, Verwaltung und Politik in Tirol im Ersten Weltkrieg*, Innsbruck, 1995, S. 150-196. Richard Schober meint in der Einleitung, dass es sich um Pläne „von keiner praktisch-politischen Relevanz" handelte. (Ebd., S. 6)

der italienischen Nation erzogen werden.[15] Weitere Artikel behandeln dasselbe Thema: Auf Seite 4 und 5 wird über die irredentistische Presse der Slawen in Großbritannien berichtet und der mangelnde Sinn für den Staat in der Monarchie angeprangert.[16]

III

Auf die Kurskorrektur, von der hier die Rede ist, hatte schon Karl Dinklage in seiner vortrefflichen Arbeit aufmerksam gemacht:

> So ist der hier herbeigeführte Umschwung augenscheinlich. Das Blatt entbehrte vorher im allgemeinen sogar eines Leitartikels und war nur ein Sammelbecken von Soldatenberichten. Nun ist es eine straff und einheitlich geführte Zeitung [...]. Es ist ein Organ, das sich erlaubt, Zeitkritik zu üben, und dabei nicht davor zurückschreckt, gegen die herrschende Opportunitätspolitik und Parteienwirtschaft, gegen die Vorrechte privilegierter Klassen und hohle Phrasen offen Stellung zu nehmen.[17]

Die Frage ist nun: Inwieweit war der neue Schriftleiter in die Neubestimmung der Ausrichtung involviert? Unsere Meinung ist, dass er diese Linie völlig teilte. Und dies nicht nur, weil er ansonsten in der Auszeichnungsabteilung, wo er seit Mai 1916 tätig war, verbleiben hätte können, sondern auch, weil er in der Redaktionsarbeit ein starkes Engagement an den Tag gelegt hat, wie der Drucker Alfons Gabloner zu berichten weiß. Er erinnert sich, wie die Setzer am Morgen die Fahnen in die Bozner Redaktion zu Musil brachten und sie am Abend in der Offizierskantine, unweit vom Hotel Greif, abholten, oft „nach mitunter stundenlangem Warten".[18] Dies lässt auf große Aufmerksamkeit Musils für die zu veröffentlichenden Texte und die redaktionelle Arbeit schließen.

Die Redaktion war an sich nicht zahlreich: Vor der Übernahme der Direktion durch Musil unterstand sie Leutnant Albin Schager, dem Referenten des Oberstleutnants des Generalstabs Max Becher. Mitarbeiter sind die Oberleutnants Hans Kleindienst und Ernst Feigl, der Leutnant Rudolf Neumann und der Kadettenaspirant Heinrich Gartenberg. Man darf annehmen, dass die Themen weitgehend einstimmig nach gemeinschaftlicher Diskussion gewählt wurden, so dass die Artikel eigentlich

15 SZ, 03.09.1916, S. 2f. und 3f.

16 „Hochverräterische Presse", ebd., S. 4; „Die Erziehung zum Staat", ebd., S.4f.

17 Karl Dinklage, „Musils Herkunft und Lebensgeschichte", in: *Robert Musil. Leben. Werk, Wirkung, hg. v. Karl Dinklage,* Zürich u. a., 1960, S.187-264, hier S. 228-229.

18 Zit. in: Dietmar Grieser, *Schauplätze österreichischer Dichtung. Ein literarischer Reiseführer*, München/Wien, 1974, S. 97.

als die textliche Umsetzung von kollektiven Ansichten zu verstehen sind.

Da in diesem Prozess die intellektuelle Größe Musils gegenüber den anderen Redaktionsmitgliedern nicht zu übersehen ist, ist man durchaus berechtigt, nach einer allfälligen Übereinstimmung der in der Redaktion behandelten Themen mit den Motiven seiner späteren Texte, insbesondere seiner politischen Abhandlungen, zu suchen. Diese entstehen in einer klar abgegrenzten Periode, und zwar von Dezember 1912 (angefangen mit dem Artikel *Politik in Österreich* erschienen in der von Franz Blei geleiteten Leipziger Zeitschrift *Der lose Vogel*) bis 1922 (*Das hilflose Europa oder Reise vom Hundertsten ins Tausendste*).[19] Eine weitere Gruppe von politischen Abhandlungen erscheint zwischen 1933 und 1935[20] (darunter der *Vortrag vor dem Internationalen Schriftstellerkongress für die Verteidigung der Kultur*, Paris, 22. Juni 1935).[21] Auch in diesem Zusammenhang ist Musil, wegen seiner Weigerung, die

---

19 *Politik in Österreich* (Dezember 1912), GW VIII, S. 992-995; *Politisches Bekenntnis eines jungen Mannes. Ein Fragment* (November 1913), GW VIII, S. 1009-1015; *Europäertum, Krieg, Deutschtum* (September 1914), GW VIII, S. 1020-1022; *Buridans Österreicher* (14. Februar 1919), GW VIII, S. 1030-1032; *Der Anschluss an Deutschland* (März 1919), GW VIII, S. 1033-1042; *Geist und Erfahrung. Anmerkungen für Leser, welche dem Untergang des Abendlandes entronnen sind* (März 1921), GW VIII, S. 1042-1059; *Die Nation als Ideal und als Wirklichkeit* (Dezember 1921), GW VIII, S. 1059-1075; *Das hilflose Europa oder Reise vom Hundertsten ins Tausendste* (1922), GW VIII, S. 1075-1094. Besonders wichtig auch die Fragmente: *Das Ende des Krieges* (1918), GW VIII, S. 1340-1345; *Der deutsche Mensch als Symptom* (1923), GW VIII, S. 1353-1400; (1921-1923?), *Versuche einen anderen Menschen zu finden*, TB I, S. 643-661.

20 Es ist dies die Rede *Der Dichter in dieser Zeit* (GW VIII, S. 1243-1258), gehalten im Dezember 1934 in Wien; sowie die Abhandlung *Bedenken eines Langsamen* (1933), der für die *Neue Rundschau* gedacht war, aber unvollendet blieb. Politischen Anstrich hat die zweite Wiener Rede, gehalten auf Einladung des Werkbunds, *Über die Dummheit* (März 1937). Die Rede hat Musil später dreimal wiederholt, zuletzt bei seinem letzten Auftritt vor dem Tod (GW VIII, S. 1270-1291). Karl Corino, *Robert Musil. Eine Biographie*, Reinbek b. Hamburg, 2003, S. 1221-1254. Klaus Amann, *Robert Musil - Literatur und Politik*, Reinbek b. Hamburg, 2007, versammelt die politischen Texte und Entwürfe dieser Periode. Dazu auch Heft 32 (Etwa Frühjahr 1939 - etwa Ende 1941). Nach der Machtergreifung Hitlers kommen in den Tagebüchern politische Aufzeichnungen immer öfters vor.

21 GW VIII, S. 1259-1265; Vortrag, S. 1266-1269. Silone erzählt: „Seine Einstellung zur Politik zu präzisieren, war wahrhaftig schwer: 1935 hatte er mit […] anderen an einem von den Kommunisten angeregten internationalen Schriftstellerkongreß in Paris teilgenommen. Seine Rede war uninteressant und wurde nicht beachtet. […] er habe sich der Demokratie beinahe eben sosehr widersetzt wie dem Faschismus, überzeugt, daß man die Kultur nicht nur gegen ihre Feinde verteidigen, sondern auch vor ihren Freunden beschützen müsse." (Silone, „Musil in der Schweiz" [Anm. 4], S. 398) In den Tagebüchern bemerkt er: „Das Unerläßliche ist

politische Welt in rechts und links zu teilen, oft missverstanden worden. Noch vor dem Großen Krieg hatte er sich zum „konservativen Anarchisten" erklärt und versichert, er würde für alle Zukunft „sozialdemokratisch oder liberal" wählen.[22] Er schließt sich jedenfalls keinem politischen Lager an, obwohl er sich für Politik durchaus interessiert.

Auch die Politik ist in seinen Augen eine Frage von Funktionen und nicht von Inhalten.[23] Was ihm am Herzen liegt, ist die von ihm so benannte „geistige Organisationspolitik",[24] in offenem Widerspruch zur institutionellen Politik, auf der Suche nach einer neuen Ethik, nach einem neuen Bewusstsein, das er später den ‚Anderen Zustand' nennen wird.[25] Dieser Ansatz verdeutlicht aber zugleich eine Distanzierung von der Politik im herkömmlichen Sinn: „Ich nehme nicht Stellung, ich weiß nicht, wo ich stehen werde, wohin wird mich der Geist führen? Ist das Daimon oder Objektivität?"[26]

Bis heute ist keine ausführliche philologische Arbeit zur Frage der Zuweisung der anonymen Texte der SZ erschienen, mit Ausnahme des Artikels von Karl Corino „Aus der Geschichte eines Regiments". Einen ersten, unvollständig gebliebenen Versuch hat Karl Dinklage vorgenommen. Marie Louise Roth hat etwas später Musil 19 Artikel zugeschrieben, ausgehend von kompositorischen Techniken und Stilbesonderheiten. Helmut Arntzen kommt seinerseits auf die Zahl von 31, die

---

die schöpferische Freiheit des einzelnen, wie ich sie zu beschreiben versucht habe (Paris)" (TB I, S. 986-987); Corino, *Robert Musil* (Anm. 20), S. 1175 f.

22 *Politisches Bekenntnis eines jungen Mannes. Ein Fragment*, GW VIII, S. 1009-1015, hier S. 1011 u. 1013. Zum Beispiel: „Unpolitisch aus Gleichgültigkeit gegen die äußeren Umstände" (TB I, S. 924). „Ich habe 1931 Wien verlassen, weil Rot und Schwarz darin einig gewesen sind, in Wildgans einen großen österr. Dichter verloren zu haben." (Ebd.)

23 *Das hilflose Europa oder Reise vom Hundertsten ins Tausendste* (Anm. 19), hier S. 1091.

24 *Geist und Erfahrung* (Anm. 19), S. 1058.

25 Zu dieser Thematik ist die Bibliographie sehr umfangreich. Hier nur eine Auswahl: Heribert Brosthaus, „Zur Struktur und Entwicklung des ‚anderen Zustands' in Robert Musils Roman *Der Mann ohne Eigenschaften*, in: *Deutsche Vierteljahrsschrift für Literaturwissenschaft und Geistesgeschichte 39* (1965) H. 3, S. 388-440; Philip Harper Beard, *Der andere Zustand im Mann ohne Eigenschaften und in der Musil-Kritik*, Ph.D. diss., Stanford University 1971; Friedrich Balke, „Auf der Suche nach dem anderen Zustand. Robert Musils nominalistische Mystik", in: *Mystique, mysticisme et modernité en Allemagne autour de 1900/Mystik, Mystizismus und Moderne in Deutschland um 1900*, hg. v. Moritz Baßler/Hildegard Châtellier, Strasbourg, Presses Universitaires de Strasbourg, 1998, S. 307-316; Martina Wagner-Egelhaaf, „Anderer Zustand", in: *Robert-Musil-Handbuch* (Anm. 1), S. 710-712.

26 TB I, S. 852

Herausgeber der italienischen Ausgabe auf 34. In seiner umfangreichen Biographie weist Corino Musil vier zusätzliche Artikel zu. Somit belaufen sich die Beiträge Musils in der SZ auf mindestens 38.[27]

Die bis heute Musil zugeschriebenen Texte betreffen ganz spezifische Themen: das Fehlen einer österreichischen politischen Kultur, die österreichische Identität, den Zentralismus und die Frage, wie sich der mangelnde Staatssinn im Benehmen der Parteien und der Politiker widerspiegelt. In den Artikeln für die SZ wird der Krieg als die Möglichkeit zu einem neuen Österreich begrüßt, da der Patriotismus die Grundlage einer unerwarteten und neuartigen Einheit geschaffen hat, denn „im Frieden gab es nur Österreich; den Österreicher gab es nicht".[28] In „Bin ich ein Österreicher?" schreibt er „[...] dann wird sich der österreichische Staatsgedanke gestützt auf die Kriegserfahrungen wieder so sehr kräftigen, daß wir uns unbekümmert um unsere Umgangssprache ‚Österreicher' nennen und uns stolz als Österreicher fühlen".[29] Dieses Bedürfnis nach Einheit („Frei muß der Staat werden von seinen Ländern und Völkern und Parteien, eine Einheit muß er werden und die Pflicht der Selbsterhaltung über alles, über gar alles stellen")[30] hatte ihn in den Tagen der Mobilmachung überwältigt, wie im Beitrag *Europäertum, Krieg, Deutschtum*[31] zu lesen ist.

---

27 Karl Corino über den Text „Aus der Geschichte eines Regiments" (Karl Corino, „Robert Musil. *Aus der Geschichte eines Regiments*", in: *Studi germanici* 11 [1973], S. 109-115); Dinklage, „Musils Herkunft" (Anm. 17), S. 229; Marie-Louise Roth, *Robert Musil. Ethik und Ästhetik. Zum theoretischen Werk des Dichters*, München, 1972, S. 528; Helmut Arntzen, *Musil-Kommentar. Sämtlicher zu Lebzeiten erschienener Schriften außer dem Roman ‚Der Mann ohne Eigenschaften'*. München, 1980, Bd. 1, S. 178-180; Musil, *La guerra parallela* (Anm. 2), 2012; Corino, *Robert Musil* (Anm. 20), S. 537 u. S. 562-563.; Schaunig, *Der Dichter im Dienst des Generals* (Anm. 1), S. 358-361.

28 „Die Erziehung zum Staat", SZ, 03.09.1916, S. 4f.

29 „Bin ich Osterreicher?", SZ, 20.08.1916, S. 2f.

30 „Wehe dem Staatsmann!", SZ, 25.03.1917, S. 2f.

31 Eine erzählerische Bearbeitung des Motivs von *Europäertum, Krieg, Deutschtum* ist in den Entwürfen zum *Mann ohne Eigenschaften.* zu finden, in denen sich die Mobilisierung „wie eine große Hochzeit" abwickelt. „Du ahnst ja nicht, wieviel Liebe u. Gefühle, wie wir sie noch nie erlebt haben, heute auf allen Straßen (zu sehen) sind! Wie haben gelebt wie die Tiere, die der Tod eines Tages absticht; das ist jetzt anders! Es ist ungeheuer, sage ich dir; alle sind Brüder, selbst der Tod ist kein Feind; man liebt seinen eigenen Tod um der anderen willen; man versteht heute zum erstenmal das Leben!" (GW V, S. 1621 u. 1622). 1933 beobachtet er die Begeisterung der Masse anlässlich einer Kundgebung für die bevorstehenden Reichstagswahlen. In den Tagebüchern schreibt er: „ein Mobilisierungsbild. Es war Kriegsstimmung mit garantiertem Sieg, Patenterledigung eines tiefen Bedürfnisses, sozusagen eine kleine, erfolgreichere Repetition von 1914." (TB I, S. 725)

Ein deutschsprachigen Intellektuellen unterschiedlichster Prägung gemeinsamer Zug, der sie dann auch im Einsatz für die Kriegspropaganda motiviert, ist die Vorstellung der Einkreisung, die Überzeugung, im Mittelpunkt einer Verschwörung zu stehen, die sich zum Ziel gesetzt hat, Deutschland zu zerstören. „Tagelang, da der phantastische Ausbruch des Hasses wider uns und Neides ohne unsere Schuld Wirklichkeit geworden war, lag es über vielen Geistern noch wie ein Traum. Kaum einer, der sein Weltbild, sein inneres Gleichgewicht, seine Vorstellung von menschlichen Dingen nicht irgendwo entwertet fühlte", schreibt Musil in einem Artikel für die *Neue Rundschau* vom September 1914.[32]

Es ist ein tiefsitzendes Motiv, das mehrmals in den Beiträgen für die SZ wiederkehrt, in denen der Autor gegen „das Hunnenmärchen" polemisiert, gegen die Intoleranz der Ententemächte, deren instrumentalisierte Presse bemüht war, die Barbarei, den Militarismus, die Verachtung der Zivilisation, die das deutsche Volk kennzeichnen würden, zu brandmarken.[33] Es war sicherlich keine bloße Reaktion der Gegenpropaganda, wenn Musil schrieb, dass Österreich „zu den meistbedrohten Staaten der Welt gehört",[34] weil diese Behauptung einem tatsächlich vorhandenen Gefühl Ausdruck gab.

Die zentrale Idee, die die Arbeit Musils charakterisiert, der Zeitung Kohärenz verleiht und den Beiträgen immanent ist, ist die Idee des Staatssinns. Das Österreichbild der SZ ist negativ besetzt aufgrund dieser mangelnden Idee und aufgrund des Fehlens einer eigenen politischen Kultur. In der Monarchie lehnt die deutsche Sprachgruppe, die aufgrund ihres Bevölkerungsanteils und ihrer geschichtlichen Tradition berufen wäre, als staatstragendes Element zu fungieren, die ihr historisch zugewiesene Rolle ab und agiert wie andere Sprachgruppen auch, wie irgendwelche „unterdrückte Nation",[35] auf diese Weise den Auflösungsprozess beschleunigend. Darüber schreibt Musil u. a. in „Das Staatsprogramm der Deutschen": „Die beiden größten deutschen Parteien Österreichs deren Zusammenschluß den größten politischen Machtfaktor bedeutet, einigten sich auf ein Programm, durch das sie freiwillig auf eine Stellung verzichten, die sonst jeder mit größter Kraft anstreben würde, und gaben die Aussichten des durch sie vertretenen

32 *Europäertum, Krieg, Deutschtum* (Anm. 19), S. 1020.

33 „Heilige Zeit", SZ, 31.12.1916, , S. 3f.; „Zu Milde und zu Wilde", SZ, 11.02.1917 S. 3f.; „Presse und Krieg", SZ, 8.04 1917, S. 2-4.

34 „Ist die „österreichische Frage" schwierig?", SZ, 04.03.1917, S. 3.

35 *Der Mann Ohne Eigenschaften,* GW II, S. 515.

Volkes preis."[36] Darum brauchte Österreich eine zentralistische Verfassung. Eine föderative Verfassung sei nur dort angebracht, wo „die einzelnen Teile aus freiem Willen" zusammenstreben, „weil sie durch Stammesgemeinschaft oder aus geschichtlicher Erfahrung zum Zusammenhalt, der ihre gemeinsamen Belange am besten schützt, sich veranlasst fühlen."[37] Im Gegensatz dazu, „wo die einzelnen Teile *auseinanderstreben*, da ist die verbindende Kraft der föderalistischen Verfassung zu schwach, den Staat aufrechtzuerhalten."[38] Unter diesen Voraussetzungen ist es nur allzu verständlich, dass sich die SZ unter der Leitung Musils gegen die Autonomie der Länder und gegen jeden Irredentismus – später eine bevorzugte Zielscheibe der Ironie im *Mann ohne Eigenschaften* –, ausgesprochen hat.[39] Da der Staatssinn fehlt, ist auch der Begriff ‚österreichisch' eine bloße Fiktion.

Als Untertan in der Doppelmonarchie zu leben, ist eine komplizierte Sache:

> Keine einige Nation und keine freie Vereinigung von Nationen trug ihn, trotz des Talents seiner Beamtenschaft und mancher guten Absicht im einzelnen, hatte er eigentlich kein Gehirn, denn es fehlte die zentrale Willens- und Ideenbildung. Er war ein anonymer Verwaltungsorganismus; eigentlich ein Gespenst, eine Form ohne Materie.[40]

In einem Artikel von 1913 wird der Mangel an einem österreichischen Leitgedanken thematisiert: „[...] nicht die dynastische Idee, nicht die einer kulturellen Symbiose verschiedener Völker" sei gegeben und somit sei das Ganze „wie das Torkeln eines Radfahrers, der nicht vorwärtstritt."[41]

In „Eine österreichische Kultur" bestreitet Musil die Existenz einer eigentlichen österreichischen Kultur.[42] Um zu existieren, bedarf jede Kultur einer gesellschaftlichen Grundlage, einer Organisationsstruktur, die ihr Funktionieren gewährleistet. Das setzt aber das tätige Vorhandensein des Staates voraus. Ohne ihn, ohne „einen natürlichen

36 „Das Staatsprogramm der Deutschen", SZ, 18.03.1917, S. 3f.

37 „Zentralismus und Föderalismus", SZ, 7.01.1917, S. 2f.

38 „Föderalismus und Zentralismus", SZ, 14. 01.1917, S.2. Siehe auch: „Ist die ‚österreichische Frage' schwierig?", SZ, 04.03.1917, S. 2f.

39 *Der Mann Ohne Eigenschaften*, GW II, S. 518, es handelt sich um das Kapitel 108: „Die unerlösten Nationen und General Stumms Gedanken über die Wortgruppe Erlösen".

40 *Der Anschluss an Deutschland* (Anm. 19), S. 1038f.

41 *Politik in Österreich* (Anm. 19), S. 993.

42 „Eine österreichische Kultur", SZ, 10.12.1916, S. 2f.

Verband", ohne „einen einheitlichen materiellen Apparat", ist auch die Kultur eine Unmöglichkeit.[43]

In *Der Anschluss an Deutschland*, einem 1919 in der *Neuen Rundschau* erschienenen Essay, nennt Musil die Kultur „ein[en] perspektivische[n] Fehler des Wiener Standpunkts". Alles was sonst unter die Definition von österreichischer Kultur fällt, Grillparzer, Radetzky, Haydn, die beste Bürokratie der Welt, der Völkerschmelztiegel, das Bindeglied zwischen Ost und West usw., ist „eine reichhaltige Sammlung von Eigenarten [...] die aber keine Synthese" darstellt.[44] Die als österreichisch bezeichnete Kultur ist daher bloß „eine Freundlichkeit des Lebens, eine ungezwungene Anmut, eine Bequemlichkeit, die zum Teil wenigstens nicht von Nachlässigkeit kommt, sondern von einer inneren, ererbten Wohlhabenheit".[45] Das österreichische Gesicht ist froh und zugleich vergeistigt „weil es keine Muskeln mehr hat".[46] Das Bild des froh aussehenden Gesichts infolge des Mangels an Muskeln ist eine Metapher des Österreichers und deckt sich perfekt mit dem Bild des Syphilitikers, dessen Gesicht die Krankheit unglaublich adelig macht.[47]

In seinen Beiträgen für die SZ hat Musil weder auf seine Ansichten zu Österreich noch auf seinen Stil verzichtet. Mit Bezug auf diesen letzten Aspekt kann man auf die Tiefe dieser Texte, auf ihre eigentümliche Schönheit und unterschwellige Ironie verweisen. Dies gilt insbesondere für „Das Schlagwort",[48] ein beispielhafter Text, der in die Sammlung *Nachlass zu Lebzeiten* aufgenommen zu werden verdiente oder der Abhandlung „Über die Dummheit" gleichgestellt werden kann.

---

43 *Der Anschluss an Deutschland* (Anm. 19), S. 1035.

44 Ebd., S. 1039. In einem Brief von 1938 behauptet er, dass die Zeitung, „wenn ich nicht irre, in Ihrem Sinne für den engsten Anschluss an Deutschland eingetreten ist (Robert Musil, *Briefe 1901-1942*, Bd. 1, hg v. Adolf Frisé, Reinbek b. Hamburg, 1981, S. 815. Noch 1940 meint er in einem Brief an Wolf Domke: „Ich habe beim Stabe des G. d. I. Krauss eine ziemlich einflußreiche Soldatenzeitung geleitet, die sehr freimütig schon im Jahre 1916 für den engsten politischen Anschluß an Deutschland eingetreten ist." (Ebd., S 1228)

45 „Eine österreichische Kultur", SZ, 10.12.1916, Nr. 27, S. 2.

46 *Der Anschluss an Deutschland* (Anm. 19), S. 1040.

47 Ein alter Syphilitiker: „[...] der edle Ausdruck kommt vom Nachlassen der Spannung in den Geschichtsmuskeln, erläuterte Dr. Friedenthal." (*Der Mann ohne Eigenschaften*, GW III, S. 982-983)

48 SZ, 27. 08. 1916, S. 5.

IV

Die Meinung, dass der Krieg der Riss ist, der Welt und Denken so auseinandergetrieben hat, dass sie „bis heute nicht geflickt werden konnten",[49] zieht sich durch viele Stellen der Tagebücher und des Nachlasses. Sie wird mehrmals fast unverändert wiederholt. In einem Entwurf für den Roman *Die doppelte Bekehrung* erinnert er sich der zur Zeit der Mobilmachung herrschenden Gefühle und schreibt: „Das ‚große Erlebnis'. Ohne Kritik darstellen; den Rausch. Etwas, das Gott nahebringt, das Gefühl, einen Göthe u. u. u. zu verteidigen [...]."[50] In den Tagebüchern ist der Krieg das „große Erlebnis", in der SZ „etwas Ungeheueres", das das Leben der Betroffenen auf immer verändert hat.[51]

Eine weitere Bezeichnung des Krieges macht ihn zu etwas, „das Gott nahebringt", zu einer religiösen Erfahrung. Die Hauptperson der Erzählung *Der Gesang des Todes* spricht von einer „seltsamen Aufregung", die ihn am Tag des Kriegsausbruchs erfasst hat, als er „die seltsame, ans Religiöse streifende Aufregung mit machte".[52] 1919 wird der Krieg „der Hauch eines religiösen Gefühls"; sonst auch „ein dem Religiösen verwandtes Erlebnis" oder „ein religiöses Erlebnis"[53] genannt. Noch im Heft 33 (zk. 1937 - Ende 1941) ist er „das atavistisch mystische Moberlebnis". Ähnliches findet sich in den Abhandlungen *Die Nation als Ideal und als Wirklichkeit* (1921) und *Das hilflose Europa oder Reise vom Hundertsten ins Tausendste* (1922).[54]

Auslassungen eines Militaristen sind diese Definitionen keinesfalls. Sie heben ohne Ambivalenz bloß hervor, wie wichtig die Kriegszeit für die Entwicklung des Musilschen Denkens gewesen ist. Die Erfahrung an der Front verweist auf zwei Motive seines großen Werkes: das „soziologische" und das des ‚Anderen Zustandes'.

Soziologisch macht ihn der Krieg mit dem durchschnittlichen Mann bekannt und erweckt sein Interesse für die Politik. Der Krieg nimmt in seinen Schriften die Gestalt eines „ungeheuren Massenexperiments"[55] an, das zeigt, wie „der Mensch moralisch eine Ungestalt ist, eine kolloidale Substanz, die sich Formen anschmiegt, nicht sie bildet".[56] Der

49 *Was arbeiten Sie? Gespräch mit Robert Musil*, GW VII [30. April 1926], S. 939-942, hier S. 939.

50 TB I, S. 339

51 „Kameraden, arbeitet mit!", TSZ, 6.08.1916, S. 3.

52 *Der Gesang des Todes Der singende Tod [1915/16]*, GW VII, S. 757-759, hier S. 757.

53 TB I, S. 540; TB I, S. 672 u. TB I, S. 544.

54 TB I, S. 947; und *Die Nation* (Anm. 19), S. 1060.

55 *Das hilflose Europa* (Anm. 19), S. 1080.

56 TB I, S. 540.

Mensch ist ursprünglich etwas Gestaltloses, das wie eine Flüssigkeit die Form des Behälters annimmt, in das sie gegossen wird. „Gerade die Ungestalt seiner Anlage nötig den Menschen, sich in Formen zu passen, Charaktere, Sitten, Moral, Lebensstile und den ganzen Apparat einer Organisation anzunehmen".[57] Mit etwas größerer Genauigkeit unterstreicht er später: „Der Mensch gibt sich nicht seine Lebensform."[58]

Der Krieg, nicht anders als das Verbrechen und alles, was den Menschen aus seiner normalen Lage heraushebt, ist ein Grenzerlebnis, das klar macht, wie der Mensch „sich leicht zu den äußersten Extremen und wieder zurück bewegen kann, ohne sich im Wesen zu ändern. Er ändert sich, aber er ändert nicht *sich*".[59] In den Aufzeichnungen zum nicht weiter entwickelten Entwurf *Der deutsche Mensch* sammelt er seine Überlegungen zu diesem Thema unter dem Titel *Theorem der Gestaltlosigkeit*. Sie sind nicht nur für die theoretischen und moralischen Reflexionen Musils bedeutungsvoll, sondern auch für seine Auffassung des Staates, und gerade das interessiert uns hier.

In den Tagebüchern behauptet er mit Nachdruck: „Der Einzelne ohne Ideologie ein Nichts."[60] Die Ideologie ist hier eine der Formen, der gedanklichen Strukturen, die imstande sind, dem Einzelmenschen eine Gestalt zu geben. In diesem Sinne schreibt Musil Begriffen wie Apparat, Staat, Kultur eine positive Rolle zu: „Der Mensch existiert nur in den Formen, die ihm vom außen geliefert werden. ‚Er schleift sich an der Welt ab', ist ein viel zu mildes Bild; er preßt sich in ihre Hohlform müßte es heißen. Die gesellschaftliche Organisation gibt dem Einzelnen überhaupt erst die Form des Ausdrucks, und durch den Ausdruck wird erst der Mensch".[61] An diese Überlegungen knüpft das an, was er in den 20er Jahren als das Bedürfnis nach einer geistigen Organisation bezeichnet, aus dem dann das Thema der Parallelaktion entspringt. Sie parodiert das Bedürfnis nach der geistigen Organisation der Welt, die als Verlängerung jener notwendigen Organisation Österreichs zu sehen ist, von der Musil in der SZ so oft geschrieben hat.[62]

Die Parallelaktion – der nur scheinbare Mittelpunkt, die Leerstelle, um die der Roman kreist –, versinnbildlicht nicht nur das Streben nach einem Grundprinzip, sondern auch und zugleich dessen Unmöglich-

57 *Der deutsche Mann als Symptom* (Anm. 19), S. 1374.

58 TB I, S. 541.

59 *Das hilflose Europa* (Anm. 19), S. 1080.

60 TB I, S. 675.

61 *Der deutsche Mann als Symptom* (Anm. 19), S. 1370.

62 „Positive Ziele", SZ, 11.03.1917, S. 2; „Das Staatsprogramm der Deutschen", SZ, 18.03.1917, S. 3-4.

keit. Die Handlung des Romans ist sozusagen die Geschichte der Versuche, dieses Prinzip zu finden und gleichzeitig seine Unauffindbarkeit zu verschleiern. Wie der Kaiser in den SZ-Beiträgen nie eingesetzt wird, um die österreichische Leere zu schließen, genauso ist im Roman seine Anwesenheit dem Glanz eines fernen Sternes verglichen, der längst verblichen ist. Musil bedient sich der Fiktion der Parallelaktion, um die charakteristischen Züge der Zeit und die Personen des Romans miteinander in Beziehung zu setzen. Der Parallelaktion eng verbunden ist das Thema Kakanien, die ironische Darstellung der im Absterben begriffenen österreichischen Zivilisation, ihrer Mängel und ihrer Beispielhaftigkeit.[63] Daraus kann man berechtigterweise schließen, dass die beim Armeekommando Erzherzog Eugen in Bozen geleistete Arbeit als Redakteur der SZ als Keimzelle des Motivs der Parallelaktion gelten kann.[64]

Im Roman ist es dann der alte, reaktionäre Aristokrat Graf Leinsdorf, der sich bewusst wird, dass Österreich-Ungarn ein Staat ist und nicht eine Nation: „Die Hauptsache nämlich war, daß es einen kakanischen Staat nun einmal gab, wenn auch ohne richtigen Namen, und daß ein kakanisches Staatsvolk dazu erfunden werden mußte".[65] Der Graf behauptet, das Problem der Nationalitäten sei zu lösen, indem man sie einem zentralistischen Staat unterordnet. Es ist genau die Lösung, die Musil auf den Seiten der SZ befürwortet hatte. Jetzt aber zweifelt Ulrich, der zerstreute Sekretär der Parallelaktion, ob auf der Ebene der Politik und der Geschichte das zu erreichen sei, was der Monarchie fehlt: „ein Gehirn", eine „zentrale Willens- und Ideebildung".[66]

Es gibt ein weiteres Moment aus Musils Erfahrung mit der Militärwelt, das das Thema der Parallelaktion bereichert. In einem Entwurf aus dem Jahr 1918 nennt es Musil Kdo.- Panama.[67] Der Ausdruck erinnerte an den Skandal um den Bau des Panamakanals 1892-97 und galt als Synonym für Korruption und dunkle politische Machenschaften. Musil benutzt ihn jetzt, um das Milieu des Armeekommandos des Erzherzogs

---

63 „Die Unzufriedenheit mit dem Vaterland hat sich sanft ironisch niedergeschlagen im MoE" (TB I, S. 950). Die Ironie fehlt dagegen vollkommen in seinen Schriften als Kriegspublizist.

64 Über die Korrespondenzen zwischen den Texten, der Arbeit für die SZ und dem *Mann ohne Eigenschaften*, siehe Massimo Libardi, *Comando Panama: l'origine del tema dell'Azione Parallela*. Vortrag gehalten auf der Tagung *La strana guerra del tenente Musil. La parabola della* Soldaten-Zeitung, Centro Studi sulla Storia dell'Europa Orientale, Lavarone, 24. Oktober 2003.

65 GW II, S. 452.

66 *Der Anschluss* (Anm. 19), S. 1038-1039.

67 TB I, S. 339.

in Bozen zu beschreiben und das Geflecht von Krieg-Geschäfte-Politik zu brandmarken.

Nach dem Krieg sammelt der Schriftsteller unter dem Titel *Panama* oder *Der kleine Napoleon* umfängliches Material zu einem satirischen Drama, in dem zahlreiche Personen auftreten, die Musil in der Bozner Offizierswelt kennengelernt hatte.[68] Wir finden den Oberstleutnant des Generalstabs Max Becher als Hauptperson (er ist der kleine Napoleon) wieder, seine Frau Marietta Faccioli Grimani, den Leutnant Graf Festetics, den Leutnant Herbert Schmidt, den Feldmarschall Alfred Krauß, den Erzherzog Eugen, den Major Safarovic, den Leutnant Economo, den Hauptmann Mauerhofer, den Reitmeister Philipp von Almassy. Hinzu kommen in anderen Entwürfen der persönliche Adjutant des Generaloberst Erzherzog Eugen, Prinz Kinsky, der Graf Harrach, der im *Mann ohne Eigenschaften* Modell stand für den Grafen Leinsdorf, den Erfinder der Parallelaktion, der General Karl von Pflanzer-Baltin, der den General Stumm von Bordwehr inspirierte.[69] In *Panama* hält Graf H., alias Graf Harrach, eine Rede zu Ehren des Kaisers Franz Josef, die stark an den in der SZ vom 18. August 1916 erschienenen Beitrag „Bei unserem Kaiser“ erinnert, den ein gewisser Franz Graf H. Geheimer Rat, Landsturmoberleutnant unterzeichnet hatte.[70] Das Handeln so vieler Personen auf der Bühne gibt dem Schriftsteller die Möglichkeit, einen Blick in die untergehende österreichische Welt mit all ihren politischen, kulturellen und sozialen Verschränkungen zu werfen. In die verworrenen und nie enden wollenden Zusammenkünfte der Personen münden die Erfahrungen Musils ein, die er beim Armeekommando als Chefredakteur der SZ und als Mitarbeiter des Kriegspressequartiers machen konnte. Diese Tätigkeit hat ihm einen „intimen Einblick in die militärischen und politischen Strukturen ermöglicht, die zum Untergang der Habsburger-Monarchie führten.“[71]

V

Das zweite Motiv, das durch die Erfahrungen der Kriegsjahre angereichert wird, ist das Thema des ‚Anderen Zustandes‘. Zu seiner Bozner Zeit arbeitete Musil nicht nur an verschiedenen Essays, sondern auch an Erzählungsentwürfen, von denen damals nur „Aus der Geschichte

68 TB II, S. 1018-1055.

69 TB I, S. 339.

70 TB II, S. 1042 u. 1046; „Bei unserem Kaiser“, SZ, 18. 08. 1916, S. 4-5. Im *Mann ohne Eigenschaften* liefert er das Modell für den Grafen Leinsdorf.

71 Corino, *Robert Musil* (Anm. 20), S. 498.

eines Regiments"[72] veröffentlicht wurde und in denen persönliche Erfahrungen gesammelt sind, deren Mittelpunkt das Thema des ‚Anderen Zustandes' bildet.

Es geht hier um einen Schlüsselbegriff seines Gesamtwerks, vom ersten Roman *Die Verwirrungen des Zöglings Törleß* bis zu den letzten Kapiteln des *Mann ohne Eigenschaften*. Es scheint nämlich „daß sich durch die ganze Geschichte der Menschheit eine Zweiteilung zieht, in zwei Geisteszustände, die einander zwar mannigfach beeinflusst haben und Kompromisse eingegangen sind, sich jedoch nie recht gemischt haben". Der erste Zustand gilt „als der Normalzustand unserer Beziehungen zur Welt, Menschen und eigenem Ich". Über diesen Zustand hinaus gibt es einen zweiten, „der historisch nicht minder nachweisbar ist, wenn er sich auch unserer Geschichte weniger stark aufgeprägt hat." Er wird abwechselnd „Zustand der Liebe", „der Güte, der Weltabgekehrtheit, der Kontemplation, des Schauens, der Annährung an Gott, der Entrückung, der Willenlosigkeit, der Einkehr" genannt und in seinen verschiedenen Aspekten stellt er „ein Grunderlebnis, das in Religion, Mystik und Ethik aller historischen Völker übereinstimmend wiederkehrt" dar.[73]

Der Krieg ist ein Wendepunkt, weil diejenigen Erfahrungen, die im *Törleß* noch einen elitären Charakter hatten, sich jetzt als solche erweisen, die jeder Mensch im Laufe seines Lebens machen kann. Das Sich-Verlieben, die während der Mobilisierung empfundene Vergemeinschaftung, die Ekstase der Nächstenliebe, die ekstatischen Momente im Angesicht des heranrückenden Todes, sind jetzt zu allgemeinen Erfahrungen geworden: Unterschiedlich ist nur die Fähigkeit, sie zu erkennen und zu begreifen. Außerdem steht jetzt Musil eine Vielfalt von persönlichen Erlebnissen zur Verfügung, aus denen er jene Elemente herausnimmt, die ihm gegen Mitte der 20er Jahre ermöglichen werden, die Theorie des ‚Anderen Zustandes' in eine beinahe abgeschlossene Form zu bringen.

Der Zusammenhang zwischen Krieg und ‚Anderem Zustand', in dem Sinne, dass der Krieg eine Offenbarungschance des ‚Anderen Zu-

---

72 Siehe insbesondere das Fragment *Der Gesang des Todes/Der singende Tode*, teilweise übernommen in *Die Amsel*. Im *Heft ohne Nummer* finden wir unter dem Titel *Tierbuch* (auch *Idyllen)* ein Verzeichnis der Entwürfe, die auf die Kriegserfahrungen Bezug nehmen. Dazu gehören auch *Grigia* und das Motiv der *Portugiesin*. Einige davon werden weiter für den *Nachlass zu Lebzeiten* überarbeitet (TB I, S. 340); siehe außerdem die Fragmente: *Fritze, Ein Soldat erzählt, Schwerverwundetenzug, Die kleine Katze aus dem Jenseits, Die kleine Geisterkatze in Bozen.* (GW VII, S. 750-765)

73 *Ansätze zu neuer Ästhetik. Bemerkungen über eine Dramaturgie des Films*, GW VIII, S. 1137-1154, hier S. 1143 u.1144.

standes‘ ist, zieht sich durch die vorbereitenden Materialien zum Roman: „Krieg ist das gleiche wie a[nderer] Z[ustand]; aber (lebensfähig) gemischt mit dem Bösen.“[74]

Es ist hier nicht der Ort, diese Materialien einer detaillierten Analyse zu unterziehen, aber man darf wohl die besondere Beziehung hervorheben, die der Schriftsteller zwischen Krieg und Erzählen herstellt. Viele, die den Krieg erlebt haben, haben beteuert: mitteilen kann man ihn nicht, er ist ein Erlebnis gewesen, zu dessen Erfassung keine Worte und keine Begriffe genügen. „Du lieber Himmel“ stellt der Protagonist der Erzählung *Die Amsel* fest, nachdem er einige unerklärliche, ekstatische Erfahrungen, darunter die des Fliegerpfeils, erzählt hat „es hat sich eben alles so ereignet; und wenn ich den Sinn wüßte, so bräuchte ich dir wohl nicht erst zu erzählen“.[75]

„[...]Wir waren früher betriebsame Bürger, sind dann Mörder, Totschläger, Diebe, Brandstifter und ähnliches geworden: und haben doch eigentlich nichts erlebt.“[76] Wir haben das, was uns passiert ist, nicht erfahren. Der Grund war, dass die Begriffe zur Einordnung fehlten: „Wir besaßen nicht die Begriffe, um das Erlebte in uns hineinzuziehen. Oder auch nicht die Gefühle, deren Magnetismus sie dazu aktiviert. Zurückgeblieben ist nur eine sehr erstaunte Unruhe.“[77]

In einem seiner ersten (T)SZ-Beiträge, „Kameraden, arbeitet mit!“ stellt Musil die Frage, wie es denn möglich sei, eigene Erlebnisse tatsächlich zu verinnerlichen. Er fordert die Leser auf, das Leben an der Front in Bildern und Erzählungen festzuhalten, weil das „was man an der Front seit zwei Jahren erlebt hat, rein als Erlebnis betrachtet, das noch nicht da war, etwas Ungeheueres ist“. Jenes direkte Erlebnis, „das niemals Erdenkbare“ wird bald und für immer verloren gehen, wenn der Vergänglichkeit der Erinnerung nicht entgegengearbeitet wird: „Die Erinnerung ist ein schlechter Apparat.“ In perfektem Einklang mit seiner Auffassung der Dichtung als Fähigkeit, herkömmliche oder gar tote Bilder wieder zu beleben, bzw. auf die Dinge so zu schauen, als ob sie gerade erschaffen worden wären, behauptet er: „Man muß nicht Verse machen können, um ein Dichter zu sein; ein Dichter sieht die Dinge wie

74 *Der Mann ohne Eigenschaften*, GW V, S. 1932.

75 *Der Amsel*, GW VII, S. 548-562, hier S. 562.

76 *Das hilflose Europa* (Anm. 19), S. 1075 u. 1076. Die Bemerkung taucht in den Tagebüchern wieder auf: „Dieser Mensch verwandelt sich plötzlich nicht nur in einen Heros, sondern auch in eine Bestie.“ (TB I. Bd., S. 673)

77 *Das hilflose Europa* (Anm. 19), S. 1076.

zum ersten Mal; jeder Soldat, der sich unbefangen von dem Rechenschaft gibt, was er sieht, wird ein Dichter."[78]

Erzählen heißt keineswegs der Abstraktion ausweichen, auf die Sinngebung verzichten. Es stellt vielmehr die einzige Möglichkeit dar, ein anders geartetes Verständnis von Grenzerlebnissen, darunter auch vom Krieg, zu erlangen. Unmittelbar gegeben ist das enge Verhältnis zwischen Kriegserfahrung und Erzählbedürfnis in den Tagebüchern des Offiziers Robert Musil, in den Fragmenten dieser Zeit, in den Entwürfen für den *Nachlass zu Lebzeiten* nicht weniger als in der Kurzprosa *Die Maus* und in der Novelle *Die Amsel.* Mittelbar, aber mit gleichem thematischen Kern, kommt es in den Novellen *Grigia* und *Die Portugiesin* vor. Die begriffliche Einordnung wird erst später, in den wichtigeren Abhandlungen der Nachkriegszeit folgen, in denen sich der Schriftsteller um eine umfassende Bilanz des Krieges und seiner Ursachen bemüht.[79] Die Kriegserfahrung hat eine grundlegende Bedeutung für die geistige Entwicklung des Schriftstellers und für die Entstehung seines Hauptwerkes.

78 „Kameraden, arbeitet mit!", TSZ, 6.08.1916.

79 Massimo Libardi, *Ulrich a Davos*, in: *Humanitas* 6 (2015), S. 929-951.

Walter Fanta

Das Dramenfragment ‚Der kleine Napoleon' als literarische Nachwirkung von Robert Musils Bozener Redakteurstätigkeit

I. Inhalt: „allgemeine panamitische Konversation – Gegensatz gegen die Front"

Die Hauptfigur des unvollendeten Theaterstücks *Der kleine Napoleon* ist Oberstleutnant Becher, Chef der Operations-Kanzlei im Generalstab der österreichisch-ungarischen Armee an der Südfront im dritten Kriegsjahr in ...? Der Name der Stadt wird nicht genannt. Für alle drei Szenen der drei oder vier Akte könnten das „Operationszimmer bzw. Vorzimmer"[1] der Generalstabskanzlei die Kulisse abgeben. Das Stück verhandelt die Ruhmestaten Bechers, eines Schreibtischtäters. Er verfasst Schreiben an einen „Bischof oder dergleichen",[2] organisiert ein bombastisches Buffett für einen hochgestellten Gast, lässt durch den jüdischen Stabsarzt Salkind Proviant für die „arme Peppina"[3] abzweigen, seine leicht an der Lunge erkrankte Geliebte, entwickelt eine ausgedehnte Intrige, um einen Konkurrenten los zu werden, deckt die wirtschaftskriminellen Machenschaften seines Proviantoffiziers Coitkovic („ich brauch 10.000 Kilo Marmelade!"[4]) – und er strebt unermüdlich einen großen militärischen Triumph an, die Wiederauffindung eines verschwundenen Akts, in dem es immerhin um ein Todesurteil geht.

Bechers januskopfartiger Charakter offenbart sich bereits in der Eingangsszene, als von der Front die Hiobsbotschaft eintrifft, das Bataillon 49 am Cauriol sei abgeschnitten worden und habe 60% Verluste erlitten. „Was glaubst du, die braven Burschen [...] sind zu bedauern, aber ist es eine Affäre?"[5] In höchst sophistischer Art und Weise setzt er dem Generalstabshauptmann, der die Meldung von den Verlusten überbracht hat, seine Feldherren-Philosophie auseinander: „230 Tote mehr, das ist nur eine kleine Manomenterschwankung. Ja, ich sage dir, dieser Brief hier, den ich eben an einen Bischof schreibe, in dessen Diözee nicht genug von den Kanzeln herab zum Patriotismus gemahnt

1 KA III/1,2/39.
2 KA III/1,2/6.
3 KA III/1,2/13.
4 KA III/1,2/33.
5 KA III/1,2/6.

wird, ist wichtiger! [...] Das sind die Grundlagen, auf denen die Schlacht ruht, die Wurzeln, [...] die sich durch das ganze Reich spannen und aus denen der Sieg wächst."[6] Für Becher zählen die Gesetze der Etappe, die Militärhierarchie und ihr bürokratischer Apparat mehr als die Realität an der Front. Deren unerträgliche, unmenschliche Härten blendet er aus: „Sterben. Das ist der Krieg [..], wir sind alle dem ausgesetzt."[7] Für ihn ist es „ein Verbrechen, einen Vorgesetzten zu irritieren oder gar zu erschrecken."[8] Aber er zeigt sich in der Anwendung dieses Grundsatzes flexibel, wenn es ihm notwendig erscheint. Im Gespräch mit Salkind wird ihm klar, dass eine Anordnung der obersten Führung, nämlich auch Lungenkranke in Marschbataillone zu zwingen, seinen eigenen Interessen zuwider läuft, und schon vollzieht er einen Schwenk: „Also, wir finden diesen Befehl einen Unsinn. Das hat sich ein Referent beim Armeekommando ausgedacht [...]".[9]

In seiner Führungsposition in der Etappe ist Becher permanent deren Filz ausgesetzt: Bestechung, Vorteilsnahme, Vetternwirtschaft, Amtsmissbrauch, Schiebereien, usw. Das Code-Wort dafür lautet ‚Panama', in Anlehnung an die Skandale in der Dritten französischen Republik im Zusammenhang mit dem Bau des Panama-Kanals. ‚Panama' wird von Musil auch als Titel des Stücks erwogen. „Aber bitte kein Panama, keine Protektion; du weißt, daß ich das nicht vertrag",[10] verlangt Becher von Salkind in demselben Atemzug, in dem er diesen zur Zweckentfremdung von Lebensmitteln für seine Geliebte veranlasst. Ähnlich doppelzüngig verhält er sich bei der Entfernung des unliebsamen Konkurrenten: „[W]ir wollen den Herrn Oberst [...] fort haben [...], wir berichten wahrheitsgemäß, klar und offen, wie es für Soldaten ziemt."[11] Die komödiantische Figur des naiv-schlauen k. u. k. Generalstäblers Becher erscheint nicht unbedingt negativ, er moderiert eine heillos zerfahrene Welt nicht ohne altösterreichischen Charme und vertritt dabei das Prinzip, dass dem bürokratischen Schein, der aktenkundigen Wahrheit und dem treffenden Bonmot vor der Realität des Krieges, dem wirklichen Überlebenskampf an der Front und den ungeschminkten Zahlen der Verlustmeldungen von dort der Vorrang einzuräumen sind. Die Charakterisierung des Stücks als Komödie, als humorvoll-bittere Satire auf das lustige Leben in der Etappe verstärkt sich in den letzten ausge-

6 KA III/1,2/10.
7 KA III/1,2/15.
8 KA III/1,2/11.
9 KA III/1,2/15.
10 KA III/1,2/13.
11 KA III/1,2/24.

schriebenen Szenen rund um die Figur des Proviant-Offiziers mit dem sprechenden Namen Coitkovic; da werden auch antisemitische, chauvinistische Töne angeschlagen und Standesdünkel unverhohlen zum Ausdruck gebracht; das ungenierte Sich-Bereichern und alles für seinen Vorteil Ausnützen feiert fröhliche Urstände. Jemand wie Coitkovic, der seine Position skrupellos ausnützt, um wirtschaftliche Gewinne daraus zu erzielen, weiß um ihre Unangreifbarkeit. „Hast du je erlebt, daß ein Proviant-Offizier ins Trommelfeuer gekommen ist? Wo bleibeten dann die Mehlsackerln? [...] Ein Proviant-Offizier ist kugelsicher, der wird nicht erschossen. Höchstens aufgehängt."[12] Das Arsenal der Kriegsgewinnler wird um zwei Gegenfiguren ergänzt. Die eine ist Graf Harrach, der Vertreter des habsburgischen Patriotismus, dessen von ihm selbst verfasste und verlesene Elogen auf den alten und den jungen Kaiser in der Runde der Generalstabsoffiziere nicht mehr ernten als „verlegen, andächtiges Schweigen";[13] Formulierungen wie „Wiedererweckung der Begeisterung und die Betonung des idealen Charakters unseres Kampfes"[14] klingen auch in den Ohren der Mehrzahl seiner Offizierskollegen nicht viel anders als leere Phrasen. Die zweite Gegenfigur gegen das panamanitische Prinzip repräsentiert der „fremde Oberleutnant",[15] gegen seinen Willen an der Suche nach dem verschwundenen Akt beteiligt, verweigert er sich dem Panama: „Ach, Herr Major, ich passe dazu nicht. Ich habe kein Talent dazu. In ein paar Wochen hoffe ich, an der Front zu sein."[16] In einer später dem Manuskript hinzugefügten Notiz wird er zu Marietta/Peppina, der Frau seines Vorgesetzten Becher, sagen: „Wenn man der Front nahe kommt, die Geschütze hört, das andre Leben fängt an [..]"; für ihn „sind schon die Geschütze wie Musik".[17]

Panama ist ein Prinzip, das sich durch die verräterische Sprache derer, die es vertreten, selbst bloßlegt, es repräsentiert die eine Seite der Kriegsrealität. Die andere Seite ist die Realität der Front. Musils Konzept für das Stück besteht darin, die beiden Seiten in Kontrast zueinander zu stellen. „Panamistisch – Gegensatz gegen die Front"[18] notiert er, und er stellt für die Abfassung die Devise auf: „Allgemeine panamitische Konversation – Gegensatz gegen die Front".[19] Der dritte Akt

12 KA III/1,2/31.
13 KA III/1,2/38.
14 KA III/1,2/35.
15 KA III/1,2/34.
16 KA III/1,2/39.
17 KA III/1,2/40.
18 KA III/1,2/8.
19 KA III/1,2/31.

des Entwurfs hat als Incipit gewissermaßen den Titel „Kaverne. [..] Trommelfeuer",[20] die kurze Prosaskizze stellt freilich bloß einen sehr bescheidenen Ansatz dar, das Vorhaben umzusetzen. Auch die Soldaten in einem Frontabschnitt unter Dauerbeschuss werden in einem komödiantischen Modus vorgeführt: „Einer läßt einen fahren. Gekicher in einer Ecke. Hauptmann: ‚Ich werde dich hinausschmeißen. Oder ich laß dir eine Gasmaske anbinden.'"[21] In den Anordnungen der Offiziere und den in Dialekt eingefärbten Reaktionen der Mannschaft erfährt der Schrecken des permanent todbringenden Artilleriefeuers eine entschiedene Banalisierung. „Die Unpersönlichkeit des Mordens treibt sie zu Witzen",[22] merkt der Autor dazu an. Ein Oberleutnant räsoniert: „Jede Sekunde der Tod. Anfangs war das schön […]."[23] In den Feuerpausen steckt auch an der Front das Panama-Prinzip. „Dann Angriff. […] Neue Feuerwelle. Volltreffer. […] Leb ich eigentlich? Du! Tot?"[24] Die Katharsis im Fronterleben währt stets nur Sekunden, sie bricht immer sofort wieder ab, der ‚andere Zustand' schlägt unvermittelt um in den ‚normalen Zustand': „Kommandant: „Ah, jetzt krieg ich sicher wenigstens die bronzene…".[25] Die tödlich Verwundeten „beginnen, sich zu beschimpfen, defaitistisch und militaristisch, sterben darüber."[26]

Für den Schluss des dritten Akts, der die Front zum Schauplatz hat, notiert Musil folgende Vision des Oberleutnants beim Erwachen im Lazarett nach einer schweren Verletzung: „Ich habe es nie verstanden. Das Leben ein Ameisenhaufen. Dieses Durcheinander – Hin und Her, Arbeit, Überfälle, Tod. Es muss geordnet sein wie unser Leben. Aber unsere Ordnung kam mir so sinnlos vor. Jetzt sehe ich es. Jetzt verstehe ich es."[27] Die Erfahrung der Todesnähe beschert dem Oberleutnant die Erleuchtung, die ihn dem Leben zurückgibt. Die Pläne für den Aufbau sehen eine Verschränkung von Panama- und Front-Szenen vor, „Lebensinhaltslosigkeiten enthüllen sich"[28] in der ersten Gruppe, „währenddessen immer stärkere Steigerung der Kampfepisode".[29] Für den Schluss des Theaterstücks hielt Musil in Notizen mehrere Versionen bereit, in denen die Frauenfigur Peppina bzw. Marietta die entschei-

20 KA III/1,2/16.
21 Ebd.
22 Ebd.
23 KA III/1,2/17.
24 Ebd.
25 Ebd.
26 Ebd.
27 KA III/1,2/17a.
28 KA III/1,2/17.
29 KA III/1,2/39.

dende Rolle spielt: sie „findet den Akt“,[30] „im Krieg erhöhte sie sich“,[31] sie ist „die einzige, welche ‚explodieren‘ will, ohne alle Ausreden“.[32] Dreiecks- und Eifersuchts-Konstellationen werden angedeutet, zwischen Becher und anderen Offizieren, auch mit dem namenlosen ‚fremden‘ Oberleutnant, sie „fordert ihn direkt auf, sie zu küssen, nicht, weil sie ihn liebt, sondern weil sie Macht hat“.[33] Indem sie ihnen im Interesse ihres Mannes/Geliebten Versprechungen macht und sie hinhält, gewinnt Marietta/Peppina Macht über die Offiziere, wird vergewaltigt, „wächst nun groß und tigerinnenhaft an“,[34] rächt sich mit einem Giftmord. Das Ende mündet in die Nachkriegsperspektive: „Die Nachrichten vom Zusammenbruch berühren sie gar nicht in ihrer Aufregung. [...] Sie verlangt [...] ein Auto, um im Trüben zu fischen. ‚Jetzt machen wir unser Hotel.‘“ Das ist schon Theater der 1920er Jahre, eines Arnolt Bronnen, oder eines Robert Musil, Alpha und Vinzenz.

II. Bezug zur Soldatenzeitung: „Wozu haben wir Feldzeitungen?“

Zwischen dem literarisch-fiktionalen Text dieses Inhalts im Nachlass und der Bozener Kanzlei- und Redakteurstätigkeit des k. u. k. Oberleutnants Robert Musil von 2. Mai 1916 bis 15. April 1917 besteht ein nicht übersehbarer Zusammenhang. Das geht nicht nur aus den Personennamen hervor, die in den Entwürfen nicht in Figurennamen verwandelt worden sind. Becher steht für Maximilian von Becher, mit dem Musil seit Brünner Militärdienstzeiten befreundet war; in seiner Funktion als Oberstleutnant des Generalstabs, Chef der Operationskanzlei beim Heeresgruppenkommando Erzherzog Eugen konnte er es dem rekonvaleszenten Musil im April 1916 „richten“,[35] in Kanzleiverwendung zu gelangen. Marietta/Peppina steht für Bechers Gattin, die mehrere Monate gemeinsam mit dem Ehepaar Musil die Villa Isidora in Bozen bewohnte. Schager steht für Generalauditor Dr. Albin Schager, der von Juli bis Oktober 1916 Musils Vorgesetzter und Vorgänger als leitender Redakteur der Soldatenzeitung war. Rittmeister Graf Harrach steht für den Landsturmoberleutnant Graf Franz von Harrach, er war Autor des enthusiastischen Berichts „Bei unserem Kaiser“ in der SZ (18.08.1916, S. 4-5), aus dem auch in dem Stück zitiert wird, das mit Formulierungen

30 KA III/1,2/40.
31 KA III/1,2/17.
32 KA III/1,2/43.
33 KA III/1,2/40.
34 KA III/1,2/44.
35 Karl Corino, *Robert Musil. Eine Biographie*, Reinbek b. Hamburg, 2003, S. 552.

beginnt, welche in Graf Leinsdorfs Worten im *Mann ohne Eigenschaften* noch durchscheinen. In einer Harrach zugeordneten Figurenrede kommt die SZ im Dramenentwurf direkt ins Spiel: „Wozu haben wir diesen Juden – na, ich schimpfe sonst nie auf die Juden – diesen Journalisten beim Kommando? Wozu haben wir Feldzeitungen?"[36] Weitere Einzelheiten aus Musils Bozener Aufenthalt spiegeln sich im Text des Entwurfs wider: Der Verlust des schwer umkämpften Cauriol-Gipfels im Gebiet des Val di Fiemme mit 230 toten Soldaten wird im ersten Akt erwähnt, was die Verortung des Heereskommandos als Schauplatz des Stückes in Bozen nahelegt. Das Verhältnis zwischen Martha Musil und Marietta Becher war nicht das allerbeste, was die Zeichnung der gleichnamigen Figur als Femme fatale beeinflusst haben mag;[37] Musil empfand den anfänglichen Bozener Kanzleidienst in der Auszeichnungs-Abteilung als deprimierend;[38] er selbst war mehrfach Begünstigter von Bechers Panama, Bechers und Musils hatten ihr gemeinsames Bozener Quartier, die Villa Theodora, nur bekommen, um bei Marietta Becher „eine leichte Tuberkulose auszukurieren",[39] so entspricht dies der Intervention Bechers für seine ‚arme Peppina' beim Stabsarzt im Stück. Als Voraussetzung für eine Interpretation des Zusammenhangs zwischen dem Stück und Musils Redakteurstätigkeit in Bozen stellt sich die Frage, wann und wozu hat Musil es verfasst, was sagt der textgenetische Befund?

Die *Klagenfurter Ausgabe* offeriert (Band 15 Dramatische Fragmente) als ‚Unvollendetes dramatisches Fragment aus dem Nachlass' einen Lesetext unter dem Titel *Der Kleine Napoleon* mit dem alternativen Titel *Panama*. Dies steht in Einklang mit zwei Überschriften auf den Konvolutumschlägen, in denen das Fragment in Mappe III/1,2 mit der Aufschrift „Archivar (Entwurf) / Vorspiel / Der kleine Napoleon (Entwurf)"[40] erhalten ist. Es lassen sich zwei Fassungen ausmachen. Die erste (III/1,2/6-17a) ist durch einen handschriftlichen Entwurf in schwarzer Tinte auf zwölf Seiten blau-grünem Kanzleipapier vertreten, sie weist mit einer Eingangsszene, drei Dialog-Szenen (I und II), der Frontszene (III) und einem mit Bleistift-Notizen skizziertem Schluss eine abgerundetere Form auf. Die zweite Fassung (III/1,2/18-44), ebenfalls mit schwarzer Tinte auf dem gleichen Kanzleipapier geschrieben, geht über 24 Seiten; sie bringt nur die Dialoge in der Etappe, keine Frontszene, ist stärker

36 KA III/1,2/35.
37 Vgl. Corino, *Robert Musil* (Anm. 35), S. 555-556.
38 Ebd., S. 554-555.
39 Ebd., S. 554.
40 KA III/1,2/0.

korrigiert, eine Seite ist komplett gestrichen; der Entwurf bricht abrupt ab, es folgen vier Seiten mit Bleistift-Konzepten. Die Niederschrift mit demselben Schreibmaterial auf demselben Papier lässt darauf schließen, dass sie ohne große Unterbrechung in ein und derselben Schreibphase erfolgte, und zwar auf Rückseiten eines Vordrucks „K. u. k. Ministerium des kaiserl. und des königl. Hauses und des Äußern". Daraus ergibt sich ein wichtiger Hinweis auf die Datierung, die Abfassung kann wohl nur in die Zeit der Tätigkeit Musils im Außenministerium (bereits) der Republik – also ab Januar 1919 – fallen, in dem die ministeriellen Drucksorten der Monarchie weiter verwendet wurden. Alle bisherigen Datierungen nehmen auf Grund von inhaltlichen Querverbindungen eine frühere Abfassung während der Tätigkeit Musils im KPQ von März bis Dezember 1918 an, was nur unter der Voraussetzung möglich erscheint, dass auch im KPQ Drucksorten aus dem Außenministerium verwendet wurden, angesichts der 1918 in Wien herrschenden Papierknappheit immerhin nicht ganz auszuschließen. Jedenfalls schrieb er an dem Stück nicht, während er noch in Bozen oder an der Südfront war, es existieren keine Hinweise auf Vorstufen, in den beiden Kriegstagebüchern tauchen zwar Panama-Szenarien auf, es lassen sich aber keine konkreten Ansätze zur Fixierung der Stück-Idee finden. Ein Ereignis aus der Zeit von Musils Herausgebertätigkeit des Militärblatts *Heimat* spiegelt sich möglicherweise im intriganten Versuch von Becher und Oberst Fürst Kinsky in dem Dramenfragment, einen unliebsamen Oberst von seiner Kommandantur an der Front ins Hinterland abzuschieben: „Ich sage, einer der wichtigsten Posten, den wir zu vergeben haben, ist das dortige Stadtkommando. Der Stadtkommandant von … ist sozusagen der Hinterlands-Generalstabs-Chef der Armee."[41] Damit wird ziemlich offensichtlich auf die Enthebung Conrads von Hötzendorf von seinem Kommando an der Südfront und seine Ernennung zum obersten Chef aller Garden angespielt, worüber die *Heimat* in ihrer Ausgabe vom 18. Juli 1918 berichtete.[42] Beide Fassungen sind nach einem Konzept geschrieben, mit einer Akt- bzw. Szeneneinteilung, die in den Niederschriften nur zu einem Bruchteil in ausgeführten Entwürfen realisiert wurde. Angesichts von Musils Verfahren häufigen akribischen Umschreibens, wie er es zum Beispiel auch in dem Drama *Die Schwärmer* praktizierte, das eben zur selben Zeit entstand, lässt sich erahnen, wie weit das überlieferte Manuskript von einer Fertigstellung entfernt ist.

41 KA III/1,2/29.

42 Corino, *Robert Musil* (Anm. 35), S. 584.

Der textgenetische Befund verdeutlicht zweifelsfrei, dass Musil das Stück, das seine Bozener Erfahrungen behandelt, nicht in Bozen und auch nicht in den anschließenden Monaten, die er an der Südfront verbrachte, entworfen hat, sondern erst in Wien, höchstwahrscheinlich erst nach Kriegsende. Auch die Nachkriegsperspektive von „Jetzt machen wir unser Hotel" für den geplanten Schluss legt das fast zwingend nahe. Was folgt daraus für Musils Behandlung des Bozener Stoffs? Vier Hypothesen werden hier in Form von Fragen formuliert und anschließend beantwortet: a) Handelt es sich um eine Art von selbstkritischer Verarbeitung von Musils eigener (T)SZ-Autorschaft? b) Bildet die Arbeit an dem unvollendeten Drama das Seitenstück zur Tätigkeit Musils im KPQ, um sich nachträglich von den in der *Heimat* verlautbarten Durchhalteparolen abzugrenzen? c) Enthält das Stück einen Ansatz zur Verarbeitung der eigenen Front-Erfahrung? d) Kann man aus dem Text des Dramenentwurfs Musils Wendung vom Saulus zum Paulus, vom Bellizisten zum Militärkritiker erkennen?

III. Abstand von Autorschaft: Kontinuität zerrissen

Die Möglichkeit einer Kontinuität zwischen Musils (T)SZ- und seiner literarischen Autorschaft ist behauptet worden, und bestritten. Behauptet wird sie von Karl Corino, Alessandro Fontanari, Massimo Libardi, Regina Schaunig, wenn sie anonyme Artikel der Soldatenzeitung Musil auf Grund thematischer, motivlicher und stilistischer Kontinuität mit seinem autorisierten Œuvre zuschreiben. Ich selbst habe die Zuschreibungspraxis in Zweifel gezogen,[43] Harald Gschwandtner hat inzwischen nicht nur falsche Zuweisungen nachgewiesen,[44] sondern in seinem Beitrag zur Kriegspublizistik im Musil-Handbuch auch klar gemacht, dass die Zuweisungsmaschine an unreflektierten Autorschaftskonzepten leckt.[45] Es geht darum, dass ein anonym schreibender Befehlsempfänger in der Redakteursrolle und in Uniform grundsätzlich etwas anderes ist als ein ‚freier Autor' im literarischen Betrieb, was sich natürlich auch im schriftstellerischen Output zeigt, und zwar bis in feinste stilistische, syntaktische Nuancen. Robert Musil hat von seiner Rolle als Soldaten-

43 Walter Fanta, „Musils bleibende Bedeutung als Militärkritiker und Anti-Bellizist", in: *Musil-Forum* 34 (2015/2016), S. 129-156, hier S. 136.

44 Harald Gschwandtner, „In der Sperrgewalt der Fackel? Karl Kraus, Robert Musil und die Tiroler Soldaten-Zeitung", in: *Musil-Forum* 34 (2015/2016), S. 157-176, hier S. 169-174.

45 Harald Gschwandtner„Kriegspublizistik", in: *Robert-Musil-Handbuch*, hg. v. Birgit Nübel/Norbert Christian Wolf, Berlin/Boston, 2016, S. 434-440, hier S. 438.

zeitungs-Redakteur Abstand gewonnen, und zwar nicht nur ‚geistig', sondern auch stilistisch.

Der Bruch der Kontinuität in Musils Schreiben zeigt sich in dem *Panama*-Fragment; er kann im Vergleich mit eben jenem Text in der TSZ festgemacht werden, der als fast einziger keiner Zuschreibungslogistik bedarf, bei dem die Autorschaft Musils vielmehr unbestritten ist, da sich wörtliche Formulierungen aus Musils Tagebuchheft II in ihm wiederfinden, nämlich *Aus der Geschichte eines Regiments*. Diese Kriegspropaganda im ‚hohen Stil' schildert den erfolgreichen Angriff eines österreichisch-ungarischen Regiments auf eine italienische Stellung. Die Soldaten „drängen sich freiwillig zum aufopferungsvollsten Heldendienste"; es „stürzt sich ein Schwarm mit Scheren, Kolben und Spaten auf die Hindernisse, andere kriechen unter Drähten durch und springen in die feindlichen Gräben."[46] Die kollektive Ekstase, den Rausch des Fronterlebnisses noch einmal zu schildern, das ist auch die Absicht Musils im Drama *Der kleine Napoleon*. In der Szene *III/Kaverne* nimmt er einen weiteren Anlauf dazu. Doch zum Trommelfeuer gesellen sich die Furze der Soldaten, keine Spur von Ekstase, stattdessen Groteske, es herrscht größte Desillusionierung: Die Soldaten zeigen nicht ihren Heldenmut im Angriff, sondern werden passiv in ihrer Stellung liegend im Dauerbombardement des Gegners aufgerieben; sie äußern sich defätistisch und „sterben darüber".[47] Musil gelingt es nicht, den Prosaentwurf als dramatische Szene auszuschreiben. Die Kontinuität ist gerissen. Das Vorhaben „immer stärkere Steigerung der Kampfepisode"[48] scheitert, es kommt zu keiner idealisierten Darstellung der Front, der Autor gelangt letztlich zu überhaupt keiner Darstellung der Front. Was in Ansätzen gelingt, ist die Karl Kraus'sche Satire auf die Verhältnisse in der Etappe. Dorthin hat sich der Landsturm-Oberleutnant Robert Musil zurück versetzen lassen, auch er ist an ‚Panama' beteiligt, ist Bezieher von Vergünstigungen, verfasst chauvinistische, hetzerische Texte oder lässt sie zumindest zu. Doch ein Oberleutnant Robert Musil kommt im Unterschied zu einem Oberstleutnant Becher im Stück nicht vor, Musils Vertreter in der literarischen Fiktion ist wohl der ‚fremde Oberleutnant', den es aus Grauen vor den Kanzlei-Machenschaften an die Front zieht, ein Bußgang, stellvertretend für den Autor. Im Schreiben an *Panama* bricht Musil mit seiner Redakteurs-Rolle und mit seiner Rolle als Autor von Texten wie *Aus der Geschichte eines Regiments*. Interessant ist eine

46 KA, Lesetexte, Kriegspublizistik 1916-1918, „Aus der Geschichte eines Regiments".

47 KA III/1,2/17.

48 KA III/1,2/39.

Spiegelung dieser Diskontinuität in der Rezeption. Es war Karl Corino, der schon früh mit literaturkritischen Mitteln auf den Charakter dieses Musil-Texts als „Akt psychologischer Kriegsführung“[49] in einer Sprache „begeisterter Verlogenheit“[50] hingewiesen hat, als „ein Kapitel aus der Geschichte manipulierter Rede“,[51] und damit auf die Diskontinuität aufmerksam gemacht hat, bevor er der Biograph Musils wurde, damit zum Verfechter der Kontinuität.

IV. Abschied vom KPQ: Schluss mit den Durchhalte-Parolen

Die *Heimat* wird im Unterschied zur (T)SZ als „Durchhaltegazette“[52] apostrophiert und der „spätzeitliche Charakter seiner Redaktionstätigkeit“ berücksichtigt, in der sich „zusehends abzeichnete, dass der Krieg seinem Ende zusteuerte“.[53] Diese Differenz erscheint in *Der kleine Napoleon* aufgehoben, im Dramenfragment werden Wiener KPQ-Perspektiven von 1918 auf das Etappen-Kommando in Bozen im dritten Kriegsjahr zurückprojiziert. Das betrifft die Stimmung innerhalb der militärischen Führung, bei den Soldaten, die Haltung in der Öffentlichkeit gegenüber dem Krieg, die Musil in der von ihm herausgegebenen Zeitschrift im Auftrag des KPQ zu beeinflussen hatte. Widersprüche zwischen Sein und Schein, zwischen den Unwahrheiten der Propaganda und der von der Kriegswirklichkeit zerstörten Illusion übertrug Musil aus der *Heimat*-Zeit in die (T)SZ-Zeit, in der die Desillusionierung wohl noch nicht Platz gegriffen hatte, zumindest weniger weit als 1918, während sie Anfang 1919, als Musil sich wahrscheinlich an die Abfassung des *kleinen Napoleon* machte, am allergrößten war. Das Ergebnis ist die Militärkritik in dem Stück, die wie bei Karl Kraus an der Sprache ansetzt, an der sich selbst entlarvenden Lüge. Becher, der kleine Napoleon, personifiziert das Schönreden des Grauens und die Verwechslung des bürokratischen Scheins mit dem gnadenlosen Sein der Frontrealität. Nicht „dem Thema ‚Ordnung – Unordnung‘ und strategi-

49 Karl Corino, „Robert Musil, *Aus der Geschichte eines Regiments*“, in: Regina Schaunig, *Der Dichter im Dienst des Generals. Robert Musils Propagandaschriften im Ersten Weltkrieg*, Klagenfurt/Wien, 2014, S. 116-120, S. 116 (erst veröffentlicht in: *Studi germanici* 11 [1973], S. 109-115).

50 Ebd. S. 118.

51 Ebd. S. 120.

52 Karl Corino „Profil einer Soldatenzeitung aus dem Ersten Weltkrieg, ‚Heimat‘, und ihres Herausgebers Robert Musil“, in: Schaunig, *Der Dichter im Dienst des Generals* (Anm. 49), S. 121-134, hier S. 123.

53 Harald Gschwandtner, „Dienst und Autorschaft im Krieg. Robert Musil als Redakteur der Zeitschrift Heimat“, in: *Musil-Forum* 33 (2013/2014), S. 101-124, hier S. 120.

schen Überlegungen"[54] gilt das Hauptaugenmerk Musils; mit der Kritik an dem Militär wird die Bürokratie und ihre Schein-Ordnung in ihrer Funktion zur Erzeugung von Unwirklichkeit vorgestellt. Es geht Musil doch auch „um eine Satire über den Krieg",[55] anders als Rosmarie Zeller meint, und sie ist doch auch pazifistisch motiviert, anders als Regina Schaunig behauptet,[56] wenn Pazifismus sich nicht auf Friedenspredigten beschränkt, sondern auch die Verfahren einschließt, mit denen Bellizismus der Lächerlichkeit preisgegeben wird. Zu den heiligen Kühen des Bellizismus, die in *Der kleine Napoleon* geschlachtet werden, zählen immerhin der Glaube an die Wirksamkeit von Durchhalteparolen, an die ‚Dolchstoßlegende' und an den ‚gerechten Krieg'. Es ist Graf Harrach, einer der Vertreter der Feudalaristokratie, der in seinen lächerlich-peinlichen Lobpreisungen der beiden allerhöchsten Kriegsherren, des alten und jungen Kaisers, ohne es zu wollen verrät, dass die „Wiedererweckung der Begeisterung und Betonung des idealen Charakters unseres Kampfes" nichts sind als verlogene leere Phrasen, dass dem Massenschlachten in Wahrheit jede höhere Berechtigung fehlt und dass der Name des Kaisers beim Hinmorden seiner Völker zu nichts anderem dient als eine längst überkommene Ordnung zu stützen. Mit Sätzen wie „dass im Hinterland nicht alles so ist wie es sein sollte", die „Regierung [...] nicht die nötige Festigkeit" habe, aber „wir brauchen die starke Hand",[57] wird die Dolchstoßlegende zitiert, mit der die militärische Klasse im Deutschen Reich und in Österreich-Ungarn im letzten Jahr ihrer Existenz ihr völliges Versagen verschleiert und der zivilen Politik die Schuld am Zusammenbruch zuschiebt. Der unglaubliche Zynismus, mit dem die Ordonnanz-Offiziere ihr ‚Panama' aufrecht erhalten, während das Schlachten weiter geht, ist ein beredter Appell für den Sturz dieses verrotteten Systems und gegen diesen Krieg, der kein gerechter Krieg ist, weil er zu nichts anderem nützt als zur selbstmörderischen Erhaltung der anachronistischen Strukturen.

54 Rosmarie Zeller, „Von den Notizen im Krieg zum literarischen Text. Textgenetische Studien zu Musils Nachlass", in: *Musil-Forum* 34 (2015/2016), S. 58-78, hier S. 77.

55 Ebd.

56 Vgl. Schaunig, *Der Dichter im Dienst des Generals* (Anm. 49), S. 57.

57 KA III/1,2/29.

V. Mystik der Front

Der Hunger nach gesteigertem Erlebnis, dass die „Geschütze wie Musik“[58] klingen, die mystische Erwartung, in der Nahtoderfahrung Gott zu begegnen, sie sind in dem Dramenfragment dem fremden Oberleutnant zugeordnet. Doch unterbleibt die programmatisch angestrebte Darstellung der Fronterfahrung als das „andere Leben“.[59] Weshalb? Rosmarie Zeller vertritt die Auffassung, Musil vermeide die Darstellung eines Gemeinschaft stiftenden Fronterlebnisses, weil ihn letztlich am Krieg nicht der Krieg interessiert habe, sondern ähnlich wie Karl Kraus die ‚conditio humana‘, das, was der Krieg „im Individuum bewirkt, die Verhaltensweisen – wenn man an das ‚Panama‘-Projekt denkt – die er hervorbringt.“[60] In eine etwas andere Kerbe schlägt Helmuth Kiesel, wenn er in seinem Vergleich der Kriegsverarbeitung Musils mit jener Ernst Jüngers aus Musils Nachkriegsessays die Stellen zitiert, aus denen die Desillusioniertheit darüber spricht, „von etwas Irrationalem, Unvernünftigen, aber Ungeheurem berührt worden“ zu sein, das sich „als eine Halluzination oder ein Gespenst“[61] herausstellte.[62] Der Krieg habe nicht gehalten, was er an Lebenssteigerungsmöglichkeiten versprochen habe, das „Bedürfnis nach ‚metaphysischem Krach‘“ sei nicht gestillt worden, doch es habe sich „in Friedenszeiten als unbefriedigter Rest“[63] erhalten. Bei der Arbeit an dem Dramenfragment steht Musil an einem entscheidenden Übergang, er verlässt die Haltung der persönlichen Desillusioniertheit und er fängt an, die verfehlte mystische Erfahrung literarisch zu verarbeiten, er beginnt gewissermaßen mit der Verwertung des Rests. Besser beschreiben lässt sich der Vorgang der Resteverwertung an Hand der Genese der Erzählung *Die Amsel* aus der Nachlassvorstufe *Ein Soldat erzählt*, aber auch der stichwortartig notierte Schluss der Szene *III/Kaverne* in *Der kleine Napoleon* gibt dafür Material her. Hilfreich für das Verständnis dieser Schreibvorgänge scheint mir der psychoanalytisch eingefärbte Erklärungsansatz von Oliver Pfohlmann zu sein. „Musils ‚Erlebnis des Todes‘“ – wie in der Fliegerpfeil-Episode in *Ein Soldat erzählt* und ausgebaut in *Die Amsel* dargestellt – ist Pfohlmann zufolge „eher ein Erlebnis des Lebens, ginge es doch um eine gesteigerte

58 KA III/1,2/40.

59 Ebd.

60 Zeller, „Von den Notizen im Krieg zum literarischen Text“ (Anm. 54), S. 78.

61 KA, Lesetexte, Essays 1918-1926, Die Nation als Ideal und Wirklichkeit, S. 1234.

62 Vgl. Helmuth Kiesel „Erfahrung und Verarbeitung des Ersten Weltkriegs bei Robert Musil und Ernst Jünger“, in: *Musil-Forum* 34 (2015/2016), S. 79-97, hier S. 90.

63 Robert Musil, *Das hilflose Europa oder Reise vom Hundertsten ins Tausendste*, GW VIII, S. 1075-1094, hier S. 1090.

Erfahrung desselben aufgrund der gefühlten lustvollen Befreiung von allen lustvollen Bindungen des bürgerlichen Lebens, der Erfahrung einer ‚Ersparungslust' im Sinne Sigmund Freuds".[64] Pfohlmann liest die „Sexualisierung der Gefahr" in der Fliegerpfeil-Attacke auf den Leib des Soldaten in *Der Soldat erzählt* und interpretiert das Erröten Azweis „am ganzen Körper" in *Die Amsel* als eben den Rest vom metaphysischen Krach, der in Friedenszeiten noch übrig geblieben sei, wenn er argumentiert, die „Figur eines Soldaten, der sich von einem feindlichen Projektil wolllüstig penetrieren lassen will, läuft leichter Gefahr, beim zeitgenössischen Leser nach dem verlorenen Krieg auf Unverständnis und Ablehnung zu stoßen, als eine Figur, für die dieser Vorgang – delikat genug – ein mystisches Erlebnis darstellt."[65] Das Erröten bedeutet, anders gesagt, ein Sich-Schämen, von Azwei nach dem Erlebnis, von Azwei beim Erzählen davon, von Musil bei der Resteverwertung. Sich auf eine meiner Beobachtungen berufend, dass Musil in seinem Schreibprozess oft das vordergründig Sexuelle ins subtil Erotische hebt, kommt Pfohlmann zum Schluss, dass „Musils Weiblichkeitswünsche im Fall der ‚Fliegerpfeil-Episode' in der *Amsel* bis zur Unkenntlichkeit verhüllt werden".[66] Allgemeiner formuliert heißt das, die Verhüllung (nicht nur sexueller) intimer, persönlicher Motive, den Krieg, die Front, den Tod erleben zu wollen, führt bis zum Nicht-Erzählen des Krieges selbst. Der Oberleutnant in *III/Kaverne* spürt die „Wonne, unter einer zusammengestürzten Kaverne begraben zu liegen", er meint, „ein Stück Fels muss sich gesenkt haben". Wünsche und Vorstellungen wie diese, für die man sich schämen muss, werden fort transportiert aus der Nähe des Krieges. Aus der militärischen Befestigungsanlage, der Kaverne, wird ein aufgelassener Bergwerksstollen, in den sich Homo von Grigia führen lässt, und der betrogene Ehemann ist es, der mit den Felsbrocken den Eingang verschüttet. Nachher unverhüllt über den Krieg zu schreiben, an den fast alle falsche Erwartungen geknüpft haben, ist peinlich, ist fast unmöglich.

---

64 Oliver Pfohlmann „‚Eine Reihe wundersamer Erlebnisse'. Robert Musil im Ersten Weltkrieg: Vom August 1914 über das ‚Fliegerpfeil-Erlebnis' bis zur ‚österlichen Weltstimmung'", in: *Musil-Forum* 34 (2015/2016), S. 98-128, hier S. 115.

65 Ebd., S. 125.

66 Ebd. 2016, S. 126. Zitiert wird Walter Fanta: „Die Erfindung der Tonka. Eine textgenetische Lektüre des Tonka-Dossiers", in: *Musil-Forum* 32 (2011/2012), S. 1-40, hier S. 38.

VI. Vom Saulus zum Paulus

Das Bozener Engagement war Musil peinlich. Aber nicht nur das, in seinem Innersten ließ ihn alles erröten, was er im Krieg gesehen und gehört hatte. Er wollte eben kein Soldat mehr sein. Von Frontkämpfer-Organisationen und Veteranen-Vereinigungen hielt sich Musil nach dem Krieg im Gegensatz zu den vielen anderen fern. Ein einziges Mal, in der Stunde bitterster Bedrängnis, stellte er die abgerissene Kontinuität wieder her, berief sich auf sein Wirken in Bozen und behauptete hilfesuchend einem seiner ehemaligen Vorgesetzten gegenüber, er wäre als leitender Redakteur der (T)SZ für den Anschluss Österreichs an das Deutsche Reich eingetreten.[67] Nicht nur ist diese Darstellung falsch, sie nützte ihm auch nichts. Von diesem einen Fall abgesehen gibt es im weiteren Leben und im Schreiben Musils danach keine Verbindung mit seiner Bozener Redakteurs-Tätigkeit. Er suchte sie zu verdrängen und zu vergessen. Die möglicherweise von ihm verfassten und anonym von ihm publizierten Beiträge in der (T)SZ sind in keiner Weise in sein rhetorisches Repertoire und in den Fundus von Sujets eingegangen, den sein literarischer Nachlass repräsentiert. Aus diesem Grund ist Harald Gschwandtner unbedingt beizupflichten, der sich mit überzeugenden Argumenten dagegen ausgesprochen hat, mit unsicheren Mitteln Musil zugeschriebene Texte aus der (T)SZ und der *Heimat* in das Œuvre des literarischen Autors Robert Musil zu integrieren und in eine Gesamtausgabe aufzunehmen.[68]

Um das Trauma der verqueren Kriegserlebnisse – ein Gemisch aus enttäuschten unbewussten intimen Erwartungen und aus Schuldbewusstsein infolge der Erkenntnis, sich geirrt und falsch gehandelt zu haben – nicht nur zu vergessen und zu verdrängen, sondern produktiv zu verarbeiten, setzt Musil sein literarisches Schreiben ein. Das Manuskript von *Der kleine Napoleon* dokumentiert den allerersten Schritt dieses literarischen Verarbeitungsprozesses. Für Musils endgültige Wandlung vom kriegsgläubigen Saulus zu einem Paulus, der dem Krieg kritisch gegenüber steht und ihn durchschaut, bildet das *Panama*-Szenario den Ausgangspunkt. Der Titel *Die doppelte Bekehrung* des Romanprojekts, das Musil nun konzipierte, bringt eben diese Wandlung zum Ausdruck. Der Roman sollte „in einem II. Teil den Krieg behandeln" (= *Panama*), während Teil I (= *Der Anarchist*, später: *Der Spion*) „bis zur partiellen Mobilisierung gegen Serbien in Österreich" und dem „Einlenken des

67 Vgl. Schaunig, *Der Dichter im Dienst des Generals* (Anm. 49), S. 60-61.
68 Gschwandtner, „In der Sperrgewalt der *Fackel*?" (Anm. 44), S. 112 bzw. S. 118.

Anarchisten in das Gemeinsame"[69] reichen sollte. Die Figur des todes- und frontsüchtigen Oberleutnants des Dramenentwurfs wird mit der des Anarchisten und Spions Achilles verknüpft. Bekehrt wird er zweimal, einmal im „großen Erlebnis" des Sommers 1914: „Ohne Kritik darstellen; den Rausch. Etwas, das Gott nahebringt, das Gefühl, einen Goethe und und und zu verteidigen, das die Inversion von Todesunbehagen zu Lebenshingabe bewirkt, ist nichts Geringes. In Schutz nehmen gegen andere Auffassung." Daran anschließend wird die Dramenversion in den Roman integriert. Aus Panama folgt „degoût" und die „Rückbildung in den Anarchisten". Damit ist der Standpunkt erreicht, von dem aus die Arbeit an dem Romanprojekt beginnen kann, aus dem später *Der Mann ohne Eigenschaften* wird: der Roman, der erklärt, wie es zum Krieg gekommen ist, den Krieg selbst aber auslässt. Zugleich markiert diese Konzeptualisierung das Entwicklungsstadium, das der Autor erreicht hat. Beherrscht von der „Einsicht an den politischen Problemen von der Wichtigkeit der Gemeinsamkeitsfragen, noch stärker als im Anfangsrausch [...] kehrt er in sein Laboratorium zurück", wird sein Leben der Analyse und experimentellen Modellierung widmen, aber sich nicht mehr einspannen lassen, weder zu Todesrausch noch Propagandaaufträgen.

69 KA, Heft II/52. Auch die folgenden Zitate.

Ivana Z. Bogdanović

‚Heilige (Un)Zeit' – Robert Musil als Ghostwriter der k. und k. Propaganda

„ y=f(x)"

„Die Bedeutung eines Wortes ist sein Gebrauch in der Sprache."[1]

I. Vorwegnahmen

Der Musil zugeschriebene Text „Heilige Zeit"[2] erschien anlässlich Weihnachten bzw. zu Silvester 1916 in der SZ als Leitartikel. Dieser Titel, einer unter vielen, gehört zur sogenannten Kriegspublizistik Musils, und diese, wenigstens das ist sicher, wirft eine Unmenge an Fragen auf, an denen sich die Musil-Forschung noch lange Zeit die Zähne ausbeißen wird.

Den breiten historischen Hintergrund und viele andere Bezüge, die profunde Kenntnisse der Zeitumstände voraussetzen, kann ich nur streifen, da die Komplexität der Problemstellung den Rahmen dieses Beitrags sprengen würde.

Der eigentliche Fokus meiner Forschung zu Musil[3] liegt im Bereich des ‚anderen Zustands' im Kontext des Mystischen, und wahrscheinlich bin ich nicht die erste, die mit gewissem Erstaunen feststellen musste, dass ihr diese Seite Musils bis jetzt eine vollkommene Unbekannte geblieben ist, und dass vieles in den Texten, ja, doch überrascht.

Die Texte der (T)SZ sind wohlgemerkt sehr spezifisch im Vergleich zu Musils literarischem Schaffen. Meistens ist es nicht nur ein engagiertes (und dann stellt sich natürlich die Frage ‚Für was genau?'[4]) von sei-

---

1 Ludwig Wittgenstein, *Philosophische Untersuchungen*, Frankfurt a. Main, 2003, S. 40.

2 „Heilige Zeit", SZ, 31.12.1916, S. 3f. Nachdruck in: Regina Schaunig, *Der Dichter im Dienst des Generals. Robert Musils Propagandaschriften im Ersten Weltkrieg*, Klagenfurt/Wien, 2014, S. 293-296.

3 Zurzeit arbeite ich als Promovierende der Universitäten Hamburg und Belgrad an einer Dissertation zu Musils *Mann ohne Eigenschaften*, die sich mit dem Thema Weltgefühl und unsichtbares Prinzip als operativen Leitbegriffen der Textanalyse befasst.

4 „[D]aß ich auch schon während des Krieges, ..., als Herausgeber und Schriftleiter der ‚Soldatenzeitung', die beim Heeresgruppenkommando Erzherzog Eugen erschienen ist, auf die engste Einheit zwischen den beiden Reichen, die damals zu fordern möglich war, hingewirkt habe. Das ist, soviel ich weiß, nach den Intentionen des Herrn Generals der Infanterie Alfred Krauss geschehen, der damals Generalstabschef dieses Kommandos gewesen ist und sich meiner Tätigkeit viel-

nem ironisch gebrochenen poetischen Stil stark abweichendes Schreiben, sondern doch propagandistisch Antönendes, milde ausgedrückt.

Was noch mehr einen, der von außen her an die Problematik herantritt, verwundert, ist, wie relativ dürftig die Fachdiskussion zu diesem Thema ausfällt, berücksichtigt man andere Bereiche der Musil-Forschung. Selbst die Tagebücher[5] Musils geben, wie es scheint, wenig Aufschluss über seine Propagandaarbeit, die im Nachhinein als eine Art Überlebensstrategie[6] zu interpretieren wäre.

Es zeichnen sich also für mich in diesem Zusammenhang zwei Punkte ab: Wie lesen sich die Texte, konkret der Text „Heilige Zeit" innerhalb des ansonsten sehr kritischen und selbstreflektierten Schaffens Musils, und zweitens, wie verhält sich dieser Text zum Begriff Propaganda bzw. auf welche Art funktioniert er als solche? Die Kontextualisierung bezüglich dieser Ausrichtung hat Schaunig in ihrer Sichtung und Darlegung *Der Dichter im Dienst des Generals. Robert Musils Propagandaschriften im Ersten Weltkrieg* (2014) zusammengefasst, wie diese bereits in *Viribus unitis* (2010) im Detail erarbeitet wurde. Auf dieser Linie liegen auch die Arbeiten und Ansichten Corinos und Urbaners. Corino und Giovannini nähern sich den Texten erstmals auch textanalytisch[7].

Die biografischen Details des Problemkreises ‚Musil und die Propaganda' können mitunter nur erahnt und nachgezeichnet werden, doch am Text lassen sich die Strategien und die Leserführung des propagandistischen Tons etwas konkreter als solche verorten.

---

leicht noch erinnern dürfte." KA/Lesetexte/Bd. 19 Wiener und Berliner Korrespondenz 1919-1938/Robert Musil an Karl Schönauer, 18.05.1918 (zit. nach Regina Schaunig, „Viribus unitis. Robert Musils Schreiben in kollektiver Anonymität", in: Musil-Forum 31 [2009/2010], S. 202-224, hier S. 214, Fußnote 48).

5 Vgl. Schaunig, „*Viribus unitis.* Robert Musils Schreiben in kollektiver Anonymität" (Anm. 4), S. 204: „[W]arum Musil die Texte oder Passagen seiner propagandistischen Produktionen andernorts nicht erwähnte,...", und auch: Harald Gschwandtner, „Kriegspublizistik", in: *Robert-Musil-Handbuch*, hg. v. Birgit Nübel/Norbert Christian Wolf, Berlin/Boston, 2016, S. 434-440, hier 437: „Aus den Jahren 1916-1919 sind vergleichsweise wenige Briefe Musils überliefert; in der Korrespondenz Martha Musils mit Annina Marcovaldi findet Musils Redaktionstätigkeit an vereinzelten Stellen Erwähnung."

6 Vgl. zur Strategie Musils, seine jüdische Gemahlin zu beschützen: Klaus Amann, *Robert Musil – Literatur und Politik: Mit einer Neuedition ausgewählter politischer Schriften aus dem Nachlass*, Reinbek b. Hamburg, 2007, S. 48f.; und zu Musils Pensionsgesuch: Regina Schaunig, *Der Dichter im Dienst des Generals: Robert Musils Propagandaschriften im Ersten Weltkrieg*, Klagenfurt/Wien, 2014, S. 61.

7 Zu den Arbeiten der genannten Autoren vgl. das Literaturverzeichnis.

Stellte man sich die Person Musils als gespalten[8] in Privatmensch und ζῷον πολιτικόν vor, wäre m. E. die Tätigkeit, die er als Redakteur einer Soldatenzeitung im Ersten Weltkrieg ausübte, keiner von beiden Hälften zuzuschreiben. Als Privatmensch schrieb Musil (stark vereinfacht) Tagebücher (und selbst diese nicht so freizügig, wie man es vielleicht annehmen würde),[9] und als ζῷον πολιτικόν war er engagiert (das liest man in seinen politischen Reden und Essays), aber das, was man als Propaganda aus seinen Texten herausliest, war, nach meiner Meinung, nach Diktat geschrieben.[10] Diesen Eindruck bestätigt auch Schaunig: „Was er schrieb, was er vertrat, schrieb er augenscheinlich nicht als Autor, sondern als weisungsgebundener Angehöriger der kriegsführenden Armee.“[11]

Obwohl es nicht Aufgabe sein kann, Musil zu verurteilen oder seine Tätigkeit und Verantwortung als Redakteur zu beschönigen, muss doch diese notwendige Nuancierung zwischen Engagement, Tendenzliteratur und Propaganda hervorgehoben werden. Diese wird auch bei Giovannini angesprochen, obwohl ganz klar die Meinung vertreten wird, dass Musil „in diesen militärischen Pflichtübungen mit agitatorischer Absicht [er] zugleich auch seine eigenen gesellschaftlichen und politischen Ansichten aus[drückt].“[12] Corino problematisiert zusätzlich auch gerade diese sprachlichen Übergänge Musils aus dem ästhetisch-poetischen Bereich in den agitatorischen noch ethisch, denn „natürlich unterscheidet sich Musils“ Dienst am Propagandaapparat „stilistisch von den Dutzendarbeiten anderer patriotischer Offiziere: sprachlich ist sie, alles in allem, anspruchsvoller und wird eben dadurch problematisch“.[13]

---

8 Vgl. hierzu zur Autorschaft Benns bei Marcus Krause: „Beitrag zur Beurteilung der Autorschaften Musils“, in: *Sprache und Literatur* 43 (2012), H. 110, S. 66-80, hier S. 67, wo ein ähnlicher Vergleich gemacht wird.

9 Vgl. zu Musils Tagebuchführung im Zweiten Weltkrieg: Amann, *Robert Musil - Literatur und Politik* (Anm. 6).

10 Vgl. Schaunig, *Der Dichter im Dienst des Generals* (Anm. 2), S. 64f.

11 Schaunig, „*Viribus unitis.* Robert Musils Schreiben in kollektiver Anonymität“ (Anm. 4), S. 204f.

12 Elena Giovannini, „Der Parallel-Krieg. Zu Musils Arbeit in der ‚Soldatenzeitung‘“, in: *Musil-Forum* 13/14 (1987/1988), S. 88-99, hier S. 90.

13 Karl Corino, „Robert Musil, *Aus der Geschichte eines Regiments*“, in: *Studi germanici* 11 (1973), S. 109-115, hier S. 111.

II. Musil mit Musil lesen

Die traurige Wahrheit ist demzufolge, dass propagandistische Absichten den Rahmen konstituieren, in den Musil *seine* Aussagen einfügt und *seine* Unterschrift darunter setzt, auch wenn dies im *Pluralis Majestatis* (‚Die Schriftleitung') geschah.[14]

Diese Entscheidung traf er als Privatmann, daran lässt sich heute nichts ändern, wir können sie für ihn nicht zurücknehmen, und er tat es Zeit seines Lebens nicht,[15] obwohl man in seinem Vortrag auf Einladung des österreichischen Werkbundes gehalten in Wien am 11. März und wiederholt am 17. März 1937 mit dem provokativen Titel *Über die Dummheit* lesen kann:

> Ich möchte auch nicht außer acht lassen, daß ich als Dichter die Dummheit noch viel länger kenne, könnte ich doch sogar sagen, ich sei manches Mal in kollegialem Verhältnis zu ihr gestanden![16]

Es gehört anscheinend zum Mündigwerden, auch mit den falschen Jas und Neins unseres Daseins zu leben, das Herz kennt bekanntlich nur Gott. Es passt irgendwie alles so schlecht[17] zum Intellektuellen, zum Ironiker, zum Autorbild, das wir im Kopf hatten, das von hoher „moralischer Sensibilität"[18] zu zeugen schien. Die Empörung, irgendwo hinters Licht geführt worden zu sein, bleibt als unhintergehbarer Nachgeschmack, nimmt man diesen Tatbestand erst einmal zur Kenntnis. Ich bin mir allerdings auch bewusst: Es ist eine kindisch-naive, emotive Reaktion, etwas Rechtfertigendes für diesen Kontext zu suchen – denn es war Krieg. Einer, an dem Musil als Soldat persönlich beteiligt war,

---

14 Vgl. Schaunig, „*Viribus unitis*. Robert Musils Schreiben in kollektiver Anonymität" (Anm. 4), S. 202.

15 „[W]arum Musil die Texte oder Passagen seiner propagandistischen Produktionen andernorts nicht erwähnte, sie offensichtlich nicht in sein literarisches Werk einfließen ließ und es nach dem Ende des Krieges auch nicht für nötig hielt, sich für allzu patriotisch-blauäugige Entgleisungen zu entschuldigen". (Schaunig, „*Viribus unitis*. Robert Musils Schreiben in kollektiver Anonymität" [Anm. 4], S. 204)

16 Robert Musil, *Über die Dummheit*. Vortrag auf Einladung des österreichischen Werkbundes gehalten in Wien am 11. März und wiederholt am 17. März 1937, GW VIII, S. 1270-1291, hier 1270.

17 Vgl. auch: Thomas Gilla, *Versuche der Auflösung – Andeutungen von Synthesen: über die Mythisierung von Robert Musils Roman ‚Der Mann ohne Eigenschaften' in der Literaturwissenschaft*, Würzburg, 2004, S. 171f.

18 Zit. nach Roman Urbaner, „Schriftführer Musil. Der Jahrhundertschriftsteller als Redakteur der *Soldaten-Zeitung*" (http://www.quart.at/bibliothek/alle_ausgaben/nr_5_05/schriftführer_musil, S.6 [Stand: 09.2015]); auch in Buchausgabe: *Quart Heft für Kultur Tirol* 5, Innsbruck/Wien, 2005, S. 54-67.

einer, wie eigentlich jeder Krieg, der die Welt in Freund und Feind teilt, und der eine andere Vernunft zu Tage fördert.

Im dem weiter oben benannten Vortrag findet sich eine weitere Passage, die die in der kollektiven Anonymität als „Schriftleitung" ausgesprochenen *Wahrheiten* als solche unter der Fahne der Dummheit bloßstellen würde, dürfte man Musil mit Musil lesen:

> Namentlich ein gewisser unterer Mittelstand des Geistes und der Seele ist dem Überhebungsbedürfnis gegenüber völlig schamlos, sobald er im Schutz der Partei, Nation, Sekte oder Kunstrichtung auftritt und Wir statt Ich sagen darf.[19]

Im weiteren Textverlauf wird diese „Überheblichkeit" unter anderem als „Eitelkeit" bezeichnet, wobei „zwischen Dummheit und Eitelkeit aber seit alters eine innige Beziehung [besteht], und vielleicht gibt sie einen Fingerzeig", heißt es abschließend. Heute würde man wahrscheinlich auch von Arroganz sprechen.

Weiter führt Musil eine assoziative Kette von universellen Sprichwörtern an, aus denen er folgert, dass „Eitelkeit verblende" und letztendlich „als Störung des Anstandes" empfunden wird. Im Phänomen, das so am Vorabend des Zweiten Weltkrieges beschrieben wird, zeigt sich nämlich, dass

> [...] in der Welt besonders ein Hang ist, daß sich die Menschen, wo sie in großer Zahl auftreten, alles gestatten, was ihnen einzeln verboten ist. [...] daß die zunehmende Zivilisierung und Zähmung der Einzelperson durch eine im rechten Verhältnis wachsende Entzivilisierung der Nationen, Staaten und Gesinnungsbünde ausgeglichen werden soll; und offenbar tritt darin eine Affektstörung, eine Störung des affektiven Gleichgewichts in Erscheinung, die im Grunde dem Gegensatz von Ich und Wir und auch aller moralischen Bewertung vorangeht.[20]

Weiter fragt sich Musil: „Aber ist das – wird man wohl fragen müssen – noch Dummheit, ja hängt es mit Dummheit auch nur auf irgend eine Art noch zusammen?" und antwortet sogleich „Niemand zweifelt daran!"[21]

Bewusst wurden diese karikaturhaft anlautenden Passagen so ausführlich zitiert, da diese, sowohl Musils Meinung über die immer noch aktuellen „Vorrechte des groß gewordenen Wir" spiegeln, als auch vortrefflich zum Verständnis der moralischen Verantwortung und des *Warum?* seiner eigenen Propagandatätigkeit beitragen.

---

19 Musil, *Über die Dummheit* (Anm. 15), S. 1275.

20 Ebd., S. 1276f.

21 Ebd.

III. Propaganda bewertend

Propaganda, als historische Begleiterscheinung des Krieges, setzt von der konkret agierenden Person eine gewisse Preisgabe der moralischen und intellektuellen Integrität voraus, das ist unbestreitbar: „Objektivität und aktuelle Berichterstattung im Kriegsfall sind nicht zu erwarten. Die Beeinflussung von Nachrichten ist eine Notwendigkeit, wenn man den Krieg gewinnen will.“[22]

Das Schlagwort heißt Manipulation.[23] „Ziel ist es dabei, die Vorgänge so darzustellen, wie es für die jeweilige Krieg führende Partei vorteilhaft ist.“[24] In Musils Fall handelt es sich um das offizielle kriegsführende k. und k. Österreich-Ungarn und die Obrigkeit des Generals Alfred Krauß. Durch das sogenannte „Gehorsamsprinzip“ wird „der Zwang“ aktiviert, „Teil einer Befehlshierarchie zu sein, die es – im Dienste der Aufrechterhaltung einer Gruppeninteresses – dem/r einzelnen unmöglich macht, freie, eigene Entscheidungen zu treffen.“[25] Als Grund, Motiv oder Rechtfertigung wird meistens Angst um das eigene Dasein genannt, jene wird wiederrum von der Nachwelt meistens als Opportunitätsdenken interpretiert.

Klar ist also, dass die Mitarbeit an einem agitatorischen Militärblatt nicht mit der Anfertigung von Hausaufgaben vor dem Angesicht des Klassenlehrers gleichgesetzt werden kann. Dies hinsichtlich der Tatsache, dass Musil „nicht als Autor, sondern Befehlsempfänger handelte“.[26] Die Verharmlosung des Begriffes ‚Befehlsempfänger‘ ist nicht möglich, da seitens der Psychologie bereits als begründet gilt,

> daß Menschen, die unter Befehl handeln, der furchtbarsten Taten fähig sind. Wenn die Befehlsquelle verschüttet ist und man sie zwingt auf ihre Tat zurückzublicken, erkennen sie sich selbst nicht. […] Man staunt, wie

---

22 Manipulation (http://www.whywar.at/ [Stand: 12.09.2015]).

23 Vgl. hierzu auch Urbaners Stellungnahme zu Corinos Einschätzung der Arbeit Musils beim Militärblatt *Heimat* als „Akt psychologischer Kriegsführung“ (Urbaner, „Schriftführer Musil“ [Anm. 17], S. 6f.), die man aber auch generell auf Musils Kriegspublizistik ausweiten kann: „ein Kapitel manipulierender Rede […]“, „der Text ist ‚in propagandistischer, agitatorischer […] Absicht geschrieben worden […].‘“ (Ebd.)

24 Ebd.

25 Vgl. unter: *Gehorsam und Konformität* (http://www.whywar.at/ [Stand: 12.09.2015)

26 Schaunig, „*Viribus unitis.* Robert Musils Schreiben in kollektiver Anonymität“ (Anm. 4), S. 208.

> unberührt sie von ihr geblieben sind. Die Tat ist nicht in sie eingegangen.[27]

Merkmale der Propagandatätigkeit sind daher gewissermaßen ideologische Verblendung und/oder zielorientiertes Vordringen in Stoßrichtung der Ideologie, die der Blindheit der Hybris geschuldet sind und zur Amnestierung des moralischen Urteilsvermögens führen. Der Erste Weltkrieg seinerseits liegt, das können wir noch in jeder Literaturgeschichte über die *fin de siècle*-Dichter der Vorkriegszeit nachlesen, perzeptiv in einer oszillatorischen Bewegung zwischen Euphorie und Ernüchterung.

Einer detaillierteren Analyse der „Heiligen Zeit" möchte ich eine Definition von Propaganda aus Jowetts und O'Donnell's *Propaganda and Persuasion* als Folie voranstellen: „Propaganda is the deliberate, systematic attemp to shape perceptions, manipulate cognitions, and direct behavior to achive a respons that furthers the desired intent of the propagandist."[28]

Kurz gesagt, Propaganda funktioniert grundlegend dadurch, dass sie und ihre Hintermänner von den physio-psychologischen Mankos des menschlichen Lebewesens profitieren. Hierzu würde der etwas saloppe und zielgerichtete, sich an Kant anlehnende Ausspruch Atwaters, „Perception is reality!" gut passen.[29]

Dabei ist Propaganda *das* Mittel der *psychologischen Kriegsführung*,[30] die als ihr Sprachrohr die Massenmedien nutzt. Nur dank ihnen gelingt es ihr möglichst breit in der jeweiligen Öffentlichkeit zu wirken, d. h.:

> die Menschen an der sogenannten „Heimatfront" zu erreichen und deren Haltung zum Kriegseinsatz zu beeinflussen,
> Desinformation zumindest für einen kurzen entscheidenden Zeitpunkt breit zu streuen,

27 Elias, Canetti, *Masse und Macht*, Frankfurt a. Main, 1981, S. 380. (Hier zit. nach: http://whywar.friedensbuero.at/ursachen/psychologische-aspekte/warum-toeten-menschen-im-krieg/gehorsam/ [Stand: 11.01.2017])

28 Garth Jowett/Victoria O'Donnell, *Propaganda & Persuasion*, 5. Aufl., Los Angeles, 2012, S. 7.

29 „The phrase ‚perception is reality' has been attributed to political strategist Lee Atwater. Atwater is perhaps best known for his work on George H.W. Bush's campaign in the late 80's. He often used the phrase when talking about the importance of public relations to campaigning and was said to be ‚ahead of his time' with this idea." (http://www.answers.com/Q/Who_coined_the_phrase_perception_is_reality [Stand: 9.2015]

30 Vgl. hierzu auch: Roman Urbaner „‚... daran zugrunde gegangen, daß sie Tagespolitik treiben wollte'? Die *Tiroler Soldaten-Zeitung* 1915-1917", in: *eForum zeitGeschichte* 3/4 (2001), (http://www.eforum-zeitgeschichte.at/3_01a8.pdf. [Stand: 13.2.2017]).

> die Kriegsfaszination mit Mitteln der Ästhetisierung und Sprache [und das ist für diesen Beitrag u. a. maßgebend, IZB.], der Personalisierung durch Heldenverehrung und der Schwarz-Weiß-Malerei, dem Denken in Gut-Böse-Kategorien zu erhöhen,[31]

d. h. die Arbeit mit Feindbildern zu etablieren.

Propaganda ist allerdings immer schon ein steter Begleiter der menschlichen Zivilisation gewesen, rückführbar bis auf die ersten sozialen Gemeinschaften als eine Sonderart der Kommunikation, der sogenannten *persuasiven*.[32] Dabei ist sie besonders deutlich bereits in Platons *Gorgias* und *Phaidros*, sowie in der *Rhetorik* des Aristoteles als Gegenstand theoretischer Überlegungen erkennbar. Platons Sokrates diskutiert den Nutzcharakter der sophistischen Lehre. Aristoteles unterscheidet hingegen drei Elemente einer Rede: *Ethos*, *Logos* und *Pathos*. Bis zum Beginn des 20. Jahrhunderts standen Rhetorik und Propaganda beinahe unter einem gemeinsamen Nenner. Besonders der Erste, und noch wesentlicher der Zweite Weltkrieg haben zur wissenschaftlichen Auseinandersetzung mit ihr geführt. Wohl eine der bekanntesten Redensarten, die das Wesen einer propagandistischen Absicht offenbart, ist jener Machiavelli zugeschriebene Ausspruch: *Der Zweck heiligt die Mittel*.

IV. Musil als ‚*Schön-Geist*' der (T)SZ

Im Kontext des Krieges gehen mit Propaganda also Begriffe wie Manipulation, Demagogie und Agitation einher, ferner Sophismus, Hypokrisie und Verlogenheit. All diese Begriffe zeichnen kein allzu vorteilhaftes Umfeld für den zeitweiligen Chefredakteur der SZ, Ing. Dr. phil. Robert Musil.

Alles was hier zur Propaganda angeführt wurde, ist natürlich nicht unbedacht auf Musils Situation übertragbar. Das Resultat seiner Tätigkeit fällt zweifellos in diese Kategorie, doch die näheren Umstände derselben ermöglichen eine milde Rotation des Betrachtungswinkels.

Die enge Zusammenarbeit mit dem General degradiert Musil zu einem Arbeitnehmer, der es dennoch vermochte, nie seine eigene Unterschrift unter die Texte zu setzen. Das Paradox, dass Musil wie ein ‚Ghostwriter' sein Talent dem General für die schmutzige Schreib-Arbeit bot, sich dadurch aber distanzierend doppelte, ‚entgeisterte' bzw. zurückzog, indem er unter den Schlussstrich seine Unterschrift nicht

---

31 Unter: *Psychologische Kriegsführung, Krieg und Sprache*, Ästhetisierung, Gehorsam und Konformität (http://www.why war.at [Stand: 11.09.2015]).

32 Jowett/O'Donnell, *Propaganda & Persuasion* (Anm. 28), S. 32.

setzte, wird wohl einer psychologisch-pragmatischen Motivation zu verdanken sein und spricht ganz klar für mildernde Umstände, die zu hinterfragen sind. Der ‚Ghostwriter' als Schriftsteller oder der Schriftsteller als ‚Ghostwriter'[33]

> übt [...] eine geistige Tätigkeit aus, aber seine Werke werden einem anderen zugerechnet. Nicht sein Name wird mit seiner Arbeit in Verbindung gebracht, sondern der eines anderen, für den er gearbeitet hat. So steht er im Dunkeln, während der andere im Licht der Öffentlichkeit als der Autor des Werkes erscheint.[34]

Der Andere, der aus Musils Textpuppe dem genauen Leser ans Licht der Öffentlichkeit herantritt, ist die Figur des Generals. Seine Rolle innerhalb dieser Konstellation wird demnächst sicherlich mehr wissenschaftliche Aufmerksamkeit erfahren.[35] Doch ohne eine gewissenhafte Analyse dieses Umstandes bleibt alles im Bereich des Vagen und Schattenhaften, hier sei nur darauf verwiesen.

Durch die doppelte Umkehrung der Autorschaft, indem Musil für jemanden und stellvertretend schrieb, dann aber nicht mit seinem eigenen Namen[36] unterschrieb, sondern als *Die Schriftleitung*, blieb er als Person unter dem Radar – unsichtbar, wie ein Geist, ein Anonymus. Durch diese doppelte Umkehrung von Autorschaft entsteht die Illusion seiner Autorschaft, doch bleibt Musil Autor, oder ist er doch nur der kafkaeske Schön-Geist der Propaganda-‚Maschine', des Propaganda-‚Apparates'? Ist Musils Tätigkeit, in einem Vergleich dargelegt, nicht so etwas wie der kafkaeske ‚Deus ex Machina' aus *In der Strafkolonie*, der die Ideologie des „Offiziers" oder des „Kommandanten", hier des *Generalstabschefs*, in den Textkörper der Zeitungsartikel als „Zeichner" einschreibt? Sich selbst oder sogar sein Selbst aber, das Mittel zum Zweck, versucht er gewissenhaft, dank Verdrängungsmechanismen, wie es der Anonyme in der Strafkolonie auch sucht, zu retten. Ist diese Flucht Musils in die geisterhafte Anonymität nicht die Flucht des anonymen „Reisenden" Kafkas? Die Unmöglichkeit des vice versa dieses Vergleiches bleibt unbeugsam bestehen, Musil lässt seine fiktive Leserschaft im Dunkeln, in

33 „Der Ghostwriter bleibt jedoch insofern im Dunkeln, als das Publikum über den genauen Anteil des von ihm geleisteten Beitrags am Werk nicht informiert ist." (Alessandra v. Planta, *Ghostwriter*, Bern, 1998, S. 3)

34 Hansjörg Stolz, *Der Ghostwriter im deutschen Recht*, München, 1971, S. 1.

35 Schaunig, *Der Dichter im Dienst des Generals* (Anm. 2), S. 64f.

36 „[K]ein Artikel ist mit ‚Robert Musil' oder einem auf den Autor verweisenden Kürzel oder Pseudonym gezeichnet." (Gschwandtner, „Kriegspublizistik" [Anm. 5], hier S. 437)

Bezug auf den Wahrheitsanspruch seiner redaktionellen Tätigkeit bzw. seines Schreibens, im Gegensatz zum „Reisenden".

Das Schaffen des Ghostwriters ist ein „fremdorientiertes geistiges Schaffen".[37] Hat Musil sich dadurch eine Fluchtbahn eröffnet, außerhalb des moralischen Imperativs? Oder muss dieser Fluchtversuch als missglückt betrachtet werden? Natürlich ist Musil nicht als ein klassischer Ghostwriter zu betrachten, aber dennoch bietet sich dieser Vergleich als Reflexionsfigur an, wenn auch als bloße Anspielung.

V. Zu ‚Heilige Zeit' – textanalytisch

In einer ersten Lektüre, ohne nähere Berücksichtigung des Forschungskontextes, fielen mir die stilistischen und rethorischen Stilmittel auf, nicht verwunderlich, weil literaturwissenschaftliches Arbeiten ja auf die sprachliche Verfasstheit von Texten zu achten hat. Gleich wurde jedoch unmissverständlich klar, dass das Poetische hier ganz eindeutig keinen Eigenwert besitzt. Es steht gerade ausschließlich in Funktion von ‚Etwas' und kann daher nicht mehr als Kunst aufgefasst werden. Von ‚Etwas' begeistert schien mir die Sprache des Textes, die sich dieses ‚Etwas' einverleibt, wie ein Parasit seines Wirtes sich bemächtigt, um so geschützt seine eigene geheime Agenda durchzuführen. Dieses ‚Etwas', das durch sprachliche Mittel ästhetisiert wird, habe ich durch den ersten Teil dieses Beitrags als propagandistische Absicht bzw. Propaganda festgemacht. Eigentlich nichts Ungewöhnliches für eine Soldatenzeitung mitten im Ersten Weltkrieg, wäre ihr Chefredakteur bloß nicht der namhafte Autor des untergehenden „Kakaniens".

„The control of attitudes by the manipulation of symbols",[38] lautet eine weitere einprägsame Definition von Propaganda, die sehr gut den Zusammenhang von Sprache, Ästhetisierung und Agitation aufdeckt.

Den Rahmen des Leitartikels der SZ zur Jahreswende 1916/17 konstituieren die Thronbesteigung Karls Ende November und die Friedensnote, „ein aus dem Gefühl der Stärke heraus unterbreitetes Friedensangebot der Mittelmächte vom 12. Dezember"[39], die durch die Niederlagen Serbiens und Rumäniens motiviert wurde, jedoch ohne Folgen blieb. Die Alliierten formulierten ihre Antwort am 30. Dezember. Interessant wäre zu analysieren, inwieweit der propagandistische Stil des „Frie-

---

37 Stolz, *Der Ghostwriter im deutschen Recht* (Anm. 33), S. 2.

38 Lasswell/Blumenstock zitiert nach Klaus Arnold „Propaganda als ideologische Kommunikation", in: *Publizistik* 48 (2003), S. 63-82, hier S. 66.

39 *Friedensangebot der Mittelmächte* (https://de.wikipedia.org/wiki/Friedensangebot_der_Mittelm%C3 %A4chte#cite_note-1 [Stand: 12.09.2015])

densangebotes“[40] strukturell dem der Soldatenzeitung ähnelt bzw. beide Texte sich nach den oben zitierten Punkten der Propaganda *per definitionem* entsprechen.

Kaiser Karl kam damit gänzlich sowohl dem Sterbebettwunsch seines Großoheims Franz Joseph, als auch dem Schwanengesang der Donaumonarchie entgegen. Denn die Realität der militärischen Lage war in diesem dritten Kriegswinter für die Mittelmächte äußerst schwierig:

> Die Blüte der österr.-ungar. Armee war gleich zu Beginn des Krieges auf den Schlachtfeldern Galiziens hingeopfert worden. [...] Die Begeisterung und der Opfermut waren nicht mehr auf der Höhe um die harten Belastungsproben des Hungers und der Verelendung zu ertragen. Überdies trafen die verheerenden Wirkungen der von der deutschen Reichsregie-

40 „Der furchtbarste Krieg, den die Geschichte je gesehen hat, wütet seit bald zwei und einem halben Jahr in einem großen Teil der Welt. Diese Katastrophe, die das Band einer gemeinsamen tausendjährigen Zivilisation nicht hat aufhalten können, trifft die Menschheit in ihren wertvollsten Errungenschaften. Sie droht, den geistigen und materiellen Fortschritt, der den Stolz Europas zu Beginn des zwanzigsten Jahrhunderts bildete, in Trümmer zu legen. Deutschland und seine Verbündeten, Österreich-Ungarn, Bulgarien und die Türkei, haben in diesem Kampf ihre unüberwindliche Kraft erwiesen. Sie haben über ihre an Zahl und Kriegsmaterial überlegenen Gegner gewaltige Erfolge errungen. Unerschütterlich halten ihre Linien den immer wiederholten Angriffen der Heere ihrer Feinde stand. Der jüngste Ansturm im Balkan ist schnell und siegreich niedergeworfen worden. Die letzten Ereignisse beweisen, daß auch eine weitere Fortdauer des Krieges ihre Widerstandskraft nicht zu brechen vermag, daß vielmehr die gesamte Lage zu der Erwartung weiterer Erfolge berechtigt. Zur Verteidigung ihres Daseins und ihrer nationalen Entwicklungsfreiheit wurden die vier verbündeten Mächte gezwungen, zu den Waffen zu greifen. Auch die Ruhmestaten ihrer Heere haben daran nichts geändert. Stets haben sie an der Überzeugung festgehalten, daß ihre eigenen Rechte und begründeten Ansprüche in keinem Widerspruch zu den Rechten der anderen Nationen stehen. Sie gehen nicht darauf aus, ihre Gegner zu zerschmettern oder zu vernichten. Getragen von dem Bewußtsein ihrer militärischen und wirtschaftlichen Kraft, und bereit, den ihnen aufgezwungenen Kampf nötigenfalls bis zum äußersten fortzusetzen, zugleich aber von dem Wunsch beseelt, weiteres Blutvergießen zu verhüten und den Greueln des Krieges ein Ende zu machen, schlagen die vier verbündeten Mächte vor, alsbald in Friedensverhandlungen einzutreten. Die Vorschläge, die sie zu diesen Verhandlungen mitbringen werden, und die darauf gerichtet sind, Dasein, Ehre und Entwicklungsfreiheit ihrer Völker zu sichern, bilden nach ihrer Überzeugung eine geeignete Grundlage für die Herstellung eines dauerhaften Friedens. Wenn trotz dieses Anerbietens zu Frieden und Versöhnung der Kampf fortdauern sollte, so sind die vier verbündeten Mächte entschlossen, ihn bis zum siegreichen Ende zu führen. Sie lehnen aber feierlich jede Verantwortung dafür vor der Menschheit und der Geschichte ab.“ Unter: *Friedensangebot der Mittelmächte* (wiki [Stand: 12.09.2015]); vgl. Anm. 42 dieses Beitrags. Vgl. auch: http://www.teachsam.de/geschichte/ges_deu_1871-1918/ges_deu_erster_weltkrieg/1WK-Quellen/ges_deu_1871-1918_1WK_Qu_5.htm (Stand: 17.01.2017).

> rung ausgerufenen Parolen, daß dieser Krieg, der Entscheidungskampf des Germanentums gegen das Slawentum sei [...].[41]

Diese Position traf den Vielvölkerstaat immer schmerzlicher, da sowohl Armee, Beamtenkorps als auch führende Gesellschaftsschichten Bürger slawischen Ursprungs ausmachten.[42]

Nach gründlicher Analyse des historischen Umfeldes sowohl Musils, als auch der Zeitgeschichte, die das Entstehen des Textes „Heilige Zeit" de facto tangieren und begleiten, widme ich nun einige konkrete Bemerkungen dem Text selbst.

Meine Grundfrage war: Womit arbeitet dieser Text, der langweilig und persistent immer auf das Gleiche hinausläuft? Die Grundbeobachtung fiel sehr simpel aus. Der Text ist angereichert mit Allerweltsweisheiten und Binsenwahrheiten. Es ist eine mit Lügen angehauchte, ästhetisierte Trivialerkenntnis, die darauf aus ist, das anthropologisch allgemeingültige Vermögen des Lesers – unter anderem gerade sein Gemüt, den Affekt – manipulativ anzuvisieren.

Schon der Titel ‚Heilige Zeit' muss in den Kriegsjahren Rührung und Nostalgiegefühle hervorgerufen haben. Im Krieg, in dem so gar nichts heilig ist, angefangen beim menschlichen Leben, schiene es fast eine befristete Utopie, wäre eine heilige Aus-Zeit vom Krieg und seinen Entbehrungen möglich. Dieser Titel ist auch an das Empathiegefühl der Leser fernab der Frontlinien gerichtet. Wenn die Ästhetisierung innerhalb der ersten Passage durch den Gebrauch der Anapher und des Kontrastes „Statt Christbaumkerzen Leuchtkugeln. Statt ..." mit Pathos arbeitet, um Rührung und Sympathie für die Soldaten in den Schützengräben zu erwecken, so wird dadurch womöglich noch deutlicher eine ‚Laudatio' (Lobhudelei) auf das Neujahrsfeuerwerk des Krieges selbst gestiftet.

Der ironische Unterton, der einer sentimentalen Weihnachtsidylle die naturalistische Kriegsskizze entgegenhält, ist nicht zu überhören – er mag die Intention des Textes in Richtung Frieden[43] andeuten lassen, aber ganz klar nach reichsdeutschen Bedingungen, und um deren Rechtfertigung zu gewährleisten bedient sich der Verfasser der Techniken der Demagogie:[44] „The Propagandist may appear to have a clear

41 Alfred Missong, *Christentum und Politik in* Österreich*: ausgewählte Schriften 1924-1950*, Wien [u. a.], 2006, S. 313-329, hier S. 315.

42 Vgl. ebd.

43 Vgl. hierzu: „[...] eine topische Argumentation der Schuldabwehr, die schon seit Kriegsbeginn den Diskurs der Kriegspropaganda geprägt hatte [...]." (Gschwandtner, „Kriegspublizistik" [Anm. 4], 436f.)

44 Demagogie wird heute unter anderem so definiert: „Demagogie betreibt, wer bei günstiger Gelegenheit öffentlich für ein politisches Ziel wirbt, indem er der Masse

purpose and certainly an explicitly stated conclusion, but the true purpose is likely to be concealed.“[45]

Die zweite Passage ist ganz der Glorifizierung des Kaisers Karl und Österreichs gewidmet und arbeitet noch wie die erste mit Bildern und Metaphern aus der Weihnachtmotivik und der Andachtszeit. Hier wird auch die Friedensnote zum ersten Mal erwähnt, wobei ganz deutlich Schwarz-Weiß-Malerei am Werk ist. Abschließend, mit einem Feindbild als Destillat des Henkerspruches endigt die Ausführung.

Interessanterweise entheben sich die folgenden Sätze etwas der propagandistischen Linie, zugleich poetisch einstimmend: „Keiner weiß, ob er (der Friedensengel) wieder auftauchen wird. So liegen die Schützengräben dunkel einander gegenüber. Viel weniger feindlich als die Zeitungen und die in Ihrer Blutschuld verstrickten Minister unserer Gegner.“ (SZ, 31.12. 1916, S. 3f.)

Leider bleibt dieser Verweis auf ein Allgemeinmenschliches ephemer und findet sofort wieder in den Feinddiskurs. Mal ist die Rede vom Gegner, mal vom Feind.

Die nachkommenden Passagen bedienen sich wieder der Anapher als Mittel, diesmal im Dienste der persuasiven Kommunikation.[46] Der Leser will überzeugt sein, dass die k. und k. Monarchie das Unschuldslamm dieses Kriegs-Festes ist: „An uns liegt es nicht, wenn auch der Frühjahrsschnee rot gefärbt sein wird. *Wir* verteidigen, *sie* greifen an, *das sagt uns unser Gewissen* heute wie vor zweieinhalb Jahren, und da hilft ihnen kein Deuteln.“ (Hervorhebung durch IZB.)

In der offiziellen Kriegsdarstellung geht es bekanntlich unter anderem darum:

- die Zielsetzung des Krieges als Verteidigung darzustellen,
- den Krieg als legitim erscheinen zu lassen
- die Größe der eigenen Sache und die Dämonisierung des Gegners voranzutreiben.[47]

---

schmeichelt, an ihre Gefühle, Instinkte und Vorurteile appelliert, ferner sich der Hetze und Lüge schuldig macht, Wahres übertrieben oder grob vereinfacht darstellt, die Sache, die er durchsetzen will, für die Sache aller Gutgesinnten ausgibt, und die Art und Weise, wie er sie durchsetzt oder durchzusetzen vorschlägt, als die einzig mögliche hinstellt.“ Martin Morlock, *Hohe Schule der Verführung. Ein Handbuch der Demagogie*, Wien/Düsseldorf, 1977, S. 24.

45 Jowett/O'Donnell, *Propaganda & Persuasion* (Anm. 28), S. 45.

46 Ebd., S. 32.

47 Unter Manipulation [online] http://www.whywar.at/kriegsfuehrung_manipulation/ [Stand: 15.01.2017].

Mehr als offenkundig werden diese Ziele von der Redaktion der Soldatenzeitung Satz für Satz pedantisch verfolgt, als würde der Krieg bloß auf dem Papier stattfinden und mit der Gewandtheit der Feder entschieden.

Die Beschwörung des Gewissens – „obgleich unser Gewissen das gute ist" – fällt schon in die Domäne des Pharisäertums und entbehrt näherer Bestimmung. Der knappe Satz „So ist die Lage" soll noch einmal prägnant unterstreichen, dass das eigentlich propagandistische Narrativ auf Fakten aufbaut, die einer Immunität unterliegen, die es nicht duldet, angezweifelt zu werden. Auch der ironische Blick in die mythische Zeit der Krippenkonstellation, „wo berufene und unberufene Hirten über den Frieden der heiligen Zeit in den Blättern eine kleine erbauliche Andacht zu halten pflegen", konstruiert in der Antwort auf die rhetorische Frage, „ob man denn damals gewusst habe, was Friede sei", einen Schuldzuspruch an die Anderen, die Gegner.

Wie wir es aus der neutralen Geschichtsschreibung kennen, wenn denn eine solche existieren sollte, waren all diese Phänomene, in die sich Österreich-Ungarn bzw. das Deutsche Reich hineingeritten hat – „Marokkokrise", „Annexionskrise", „Irredenta", „Einkreisungspolitik" – großenteils selbstverschuldet.

Selbst im dritten Kriegswinter ist noch etwas vom Anfangsenthusiasmus und der Berechtigung für den zweiten Reiter der Apokalypse übrig, der das Neue herbeiführen möge, denn der „Vorkriegsfriede" war, im Stilmittel der Alliteration dargelegt, ein „fauler, finsterer, flegelhafter, farbendünner Friede", d. h. wertlos oder auch illusorisch.

Die darauffolgenden sehr poetischen Sätze, die auch in der Forschung gern zitiert worden sind, erschüttern das Gemüt, weil sie von der Aussage her sehr generalisierend sind und so auf universelle Gültigkeit referieren – ihres Kontexts entledigt würden sie allerdings eine allgemeingültige Wahrheit ausdrücken oder das, was zu Anfang als Allerweltsweisheit verstanden wurde. Kontextuell aber stehen sie in einer nicht-neutralen kommunikativen Funktion, sind Teil eines breiteren Bildes mit propagandistischem Rahmen – und somit eine ‚Binsenweisheit':

> Im Krieg aber hat ganz Europa den Frieden kennen gelernt. Friede heißt: Bei Tag wachen und bei Nacht schlafen und nicht umgekehrt. Heißt, in einem Bett liegen und nicht in einer Lehmgrube. Heißt, wenn es regnet, sich von einem Haus schützen lassen und nicht, sich in den Regen daneben stellen, um das Haus zu schützen. Heißt nicht, springen müssen, wenn ein anderer es anschafft; Semmeln nur in der Erinnerung essen; Frauen nur im Traum umarmen; Tanz, Weib, Kind, Kaffeehaus, Eisen-

> bahn, Theater nur wie ein fernes, unklar-rosiges verschlungenes Märchen kennen, aus der Zeit, wo man einmal – wie sich nur noch die ältesten Leute der Kompanie erinnern – auf Urlaub war.

Das ist auch gleich am nächste Satz zu beobachten: „Mag der Teufel unsere Feinde holen und wir werden ihm dazu helfen, wenn *sie* es darauf ankommen lassen, [...]" (hervorgehoben durch IZB.), woran wieder eine sehr generalisierende Betrachtung anschließt.

Wie bereits erörtert, folgen die Aussagen einer zyklischen Wellenbewegung, deren Aussagefronten ein Wechselspiel von Relaxation oder Neutralität und rhetorischer Tension im Sinne der tendenziösen Zuspitzung des Inhaltes mit Wahrheitsanspruch wiedergeben. So wird auch eine sehr vernünftige Vorstellung vom Frieden am Bild der gegnerischen Schützengräben festgemacht, um so Friedenssehnsucht, als eine anthropologische Kategorie mit rechthaberischem Ausspielen des Feindes zu verschwistern. Immer wieder zeigt sich der Anspruch der SZ, „*unser Krieg* ist der gerechte", „*unser Friedenswunsch* ist der ehrliche", die anderen sind die Scheinheiligen, indirekt das Femgericht, die Inquisition, das Konquistadorentum: „*Wir* haben ja nie für etwas anderes gekämpft, aber sie kämpfen für [...]." Nicht nur die Regierungen sondern ganze Völker werden für schuldig erklärt: „in *Ihren* Völkern war die Idee doch unheimlich echt, *uns Ketzer, die wir* anders dachten *als sie*, durch Gewalt *belehren* [...]".

An eine Reihe von missinterpretierten Geschichtsfakten, die andeutungsweise schon Verfälschung und Größenwahn erkennen lassen, ist erneut ein großer rhetorischer Höhepunkt angehängt – mit seiner Relaxation im Allgemeinem. Hier müsste selbst dem geduldigsten Musilfreund vor Verwunderung der Geduldfaden reißen in Anbetracht dessen, wofür genau sich der große Schriftsteller gewinnen ließ. Der Gedankengang sei hier in leicht paraphrasierter Form wiedergegeben: Der Krieg, ja, jeder Krieg, entspringt der Unduldsamkeit. Sollte der Vorwand des Krieges nicht der einer Ideologie sein, wie es im Falle des 30-jährigen-Krieges die Konfession war, dann ist es ein anderer, wie es im Falle des Großen Krieges der Nationalismus ist. Auch die Sprachverschiedenheit sei eine große Hürde für den Zusammenschluss der Völker und auch ein Grund für Misstrauen, das seinerseits ein gemeinmenschliches Charakteristikum ist. Der Mensch müsse zur Gemeinschaft gezwungen werden, um das gegenseitige Vertrauen zu erlernen und um sich daran zu gewöhnen. Diese Anspielung ging wohl in Richtung des paradiesisch-utopischen Paradoxons eines national gemünzten Vielvölkerstaates. Das große Fazit letztlich, das man aus dem 30-jährigen Krieg gezogen habe, wird man wohl auch nach diesem Großen Krieg im

Nachhinein ziehen: „der nationale Gedanke, der vor ihm seine höchste Spannung erreicht hatte, wird eine Änderung erfahren" (gemeint als Vorwurf an den Gegner).

Der Schluss führt eine Nuancierung zwischen Nationalismus und Patriotismus ein, um zuvor die Frage zu erheben, ob es denn der Augenblick der „Weihnachts-Welt-Friedens-Musik" ist. Zwischen Wunsch und Zukunftsdenken bleibt ein Ausblick auf den Opfermut und Siegesglanz der Österreicher.

Ob irgendwo im Bereich des Zwischen-den-Zeilen-Lesens der Ideal-Utopist Musil vor der Pragmatik des Generals und der Realität des y=f(x) Bestand hat, bleibt offen:

> „*Lesen Sie*", sagte der Offizier. „*Ich kann nicht*", sagte der Reisende. „Es ist doch deutlich", sagte der Offizier. „*Es ist sehr kunstvoll*", sagte der Reisende ausweichend, „*aber ich kann es nicht entziffern.*" „Ja", sagte der Offizier, lachte und steckte die Mappe wieder ein, „es ist keine Schönschrift für Schulkinder. Man muß lange darin lesen. Auch Sie würden es schließlich gewiß erkennen. Es darf natürlich keine einfache Schrift sein; sie soll ja nicht sofort töten, sondern durchschnittlich erst in einem Zeitraum von zwölf Stunden; für die sechste Stunde ist der Wendepunkt berechnet. Es müssen also viele, viele Zieraten die eigentliche Schrift umgeben; die wirkliche Schrift umzieht den Leib nur in einem schmalen Gürtel; der übrige Körper ist für Verzierungen bestimmt. Können Sie jetzt die Arbeit der Egge und des ganzen Apparates würdigen?"[48]

Aus dem Bewusstsein der eigenen Gegenwart heraus das Aktualitätspotential der Problemstellung erkennend, in der anthropologischen Sehnsucht nach einer „Weihnachts-Welt-Friedens-Musik" aufgehend, sei im Kontext von Propaganda auf einen anderen *heiligen* Krieg oder Kampf und seine Mittel verwiesen: Auf jenen, den Wittgenstein, ein Zeitgenosse und Landsmann Musils, offen legt, wenn er schreibt: „Die Philosophie ist ein Kampf gegen die Verhexung unseres Verstandes durch die Mittel unserer Sprache".[49]

---

48 Franz Kafka, „In der Strafkolonie", in: *Drucke zu Lebzeiten*, hg. v. Wolf Kittler/Hans-Gerd Koch/Gerhard Neumann, Frankfurt a. Main, 1994, S. 201-248, hier S. 217f. (hervorgehoben durch: IZB)

49 Wittgenstein, *Philosophische Untersuchungen* (Anm. 1), S. 81.

Salvatore Pappalardo

Soldat und Redakteur: Robert Musil und der italienische Irredentismus in der *Tiroler Soldaten-Zeitung*

Im Rahmen der jüngsten Musil-Forschung wurden Musils noch unterbelichtete Kriegspublizistik und seine Rolle als verantwortlicher Redakteur der SZ von verschiedenen Blickpunkten aus untersucht. In diesen Arbeiten wurde jedoch dem Thema des italienischen Irredentismus noch wenig Achtung geschenkt.[1] Ausgangspunkt des folgenden Beitrags ist Musils prägende redaktionelle Ausrichtung der Zeitung unter besonderer Berücksichtigung der politischen Propagandatexte,[2] die sich mit der umstrittenen Position von Trient und Triest auseinandersetzen. Insbesondere nimmt die adriatische Hafenstadt in Musils Redaktionstätigkeit eine eminente Stellung ein, da Triest für die Habsburgermonarchie sowohl große militärstrategische als auch entscheidende wirtschaftspolitische Bedeutung trug. Die Triester Stadtregion wirkte als multinationales Grenzgebiet und als Schnittstelle eines deutsch-italienisch-slawi-

1 Dazu siehe: Regina Schaunig, *Der Dichter im Dienst des Generals. Robert Musils Propagandaschriften im Ersten Weltkrieg*, Klagenfurt/Wien, 2014 und Karl Corino, *Robert Musil. Eine Biographie*, Reinbek b. Hamburg, 2003, S. 552-592. Auch in der italienischen Germanistik, die sich mit Musils Texten aus der Kriegszeit beschäftigt, fehlt oft noch eine Untersuchung der Irredentafrage. Siehe z. B.: Elena Giovannini, „Der Parallel-Krieg. Zu Musils Arbeit in der *Soldatenzeitung*", in: *Musil-Forum* 13/14 (1987/88), S. 88-99. Auch im Beitrag zur italienischen Übersetzung der Musil zugeschriebenen Artikel vermisst man eine ausgiebige Auseinandersetzung mit Triest und Trient. Siehe: Alessandro Fontanari/Massimo Libardi, „La guerra come sintomo", in: Robert Musil, *La guerra parallela*, hg. v. Fernando Orlandi, Trento, 1987, S. 201-255. Eine Ausnahme stellt Maria Rita Murgia dar, die den Einfluss des von Michael Mayr 1915 veröffentlichten Werks *Die Entwicklung des italienischen Irredentismus in Tirol* auf den zuständigen Generalstab analysiert. Murgia betont, wie Mayr der „ideologische Vater" der irredentistischen Opposition von Generälen Erzherzog Eugen, Alfred Krauss und Viktor Dankl sei. Maria Rita Murgia, *„So schlagen wir mit ganzer Wucht / Die Feinde krumm und klein". La costruzione della propaganda nei supplementi letterari della* Tiroler Soldaten-Zeitung, Diss. Univ. Cagliari, 2009/10, S.31.

2 Karl Corino beschreibt den Beitrag „Aus der Geschichte eines Regiments" mit einer Formulierung, die auch auf Musils restliche Redaktionsarbeit angewendet werden kann. Der Artikel ist „in propagandistischer, agitatorischer, im weitesten Sinne politischer Absicht geschrieben: er sollte die Kampfmoral heben (das moralische Niveau also senken), er war ein Akt psychologischer Kriegsführung", in: *Studi Germanici* 11 (1973), S. 109-115.

schen Kulturraums und wurde am Anfang des 20. Jahrhunderts zum kommerziellen Portal zu Osteuropa, welches gleichzeitig der Monarchie Zugang zum wachsenden Handelsverkehr im Mittelmeerraum gewährte.

Für den in der Redaktionslinie des Militärblattes vertretenen altösterreichischen Gesamtstaatspatriotismus, der außerhalb der modernen Logik des ethnolinguistischen Nationalismus operierte, blieb Triest ein unverzichtbarer Bestandteil des Reiches. In der von Musil geleiteten SZ steht die Hafenstadt im Mittelpunkt eines breiteren Themenfeldes, welches auch Trient und den italienischen Irredentismus erfasst. Angesichts der systematischen Übereinstimmungen zwischen einer Reihe von thematisch einschlägigen und stilistisch analogen Beiträgen und der späteren literarischen Verarbeitung dieses Stoffes im *Mann ohne Eigenschaften* lässt sich mit an Sicherheit grenzender Wahrscheinlichkeit behaupten, dass Musil auch der Autor von mehreren Beiträgen ist, die der Beibehaltung der beiden Schwesterstädte im Kontext der österreichischen Kriegsanstrengungen große Relevanz beimessen. In Anbetracht der folgenden Diskussion stellt man hier in keiner Weise eine fragwürdige These auf, wenn man behauptet, dass aus Musils Feder eine ganze Konstellation von Texten stammt, die rund um Triest und die Irredentismusproblematik gravitiert.[3] Die hier angewandten Zuordnungskriterien für diese Texte basieren auf motivischen, rhetorischen und stilistischen Richtlinien. Ein dichtes Netzwerk von lexikalischen Übereinstimmungen, parallelen Formulierungen und thematischen Deckungsgleichheiten untermauern Musils Autorschaft. Was außerdem die gegenwärtige Zuschreibung bestätigt, sind die direkten Zusammenhänge mit dem *Mann ohne Eigenschaften*. Musils kriegspublizistische Beschäftigung mit Triest wird später bei der Verfassung des 20. Kapitels in Buch II ausschlaggebend. Hier ist Graf Leinsdorf vom Bruch der traditionsgebundenen Kaisertreue der Triestiner Gemeindeangestellten bestürzt, da in seiner Hinsicht dieser Loyalitätsschwund einen klaren Indikator der strukturellen Krise des Reiches signalisiert. Einen deutlichen Hinweis auf den Zusammenhang zwischen dieser Episode im Ro-

3 Methodologisch erweist sich Regina Schaunigs Ansatz für die Forschungsrichtung als wegweisend. Ihre Untersuchungen sind auf „kontextuelle Strukturen im Gesamtkorpus“ der Beiträge ausgerichtet: „Gesucht wurde nicht nach Einzeltexten, sondern nach Textgruppen, nicht nach markanten Stichworten und Motiven, sondern nach Strukturen, Linien und Entwicklungen“, S. 208. Vgl. Regina Schaunig, „*Viribus unitis.* Robert Musils Schreiben in kollektiver Anonymität“, in: *Musil-Forum* 31 (2009/2010), S. 202-223. In der Verfahrensweise dieser Analyse schließen sich aber Textgruppenrecherchen und die Suche nach Stichwortregister und Motiven nicht gegenseitig aus.

man und der *Finis Austriae* findet man in den Anmerkungen zum Kapitelentwurf, in denen der Autor notiert hatte: „Der Triestiner Geschichte mehr Kriegsbedeutung geben".[4] Musils Kriegserfahrung als Soldat und Redakteur, besonders seine Propagandatexte, die den österreichischen Charakter der Hafenstadt Triest betonen, dienen also auch als Interpretationsschlüssel und Entstehungsgeschichte für sein späteres Werk.[5]

Die TSZ war ursprünglich als direkte Nachrichtenquelle von der südlichen Kriegsfront gedacht. Notizen, Kurzmeldungen und Berichte aus dem Alltagsleben der Soldaten bildeten den Großteil der strikt Staatsideologien reflektierenden Beiträge der Zeitung. Wie schon umfangreich dokumentiert wurde, tritt Musil im Juni 1916 der Redaktion bei und übernimmt schließlich im Oktober offiziell die Schriftleitung des Militärblatts. Infolge der redaktionellen Neuorientierung artikuliert sich das Bestreben der nun umstrukturierten und überregional ausgerichteten SZ jedoch vielschichtiger. Die Beiträge, von einem „kritischen Patriotismus"[6] inspiriert, befassen sich nun mit Wirtschafts- und Gesellschaftsfragen, Bildung und Kulturpolitik, Reformvorschlägen, Staatspatriotismus und österreichischer Identität. Sämtliche von Musil übernommene Redaktionsaufgaben werden tiefgreifend von der italienischen Irredentafrage geprägt. Anfang Juni 1916, also kurz bevor Musil als Redakteur angestellt wird, schickt die Führung des Heeresgruppenkommandos Erzherzog Eugen eine Direktive an die militärischen Presseorgane, die es als zwecksmäßig erklärt, dass „Soldatenzeitungen in jeder Ausgabe kurze, geschickt verfaßte, populäre Aufsätze über den Irredentismus (sein Wesen, seinen Zusammenhang mit dem Kriege, Teilnahme von Beamten, Lehrern und Geistlichen, Vereine usw. und über seine Bekämpfung in Haus, Schule und Amt)"[7] veröffentlichen sollen. Den grenzüberschreitenden und den die territoriale Integrität des Reiches bedrohenden Irredentismus mit allen zur Verfügung stehenden

4 Robert Musil, *Klagenfurter Ausgabe. Kommentierte digitale Edition sämtlicher Werke, Briefe und nachgelassener Schriften. Mit Transkriptionen und Faksimiles aller Handschriften*, hg. v. Walter Fanta/Klaus Amann/Karl Corino, Klagenfurt, 2009: Transkriptionen/Mappe VII/1.

5 Schaunig bringt ihr Anliegen im Folgenden auf den Punkt: „Die konkrete Eingangsthese lautet, dass die politischen und feuilletonistischen Beiträge der von Musil herausgegebenen Soldatenzeitungen und das damals ‚gesetzgebende' militärisch-redaktionelle Umfeld für seine moralische und pragmatisch-pädagogische Haltung als Schriftsteller von nachhaltiger Bedeutung waren und wesentlich zum Verständnis des Gesamtwerkes beitragen können". (Schaunig, *Der Dichter im Dienst des Generals* [Anm. 1], S. 14)

6 SZ, 15.04.1917, S. 4.

7 Zit. in: Schaunig, *Der Dichter im Dienst des Generals* (Anm.1), S. 60.

rhetorischen Mitteln wirksam zu bekämpfen wird also zur prioritären Aufgabe der Zeitung.[8] Auch Musils Beförderung zum Chefredakteur ist unmittelbar mit dem italienischen Irredentismus verbunden. In einem Artikel des 17. Septembers 1916, in dem der Bürgermeister von Trient, Graf Maximilian Manci, heftig kritisiert und als irredentistischer Opportunist angeprangert wird, werden Auszüge aus vertraulichen Gerichtsakten veröffentlicht. Dieser investigative Journalismus erweist sich als politischer Fehlgriff, der die Redaktion innerhalb des militärischen Verwaltungsapparats in eine prekäre Lage versetzt und Musils Vorgesetzten schließlich den Posten kostet. Infolge mehrerer Beschwerden der Zivilbehörden wird Militärjurist Dr. Albin Schager die Redaktionsverantwortung entzogen und Musil an seiner Stelle verpflichtet. Es ist jedoch durchaus möglich, dass Musil selbst hinter dem Artikel steckt,[9] und dass Schagers Schuld lediglich darin bestand, in seiner Überprüfungsroutine den Aufsatz nur oberflächlich inspiziert zu haben. Für die Zeitung nimmt der Irredentismus nach der Manci-Affäre die Züge einer höchst heiklen Angelegenheit an. Trotz allem beschreibt Musil im ‚Abschieds'-Artikel der SZ „Vermächtnis" seine kritische Analyse des italienischen Nationalismus als „eine nüchtern rücksichtslose Behandlung der Irredentafragen".[10] Es ist möglich in dieser eingestandenen Rücksichtslosigkeit ein indirektes Bekenntnis zur Autorschaft des Manci-Ar-

8 Auch der Karnisch-Julischen Kriegszeitung wird der Auftrag erteilt, das Irredentismusphänomen in Schach zu halten. Roman Urbaner erwähnt die Einberufung einer Versammlung, in der sich Redaktionsmitglieder beider Zeitungen am 12. Juni 1916 treffen, um den propagandistischen Einsatz gegen den Irredentismus zu besprechen. Es bleibt unklar, ob Musil der Besprechung schon beiwohnte. Vgl. Urbaner: „ ... daran zugrunde gegangen, daß sie Tagespolitik treiben wollte"? Die *Tiroler Soldaten-Zeitung* 1915-1917, in: eForum zeitGeschichte 3/4 (2001), http://www.eforum-zeitgeschichte.at/3_01a8.pdf (Stand: 13.10.2016), S.10. Unmittelbar nach dieser Anordnung führt die TSZ die neue Rubrik „Bilder von der Irredenta" ein. Sie enthält drei Artikel, die wahrscheinlich von Musil verfasst wurden: „Das Café Municipio" TSZ, 20.07.1916, S. 1-3; „Der Verein" TSZ, 26.07.1916, S. 1-3; und „Sport zu beiden Seiten der Grenze" TSZ, 6.08.1916, S. 2-3.

9 Karl Dinklage attribuiert den Artikel an Schager. Vgl. Karl Dinklage, „Musils Herkunft und Lebensgeschichte", in: *Robert Musil. Leben, Werk, Wirkung*, hg. v. Karl Dinklage, Zürich, 1960, S.187-264, hier S. 229. Ich schließe mich jedoch der Vermutung von Urbaner und Schaunig an, dass Musil hinter dem Artikel stecken könnte. Vgl. Urbaner, „ ... daran zugrunde gegangen" (Anm. 8), S. 19 und Schaunig, *Der Dichter im Dienst des Generals* (Anm. 1), S. 57. Die literarische Natur des Textes (Rahmenerzählung und Traum) weist auf einen geübten Schriftsteller hin.

10 SZ, 15.04.1917, S.4. Laut Urbaner wirkt dieser Artikel als eine „retrospektive Programmatik", S. 60. Vgl. Roman Urbaner, „Schriftführer Musil. Der Jahrhundertschriftsteller als Chefredakteur der *Soldaten-Zeitung*", in: *Quart-Heft für Kultur Tirol* 5 (2005), S. 55-67.

tikels zu vermuten. Musils journalistische Begabung und organisatorische Fähigkeiten erlauben es der SZ, die engagierte Diskussion rund um das transnationale Irredentaphänomen gezielt und konsequent, ja fast kompromisslos, zu führen. Der Autor und Redaktionschef ist in erster Linie Soldat und Befehlsempfänger,[11] dessen unnachgiebige Denkhaltung in der Leitung der Militärzeitung keine Kontroverse scheut.

Aufgrund eines wachsenden von kriegsinterventionistischen Kreisen ausgeübten innenpolitischen Drucks hatte Italien im Mai 1915 den Dreibund gebrochen und Österreich den Krieg erklärt. Der Irredentismus hatte die Städte Trient und Triest als prägnante Symbole der Unvollständigkeit des italienischen Unabhängigkeitsprozesses auserkoren. Die Definition der österreichischen Hoheitsgebiete als „terre irredente", als unerlöste, rettungsbedürftige Territorien, verlieh den italienischen Ansprüchen, neben der historisch-politischen Reichweite, auch eine markante religiöse und christologische Dimension. Der Begriff des Risorgimento verwies auf die Auferstehung Christi und verlieh den territorialen Forderungen der Italiener eine moralische Rechtfertigung. Angesichts der argumentativen Komplexität des Irredentismus waren in den Bemühungen der SZ, die Diffusion dieses subversiven Ideenguts zu hemmen, nicht nur eine geschulte Feder, sondern auch überdurchschnittliche Eloquenz und rhetorische Finesse gefragt. Musils Sprachgewandtheit entsprach diesen rednerischen Anforderungen.[12] Es ist wahrscheinlich Musil, der die Frömmelei der Irredentisten im Artikel „Oberdank"[13] verspottet, in dem er den hingerichteten Märtyrer, der ein Attentat gegen Kaiser Franz Joseph plante, ironisch den „Nationalheilige[n] Italiens"[14] nennt. Der Autor kontrastiert die Argumente der Irredentisten – die historische Notwendigkeit der Erfüllung eines nationalen Schicksals und den impliziten Heilandsdiskurs – mit einem mannigfaltigen rhetorischen Strategiekonzept, welches propagandistische Kritik und Nüchternheit, Sarkasmus und Ironie, miteinander verschmilzt. Musils Hauptargument gegen den italienischen Irredentismus ist in der Kaisertreue der adriatischen Hafenstadt verankert.[15]

11 Vgl. Schaunig, „*Viribus unitis.* Robert Musils Schreiben in kollektiver Anonymität" (Anm. 3), S. 208.

12 Im Vergleich erscheinen die Irredenta-Beiträge vor Musils Einsatz syntaktisch knapper und lexikalisch karger. Siehe die Ausgabe der TSZ des 02.06.1915, unmittelbar nach Italiens Eintritt in den Krieg.

13 SZ, 27.08.1916, S. 4.

14 Ebd.

15 Folgenreich für diese Meinung erwies sich die Reaktion Triests auf die Revolutionen von 1848, während denen die Stadt ihre Kaisertreue bestätigte und somit das Ausbreiten des italienischen Nationalismus auf das restliche adriatische Küs-

Somit findet Triests Loyalität eine allgemeine Anwendung im Irredentismus-Diskurs der Zeitung. Der Autor argumentiert, dass im Gegensatz zu dem, was von den Irredentisten behauptet wird, die Mehrheit der italienisch-österreichischen Bevölkerung der Monarchie nach wie vor treu sei. Erklärbar seien die hochverräterischen Erhebungen durch einen Generationskonflikt, in dem junge abenteuerhungrige Burschen sich gegen den eindeutig reichsloyalen Volkswillen stemmen.

In den von Musil verfassten Artikeln der (T)SZ wirken Triest und Trient für die Definition eines multikulturellen österreichischen Charakters identitätsstiftend. Im Artikel „Bin ich ein Österreicher" versucht der Autor, die Umrisse einer österreichischen Identität zu bestimmen und beginnt den Beitrag mit der rhetorischen Frage: „Bin ich ein Österreicher, wenn ich in Wien, Graz, Triest oder Trient heimatsberechtigt bin?"[16] Der Selbstverständlichkeit der bejahenden Antwort steht jedoch gleichzeitig die Legitimität der Fragestellung gegenüber. Die zu erörternde Frage bleibt „nicht ganz unberechtigt", denn „anstatt sich als Staatsbürger der im Reichsrate vertretenen Königreiche und Länder"[17] zu definieren, fällt es einem Österreicher leichter, sich der Umgangssprache nach zu bezeichnen. In dieser Habsburger Identitätssuche gewinnen ethnolinguistische Erwägungen über den gesamtösterreichischen Staatsgedanken an Priorität. Darüber hinaus veranschaulicht dieser Artikel die direkten thematischen und sprachlichen Korrespondenzen zwischen der SZ und dem *Mann ohne Eigenschaften*:

---

tenland verhinderte. Die handeltreibenden Gesellschaftsschichten der Stadt waren sich der Tatsache bewusst, dass ihr wirtschaftlicher Erfolg auf der konjunkturfördenden Zugehörigkeit zu Österreich beruhte. Die Konsequenzen eines politischen Wandels wären in ihren Ausmaßen nicht berechenbar gewesen. Franz Joseph proklamierte Triest als Urbs Fidelissima, „allergetreuste Stadt", und verlieh ihr den verfassungsrechtlichen Status der Reichsunmittelbarkeit. Am Vorabend des Ersten Weltkriegs beherrschten also zwei Grundeinstellungen die öffentliche Debatte in der Stadt: eine traditionsgebundene Kaisertreue, die jegliches Nationalbewusstsein als suspekt empfand und das relativ neue Phänomen des Irredentismus. Dazu siehe Marina Cattaruzza, „Triest 1814-1860: Die politische Hegemonie der kaufmännischen Schicht", in: *Die Moderne und ihre Krisen. Studien von Marina Cattaruzza zur europäischen Geschichte des 19. und 20. Jahrhunderts*, hg. v. Sacha Zala, Göttingen, 2012, S. 53-82. Zur politischen Situation in Triest, siehe Eduard Winkler, *Wahlrechtsreformen und Wahlen in Triest 1905-1909. Eine Analyse der politischen Partizipation in einer multinationalen Stadtregion der Habsburgermonarchie*, München, 2000.

16 SZ, 20.08.1916, S. 2.

17 Ebd.

> Frage nur einen Bauern in Galizien, einen Schuster in Krain, einen Advokaten in Böhmen, einen Lehrer in Wien, einen Geistlichen in Nordtirol und einen Richter in Südtirol, was sie sind. Du bekommst ganz sicher die Antwort: ein Pole, ein Slowene oder vielleicht ein Krainer, ein Deutschböhme oder ein Tscheche, ein Niederösterreicher oder allenfalls ein Deutschösterreicher, ein Tiroler, ein Italiener. Kein einziger wird auf Deine so einfache Frage ebenso einfach antworten: „Ich bin ein Österreicher!"[18]

Natürlich erscheinen einem Leser des Romans diese Formulierungen und syntaktischen Strukturen äußerst vertraut. Fast wortgleich kommt dieser Abschnitt in Kapitel 98 des Ersten Buches zum Ausdruck:

> Fragte man darum einen Österreicher, was er sei, so konnte er natürlich nicht antworten: Ich bin einer aus den im Reichsrate vertretenen Königreichen und Ländern, die es nicht gibt, – und er zog es schon aus diesem Grunde vor, zu sagen: Ich bin ein Pole, Tscheche, Italiener, Friauler, Ladiner, Slowene, Kroate, Serbe, Slowake, Ruthene oder Wallache, und das war der sogenannte Nationalismus.[19]

In der SZ werden Triest und Trient quasi als Schwesterstädte behandelt, als ein zweigliedriges Symbol einer italienisch-österreichischen Identität. Diese implizite Äquivalenz besitzt zwar propagandistische Schlagkraft, wird jedoch den geographischen und historischen Differenzen zwischen den beiden Städten nicht gerecht. Das im Etschtal gelegene Trient bildete eine militärstrategische Festungseinheit und einen wichtigen Verteidigungsposten an der italienischen Alpengrenze, während die adriatische Hafenstadt Triest einen gewiss größeren diplomatischen, aber auch finanz- und wirtschaftspolitischen Stellenwert einnahm. Der sich in diesem ökonomisch-strategischen Verkehrsknoten und Vermittlungsort abspielende dynamische Handelsverkehr, Kreuzungspunkt und Schmelztiegel deutsch-österreichischer, italienischer und slawischer Kulturen, verschaffte dem Reich direkten Zugang zu lukrativen internationalen Märkten.

Es ist also durchaus kein Zufall im *Mann ohne Eigenschaften* ausführlich den historischen Hintergrund der Triest-Frage literarisch verarbeitet vorzufinden, ohne dass Trient je im Roman erwähnt wird. In den imperialistischen Machtphantasien von Graf Leinsdorf verkörpert Triest die Habsburger Weltwirtschaftsambitionen.[20] Unmittelbar nach

18 Ebd.

19 Robert Musil, *Der Mann ohne Eigenschaften*, GW II, S. 451.

20 Ich habe diese Episode an anderer Stelle kommentiert. Vgl. Salvatore Pappalardo, „The Betrayal of the *Urbs Fidelissima*: Habsburg Trieste in Robert Musil's *Der Mann ohne Eigenschaften*", in: *The German Quarterly* 89/2 (2016), S. 169-185.

der epochenabschließenden Beerdigung seines Vaters, stattet Ulrich einem verärgerten und etwas erschütterten Graf Leinsdorf einen Anstandsbesuch ab. Die väterliche Bestattung markiert einen Wendepunkt im Roman, der die folgenreichen Veränderungen in der Donaumonarchie signalisiert. Ulrichs Visite unterbricht das morgendliche Zeitungslesen des Grafen. Der Aristokrat ist bestürzt über die Berichte vom Entfachen der nationalistischen Forderungen in Böhmen und vor allem über die „Geschichte mit den Triestiner Gemeindeangestellten".[21] Musil inszeniert hier historische Ereignisse: Fürst Konrad von Hohenlohe, Statthalter von Triest, verfügte am 21. August 1913 den Erlass, sämtliche reichsitalienische Gemeindeangestellte zu suspendieren. Die Angestellten organisierten vehemente Proteste gegen ihre kurzfristige und politisch motivierte Entlassung aus der Staatsbeamtenschaft. Im Roman erhofft sich der Graf ein resolutes Eingreifen der Reichsregierung gegen die Demonstranten:

> Das tut die österreichische Stadt Triest nun schon seit Jahren, daß sie nur Reichsitaliener in ihre Dienste nimmt, um damit zu betonen, daß sie sich nicht zu uns, sondern zu Italien gehörig fühlt. Ich bin einmal an Kaisers Geburtstag dort gewesen: nicht eine einzige Fahne hab ich in ganz Triest gesehen, außer auf der Statthalterei, der Steuerbehörde, dem Gefängnis und den paar Kaserndächern! Wenn sie dagegen am Geburtstag des Königs von Italien etwas in einem Triester Büro zu tun haben, so werden sie keinen Beamten finden, der nicht eine Blume in seinem Knopfloch hat.[22]

Man vergleiche diese Textpassage mit einem Passus aus dem Artikel „Der Spion als Pädagoge",[23] einem Text, den man schon aufgrund der Überschneidungen mit dem ursprünglichen Arbeitstitel des Romans verdächtigen kann zur Entstehungsgeschichte des Werks zu gehören. Zudem wirken die sprachlichen Übereinstimmungen und die thematische Kohärenz frappierend:

> War man aber einmal eingetreten, so erinnerte nichts mehr daran, daß das Haus in der österreichischen Stadt Triest stand. Nie war eine schwarzgelbe Fahne, nirgends ein Kaiserbild zu sehen. Kein vaterländisches Lied, kein patriotisches Gedenkwort war zu hören. Deutsche Laute waren verbannt. Wohl aber sah man Fahnen mit irredentistischen Abzeichen und staatsfeindlichen Farben, Fahnenbänder, von Triestiner Damen mit

---

Zur Rolle der Stadt in der deutsch- und italienischsprachigen Literatur, vgl. auch Angelo Ara/Claudio Magris, *Triest. Eine literarische Hauptstadt in Mitteleuropa*, Wien, 1987 und Oliver Schneider, *Triest. Eine Diskursanalyse*, Würzburg, 2003.

21 Robert Musil, *Der Mann ohne Eigenschaften* GW III, S. 840.

22 Ebd.

23 SZ, 15.10.1916, S. 2.

irredentistischen Zeichen bestickt, wohl wurden italienische Gedenktage gefeiert.[24]

Die sprachlichen Berührungspunkte und die parallelen Formulierungen deuten darauf hin, dass die Beiträge der SZ ein Sammelbecken von Texten darstellen, das später zu einer Quelle wird, aus der Musil gelegentlich großzügig schöpft. Ähnliche Formulierungen sind schon im Artikel „Der König der Irredenten"[25] vorzufinden, in dem das Aufgeben der österreichischen Loyalität, die Blumengabe an den italienischen König von Seiten Triester Bürger und das Bild eines höhnischen Fahnenschwenkens im Mittelpunkt des Textes stehen. Didaktisch erklärt Musil seiner Leserschaft, dass „der Irredentismus schon der Königsmacher Italiens gewesen ist"[26] und führt ein Beispiel des dynastischen Loyalitätsbruchs vor. Das italienische Königspaar wird zu einer Feierlichkeit nach Udine gebeten, zu der selbstverständlich auch „Irredentisten aus Südtirol und Triest eingeladen"[27] werden:

> Der Königin wird von den Damen Triests ein Blumenstrauß überreicht und wie die italienischen Zeitungen berichten, hielt sie gerade dieses Bouquet fortwährend in Händen [...] Scheinbar ist so etwas nur eine Taktlosigkeit; vorausgesetzt, daß man geschickt tut und nicht merkt, wie die Triestiner bei der Defilierung eine umflorte Fahne – das bekannte Symbol der Unerlöstheit – vor sich her tragen und nicht unbedingt von der unqualifizierbaren Fortsetzung des Festes wissen muß, wo man die österreichische Fahne auf einen Esel band, den man durch die Straßen trieb.[28]

Die einst unerschütterliche Kaisertreue in der traditionell austroloyalen Hafenstadt schwindet langsam. Da aber die Unverzichtbarkeit auf die adriatische Handelsmetropole sich auf solide strategische Grundlagen stützt, spricht Graf Leinsdorf mit akutem diplomatischen Scharfsinn ein leidenschaftliches Pladöyer für den Erhalt der Stadt aus: „Aber bedenken Sie auch, was es heißt, wenn wir später mit einem dankbaren jüdischen Staat verbündet wären, statt mit den Reichsdeutschen und Preußen! Wo unser Triest sozusagen das Hamburg des Mittelländischen Meeres ist, abgesehen davon, daß man diplomatisch unüberwindlich wird, wenn man außer dem Papst auch noch die Juden für sich hat!".[29]

---

24 Ebd.
25 SZ, 20.08.1916, S. 3-4.
26 Ebd., S. 3.
27 Ebd.
28 Ebd.
29 Robert Musil, *Der Mann ohne Eigenschaften* GW III, S. 845.

Für Graf Leinsdorf bleibt Triest, Zentrum des österreichischen Welthandels, eine geopolitische Priorität. Gleichzeitig scheint Ulrich nur sehr vage Erinnerungen der demographischen Zusammensetzung der Stadt zu haben. Er „glaubte sich zu erinnern, daß die Küsten- und Hafenstadt Triest [...] auf slawischem Boden gegründet worden sei und heute eine große slowenische Bevölkerung umschließe".[30] Die beiden Einwohnergruppen dieser „Pforte des Orienthandels der ganzen Monarchie"[31] sind ein „slawisches Kleinbürgertum und ein italienisch sprechende[s] Großbügertum",[32] die um das spirituelle und politische Besitztum der Stadt ringen. Musil behandelt die Konflikte in einem kurzen Artikel, „Die Straßentafeln in Triest",[33] in dem er die einseitigen Verhältnisse in der lokalen Sprachpolitik beklagt. Die Straßenbeschilderung in Triest und ihren Vororten trägt ausschließlich italienische Aufschriften. Diese einsprachige Kennzeichnung im „Zentrum unseres Welthandels" sei ein „unhaltbarer Zustand".[34] Musil befürwortet die Einführung von dreisprachigen Aufschriften, auf Deutsch, Slowenisch und Italienisch, um den erwünschten Machtverhältnissen in der Stadt gerecht zu werden. Die Position im Artikel reflektiert Graf Leinsdorfs Einstellung gegenüber der Stadt: „Triest ist aber auch der einzige Welthafen der Monarchie, die für seine Ausgestaltung große Opfer gebracht hat; es gehört ganz Österreich und die allgemeine Vermittlungssprache unseres staatlichen und wirtschaftlichen Lebens ist die deutsche".[35] Der Autor etabliert eine klare Rangordnung, in der Deutsch die erste Sprache auf den Straßenschildern sein soll, gefolgt von Slowenisch und dann Italienisch, welches auf der letzten Stufe dieser Hierarchie verbleiben soll.[36]

Was Leinsdorfs Sorge mit den Gemeindeangestellten angeht, kann man anhand einer Reihe von Beiträgen in den September-Ausgaben von 1916 zurückverfolgen, wie sich die SZ ausdrücklich mit der Staatsbeamtenfrage beschäftigt. Im Leitartikel „Die Staatsbeamten"[37] denunziert der Autor, nach einem einleitenden Überblick über die grundlegende Problematik der Staatsverwaltung, die mangelnde Pflichterfüllung von

30 Ebd., S. 840.
31 Ebd., S. 841.
32 Ebd.
33 SZ, 29.10.1916, S. 5.
34 Ebd.
35 Ebd.
36 Musils weitere Beiträge, die sich mit der Sprachenfrage auseinandersetzen sind „Eine Staatssprache für Österreich", SZ, 24.09.1916, S. 2 und „Kannst Du Deutsch", SZ, 21.01.1917, S. 5.
37 SZ, 10.09.1916, S. 2.

Beamten, die ihre gesetzlichen und patriotischen Aufgaben als Gerüst des Staates zu wirken, grob und sträflich vernachlässigen. Triest wird in diesen zwei Aufsätzen zwar nicht direkt erwähnt, aber mehrere Indizien weisen eindeutig darauf hin, dass die spezifische Vorkriegssituation in der adriatischen Hafenstadt den Hintergrund dieser Bemerkungen ausmacht:

> Es entwickelten sich unter der Staatsbeamtenschaft nationale Gegensätze und nationale Bestrebungen, die die Eintracht unter der Staatsbeamtenschaft störten und das Bewußtsein ihrer Unparteilichkeit gegenüber der gemischtsprachigen Bevölkerung Österreichs in Frage stellten. [...] Ja es gab neben Staatsbeamten, die ihr Amt lediglich als Versorgung betrachteten, dem Staat aber fremd gegenüber standen, auch solche Beamten, die dem Staate direkt feindlich gesinnt, die Irredentisten waren.[38]

Dieser irredentistische Aufruhr unter den Reichsbeamten erhebt sich „[e]inige Zeit vor Beginn des Krieges",[39] also in einem Zeitabschnitt, der auch chronologisch mit den Unruhen in Triest 1913 übereinstimmt. Musil nimmt zur kontroversen Kündigung der Beamten in Triest Stellung und verteidigt den Beschluss des Statthalters, den subversiven Angestellten die frühzeitige Dienstfreistellung vorzulegen: „Daß die Entlassung aller jener Staatsbeamten notwendig ist, die gegen den Staat gearbeitet oder eine dem Staate feindlichen Gesinnung bewiesen haben, ist selbstverständlich; der Staat muß hiebei von seinem Notwehrrecht Gebrauch machen".[40] Der Hochverrat der Beamten in der Vorkriegszeit wiederholt sich kurz nach dem Ausbruch des Konflikts mit Italien, als Österreich seine eigenen Staatsbeamten notwendigerweise hinter Schloss und Riegel bringen muss.

Besonders schmerzhaft ist der Vertrauensverlust gegenüber dieser Gesellschaftsschicht: „Die Pflichten der Staatsbeamten und staatlichen Organe liegen in einem besonderen **Treueverhältnis** zum Staate".[41] Bemerkenswert ist die Tatsache, dass der Begriff im Originaltext fett gedruckt erscheint, was in der redaktionellen Praxis der SZ äußerst unüblich ist. Variationen der Schriftstärke sind in der Regel für die Titelseite und für Artikel- und Rubrikentitel bestimmt. Die Motivation dieser grafischen Hervorhebung lässt sich in einer thematischen Schwerpunktverlagerung der rhetorischen Strategie, die der Autor hier anwendet, ergründen. Der Irredentismus der Beamten ist ein Empö-

38 Ebd.

39 Ebd.

40 Ebd.

41 Ebd. In Regina Schaunig lobenswerter Ausgabe ist der Begriff nicht im Fettdruck wiedergegeben.

rung hervorrufender Treuebruch und Hochverrat, der den Erhalt des Reiches ernsthaft bedroht. In derselben Ausgabe beginnt der zweite Artikel „Der Bock als Gärtner“[42] mit dem Diktum: „Irredentisten als Staatsbeamte ist ein klaffender Widerspruch“.[43] Für die der Militärzeitung zugrundliegenden Staatsphilosophie entspricht das Konzept einer irredentistischen Beamtenschaft einem radikalen Oxymoron, einem unüberwindbaren Gegensatz, vor allem im Kontext einer Stadt, die knapp ein halbes Jahrhundert zuvor dem Kaiser feierlich einen Loyalitätseid schwur.

Grundlegend für diese Formulierungen ist die später explizit artikulierte Behauptung, dass eine allgemein verbreitete Untertanentreue noch weitgehend unter der italienischsprachigen Bevölkerung Österreichs beobachtet werden kann. Im Mittelpunkt der von Musil entwickelten Propagandastrategie steht die nicht weiter überprüfte Annahme, dass die Mehrheit der Österreicher italienischer Kultur und Sprache dem Kaiser loyal bleibt. Musils schneidend geübte Kritik behandelt den politisch fundierten Anspruch der Irredentisten nicht nur als irrelevante Minderheitsfrage, innerhalb dieser Unterminierungsstrategie entbehren die irredentistischen Forderungen auch jeglicher staats- und völkerrechtlicher Legitimität. Solch ein rhetorischer Griff kann aber nur durch die Zentralität von Triest im Irredentadiskurs eine historische Rechtfertigung finden. Es war ja schließlich die Hafenstadt an der Adria, und nicht Trient, welche Kaiser Franz Joseph 1849 mit dem Ehrentitel der *urbs fidelissima*, der allegetreusten Stadt, kürte. Angesichts der wesentlichen Statusdifferenzen zwischen den beiden Städten in der österreichischen kulturellen Vorstellung designiert Musil die Triester Reichsloyalität als paradigmatisches Modell für seinen Irredentadiskurs, ein Modell, das dann also auch in den Propagandatexten über Trient Anwendung findet.

Schon im ersten Artikel der Irredenta-Rubrik betont Musil den Vorrang Triests. In „Das Café Municipio“[44] beschreibt der Autor das Kaffeehaus in Triest als Stammlokal und Verbrechernest der Irredentisten, die dort den Kaiser beleidigen, eingeschmuggelte Zeitungen aus Italien lesen und gefälschte Reisepässe austeilen. Diese inoffizielle Verwaltungseinheit der Irredentisten nimmt zugleich einen symbolischen Stellenwert für die subversiven Aktivitäten italienischer Patrioten der Vorkriegszeit ein. „So war es in den Tagen, Wochen und Monaten vor

42 SZ, 10.09.1916, S. 3-4.
43 Ebd., S. 3.
44 TSZ, 20.07.1916, S. 1-3.

Kriegsausbruch mit Italien; es muß nicht gerade Triest so gewesen sein und das Kaffeehaus, von dem ich erzählte, muß auch nicht immer so geheißen haben, wie ich sagte: denn irgendein Café Municipio gab es in allen Orten Welschösterreichs".[45] Die Szene veranschaulicht die organisatorische Dynamik anderer revoltierender Kaffeehäuser im Reich. Der Autor versäumt es nicht zu erwähnen, dass „im Mittelpunkt ihres verbrecherischen Treibens fast immer der Bürgermeister oder der Magistrat selbst" steht[46], ein eindeutiger Hinweis darauf, dass Musil sich schon zwei Monate vor der Veröffentlichung des Manci-Artikels über die Rolle der irredentistischen Bürgermeister Gedanken macht. Laut Musil widerspricht die bedauerliche Partizipationsrate am irredentistischen Aufruhr von Bürgermeistern und Magistraten, Staatsbeamten und Journalisten, der reichsloyalen Tendenz unter breiten Bevölkerungsschichten. „Wer nicht beteiligt war – und zur Ehre der italienischen Österreicher muß man sagen, daß es immerhin einige waren, vor allem das Landvolk...",[47] musste aber damit rechnen, dass ihre „gleichgültige oder gar österreichische Gesinnung" sie in erhebliche Schwierigkeiten versetzte. „Es war nicht das Volk, nicht der Bauer und rechtliche Handwerker, sondern unruhige Störenfriede, die dann freilich auch viele andere mitrissen oder einschüchterten".[48] Wiederum dient Triest als Muster für die Kaisertreue in anderen Gebieten. Ähnliche Aussagen erscheinen in „Trient einst und jetzt",[49] in dem der Autor sich mit der Geschichte eines „loyalen welschtiroler Bauernvolkes"[50] beschäftigt. Der Autor zitiert in seinem Artikel den Theologen Dr. Alois Flir, der die Revolution 1848 in Südtirol beschrieb: „Die italienischen Freischaren erwarteten sich zwar eine herzliche Begrüßung von seiten der Zivilbevölkerung, wurden aber mit geringer Wertschätzung empfangen. Daraus ersehen Sie, daß die welschtiroler Bevölkerung keinen sonderlichen Enthusiasmus für den Anschluß an Italien hat".[51]

Wenn sich die nationalistische Begeisterung tatsächlich in Grenzen hält, wie erklärt man sich die Verlockung der Irredentistenpropaganda? Für Musil entwickelt sich die Irredentafrage teilweise als ideologisch geführter Klassenkampf zwischen den national gesinnten Führungskreisen und den kaisertreuen Gesellschaftsschichten der Händler,

45 Ebd., S. 2.
46 Ebd.
47 Ebd.
48 Ebd., S. 3.
49 SZ, 29.10.1916, S. 2-3.
50 Ebd., S. 3.
51 Ebd., S. 3.

Handwerker und Bauern und teilweise als sich langsam zuspitzender Generationskonflikt zwischen eher zurückhaltenden und statusbewahrenden Eltern und einer rebellierenden Jugend, die von heldenhaften Abenteuern schwärmt. Musil beschreibt die Triester Irredentisten als „meist junge Burschen, die noch in die Zucht der Schule gehörten",[52] oder als „Zöglinge" deren „geistige, sittliche und religiöse Erziehung"[53] von hochverräterischen Kommunalbehörden fehlgeleitet wurde. Ihr Ziel ist die „vollkommene Auslöschung jedes österreichisch-patriotischen Gedankens".[54] In Triest, wie im oben erwähnten, stilistisch bilderreichen Artikel „Der Spion als Pädagoge" betont wird, treibe der „radikal-nationale irredentistische Hexensabath vom Schreier und Kaffeehausschwätzer bis zum gefährlichen Verschwörer in den geheimsten Konventikeln"[55] die Jugend ins nationalistische Verderben.

Ausführlicher geht Musil auf diese Frage im Artikel „Wie das Büblein Irredentist wird"[56] ein. Der Leitartikel liest sich als Fortsetzung des in der vorhergehenden Ausgabe erschienen Beitrags „Oberdank",[57] in dem der kaiserliche Attentäter als „Mordsbube"[58] bezeichnet wird. Der Autor wechselt geschickt den Kontext und Protagonisten: Es geht nun um ein fiktives „Knäblein"[59] namens Italo aus der „österreichischen Stadt Trient"[60] und um seine Schulerziehung. Wie schon in Graf Leinsdorfs Gespräch mit Ulrich, geht es oft um den Geburtstag des Kaisers. „Was Italo sonst in der Schule hört von Kaiser und Reich [...] ist wenig und nichts. [...] Nicht einmal mit einem Ferialtag kann er den Kaiser von Österreich in Verbindung bringen, denn dessen Geburtsfest oder Namensfest fallen gerade in Zeiten, wo in Trient die Schule geschlossen ist".[61] Verantwortlich für diese irredentistischen Exzesse bleibt die mangelhafte Erziehung zum österreichischen Staatspatriotismus. Die Irredentisten nutzten einen entscheidenden pädagogischen Vorteil, indem sie ihr ideologisches Programm richtungweisend in das Zivilbewusstsein der Jugend einprägten und somit die Entwicklung zum subversiven Politikaktivismus fördertenn. Musil identifiziert knapp das Problem:

52 TSZ, 20.07.1916, S. 2.
53 SZ, 15.10.1916, S. 2.
54 Ebd.
55 Ebd.
56 SZ, 03.09.1916, S. 3-4.
57 SZ, 27.08.1916, S. 4-5.
58 Ebd., S. 4.
59 SZ, 03.09.1916, S. 3.
60 Ebd.
61 Ebd., S. 4.

„Wir sehen hier den Irredentismus als Erzieher".[62] Hier knüpft Musil an einen weiteren Themenbereich der SZ an, und zwar an die Frage der Erziehung zum österreichischen Patriotismus. In derselben Ausgabe erscheint „Die Erziehung zum Staat", ein Text, der dem Autor schon zugeschrieben worden ist. Das Versagen des Schulwesens in der Erziehung zum Staatspatriotismus wird ja dann bekanntlich im fünften Kapitel von *Der Mann ohne Eigenschaften* persifliert, ein weiterer Hinweis darauf, dass der Autor untersuchte Themen seiner Kriegspublizistik im Roman wieder aufnimmt.

Der vorliegende Zuordnungsversuch gestaltet sich als Rekonstruktion eines thematisch kohärenten und sprachlich kongruenten Diskurses über den italienischen Irredentismus, der von der Redaktionsleitung der (T)SZ konsequent durchgeführt wurde. Inhaltlich wirken in der pädagogisch-propagandistischen Zielsetzung Triest und Trient oft austauschbar, obwohl die Triest-Frage für den Irredentadiskurs eindeutig den rhetorisch-strategischen Ton angibt. Das Resultat ist ein dicht geflochtenes Textgewebe, in dem man die Feder Musils erkennen oder wenigstens vermuten kann. Die zur Beurteilung der Texte beachteten Kriterien erlauben, die Artikel in drei Kategorien einzuordnen: Eine erste Gruppe enthält Beiträge, die offenkundige lexikalische und syntaktische Übereinstimmungen mit dem *Mann ohne Eigenschaften* umfassen; eine zweite Liste besteht aus Texten, die zwar keine Wortgleichheit aufweisen, aber doch stilistisch und rhetorisch deckungsgleiche Formulierungen und direkte thematische Zusammenhänge mit dem Roman dokumentieren. Von dieser Vergleichsbasis ausgehend wird eine dritte Gruppe von einschlägigen Texten erkennbar, die eindeutige Querverweise zu Artikeln aufweisen, die Musil schon zugeschrieben oder zur Diskussion gestellt wurden. In der Attribuierungsdiskussion entsprechen diesen drei Kategorien natürlich drei leicht abgestufte Wahrscheinlichkeitsgrade.[63] Viele dieser Texte erfüllen jedoch mehr als ein Kriterium und weisen eine intertextuelle Kohäsion auf, einen inneren Zusammenhalt, der die Zuordnung mehr als plausibel macht und zumindest einen weiterführenden Denkanstoß für die Forschungsgemeinschaft generiert. Die hier nicht vollständig erwähnte Anzahl von Texten und die Fülle der Querverweise erfordern eine tiefere und breitere Untersuchung, die aus Platzgründen an dieser Stelle nicht möglich ist.

---

62 Ebd.

63 In der Zuschreibung der Beiträge postuliert auch Helmut Arntzen Schattierungsvarianten der Wahrscheinlichkeit. Vgl. Helmut Arntzen, *Musil-Kommentar sämtlicher zu Lebzeiten erschienen Schriften außer dem Roman Der Mann ohne Eigenschaften*, München, 1980, S. 179.

Karl Corino

Robert Musil und die tschechoslowakische Irredenta in der *Soldaten-Zeitung* und in der *Heimat*

Mit der Versetzung nach Bozen Anfang Mai 1916 begann für Musil eine neue Epoche. Nach sechs Wochen Dienst bei der Auszeichnungsgruppe wurde er zur TSZ transferiert, ab 8. Oktober 1916 wurde er verantwortlicher Redakteur des Blattes. Dessen Aufgabe war es, Verständnis zu wecken für die „Lebensfragen des Staates und der Armee". Das bedeutete natürlich auch, die irredentistischen Bestrebungen zu bekämpfen, sei es in Südtirol oder in den Kronländern Böhmen und Mähren.

Die Umtriebe der tschechischen Emigration durften dabei nicht außer Acht gelassen werden. Die Redaktion scheint über geheimdienstliche Informationen verfügt zu haben. So konnte sie am 3. September 1916 über „Hochverräterische Presse" im Ausland berichten und melden, „Cechoslovak" erscheine russisch, tschechisch und slovakisch in Petersburg, die „Nation tscheque" französisch in Paris, und die „Cechoslovenska Samostatnost" ebendort auf Tschechisch.

Am 10. September 1916 berichtete die SZ so über eine „Tschechenversammlung in London".

> Auf einer Versammlung der Londoner Kolonie der Tschechen und Südslawen [...] betonte der Vorsitzende Viscount Templetown, daß die Notwendigkeit der Zerstückelung Oesterreich-Ungarns außerordentlich wichtig für die Sicherung des zukünftigen Friedens Europas sei, weil dadurch dem deutschen Generalstab künftig die Macht genommen werde, die Hand auf die Untertanen der unterdrücken slawischen Nationalitäten zu legen, die gegen ihren Wunsch und Willen gezwungen seien, für die Verwirklichung der deutschen Expansionspläne im Orient zu kämpfen. Ein Redner sagte, Englands Aufgabe sei erst beendet, wenn der preußische Militarismus zerschmettert und jenes baufällige Reich, das noch ein größerer Sünder sei als Preußen, zerstückelt worden sei. Der frühere tschechische Abgeordnete im österreichischen Parlament, Professor Masaryk, jetzt Lehrer am King's College in London, erblickte in der Kriegserklärung Englands an Oesterreich-Ungarn eine Anerkennung der Tatsache, daß Oesterreich-Ungarn zu vernichten sei.[1]

---

1 SZ, 10.09.1916, S. 6. Regina Schaunig, *Der Dichter im Dienst des Generals. Robert Musils Propagandaschriften im Ersten Weltkrieg*, Klagenfurt/Wien, 2014, S. 358, zählt diesen Text zu den Beiträgen, die im Hinblick auf eine Verfasserschaft Musils

Kommentiert wurde diese Meldung in der SZ nicht. Vertraute man darauf, die Leser seien kaisertreu genug, um die Verräter zu verachten? Dabei gab es eine positiv-verstärkende Redaktionsstrategie und eine kritisch-abwehrende. Man zeigte etwa den berühmten 30cm-Skoda-Mörser als Spitzenprodukt der tschechischen Waffen-Technologie[2] und tat an hervorgehobener Stelle, auf dem Titelblatt, einen „Blick in die Skodawerke" (19. November 1916). Und man würdigte Waffentaten tschechischer Soldaten mit Bild und kurzer Beschreibung.[3]

Bald nach Musils Dienstantritt, in der Nummer vom 20. August 1916 finden wir einen anonymen Artikel, der das Kapitel 98 im *Mann ohne Eigenschaften* präludiert und zum Teil wörtlich vorwegnimmt: „Aus einem Staat, der an einem Sprachfehler zugrundegegangen ist" heißt dieses Kapitel im Roman.[4] In der SZ lautet die Überschrift „Bin ich ein Oesterreicher?" Die Kernsätze:

> Frage nur einen Bauern in Galizien, einen Schuster in Krain, einen Advokaten in Böhmen, einen Lehrer in Wien, einen Geistlichen in Nordtirol und einen Richter in Südtirol, was sie sind. Du bekommst ganz sicher die Antwort: ein Pole, ein Slowene oder vielleicht ein Krainer, ein Deutschböhme oder ein Tscheche, ein Niederösterreicher oder allenfalls ein Deutschösterreicher, ein Tiroler, ein Italiener. Kein einziger wird auf Deine so einfache Frage ebenso einfach antworten: ‚Ich bin ein Oesterreicher'!

Das liege daran, dass es für diese Herkunften keinen gemeinsamen Namen gebe, sondern nur umständliche Umschreibungen wie „die im Reichsrate vertretenen Königreiche und Länder". Das Fehlen einer „faßbaren Bezeichnung für den Staat hat daher wesentlich dazu beigetragen, daß der österreichische Staatsgedanke verloren gegangen ist, ja daß die einzelnen Nationen und Stämme Österreichs den Staat als etwas Wesensfremdes ansahen und behandelten." Deswegen müsse der Staatsbegriff „Kaisertum Oesterreich" gesetzlich festgelegt (und durchgesetzt) werden. Dass der einzelne Österreicher deutsch, italienisch, polnisch oder slowakisch spreche, trete dann in den Hintergrund, „denn über

„zusätzlich zur Diskussion" gestellt werden sollten. Da der Artikel der SZ auf einen Bericht der *Morning Post* rekurriert und Musil praktisch kein Englisch sprach, ist seine Verfasserschaft nicht sehr wahrscheinlich. Allenfalls die Bearbeitung zugereichten Materials. Verantwortlicher Redakteur für die ganze SZ wurde Musil offiziell erst am 8. Oktober 1916.

2 Titelblatt der SZ vom 24.09.1916.

3 So etwa im Falle des Piloten Paul Hablitschek, der mit der silbernen Tapferkeitsmedaille 1. Klasse ausgezeichnet worden war. (SZ, 24.09.1916, S. 9)

4 *Mann ohne Eigenschaften*, Kap. 98, S. 445 ff.

seiner Nationalität steht der Staat, dem er sich unterordnen muß, wenn ihn der Staat in seiner Nationalität erhalten und ihm d e n Schutz geben soll, den nur ein kräftiger Organismus allen seinen Gliedern geben kann." Am Ende werde jeder der Befragten in der Monarchie antworten „Ich bin ein Oesterreicher!" Soweit das scheinbar simple Rezept der SZ.[5]

Gleichzeitig versuchte sie, die tschechischen Bestrebungen nach Unabhängigkeit zu delegitimieren. So etwa in der Glosse „Das böhmische Staatsrecht" in der Ausgabe vom 19. November 1916:

> Tschechische Politiker stützten ihre Forderung auf Einräumung einer staatsrechtlichen Selbständigkeit für die Kronländer Böhmen, Mähren und Schlesien auch auf ein nach Sprache und Schrift aus dem 14. Jahrhundert stammendes Dokument, die sogenannte Königinhofer Handschrift. Sie wurde jedoch einwandfrei als eine Fälschung aus dem 19. Jahrhundert erklärt. Trotzdem tauchte sie zur Begründung des „böhmischen Staatsrechtes" immer wieder auf. In der letzten (98.) Vollversammlung des tschechischen Museumsvereines in Prag, die unter dem Vorsitze des Prinzen Dr. Friedrich Schwarzenberg stattfand, erstattete Prof. Dr. Jakubec Bericht über die Durchsicht der Museumssammlungen und stellte den Antrag, die Königinhofer Handschrift aus der Handschriftensammlung des 14. Jahrhunderts auszuscheiden und jener aus dem 2. Jahrzehnt des 19. Jahrhunderts zuzuweisen. Damit ist das Schicksal der von Wenzel Hanka 1817 auf dem Orgelchore der Königinhofer Kirche versteckten und dann als ‚Fund' an das Tageslicht gebrachten Handschrift endgiltig besiegelt.[6]

Neben der Wissenschaft kämpfte die österreichische Justiz gegen die tschechischen Bestrebungen nach Unabhängigkeit. In der Nummer vom 3. Dezember 1916 ließ der verantwortliche Redakteur Landsturm-Oberleutnant Dr. Robert Musil über eine Reihe von Strafurteilen berichten:

> Wie bereits mitgeteilt, wurden vom Landwehrdivisionsgericht in Wien Dr. Karl Kramar und Dr. Alois Rasin wegen der Verbrechen des Hochverrates nach § 58 c St.[raf-]G.[esetzbuch] und wider die Kriegsmacht des Staates nach § 327 M.[ilitär-]St.[raf-]G.[esetzbuch], sowie der Sekretär der Zeitung ‚Narodni Listy' Vinzenz Cervinka und der Privatbeamte Josef Zamazal wegen des Verbrechens der Ausspähung nach § 321 M. St. G. zum Tode verurteilt. Gegen dieses Urteil hatten die Obgenannten die Nichtigkeitsbeschwerde beim Obersten Landwehrgerichtshof eingebracht, der diese in einigen Punkten schon in nichtöffentlicher Sitzung zurückwies. Der Gerichtshof hat nun nach achttägiger öffentlicher Ver-

5 SZ, 20.08.1916, S. 2.
6 SZ, 19.08.1916, S. 6.

> handlung erkannt, daß der Nichtigkeitsbeschwerde auch in den restlichen angefochtenen Teilen keine Folge gegeben wird. ….nunmehr ist das Urteil der ersten Instanz rechtskräftig geworden.[7]

Vier Todesurteile – drakonische Strafe zur Abschreckung anderer freiheitsdurstiger Tschechen. Und dass solche Urteile auch vollstreckt wurden, wenn man der geflohenen Irredentisten habhaft wurde, dies zeigt der Fall Cesare Battisti, der am 12. Juli 1916 gehängt worden war.

In derselben Rubrik „Auf dem Beobachterstand" berichtete die SZ weiter:

> Dieser Tage wurde vom Obersten Landwehrgerichtshofe die von den Reichsratabgeordneten Choc, Burival, Vojna und Netolicky gegen ihre Verurteilung wegen Mitschuld am Hochverrate eingebrachte Nichtigkeitsbeschwerde verworfen […]; die genannten Abgeordneten wurden Ende Juli zu mehrjährigen verschärften Kerkerstrafen verurteilt, weil sie an Beratungen des ins Ausland geflüchteten, wegen Hochverrates verfolgten Abgeordneten Professors Dr. Masaryk teilnahmen.[8]

Mit Masaryk wird der Mann genannt, der für den Rest des Krieges zum eigentlichen Gegenspieler Robert Musils wurde. Und der in Alois Musil, Roberts Vetter, sogar eine Art heimlichen Helfer hatte. Denn als Berater des jungen Kaisers Karl war Alois an Amnestien beteiligt, die der Herrscher von Zeit zu Zeit politischen Delinquenten angedeihen ließ.[9] Am 4. Februar 1917 meldete die SZ einen Gnadenakt des Kaisers. Dr. Karl Kramar, Dr. Alois Rasin, Vinzenz Cervinka und Josef Zamazal wurde die Todesstrafe erlassen. Stattdessen wurden verschärfte Kerkerstrafen verhängt. Gegen Kramar 15 Jahre, gegen Rasin 10 Jahre, gegen Cervinka und Zamazal je 6 Jahre.[10] Das Kriegsende wird dafür gesorgt

---

7 SZ. 3.12.1916, S. 8f.

8 Ebd. S. 9.

9 Erich Feigl, *Musil von Arabien. Vorkämpfer der islamischen Welt*, Frankfurt a M./ Berlin, 1988, S. 383

10 SZ, 4.02.1917, S. 2f. Die SZ zitierte die Urteilsbegründung für das ursprüngliche Todesurteil fast eine ganze Seite lang in Kleindruck. Stellvertretend sei hier der Beginn der Sentenz gegen Dr. Kramar angeführt: „Das erstrichterliche Urteil hat festgestelllt, daß Dr. Kramar als Führer der panslawistischen Propaganda in Böhmen und der tschechischen russophilen Bewegung durch bewußtes Zusammenwirken mit den auf die Zertrümmerung der Monarchie abzielenden Unternehmungen sich vor und nach Ausbruch des Krieges gegen den eigenen Staat betätigt hat. Sowohl im feindlichen als auch im neutralen Auslande hat eine weitverzweigte und organisierte revolutionäre Propaganda eingesetzt, die sich zum Ziele nahm, die Zertrümmerung unserer Monarchie durch Losreißung von Böhmen, Mähren, Schlesien, der ungarischen Slowakei und anderer von Slawen bewohnter Gebiete sowie durch Herbeiführung und die Vergrößerung einer Gefahr für die österreichisch-ungarische Monarchie von außen, einer Empörung und eines Bür-

haben, dass davon nur knapp 2 Jahre abgesessen werden mussten, aber unter den Haftbedingungen des Krieges war selbst eine solche Frist kein Zuckerschlecken. Die Gefangenen hatten nicht selten Hungerödeme. Umgekehrt fürchtete Masaryk, in seinem Londoner Exil von einem österreichischen Agenten oder einem Fanatiker umgebracht zu werden![11] Während die zentrifugalen Kräfte zunehmen und Masaryk sich anschickt, in Russland die tschechische Legion auf die Beine zu stellen, behauptet die SZ kurz vor ihrem Ende (4. März 1917), unter dem Zwang des Krieges habe sich Österreich in einen zentralistischen Einheitsstaat verwandelt. Die Weltlage Österreichs verlange unausweichlich, dass es sich als starke, geschlossene Einheit organisiere.

> [...] wer überhaupt einen Staat will, muß wollen, daß er stärker sei als seine Bestandteile, sonst ist es eben kein Staat, sondern ein loser Verband ohne Gewähr seiner Dauer. Alles muß dem Ganzen dienen und jedes Glied seinen Wirkungskreis entsprechend dem Zwecke des Ganzen zugemessen bekommen, das ist der Sinn jeder wirklichen Organisation [...] auch in Österreich müssen zuerst die Notwendigkeiten des Ganzen in Betracht kommen und erfüllt werden, dann erst lässt sich von Rechten der einzelnen Teile sprechen.[12]

Bei dieser Linie blieb es, als Musil im März 1918 die nächste Soldatenzeitung übernahm, die *Heimat*. Aufgabe des Blattes waren Wochenberichte über die gute militärische Lage der Monarchie, die Bekämpfung der „im Hinterland zutage tretenden destruktiven Strömungen“ und des Bolschewismus. Und es focht gegen die Behauptung, Österreich tyrannisiere seine Völker. Der Leitartikel der *Heimat* vom 6. Juni 1918 hielt dagegen:

> Werden die Kroaten gezwungen, eine andere Sprache als Kroatisch zu sprechen oder die Tschechen oder die Italiener? [...] Weil wir als ein Kulturvolk nicht abdanken wollen, halten wir an Oesterreich [fest]. Wenn wir Narren wären, die sich mit einer fiktiven Freiheit abspeisen lassen, die keine ist, dann würden wir die huzulische und die kuzowalachische Republik und noch einige Dutzend selbständige Gemeinwesen und Zwergstaaten aus Oesterreich machen, willkommene Beute des geringsten Streites und schließliche Beute eines starken Nachbarn, der es natürlich

gerkrieges im Inneren vorzubereiten und die mit allen Mitteln insbesondere auf die Bildung eines von Oesterreich-Ungarn unabhängigen tschechischen Staates hinarbeitete.“ Als Gesinnungsgenosse und Helfershelfer wird natürlich an erster Stelle Masaryk genannt.

11 Tomáš Garrigue Masaryk, *Masaryk erzählt sein Leben. Gespräche mit Karel Capek*, aus dem Tschechischen übersetzt von Camill Hoffmann, Zürich, o. J. [1938], S. 170.

12 SZ, 04.03.1917, S. 3.

> gern sähe, der Kuchen, den er, so wie er ist, nicht auf einmal verschlingen kann, verkleinere sich selber in kleine Stücke, mit denen er rascher und bequemer fertig werden könnte.[13]

Dass der tschechische Separatismus nicht bloß von einem freiheitstrunkenen Republikanismus gespeist wurde, sondern auch auf massive soziale Probleme zurückging, das erschloss sich eher aus dem Kleingedruckten, aus den Nachrichten über Gewerbe und Landwirtschaft. Da wird in der *Heimat* vom 11. Juli 1918 über den Vortrag des Prager Internisten Professor von Jaksch über die zukünftige Ernährungspolitik berichtet. Über die Gegenwart erfährt man, dass in den „böhmischen industriellen Notstandsgebieten" das Hungerödem weit verbreitet war.[14]

Wenn es in der Sitzung des Abgeordnetenhauses vom 16. Juli 1918 zu „Lärmszenen der Tschechen und Südslawen kam, dann hatte das wohl auch mit den „Ernährungsschwierigkeiten" zu tun.[15] Abhilfe wurde – auf dem Papier – im literarischen Beiprogramm geschaffen, weniger in Allegorien Jan Nerudas über Nacht und Tag[16] als in Kalendergeschichten Vinzenz Chiavaccis, in denen Kaiser Joseph II. einen darbenden Veteranen persönlich mit einem großen Geldgeschenk alimentiert.[17]

Auf die unmittelbare Umgebung Masaryks wird, wenn man dem lückenhaften Material trauen darf, übrigens nur einmal gezielt. In der Ausgabe der *Heimat* vom 18. Juli 1918 heißt es unter der Überschrift „Die bloßen Phrasen":

> Eduard Benes, der ‚Generalsekretär des tschechoslowakischen Nationalrates', mahnt die Regierungen der Entente daran, daß es endlich [...] Zeit wäre, mit bloßen Phrasen aufzuhören. Und er hat recht. Denn bis jetzt hat die Entente für die brachen [?] Verräter wirklich nur Phrasen übrig gehabt. Es ist ja auch gar nicht so leicht, irgend etwas wirklich zu tun, und Herr Benes hat gut reden und verlangen, jetzt, wo sie auch räumlich weiter von ihrem Ziel entfernt sind, als vor dem Krieg.[18]

Benes saß damals in London und Paris, Masaryk organisierte nach der russischen Februarrevolution 1917, seit Mai jenes Jahres, die tschechoslowakische Exilarmee auf russischem Boden. Es ist richtig, dass diese Protagonisten sehr weit entfernt von Prag agierten, aber politisch kamen sie ihrem Ziel immer näher. Am 29. Juni 1918 akzeptierte Frankreich

13 *Heimat*, 06.06.1918, S. 1
14 *Heimat*, 11.07.1918, S. 4.
15 *Heimat*, 18.07.1918, S. 1.
16 Jan Neruda, *Tag und Nacht*. Aus dem Tschechischen übersetzt von Bruno Klar, in: *Heimat*, 30.05.1918, S. 5.
17 Vinzenz Chiavacci, *Der Barbier des Kaisers*, in: *Heimat*, 16.05.1918, S. 3 f.
18 *Heimat*, 18.07.1918, S. 4.

als erster Alliierter den tschechoslowakischen Nationalrat als Grundlage einer künftigen Regierung. Großbritannien folgte am 9. August, die Regierung der USA am 3. September 1918.

Am 14. Oktober bildete Benes in Paris aus dem bisherigen Nationalrat die provisorische tschechoslowakische Regierung mit Masaryk als Ministerpräsidenten. Da wurde der Spott allmählich wohlfeil. Die Monarchie hatte keine Kraft mehr, die zentrifugalen Kräfte im Großen wie im Kleinen zu bändigen, mochten die Warnungen vor Desertion noch so dringlich sein.[19]

Um Soldaten aus den sogenannten ‚unerlösten Nationen' leichter zu erreichen, gab es neben der deutschen Ausgabe auch eine ungarische, *Üzenet*, eine kroatische, *Domovina*, und eine tschechische, *Domov*, die endlich komplett ins Deutsche übersetzt, manche Überraschung bereit halten könnten. Die Redaktion dieses Filialblattes hatte Mitarbeiter wie Arne Laurin und Otto Pick, aus den 20er Jahren bekannte Prager Journalisten. Trotz dieses qualifizierten Personals war das Blatt nach dem Urteil Frána Srámeks so „miserabel, daß es weder auf Böhmen noch auf die Tschechen einen Schatten werfen konnte."

> Niemand las ihn [den *Domov*], vielleicht etwa 150 uninformierte Soldaten hatten ihn abonniert. Er diente zur Erheiterung. Die Redaktion erhielt interessante Briefe von tschechischen Soldaten; Arne Laurin hat, glaube ich, eine ganze Sammlung davon. Einer schrieb wörtlich etwa so: ‚Ihr Blatt ist in meine Hände gelangt: Es ist das blödeste Blatt, das mir je zu Gesicht gekommen ist. Deshalb wird es bestimmt nicht eingestellt werden. Ich bezahle im voraus, schicken Sie es zu.' Mit genauer Adresse. Das Blatt wurde zugeschickt. Warum auch nicht? Sollte der Junge noch einmal etwas zu lachen haben.[20]

Die Redakteure waren in einer schwierigen Lage. Sie hatten die habsburgische Herrschaft über Böhmen und Mähren zu verteidigen, während das tschechische Korps mit den Freiwilligen aus den russischen Gefangenenlagern nach Masaryks Worten „das erste wirkliche, wenn auch exterritoriale Stück unseres künftigen Staates" bildete.[21]

Musil verlangte von seinen Untergebenen offenbar nicht mehr als das absolut Notwendige und verteidigte sie gegen Kritik. Noch 1926 bedankte sich Laurin bei Musil nach den Gesetzen der Dankbarkeit: „Ich

19 *Heimat*, 11.07.1918, S. 3.

20 Robert Musil, *Briefe nach Prag*, hg. v. Barbara Köpplová/Kurt Krolop, Reinbek b. Hamburg, 1971, S. 87.

21 Masaryk, *Masaryk erzählt sein Leben* (Anm. 11), S. 194.

kann und werde nie vergessen, wie gut sie zu mir waren in der sicherlich schwersten Zeit meines Lebens."[22]

Es kam, wie es wohl kommen musste. Die Tschecho-Slowaken bekamen mit der Niederlage der Mittelmächte ihren eigenen Staat, Masaryk wurde in absentia im November 1918 zum Präsidenten gewählt, bei den Friedensverhandlungen von Versailles wurde sein Produkt, eben diese neue Republik, nicht als Nachfolgestaat des feindlichen Österreich-Ungarn behandelt, sondern als Alliierter und entsprechend belohnt.

Der Geburtsfehler war freilich, dass die neue Tschechoslowakei, hervorgegangen aus einem Vielvölkerstaat, wieder beträchtliche Minderheiten einschloss: Deutsche in den Sudeten, Ungarn in der Slowakei. Das führte 20 Jahre später letztlich zum Untergang jenes jungen Gemeinwesens. Die Etablierung des neuen tschechoslowakischen Staates ging leider nicht so friedlich-schiedlich über die Bühne, wie man das von einem Philosophen auf dem Präsidentenstuhl vielleicht erwartet hätte. Als sich am 4. März 1919 die Wiener Nationalversammlung konstituierte, demonstrierten die Sudetendeutschen für ihr Selbstbestimmungsrecht. Masaryks Militär schoss in die Menge – es gab viele Tote und Verwundete.

In eben jenem März 1919 veröffentlichte Musil einen Essay für den Anschluss Österreichs an Deutschland, der damals von allen österreichischen Parteien befürwortet und dann von den Friedensverträgen verboten wurde. Er geißelte bei dieser Gelegenheit auch den lange „unbefriedigte[n] Staatsspieltrieb der Tschechen, der sich jetzt in ihrem Puppenstuben[-]Imperialismus auslebt und, enthielte er nicht so viel Rückgewandtheit, Großmannssucht und Eigensinn, eigentlich rührend wäre", und er erinnerte einmal mehr an die „Zeit der Königinhofer Handschrift […], als Millionen Menschen, durch einen Fälscher beschwindelt, der ihnen Dokumente einer alten selbständigen Kultur vorspiegelt[e], sich die Täuschung durch keine Widerlegung mehr rauben lassen wollten und so falschen Zeugnissen beinahe eine höhere Wahrheit als die historische, nämlich die des glühenden Verlangens gaben".[23]

An Deutlichkeit im Hinblick auf die prima fraus des tschechoslowakischen Staats ließ Musil nichts zu wünschen übrig. Die politische Lage der Deutschen im neuen Staat war miserabel, sie bekamen die Quittung für eine jahrhundertelange Dominanz. In der Nationalversammlung waren sie nicht vertreten, obwohl es um eineinhalb Millionen Wählerstimmen ging. Die Wiener Arbeiterzeitung vom 3. April 1920, die Musil

22 Musil, *Briefe nach Prag* (Anm. 20), S. 65
23 GW II, S. 1036.

exzerpierte, sprach von einer „Diktatur des tschechischen Volks über das deutsche“ und Musil überbot das noch mit der heute übertrieben klingenden Formulierung „weltgeschichtlich eine der schwersten Formen der Sklaverei“.[24]

Seine Prognose für den tschechoslowakischen Staat war deshalb auch sehr skeptisch. Sein Brief vom 23. April 1921 an Arne Laurin, den Chefredakteur der *Prager Presse* ist eines der wichtigen politischen Dokumente der frühen Nachkriegszeit.

> Uns Deutschen ist ein unerträgliches Unrecht zugefügt worden. Es ist unvermeidlich, daß wir nach einer Neuordnung Europas streben. Es ist unvermeidlich, daß wir eine Revision der Frieden [?] fordern. Aber sie soll keine restitutio in integrum sein, sondern sie muß aus der Machtpolitik und der Revanchekette hinausführen. Statt der Konstitution Europas in rivalisierenden Bestialstaaten muß eine Form der Vereinigung der in sich geeinten Völker untereinander gefunden werden, überstaatlich und möglichst unstaatlich. Ich glaube, daß der tschechische Staat ein großes Interesse daran hat, daß solche Anschauung entsteht, denn wenn er sich nur auf die Macht stützt, so ist er zwar heute gesichert, für die ganzen nächsten hundert Jahre möchte ich aber nicht die Garantie übernehmen müssen.

Sein Staat überlebte den Tod des Präsidenten Masaryk († 1937) nur knapp zwei Jahre, bis er von Hitler (in seiner Wortschöpfung) hachaisiert, sprich brutal liquidiert wurde.

24 TB I, 1976, S. 550.

Micaela Latini

Robert Musil und der festhaltende Blick: kriegerische Triëdere in den Texten der *Tiroler Soldaten-Zeitung*

I.

Ein wichtiger Passus des Artikels „Kameraden, arbeitet mit!“ der (T)SZ – deren Redakteur Robert Musil war – hält fest: „das Schreiben [...] hat etwas Fatales“.[1] Wie das Leben, könnte man hinzufügen. Und das ist im Rahmen des Ersten Weltkrieges besonders wichtig.[2] Schreiben bedeutet in diesem Kontext nicht nur Ereignisse zu fixieren, sondern zu versuchen, ein gemeinsames Trauma festzuhalten und literarisch zu verarbeiten. Schreiben bedeutet in diesem Zusammenhang weiter, Zeugnis abzulegen von einer Welt, die im Untergang begriffen ist.[3]

1 „Kameraden, arbeitet mit!“, in TSZ, 6. August 1916, S. 3.

2 Zu Musil und dem Ersten Weltkrieg verweisen wir auf die folgenden Studien: Karl Corino, „Die Flucht aus dem Frieden. Robert Musil und der erste Weltkrieg“, in: *Das Plateau*, 145 (2014), S. 4-17 und ders., „Robert Musil. Aus der Geschichte eines Regiments“, *Studi germanici*, 1.2 (1973), S. 109-115; Alfred Doppler, „‚Seinesgleichen führt zum Krieg‘. Robert Musils Auseinandersetzung mit dem Krieg“, in *Literatur der Weimarer Republik. Kontinuität – Brüche*, hg. v. Michael Klein/Sieglinde Klettenhammer/Elfriede Pöder, Innsbruck, 2002, S. 59-68. Alexander Honold, *Die Stadt und der Krieg. Raum und Zeitkonstruktion in Robert Musils Roman „Der Mann ohne Eigenschaften“*, München, 1995, S. 181-222; Arno Rusegger, „‚Dass Krieg wurde, werden musste, ist die Summe all der widerstrebenden Strömungen und Einflüsse und Bewegungen, die ich zeige‘. Erster Weltkrieg und literarische Moderne – am Beispiel von Robert Musil“, in: Uwe Scheider/Andreas Schumann (Hg.), *Krieg der Geister*, Würzburg, 2000, S. 229-246, Albert Schlögl, „Musil und der Krieg“, in: *Wespennest. Zeitschrift für brauchbare Texte und Bilder*, 40 (1980), S. 75-82 und Paul Zöchbauer, *Der Krieg in den Essays und Tagebüchern Robert Musils*, Stuttgart, 1996.

3 Bekanntlich war es bisher unmöglich, mit Sicherheit zu rekonstruieren, welche der in der (T)SZ enthaltenen Artikel Robert Musil zuzuschreiben sind. Für eine allgemeine Bilanz der von Musil an die Frontsoldaten gerichteten Tätigkeit, vgl. Karl Corino, *Robert Musil. Eine Biographie*, Reinbek b. Hamburg, 2003, S. 560-567 und Elena Giovannini, *Der Parallel-Krieg. Zu Robert Musils Arbeit in der „Soldaten-Zeitung“*, wo sich auch Ähnlichkeiten auffinden lassen zu *Der Mann ohne Eigenschaften*, in: *Musil-Forum* 13/14 (1987/88), S. 88-99. Vgl. auch Michelle Ryckewaert, *Robert Musil Beiträge in der* SoldatenZeitung, Saarbrücken, 1973. Ein Ordnungsversuch auf diesem Gebiet wurde von Regina Schaunig vorgelegt, „*Viribus unitis*. Robert Musils Schreiben in kollektiver Anonymität“, in: *Musil-Forum*, 31 (2009/2010), S. 202-223 und Regina Schaunig, *Der Dichter im Dienst*

Während des Krieges betrifft die Notwendigkeit des Schreibens oder des Erzählens immer außerordentliche Ereignisse, Extremsituationen, die nicht allein durch die Begriffsbildung erklärt werden können. Die ethische Verpflichtung zur Beschreibung wird vom Bewusstsein der Unmöglichkeit, alles schreiben zu können, begleitet. Robert Musil musste die Tatsache zur Kenntnis nehmen, dass der Krieg dem Kämpfenden ein bloß eingeschränktes und zugleich gebrochenes Gewissen aufzwang, da er auch die Sinnesorgane trog und die Folgebeziehungen der Erinnerung vernichtete und verwirrte. Vor allem aber stellt sich im Kriegserlebnis eine problematische Beziehung her zwischen der Notwendigkeit zu verdrängen und dem Zwang zu vergessen. Diese Neigung, zu vergessen (oder zu verdrängen), ist bezeichnend für die Schwierigkeit, das, was man erlebt hat, als Kontinuum in den Kontext der eigenen, vorherigen und späteren Erfahrung einzufügen.

Ein zentrales und oft wiederholtes Motiv in der (T)SZ betrifft die Furcht, dass ein derartiges Ereignis so tief ins Vergessen versinken könnte, dass es aus der Erinnerung verschwindet. Und dies könnte eben gerade aufgrund seiner Unermesslichkeit geschehen, angesiedelt „an den Grenzen des Unmöglichen". Gegenüber einem solchen „Ungeheuren" erscheinen die zur Verfügung stehenden begrifflichen Koordinaten, aber auch die der Wahrnehmung und der Empfindung, ungeeignet, und die Erinnerung stellt sich als „schlechter Apparat" heraus, der wenig oder gar nichts behält. Im ersten (und auch bekanntesten) Beitrag für die (T)SZ, mit dem ermutigenden Titel „Kameraden, arbeitet mit!", wird die Notwendigkeit des Schreibens und des Datensammelns betont, weil die schockierende Neuartigkeit der laufenden Geschehnisse überhaupt erst so beschreibbar gemacht werden kann. Denn, wenn dies nicht geschieht, werden die Soldaten „in ein paar Jahren [...] nicht mehr wissen, wie es war".[4]

Der Autor fürchtet, dass das Kriegserlebnis vom Schatten der Verdrängung verdunkelt werden könnte, wenn die Soldaten „mit offenen Augen schweigen". Es ist wohl kein Zufall, wenn wir in demselben Artikel, der als das Manifest der Zeitung gelten kann, lesen:

---

des Generals, Klagenfurt/Wien, 2014 und in jüngerer Zeit von Harald Gschandtner, „Kriegspublizistik", in: *Robert-Musil-Handbuch*, hg. v. Birgit Nübel/Norbert Christian Wolf, Berlin/Boston, 2016, S. 434–440. Die Artikel, die vermutlich von Musil stammen, wurden übersetzt und auf Italienisch in einem wichtigen Band gesammelt: Robert Musil, *La guerra parallela*, hg. v. Fernando Orlandi, Trento, 1987, S. 175-199, später erneut veröffentlicht von Silvy edizioni, Trento, 2011.

4 „Kameraden, arbeitet mit!", in: TSZ, 6.08.1916, S. 3.

> Denn – ohne Übertreibung – ist doch das, was man an der Front jetzt seit zwei Jahren erlebt hat, rein als Erlebnis betrachtet, das noch nicht da war, etwas Ungeheures. Wenn ein Dichter eine Utopie geschrieben hätte, wie man in 2000 Jahren leben wird oder nach seiner Meinung vor 2000 Jahren gelebt haben soll: die Kühnheit keiner Dichterphantasie hätte ausgereicht, um mit solcher Selbstverständlichkeit etwas so Unglaubwürdiges zu behaupten, wie es das Leben ist, das Millionen von Männern seit zwei Jahren führen.[5]

Und am 1. April 1917 steht im Artikel „Der Frieden und die Zukunft" noch der Satz:

> So haben wir eine Weltgestaltung vor Augen, von der man vor dem Kriege höchstens in phantastischen Zukunftsromanen gesprochen hat, die wir aber schon als Wirklichkeit oder nahe Möglichkeit behandeln müssen.[6]

Das Leben an der Front ist vom alltäglichen Leben zu weit entfernt, als dass man es sich auf Distanz vorstellen könnte; ohne einen direkten Kontakt gibt es keinen Raum für eine glaubwürdige Erzählung.

Wer sollte „dieses Ungeheure" schreiben, wenn nicht die Soldaten? Mit der Erzählung der Kriegserfahrung kann man, aufgrund ethischer und ästhetischer Motivationen, weniger denn je Abwesende beauftragen. Es sind die „Soldaten der vordersten Linien", die, indem sie wiedergeben, was sie selbst erlebt haben (die Stimmung an der Front, das Lebendige), als Augenmenschen, zu „wahren Dichtern" werden.

In demselben Artikel der TSZ vom 6. August 1916 steht demzufolge auch der Satz: „Der Mann, der täglich Gefahr und Entbehrung erträgt, schreibt anders als einer, der sich das bloß vorstellt!"[7]

Der Autor weiß, dass er von Leuten umgeben ist, die nicht wissen, was lesen ist, die keine Bücher lesen – allenfalls eine Zeitung. Aber seiner Überzeugung nach kann jeder, der zum Sprachrohr seiner Augen wird, als ‚Dichter' betrachtet werden, weil der Dichter derjenige ist, der „die Dinge wie zum ersten Mal sieht". Daher der Aufruf an die Soldaten an der Front, an die Männer der Nachschubgebiete und an die neuen Nutzer der Fotokamera, sie mögen der Zeitung jegliche verfügbare Information zukommen lassen.

Denn „jeder Soldat der sich unbefangen von dem Rechenschaft gibt, was er sieht, wird ein Dichter".[8] Wer auch immer fähig ist, diese Erinne-

5 Ebd., S. 3f.
6 „Der Frieden und die Zukunft", in: SZ, 01.04.1917, S. 2.
7 „Kameraden, arbeitet mit!", in: TSZ, 06.08.1916, S. 3.
8 Ebd., S. 4. Die Betrachtungen in „Kameraden, arbeitet mit!" entsprechen denjenigen von Ludwig Wittgenstein in seinem Buch *Vermischte Bemerkungen*, in dem man lesen kann: „Möge Gott den Philosophen Einsicht geben in das, was vor allen

rungen zu retten, durch Worte, die beschreiben, oder durch Bilder, die erzählen, darstellen, bezeugen, erweist sich für Musil aller Ehren würdig. Die Erzählung der an der Front gemachten Erfahrung strukturiert sich nach einem Modell, das auch für das literarische Schreiben typisch ist und das zugleich unabhängig ist von der ästhetischen Fähigkeit dessen, der erzählt.

II.

Für diejenigen, die nicht schreiben wollen, schlägt der Autor die Benutzung der Kamera vor. Eben diese Bilder der Front – als „Bilder des seltsamen und großen Lebens" – müssen notwendigerweise fixiert werden, schriftlich mit beschreibenden Worten, oder auch, dank des Medusa-Auges der Kamera, versteinernd: „[…]das wird dahin sein, wenn wir es nicht festhalten".[9] Das Schlachtfeld wird als Blickfeld angeboten, und die Medien werden als Waffen angesehen.

Um die Macht der Wörter und der Bilder zu betonen, schreibt er: „Die Bilder der Tiroler Soldaten-Zeitung werden allen Kämpfern dieses Krieges dauernd die seltsame und große Gegenwart festhalten."[10]

Dem fotografischen Medium wird tatsächlich die Aufgabe anvertraut, das vorläufige Gerüst der Erinnerung zu stützen, die „das Dunkel des gelebten Augenblickes" zu hüten, und dann zu beleben.[11] Über die Kamera zu reden bedeutet, über den Blick zu reden, der fähig sein sollte, das, was vor unseren Augen liegt, *anders* zu sehen. Aber genau das ist typisch für den Dichter. Es gibt viele Textstellen der (T)SZ, in denen die Thematik des Blickes eine zentrale Rolle spielt, und in den meisten Fällen wird die Schwierigkeit des Schauens betont. Die Beschreibung des Krieges wird so in den Texten der (T)SZ häufig zu einer Darlegung der Unmöglichkeit, den Krieg ein für alle Mal zu beschreiben.

Augen liegt." (Ludwig Wittgenstein, *Werkausgabe*, Frankfurt a. Main, 1984, Bd. 8, S. 445-573, hier S. 539) „Einsicht haben" bedeutet hier, ein anderes, immanentes zweites Gesicht der Dinge zum Vorschein bringen.

9 „Kameraden, arbeitet mit!", S. 4.

10 Ebd., S. 4.

11 Ernst Bloch, *Das Prinzip Hoffnung I*, in: *Gesamtausgabe Bd. V*, Frankfurt a. Main 1990, S. 338. Zu diesem Thema verweisen wir auf die Arbeit von Bernd Hüppauf *Was ist Krieg? Zur Grundlegung einer Kulturgeschichte des Krieges*, Bielefeld, 2013, insbesondere S. 304-316 und S. 461-465 und *Ansichten vom Krieg. Vergleichende Studien zum Ersten Weltkrieg in Literatur und Gesellschaft*, hg. v. Bernd Hüppauf, Königstein, 1984.

Der Beitrag „Aus der Geschichte eines Regiments" hält folgende Erfahrung fest: „Diese Nacht war zum Schneiden dunkel: wer zwischen den Häusern hintastete, stieß mit den Augen an Finsternis wie Holz."[12]

Am nächsten Morgen ist die Situation nicht anders:

> Als der Morgen kam, war er wie dünnes, nasses Leinen ausgespannt; vor dem vierzigfachen Scherenfernrohr der Artillerie, durch das der Blick zum Gegner hinausfuhr, stand anstelle der Welt blind und höhnend eine große, runde, angelaufene Scheibe. Jeder Schuß wäre Verschwendung; wie ihres Auges beraubte Riesen stehen die schweren Geschütze plump im Regen; der Angriff ist abgesagt.[13]

In dem „unglaublichen Leben" an der Front ist es das Auge, das einer ersten Veränderung unterzogen wird, da es gezwungen ist, zwischen dem „Flug von Undeutlichem" und konkreten Formen, „festen Dingen", zu pendeln, zwischen Himmel und Erde, in vertikaler Richtung. Die Augen der Dichter kehren zurück zu Gesichtern, Toten, d. h. zu „festen Dingen": zu „der Sonne, die hoch und rund am Himmel steht, dem liegen gelassenen Rucksack".[14]

Wie im Isolierungsvorgang der Montage bereitet sich das Bild darauf vor, die Dinge zu beherrschen. Diese Erkenntnis hält Musil noch im Text *Triëdere* (1936) fest:

> Sie heißt Isolierung. Man sieht Dinge immer mitsamt ihrer Umgebung und hält sie gewohnheitsmäßig für das, was sie darin bedeuten. Treten sie einmal heraus, so sind sie unverständlich und schrecklich, wie es der erste Tag nach der Weltschöpfung gewesen sein mag, ehe sich die Erscheinung aneinander und an uns gewöhnt hat.[15]

Diese Notwendigkeit, die Stille zu unterbrechen und sich zu bemühen, alles aufzuzeichnen, mit jeglichem denkbaren Mittel, bezeugt nicht nur einen Zustand der Notwendigkeit, sondern ist auch Symptom eines Modernisierungsprozesses, einer individuellen und sozialen Verwandlung, die entscheidend für die „Weltanschauung" ist. Jeder Soldat war plötzlich, jenseits seines eigenen Willens, Aufzeichnungsinstrument des Ereignisses, um etwas (seine eigene Tat) zu bezeugen, das jeglichem Versuch, es zu verstehen, entging und so ein Gefühl der persönlichen Verstümmelung erweckte. Aus diesen Zusammenhängen heraus ergeht der Aufruf in der Zeitung, zu einer Wirtschaft der Nüchternheit überzugehen und dazu, bewusst auf „Luxusgüter" zu verzichten, welche die

---

12 „Aus der Geschichte eines Regiments", TSZ, 26.07.1916, LB, S. 2.

13 Ebd., S. 2.

14 Ebd., S. 3.

15 Robert Musil, *Nachlass zu Lebzeiten*, GW VII, S. 518-522, hier S. 520.

‚Gemeinschaft' von den wesentlichen Dingen, von den geistigen Bedürfnissen ablenken: „Doch es werden neue Quellen der Freude und des Genusses erschlossen, wenn wir etwas von dem ablassen, was bisher als begehrenswerter Luxus gegolten hat."[16]

III.

Der im August 1916 geschriebene Text verdeutlicht zwei Aspekte, die dann in den Analysen zur Veränderung der Identität der Kämpfer zu kanonischen werden: Es sind dies die Außerordentlichkeit dieses Ereignisses und die Schwierigkeit, es aus einem gelebtem ‚Erlebnis' in eine ‚Erfahrung' im Sinne von Wachstum zu verwandeln.

Aber gerade die „Unglaubwürdigkeit" der gegenwärtigen Situation ermöglicht es, die Welt zu erfahren, sie in eine Form zu bringen, und das bis hin zum Bruch. Der Krieg, dieses Ereignis der Verwandlung, konnte gefühlt und erlebt, aber nicht verstanden und beschrieben werden, und das eben gerade wegen der Unzulänglichkeit des zerbrechlichen menschlichen Körpers in der Materialschlacht. In der berühmten Rede aus dem Jahr 1922 mit dem Titel *Das hilflose Europa oder Reise vom Hundertsten ins Tausendste* richtet Musil die Aufmerksamkeit auf eben dieses Symptom, indem er die (vom Krieg verursachte) Diskrepanz zwischen dem Machen und dem Wahrnehmen hervorhebt: „Ich beginne mit einem Symptom. Zweifellos machen wir seit zehn Jahren Weltgeschichte im grellsten Stil und können es doch eigentlich nicht wahrnehmen. Wir sind nicht eigentlich geändert worden."[17]

Dieses Fehlen der Wahrnehmung wird durch das Gefälle, das sich mit dem Krieg entwickelt hat, zwischen der Fähigkeit zu produzieren, und jener, für sich selbst das zu beschreiben, was man produziert hat (zwischen ‚herstellen' und ‚vorstellen', im Sinn von Günther Anders), verursacht. Genau diese Diskrepanz wurde zum Siegel des modernen, gerade der Kriegskatastrophe entkommenen Menschen.

Musil klagt über das Fehlen von Begriffen und Gefühlen, die fähig wären, das als Erfahrung zu sedimentieren, was man im Krieg als ‚choc' erlebt hatte. Weiter schreibt Musil:

> Wir sind nicht eigentlich geändert worden [...]. Wir waren früher betriebsame Bürger, sind dann Mörder, Totschläger, Diebe, Brandstifter und ähnliches geworden: und haben doch eigentlich nichts erlebt. Oder ist es nicht so? Das Leben geht doch genau so dahin wie früher, bloß etwas

16 „Luxussteuern", in: SZ, 04.03.1917, S. 5.

17 Robert Musil, *Das hilflose Europa oder Reise vom Hundertsten ins Tausendste*, GW VIII, S. 1075-1094, hier S. 1075.

> geschwächter und mit etwas Krankenvorsicht; der Krieg wirkte mehr karnevalisch als dionysisch, und die Revolution hat sich parlamentarisiert. Wir waren also vielerlei und haben uns dabei nicht geändert, wir haben viel gesehen und nichts wahrgenommen [...]. Darauf gibt es, glaube ich, nur eine Antwort: Wir besaßen nicht die Begriffe, um das Erlebte in uns hineinzuziehen.[18]

An diesen Musilschen Zeilen beeindruckt uns die Tatsache, dass sich nichts Wesentliches geändert hat, und dies trotz der großen, geopolitischen Umbrüche, die der Konflikt verursacht hat. Die Soldaten kehrten sprachlos aus den Kriegsgebieten zurück, ohne die Erzählung der epochalen Tragödie, die sie getroffen hatte, begriffsmäßig organisieren zu können, unfähig zu einer individuellen, kritischen Verarbeitung. Was in den Schrecken des Krieges verlorengeht, ist also die Aneignung eines Gesamtüberblickes, die fähig wäre, die zerstreuten und fragmentarischen Lebensäußerungen in einer deutlichen Anschauung zu sammeln, in Bildern des ‚gelebten Lebens'. Es ist vielleicht kein Zufall, wenn sich gerade im Rahmen der Kriegsfront die Fotomontage – wahrscheinlich dank des Künstlers und damaligen Soldaten John Heartfield, der, um der Zensur zu entgehen, anfing, aus den Schützengräben Briefe mit Montagen von Fotografien und Worten zu senden –, als Kunstgattung entwickelt. Wenn das Auge nicht den tatsächlichen Zustand der Dinge sehen kann, muss man sich an die Konstruktion der Vision wenden, über die künstlerische Verfälschung.

Inmitten dieser Todesszenerie war es die Stille, die sich durchsetzte, wie viele hervorhoben, und wie Walter Benjamin in seinen berühmten Einlassungen von *Erfahrung und Armut* (1933), den Ersten Weltkrieg betreffend, theoretisierte.[19] Sowohl laut Musil als auch laut Benjamin schuf der historische Wendepunkt des Ersten Weltkrieges den neuen Menschen, der unfähig war, Erfahrungen zu machen und Spuren seiner Gegenwart zu hinterlassen. Von der Front kehrten die Männer still zurück, ausdruckslos, verstummt, ärmer an Erfahrung, das heißt an jener Erfahrung, die ein gemeinsames Gut wird.[20] Die aus dem Ersten

18 Ebd., S. 5.

19 Walter Benjamin, *Erfahrung und Armut*, in: *Gesammelte Schriften*, hg. v. Rolf Tiedemann u. Hermann Schweppenhäuser, Frankfurt a. Main, 1977, Bd. II.1, S. 213-219. Ich verweise auch auf Rudolf G. Binding, der den Krieg als stille Lehrerin bezeichnet, die lehrt, leise zu werden. (Vgl. *Aus dem Kriege*, Frankfurt a. Main, 1927, S. 192) Vgl. Hanna Hafkesbrink, *Unknown Germany: An Inner Chronicle of the First World War Based on Letters and Diaries*, New Haven,1948.

20 Etwas Ähnliches findet man auch in einem Geständnis Rilkes an Ernst Toller, das im Text *Eine Jugend in Deutschland* enthalten ist: „Der Krieg hat mich stumm gemacht". (Ernst Toller, *Eine Jugend in Deutschland*, Köln, 2010, S. 61)

Weltkrieg heimgekommenen Menschen sind nicht unwissend oder erfahrungslos, sondern sie sind gleichgültig, unempfindlich, betäubt. Im Gegensatz zum Willen der Künstler, die alles sehen wollten, trifft im Krieg der Blick „anstelle der Welt blind und höhnend eine große, runde, angelaufene Scheibe".[21]

Man muss gar nicht erst an die katastrophalen Folgen erinnern, die der Erste Weltkrieg nach kürzester Zeit auslöste, und dies gerade wegen der Unfähigkeit einer ganzen Generation, ihre eigenen Fronterfahrungen zu kommunizieren.

Mit sehr ähnlichen Worten unterstreicht Musil in seinem Essay *Das hilflose Europa oder Reise vom Hundertsten ins Tausendste*, wie das Kriegserlebnis das „Flüssigsein" des Menschen deutlich gemacht habe, seine Gefügigkeit, Anpassungsfähigkeit, Leichtigkeit, seine Fähigkeit, sich von Menschenfressern zu Lesern von Kants *Kritik der reinen Vernunft* zu verwandeln.[22] In einer Reihe von rund um das Jahr 1919 datierten Aufzeichnungen beginnt Musil mit einem distanzierteren Blick als in den *Arbeitsheften und Tagebüchern*, die neue menschliche Anthropologie nach dem Konflikt zu umreißen. Die in diesen Jahren weitergeführten Beobachtungen werden genauer, zeichnen sich weiter ab und kristallisieren sich in einem, Fragment gebliebenen, Entwurf mit dem Titel *Der deutsche Mensch als Symptom* (1922)[23] heraus. In diesem Text arbeitet Musil das „Theorem der menschlichen Gestaltlosigkeit" heraus.[24] Nach diesem Musilschen Begriff besitzt der Mensch keine eigene, unveränderliche „Substanz", sondern nimmt nach und nach seine Lebensformen an, aktiviert durch ein komplexes Netz zufälliger Bezüge. Weit entfernt davon, sich als Konstante darzustellen, ist der Musilsche Mensch eher ein „wechselhafter Wert", der einer sich überstürzenden Folge von Zentrifugalstößen ausgeliefert ist. Die Kriegssituation hat es möglich gemacht, die beunruhigende Flexibilität der menschlichen Natur zu entlarven, da der Soldat an der Front ein ununterbrochenes Pendeln zwischen der Rolle des Helden und dem Zustand der Bestie an den Tag legt. Diese plötzlichen und beunruhigenden Verwandlungen betreffen jedoch, so unterstreicht Musil, nur den äußeren Aspekt des Menschen, während das menschliche Wesen (das heißt seine ‚Gestaltlosigkeit') unverändert bleibt, und diejenigen, die von der Front zurück-

---

21 „Aus der Geschichte eines Regiments", in: TSZ, 26.07.1916, LB, S. 2.

22 Für eine neurowissenschaftliche Interpretation verweisen wir auf die Arbeit von Massimo Salgaro, *Robert Musil teorico della ricezione*, Bern, 2012.

23 Robert Musil, GW VIII, S. 1353-1402.

24 Ebd., S. 1368-1375.

kehren, kommen ohne Wissen dessen, was vorgefallen ist, in mutmaßlicher Normalität nach Hause.

Die Reaktion ist auch körperlicher Natur: der Kopf, der kleiner wird,[25] der Körper, der sich, um die Zivilisation zu überleben, biegt, wie der von Mickey Mouse, um es mit Walter Benjamin zu sagen,[26] womit zugleich an Musils Erzählung „Die Maus" (1921)[27] zu erinnern ist, die eng mit der Erfahrung des Ersten Weltkrieges verbunden ist. Der Mensch erweist sich in Musils Augen sozusagen als etwas Formloses, eine „kolloidale Substanz", die sich an die Formen anpasst, sie nicht selbst formt, oder auch, die sich keine eigene Lebensform gibt. Er bleibt dort, auf der Bank, mit dem Blick, der zwischen der kleinen und zittrigen, unterirdischen Welt der Maus zu seinen Füßen und den immensen, unbeweglichen Gipfeln der Berge hinter seinem Rücken hin- und herschweift, zwischen „dem Kampf und der Ewigkeit"[28], zwischen der Bestialität und der Erhabenheit.

---

25 Genau das geschieht – bekannter Weise – in Musils Erzählung *Die kleine Katze aus dem Jenseits* (*Die Kleine Geisterkatze in Bozen*), GW VII, S. 762-765.

26 Vgl. Benjamin, *Erfahrung und Armut* (Anm. 19), S. 218.

27 Robert Musil, *Nachlass zu Lebzeiten*, GW VII, S. 471-562, hier S. 488-489. Der Text wurde erstmals am 30. Oktober 1921 in der *Prager Presse* mit dem Titel *Die Maus aus Fodara Vedla* abgedruckt. (Vgl. H. Arntzen, *Musil-Kommentar sämtlicher zu Lebzeiten erschienenen Erzählungen außer dem „Mann ohne Eigenschaften"*, *München*, 1980, S. 143.)

28 Vgl. ebd., S. 489.

Elmar Locher

Geld – Kriegsanleihe und Ökonomie in der *Tiroler Soldaten-Zeitung*

Für Ulrich Stadler zum 80. Geburtstag

Im Fokus der Untersuchung steht die Frage des Geldes in der (T)SZ. Diese Thematik entzündet sich im Kontext der Einlassungen zu den Kriegsanleihen, die man in horizontalen wie vertikalen Schnitten analysieren sollte. Legt man vertikale Schnitte, bezieht man also verschiedene Ausgaben der TSZ, die auf die Kriegsanleihen referieren, mit ein, so zeigt sich, dass sich die Problemstellung wie die Argumentationsmuster in den Jahren 1915–1916 verändern. Zur dritten Kriegsanleihe (Oktober 1915) wird deshalb noch die fünfte (November 1916) in den Blick genommen. Berücksichtigt man zudem horizontale Schnitte, d. h. versucht man das kontextuelle Umfeld mit in die Analyse zu nehmen, dann kann festgestellt werden, dass sowohl textuelle wie bildliche Rahmungen (z. B. Karikaturen) sich wechselseitig relativieren. Es zeigt sich aber auch, dass zur Klärung der in Frage stehenden Sachverhalte, Artikel mit in die Analyse einbezogen werden müssen, die sich auf ähnliche Fragestellungen beziehen (z. B. Luxussteuer oder Kriegsgewinnsteuer). Darüber hinaus müssten, in einem weiteren Referenzrahmen, Artikel zu Kriegsanleihen aus anderen Zeitungen zum Vergleich herangezogen werden, um eine Bewertung der Artikel der (T)SZ vornehmen zu können. Dies kann in der vorliegenden Analyse zwar nicht in toto geleistet werden, aber schon ein kursorischer Blick auf Zeitungen und Zeitschriften des in Frage kommenden Zeitraumes ergibt, dass in diesen wohl Hinweise auf und Bewerbungen von Kriegsanleihen publiziert werden, dass aber die Zusammenhänge von Volkswirtschaft, Kriegsanleihe und Geldpolitik, im Unterschied zur (T)SZ, soweit ich sehe, nicht verhandelt werden.[1] Um die beiden Grundsatz-

---

1 So lesen wir z. B. in der *Neue[n] Freien Presse* vom 29. April 1916, anlässlich der 52. Generalversammlung der Anglo-Österreichischen Bank, im Bericht des Generalsekretärs Siegfried Rosenbaum zur Frage der Banken im Krieg und zur Frage der Kriegsanleihe: „Wir dürfen nicht nur militärisch, sondern auch wirtschaftlich mit Vertrauen dem Abschlusse des Krieges entgegensehen. Die heimischen Banken haben sich dem Umwandlungsprozeß der Volkswirtschaft angepaßt und ihr hiebei wertvolle Dienste leisten können. […] Der Werbetätigkeit für die Kriegsanleihen haben wir uns unter eifrigster Mitwirkung unserer gesamten geschäftlichen Organisation und mit Anspannung aller Kräfte gewidmet. Es ist uns gelungen, ansehnliche Zeichnungen zu erzielen, die nicht nur dem Kreise unserer

texte der (T)SZ zu den Kriegsanleihen einordnen zu können, versuche ich einen Blick auf die wichtigsten Diskurse zur Geldtheorie und Geldpolitik der Zeit.

Anlässlich der dritten Anleihe vom 01.10.1915 erscheint in der Ausgabe vom 13.10.1915 (S. 2) der Artikel „Die Kriegsanleihe“:

> In den Tagen, in denen Österreich-Ungarn ganz unter dem Eindruck der frohen Botschaft von dem vielverheißenden Einmarsch seiner Truppen in Serbien und dem Fall von Belgrad steht, erging an die Völker der Monarchie die Einladung zur Zeichnung der dritten Kriegsanleihe [...] und die drohende Sprache unserer Kanonen ist eine nicht zu überbietende Propaganda für die neue Kriegsanleihe.

Dieser drohenden Sprache der Kanonen, die der Artikel selbst als Propaganda versteht, freilich im positiven Sinne – doch lässt sich ‚Propaganda‘ überhaupt positiv werten –, verkoppeln sich dann noch ökonomische Argumente, allerdings von ambivalenter Aussagekraft:

> [...] mit Rücksicht darauf darf man wohl hoffen, daß alle verfügbaren Barvorräte in der neuen Kriegsanleihe angelegt werden. Dies umso mehr, als nicht nur der Patriotismus, sondern auch das wohlerwogene Interesse jeden einzelnen zu einer derartigen Maßnahme drängen muß, da derzeit eine andere, auch nur entfernt so günstige Veranlagungsmöglichkeit wie die der Kriegsanleihe, nicht besteht. Jeder, selbst der finanziell nicht Geschulte, wird sich der Erkenntnis nicht verschließen können, daß es unvergleichlich vorteilhafter ist, ein unbedingt sicheres Staatspapier zu erwerben, das fünfzehn Jahre hindurch eine Verzinsung von 6,25% abwirft, als sein Geld gegen 3 Prozent Zinsen in den Banken liegen zu lassen. Die Gelegenheit, sich für so lange Zeit eine so hohe Rente bei Ausschluß eines Kursverlustes – die Anleihe wird im Oktober 1930 als pari zurückgezahlt – zu sichern und daher die Befriedigung zu haben, nach Kräften zur wirtschaftlichen Rüstung des Vaterlandes beigetragen zu haben, kehrt nicht so bald wieder.[2]

Kunden, sondern auch jenen Schichten der Bevölkerung entstammen, die erst im Weltkriege zum Interesse für den Erwerb von Staatspapieren erzogen worden sind.“ (S. 11) Auf Seite 12 folgen dann namentliche Zeichnungshinweise auf die vierte Kriegsanleihe: Zeichnungen des Hofes, Zeichnung der Steyrer Waffenfabrik, Zeichnungen bei den Banken etc. Die TSZ sowie Artikel aus anderen Zeitungen werden zitiert nach den Digitalisaten von *ANNO. Historische österreichische Zeitungen und Zeitschriften* (www.http//anno.onb.ac.at/cgi-content/anno?) unter Angabe der Seite in runden Klammern.

2 Die Kriegsanleihe scheint unter dem Faktor Zeit zu stehen: ‚time is money‘ als ‚Die Zeit des Geldes/Das Geld der Zeit‘, wie das Verhältnis Jochen Hörisch mit Bezug auf die Lebensversicherung bezeichnet hat. Wenn man bedenkt, dass die letzten Rückzahlungen erst in den 50er Jahren des letzten Jahrhunderts zu erfolgen hatten, dann gilt wohl auch für Kriegsanleihen, was Jochen Hörisch für die

‚Bei Ausschluß eines Kursverlustes': Der Satz lässt sich zweifach lesen. Erste Lesart: Ein Kursverlust ist ausgeschlossen. Doch wie sollte dem geglaubt werden, lebt man doch bereits in einer Zeit sich abzeichnender inflationärer Prozesse. Zweite Lesart: Diese Verzinsung gilt, wenn ein Kursverlust ausgeschlossen werden kann. Bestärkt in der ersten Lesart wurden die Zeichner der Kriegsanleihe durch die Berichterstattung über militärische Erfolge an den einzelnen Frontverläufen, die massiert in dieser Nummer den Text zur Kriegsanleihe rahmen. Zusätzlich dazu gibt es noch einen kleinen Artikel, in dem unterstrichen wird, dass auch der Kaiser gezeichnet hat. Die Meldungen über militärische Erfolge, die einen Sieg versprechen und die nach dem Sieg damit zugleich Reparationszahlungen von Seiten der unterlegenen Mächte implizieren, scheinen Deckung genug. Ein kleiner Hinweis im Artikel selbst hätte allerdings vorsichtig stimmen müssen. Es heißt da nämlich: „Eine speziell für agrarische Kreise nicht hoch genug zu veranschlagende Begünstigung ist die Ermächtigung der Kriegsdarlehenskasse, Hypotheken zu einem bevorzugten Zinsfuß zu nehmen." Kriegsanleihen als Kreditaufnahme von Seiten des Staates können also wieder durch Kreditaufnahmen von Seiten der Zeichner getätigt werden.[3] Es folgen dann Angaben

---

Lebensversicherungen ganz allgemein festgestellt hat. Der Versicherungsnehmer, in unserem Falle respektive der Kriegsanleihezeichner, lässt sich auf ein komplexes Konvolut von Voraussetzungen ein. Unter anderem auch darauf, dass die Rechtsordnung noch gelten wird, oder in unserem Falle die Staatsform, dass eine mögliche neue Währung mit der alten noch kompatibel sein wird, oder dass in den sich abzeichnenden inflationären Prozessen überhaupt noch ein Wert gesichert werden kann etc. (Jochen Hörisch, *Kopf oder Zahl. Die Poesie des Geldes*, Frankfurt a. Main, 1998, insbesondere S. 153-175) Auf den Faktor Zeit, präziser: auf die Zukunft, kommt der Artikel „Der finanzielle Endsieg der Mittelmächte", erschienen am 31.12.1916 unter der Rubrik *Am Beobachterstand*, erneut zu sprechen: „Die Kriegsanleihen der Mittelmächte haben mit einem mächtigen Aufgebot an Kapital gezeigt, welches Vertrauen sie in die Zukunft setzen. [...]" Unter Berufung auf den ehemaligen amerikanischen Konsul Robert J. Thompson, der als nunmehr in Haag lebender Privatmann selbst 500.000 Mark an Kriegsanleihen gezeichnet hat, kommt der Artikelschreiber zu folgendem Resümee: „Darum scheint uns die Kriegsanleihe heute mehr denn je zuvor, um mit dem Amerikaner zu sprechen ‚eine der besten, dauernden Kapitalsanlagen der Welt zu sein.'" (S. 5).

3 So heißt es unter Punkt 10 der Subskriptionseinladung zur fünften Kriegsanleihe, die beispielsweise am 17. November 1916 in der *Laibacher Zeitung* erschienen ist: „Die Kriegsdarlehenskasse ist ermächtigt, auf Grund des § 6, Punkt 3, der Kaiserl. Verordnung vom 19. September 1914, R. G.Bl. Nr. 248, unter Bedachtnahme auf die in der bezogenen Kaiserl. Verordnung vorgeschriebenen Gebührengrundsätze auch gegen Verpfändung von Hypothekarforderungen, welche die gesetzliche Sicherheit bieten (§ 1374 a. b. G. B.) Darlehen zu gewähren." Wie kapillar dann die Aufforderungen zur Zeichnung der Kriegsanleihen gestreut waren und auf welch

zur technischen Abwicklung der Kriegsanleihe.[4] Ein ähnliches Bild ergibt sich aus anderen kirchlichen Aufrufen zur Zeichnung der Kriegsanleihen, beispielsweise aus dem Aufruf zur Zeichnung der 6. Kriegsanleihe, erschienen im *Ordinariatsblatt der Budweiser Diöcese*, Heft 18 von 1917. Nach der Feststellung, dass die Geistlichkeit dem Kaiser noch

---

komplexen finanztechnischen Operationen sie mitunter auch fußten, davon zeugt der Artikel „Dritte österreichische Kriegsanleihe", der im *Brixner Diözesanblatt*, Jahrgang 1915, Nr. 13, S. 121-122, erschienen ist. Es heißt da: „Damit nun auch diese neue Anleihe wieder zu einem womöglich noch größeren finanziellen Erfolg führe wie die erste und zweite, ergeht hiermit an den hochwürdigen Klerus die dringende Einladung, sowohl selbst nach Kräften zu zeichnen, als auch die verfügbaren Mittel der ihnen unterstehenden Kirchen, kirchlichen Stiftungen, Pfründen usw. zur Zeichnung zu verwenden, als auch endlich auf die in Betracht kommenden Kreise der Bevölkerung im aneifernden Sinne einzuwirken. Um auch jenen Pfründen, Kirchen und kirchlichen Fonden, welche dermalen über keine Barmittel verfügen, die Zeichnung zu ermöglichen, wird für die ausgeschriebene dritte Kriegsanleihe auch die Belehnung der vorhandenen Wertpapiere gestattet, wie aus dem folgenden Erlasse der k. k. Statthalterei hervorgeht: ‚Der Belehnung der im Vermögen der Kirchen, Pfründen und Stiftungen befindlichen vinkulierten Obligationen zum Zwecke der Kriegsanleihenzeichnung ist die volle Aufmerksamkeit zuzuwenden. Diese Obligationen können zur Zeichnung von Kriegsanleihe in folgender Weise herangezogen werden: Zuerst werden die Obligationen seitens der Kriegsdarlehenskasse mit einem Darlehen bis zu 25 % ihres Nominalwertes belehnt, worauf der erhaltene Betrag zur Zeichnung von Stücken der Kriegsanleihe im gleichen Nominalbetrage wie die vinkulierten Obligationen verwendet werden kann, indem die Obligationen der Kriegsanleihe wieder bei der Kriegsdarlehenskasse mit einem zweiten Darlehen in der Höhe von 75 % des Nominalwertes belehnt werden. Nach den Weisungen des Ministeriums wäre jedoch eine derartige Verpfändung des kirchlichen, beziehungsweise Stiftungsvermögens nur in solchen Fällen ins Auge zu fassen, in welchen die Rückzahlung des Darlehens durch zu erhoffende Eingänge wenn auch erst binnen mehreren Jahren, so doch jedenfalls vor dem Rückzahlungstermine der Kriegsanleihe (1930) zu gewärtigen wäre und ein Einspruch der Interessenten (Kirchenverwaltungen, Patrone, Konkurrenz) nicht zu erwarten ist.'" (S. 121f.) Dass diese Form der Kriegsanleihezeichnung, die auf Kreditbasis getätigt wird, Risiken für die gesamte Volkswirtschaft nach sich zieht, darauf hat Robert Liefmann in seinem Werk *Geld und Gold*, Stuttgart/ Berlin, 1916, hingewiesen. So stellt er auf S. 213 fest: „Was an dem System der Darlehenskassenscheine vor allem zu tadeln ist, ist zweierlei. Einmal die Benutzung zu Kriegsanleihezeichnungen. Denn die mit Benutzung der Darlehenskassen durchgeführten Zeichnungen sind keine verfügbaren Einkommen und kein verfügbares, sei es erspartes, sei es augenblicklich in den Erwerbswirtschaften sonst nicht benötigtes Geldkapital, sondern die Pfandobjekte sind Güter, die augenblicklich sonst nicht in die Geldform zu verwandeln wären."

4 Die erste Kriegsanleihe wurde 1914 getätigt. Bis Ende des Krieges wurden in Cisleithanien acht Kriegsanleihen in einem Volumen von 35,13 Milliarden Kronen aufgelegt. In Ungarn wurden 17 Anleihen in Höhe von 18,85 Milliarden Kronen zur Zeichnung gegeben. Die Gesamtkosten des Krieges beliefen sich auf ca. 90 Milliarden. Kronen. 53,7 Milliarden wurden durch Kriegsanleihen gedeckt, 35,7

immer gegeben habe, was des Kaisers war, wird auf Seite 2 der „Erlaß der hochlöbl. k. k. Statthalterei in Böhmen" abgedruckt. Darin heißt es:

> Selbstverständlich erscheint es dringend notwendig, daß aus diesem Anlaß [Zeichnung der 6. Kriegsanleihe, E.L.] alle Quellen des Volksvermögens sowie möglichst ausnahmslos alle bisher noch nicht dem staatlichen Geldbedarfe nutzbar gemachten Mittel, ferner alle das unbedingt notwendige Einkommen übersteigenden Zuflüsse, *alle in Aussicht stehenden Gewinne und Einnahmen unter Zuhilfenahme der bestehenden Belehnungsmöglichkeiten* [Herv. E.L.] im weitesten Maße zur Beteiligung an der Kriegsanleihe tatsächlich gelangen.[5]

Ziemlich genau ein Jahr nach Erscheinen des Artikels „Die Kriegsanleihe" scheint der Zusammenhang von Krieg und Geld erklärungsbedürftig zu werden. Am 15.10.1916 erscheint ein Artikel mit dem Titel „Krieg und Geld." Der Artikel begnügt sich nun nicht mehr mit militärischen Erfolgsmeldungen und Hinweisen auf überaus profitable, finanztechnische Anlageformen, sondern muss, rhetorisch orchestriert, problematisch gewordene Fragestellungen in mehreren Argumentationsschritten zu klären versuchen. Die einleitenden Sätze geben eine Sachverhaltsklärung. Erklärungsbedürftig geworden sind die ungeheuren Kriegskosten:

> Der deutsch-französische Krieg hat weniger Geld verschlungen als der Weltkrieg in einer Woche. In Deutschland wird der Krieg am Ende des Jahres rund 1/6 des gesamten Volksvermögens in Anspruch genommen haben Dieses Vermögen wurde zu Beginn auf 310 Milliarden Mark geschätzt. Bei uns werden die Zahlen in einem ähnlichen Verhältnis stehen. Bei den Feinden in einem noch bedenklicheren. (S. 3)

Auf diese beängstigenden Hinweise folgen drei Fragestellungen: 1. „Wir fragen: Ist es möglich so ungeheure Werte aus der Volkswirtschaft herauszuziehen, ohne sie auf Zeiten hinaus zu vernichten?" 2. Fragestellung:

Milliarden durch den Druck zusätzlicher Banknoten. Da aber bereits seit 1909 der Bargeldumlauf stark gestiegen, und die Golddeckung zuletzt von 71,9 auf 45,1 % gesunken war, war der Spielraum für eine Steigerung des Geldumlaufes gering. Die Geldmenge stieg von 1914 bis 1918 von 3,4 Milliarden Kronen auf 42,6 Milliarden, nach Angaben von Prof. Dr. Roman Sandgruber in der Printausgabe *Die Presse* vom 5.01.2014, eingesehen wurde der online-Artikel http://diepresse.com/home/zeitgeschichte/1513018/Kriegsausgaben_Geld-Geld-und-noch-einmal-Geld (Stand: Jänner 2017). Nach Angabe des Staatsarchivs verzehnfachte sich die Geldmenge in den Jahren 1914-1918 auf 31,5 Milliarden Kronen. Infolgedessen kam es ab 1916 jedes Jahr zu einer Verdoppelung der Preise. (Siehe dazu: http://wk1.staatsarchiv.at/kriegsfinanzierung/kriegsanleihen) So konnten zwar die Kriegsanleihen von der ersten bis zur achten auf das Zweieinhalbfache gesteigert werden, doch der Realbetrag sank unter ein Viertel.

5 *Ordinariatsblatt der Budweiser Diöcese*, Heft 18, 1917.

„Sind diese Riesensummen dauernd dem Volksvermögen entzogen, oder machen sie nur einen Kreislauf mit, der sie wieder dorthin führt, woher sie gekommen. Ähnlich dem Wasser, das vom Himmel kommt, zum Himmel steigt und wieder nieder zur Erde muß, ewig wechselnd? Von dem aber nicht der Teil eines Tropfens verloren geht?" (S. 3)[6] Diesen Fragen schließt sich eine Angstvision an, in eine 3. Frage gekleidet: „Diese Milliarden sehen aus wie ein Gespenst, vor dem sich die Meisten fürchten. Wird es Menschenalter hindurch sich über uns wie eine schwere Wolke lagern und das Leben des Einzelnen wie des Staates verkümmern lassen?" (S. 3) Wurde im Artikel zur dritten Kriegsanleihe der von vielen Imponderabilien abhängige und auf unkalkulierbare Risiken bezogene Faktor Zeit, nicht zuletzt auf Grund einer unübersehbar langen Laufzeit, noch als der ökonomische Ausdruck einer erfolgversprechenden Anlageform verstanden, so zeigt sich nunmehr, zumindest in der Fragestellung, eben das Spektrale des Risikos dieses Faktors Zeit. Die oberflächliche Erklärung, die sich in den Naturmetaphern eines ewig währenden Kreislaufes erschöpft, die in ihrer Diktion auf einen ersten Blick zu überzeugen vermag, wird aber in einem weiteren Schritt zurückgewiesen. Der Staat ist nämlich in diesen Kriegsverläufen einem Verschleiß ausgesetzt, der durch einen allumfassenden Verbrauch gekennzeichnet ist:

> Das Geld also, das zur Herstellung dieser sich verflüchtigenden Werte verwendet wurde, ist aus dem Kreislauf hinausgeschleudert und findet seine wirtschaftliche Bahn niemals wieder. An seiner Statt stehen keine Werte, sondern Schulden: das Volksvermögen ist also wirklich vermindert. (S. 3)

Träfe dieser Sachverhalt zu – und tatsächlich tut er dies ja, was die Schulden betrifft –, so wäre nun allerdings ein negativer Befund konstatiert, der eine erfolgreiche volkswirtschaftliche Argumentation verunmöglichen würde. Deshalb muss auch diese Erklärung zurückgewiesen werden. Gegenüber dieser, vom Artikelschreiber als oberflächlich

6 In Kapitel 92 „Aus den Lebensregeln reicher Leute" des *Mann[es] ohne Eigenschaften* wird ein ähnlicher Kreislauf des Geldes beschrieben, nunmehr auf der Ebene eines organischen Modells und seiner Kreisläufe der Säfte: „Man sieht es der Erscheinung eines solchen [reichen, E.L.] Mannes an, daß sie von einer Auslese der Weltkräfte genährt und täglich erneuert wird. Das Geld zirkuliert in seiner Oberfläche wie der Saft in einer Blüte; da gibt es kein Verleihen von Eigenschaften, kein Erwerben von Gewohnheiten, nichts Mittelbares und aus zweiter Hand Empfangenes: zerstöre Bankkonto und Kredit, und der reiche Mann hat nicht bloß kein Geld mehr, sondern er ist am Tag, wo er es begriffen hat, eine abgewelkte Blume." [Robert Musil, *Der Mann ohne Eigenschaften*, GW II, S. 419])

bezeichneten Erklärung, wird nun eine Analyse dargelegt, die – aus diesem Zusammenhang heraus –, nur folgerichtig mit der Funktionsbestimmung des Geldes einsetzt und die zugleich eine Definition des Geldes impliziert. Die Definition schreibt fest:

> Geld ist nur ein technisches Hilfsmittel der Wirtschaft, die der Bequemlichkeit des Verkehrs zuliebe den Wert aller Dinge in Geld bemißt und bei allem Kauf und Verkauf das Geld dazwischen schiebt. Zuletzt ist Kauf und Verkauf doch immer nur ein Tausch von Ware gegen Ware. (S. 3)[7]

7 Diese Bestimmungen des Geldes erweisen sich durchaus auf der Höhe des ökonomischen Diskurses der Zeit zu Definition und Funktion des Geldes. Carl Menger (*Grundsätze der Volkswirtschaftslehre*, Wien, 1871, siehe vor allem das vierte Kapitel „Die Lehre vom Tausch" und das achte Kapitel „Die Lehre vom Geld") leitet in der historischen Rekonstruktion das Geld aus dem Tausch ab, in Fortführung Adam Smiths, dessen Ableitung des Geldes aus den Tauschfunktionen sich als Konstante der Volkswirtschaft hält. Zentral für Menger wie für die Österr. Schule insgesamt wird der Begriff des ‚indirekten Tausches'. So heißt es noch bei Ludwig von Mises, der seine Geldtheorie auf Menger aufbaut: „So mußte es denn geschehen, daß aus der Reihe der marktgängigeren Güter, welche als Tauschmittel verwendet wurden, allmählich die weniger marktgängigen ausgeschieden wurden, bis zuletzt nur mehr ein einziges Gut übrig blieb, welches allgemein als Tauschmittel gebraucht wurde: das Geld." (*Theorie des Geldes und der Umlaufmittel*, München/Leipzig, 1912, S.7) Die für unseren Zusammenhang bündigste Bestimmung findet sich in Friedrich Bendixens *Das Wesen des Geldes* (München/Leipzig, 1908): „Aber Handel war ursprünglich Tauschhandel, und aus dem beliebtesten Tauschmittel ist das Geld entstanden. So lehrt uns die Kulturgeschichte, so lehrt uns die Wissenschaft vom Geld. Ist auch heute noch das Geld nichts anderes als das bevorzugte Tauschgut? Geld ist Ware, sagen die Leute und bejahen damit die Frage. Danach wäre jeder Kaufvertrag im Grunde ein Tausch, bei welchem das eine Objekt die Ware ‚Geld' ist, während das andere Objekt alles mögliche sein kann. Doch noch eine andere Eigenschaft des Geldes drängt sich jedermann auf. Geld ist zugleich der allgemeine Wertmesser. Wir können uns keinen Wert vorstellen, ohne daß wir ihn nicht umdenken in Geld." (S. 7) So fasst der Direktor der Hypothekenbank Hamburg die allgemeine kulturgeschichtliche und volkswirtschaftliche Auffassung vom Gelde zusammen, gegen die er dann, wie schon der Titel des ersten Kapitels – „Die herkömmliche Vorstellung vom Gelde und dessen staatliche Natur" – markiert, die staatliche Theorie des Geldes setzt. Letztere gewinnt er, aufbauend auf Friedrich Georg Knapps Werk *Staatliche Theorie des Geldes* (München/Leipzig, 1905), das er sich, als einer der ganz wenigen in der ersten Phase der Rezeption, mit Abstrichen zu eigen macht. Mit Georg Friedrich Knapp wird Bendixen dann auch einen beinahe über zwei Jahrzehnte dauernden Briefwechsel eingehen. (G.F. Knapp/F. Bendixen, *Zur staatlichen Theorie des Geldes. Ein Briefwechsel 1905-1920*, ausgewählt und herausgegeben von Kurt Singer, Basel/Tübingen, 1958) Es erstaunt aber nicht wenig, dass in diesem Briefwechsel weder auf die Kriegsanleihen noch auf eine notwendige Geldpolitik der Kriegszeit eingegangen wird. Und wie das Geld als die große Verwandlungsgröße und als Zeitfaktor in diesem Prozess Ware-Geld-Ware tätig wird, zeigt eine Passage aus dem Artikel „Bauernleben" (SZ, 1.10.1916), der, nach der Analyse Salgaro, Lauer et.al. in diesem Band, mit einer 100% Reliabilität Robert Musil zugeschrieben

Und alle wollen tauschen, „alle tauschen durch Geld ihre Ware gegen andere Ware" (S. 3), das Mittel dazu ist das Geld. Wie definiert sich nun die Rolle des Staates im Krieg? Der Staat im Krieg ist ein Käufer. Er tauscht allerdings nicht Ware gegen Ware, sondern: „[...] er produziert nichts, er verbraucht nur. Er nimmt Ware und gibt Geld, immerzu Geld: und darum gehört zum Kriegführen nach dem alten Ausspruch Geld, Geld und nochmals Geld; eine Kriegsanleihe folgt der anderen. Das scheint ein neues Rätsel zu sein?" (S. 3) Mitnichten, meint der Artikelschreiber, denn mit Geld kann man nicht schießen und auch keine Truppen bekleiden. Dazu braucht es Waren: „Es ist nämlich gar nicht wahr, daß man zum Kriege nur Geld brauche. Mit Geld kann man keine Truppen bekleiden und ernähren; dazu braucht man Uniformen, Brot, Fleisch usw." (S. 3) Es kommt zu einem ungeheuren Verkehr eben dieser Warenmassen. Und im Verkehr dieser Warenmassen kommt dem Geld die Bestimmung zu, die die bereits erwähnte Definition festhält: „Und das Geld ist wiederum nur das technische Hilfsmittel für den Verkehr dieser ungeheuren Warenmengen, es ist die Saugpumpe, welche diese Massen von Waren aus dem Betrieb der Volkswirtschaft herausholt." (S. 3) Der Staat scheint über das Geld als Saugpumpe diese Warenmassen aus dem volkswirtschaftlichen Betrieb herauszuholen.[8] Freilich müs-

werden kann: „Das Geld geht leicht aus einer Hand in die andere und lockt, indem es sich in jeder verwandelt, Leistungen aus den Menschen hervor, die sie sonst nicht schaffen würden. Wenn ich morgens meinem Schneider Geld für ein Kleid gebe, so ist es bis abends vielleicht schon in der zehnten Hand. Was am Morgen ein Kleid war, ist Geld geworden und aus Geld Kartoffel, ein Bad, ein buntes Band, Haarschneiden, Kaffee und zwischen je zweien immer wieder Geld. Und am Abend ist es vielleicht ein Konzert, wenn es nicht gleich wieder ein Kleid wird [...]." (S. 3)

8 Wird gemäß der in Fußnote 7 dargelegten Funktionsbestimmung das Geld als Tauschmittel gewertet, dann führt dies in der Geldlehre zur quantitativen Theorie des Geldes, nach der der gesamten Gütermenge die gesamte Geldmenge gegenübersteht. In einem späteren Schritt wird dann noch die Umlaufgeschwindigkeit des Geldes als weitere Kategorie dazukommen. Die sogenannte Verkehrsgleichung gibt die Modellbildung der quantitativen Geldtheorie wieder: „Gütermenge x Preise = Geldmenge x Umlaufgeschwindigkeit." (Liefmann, *Geld und Gold* [Anm. 3], S. 52) Einen interessanten Verweis eröffnet der Begriff der ‚Saugpumpe'. Im Zusammenhang mit der Marx'schen Arbeitswertlehre verwendet Eugen Böhm-Bawerk, im beigebrachten Beispiel des Arbeitsprozesses des Spinnens, den Ausdruck ‚einsaugen'. Es heißt: „Im Spinnprozesse *saugt* [Herv. E.L.] die Baumwolle noch weitere 6 Arbeitsstunden *ein*: das fertige Gespinst ist daher im ganzen das Produkt von 30 Arbeitsstunden und wird demgemäß einen Wert von 15 sh haben." (Eugen von Böhm-Bawerk, *Kapital und Kapitalzins I Geschichte und Kritik der Kapitalzins-Theorien*, 4. Aufl. Jena, 1921, S. 372) Dies heißt freilich noch nicht, dass der Artikelschreiber Böhm-Bawerk gelesen haben muss. Die ‚Saugpumpe' hatte es aber bereits im militärischen

sen diesem außerordentlichen Bedarf an Geld von Seiten des Staates ungeheure Massen an Ersparnissen der Bürger gegenüberstehen. Diese Ersparnisse speisen sich aus zwei Quellen: aus dem Kapital und der Arbeit. Der erklärende Zwischenschritt, der notwendig scheint, wird in der Bestimmung gefunden, dass man nicht in Geld spart sondern in Kapital. Als Beispiel wird das deutsche Volkseinkommen vor dem Krieg herangezogen. Vor dem Krieg betrug dieses 43 Milliarden, von diesen wurden „etwa 8½ Milliarden gespart." (S. 3) Aber nicht in Geld, sondern in Kapital. Alles scheint nun am Begriff des Kapitals zu hängen. Der Artikel spricht vom Kapital als den Fabriken, den Maschinen in den Industrien, dem Vieh in der Landwirtschaft, dem Eisenbahnnetz usw. Nicht aber scheint das Geld zum Kapital zu gehören. Das Geld ist auf seine Funktionen festgelegt, als Tauschmittel zu fungieren und als allgemeiner Wertmesser zu dienen.[9] Im Bereich der Arbeit wie im Bereich des Kapitals kommt es in der Kriegswirtschaft aber notwendigerweise zu Umschichtungen. Die Frauen leisten jetzt die Arbeit, die sonst Männer verrichten; die Landwirtschaft wird aufs Äußerste ausgewertet, die Industrie wurde für den Kriegsbetrieb umgewandelt. Auf diese Weise schafft sich eine Volkswirtschaft, die sich in einem inneren Kreislauf

---

Jargon zu einer veritablen Metapher gebracht. Am 28. März 1915 erscheint z. B. im *Neue[n] Wiener Journal* ein Artikel, in dem die ‚Saugpumpe' die andere technische Metapher ‚Dampfwalze' ablöst. Die Franzosen verglichen nunmehr die ehemalige ‚Dampfwalze' der russischen Armee einer Saugpumpe, die die Armeen Hindenburgs ansauge – abstoße, ansauge – abstoße, bis die Armeen Hindenburgs vollständig ausgepumpt sind. Wörtlich heißt es dann: „Der hier wiedergegebene Vergleich, so meint die *B. Z. am Mittag*, liegt für die Franzosen allerdings nahe, denen die russische Saugpumpe etwa 15 Milliarden heraus-gepumpt hat." (S. 14) Am 29. August 1915 erscheint der Artikel von der großen Saugpumpe auch im *Linzer Volksblatt*. (S. 8) Auch viele andere Blätter bringen den Artikel zur großen Saugpumpe in dieser Funktion.

9 In dieser Bestimmung scheint der Artikelschreiber den Bestimmungen Ludwig von Mises zu folgen, der im 5. Kapitel „Die Stellung des Geldes im Kreis der wirtschaftlichen Güter" seiner *Theorie des Geldes* das Geld eben nicht dem Kapitalbegriff zuschlägt. Er spricht, auf Menger aufbauend, von den wirtschaftlichen Gütern erster Ordnung (Genußgüter) und Gütern höherer Ordnung (Produktivgüter). Weder unter die eine noch unter die andere Kategorie kann das Geld subsumiert werden. Man müsste vielleicht, meint von Mises, wie es Karl Knies, der Vertreter der Historischen Schule, versuchte, eine Dreiteilung vornehmen: Produktions-, Genuß- und Tauschmittel. Nach Ludwig von Mises gehört der Kapitalbegriff aber zu den umstrittensten Begriffen der Volkswirtschaftslehre überhaupt und im weiteren Verlauf arbeitet sich von Mises am Kapitalbegriff von Böhm-Bawerk ab, nach dem „[…] auch die Objekte und Apparate […] die Straßen, Eisenbahnen, Schiffe und das Handelswerkzeug G e l d dem Kapitale zuzurechnen sind." (von Mises, *Theorie des Geldes und der Umlaufmittel* [Anm. 7], S. 75)

reproduziert und die deshalb vom Auslande unabhängig funktionieren kann, so dass auch die Kriegsgewinne im Lande selbst verbleiben. Und dieser Sachverhalt kann als erste Quelle für die Herkunft der Milliarden angesehen werden. Es tritt allerdings eine Verschiebung des Vermögens ein, es kommt in andere Hände:

> Dieses aber besagt: Ein großer Teil der Kriegsausgaben bedeutet, volkswirtschaftlich gesehen, gar nicht Kriegskosten. Hier wird tatsächlich einmal Geld gegen Geld getauscht. Der Staat leiht sich von einem Teile seiner Bürger Geld, um es dem anderen Teile in Form hoher Preise und hoher Gehälter zu übereignen. Die Kriegsgewinnsteuer sorgt dann wieder, daß ein Teil dieser Summen zum Staat zurückströmt und so eine Art Nebenkreislauf bildet. (S. 3)[10]

Gewiss seien die Sparmöglichkeiten eingeschränkt, aber da auf den Ausbau des wirtschaftlichen Apparates der verschiedenen Einzelwirtschaften verzichtet wird, und alle Bestrebungen den Kriegszwecken untergeordnet werden, kommt es zu einer volkswirtschaftlichen Einsparung. Der Artikel endet mit einer Feststellung, die zu hinterfragen sich schon 1916 gelohnt hätte:

---

10 Die ausschließliche Funktionsbestimmung des Geldes als Tauschmittel und Wertmesser führt dazu, dass nun die Kriegsanleihe als Kreditnahme, und damit zusammenhängend, die Frage Kapital-Zins, als Tauschhandlungen gewertet werden können. Doch schon Georg Simmel hatte im dritten Teil des ersten Kapitels „Wert und Geld", seiner *Philosophie des Geldes* (1900) auf die Doppelrolle des Geldes aufmerksam gemacht: „[...] die Doppelrolle des Geldes ist, daß es einerseits die Wertverhältnisse der austauschenden Waren untereinander mißt, andrerseits aber selbst in den Austausch mit ihnen eintritt und so selbst eine zu messende Größe darstellt; und zwar mißt es sich wiederum einerseits an den Gütern, die seine Gegenwerte bilden, andrerseits am Gelde selbst; denn nicht nur wird, wie oben schon hervorgehoben war, das Geld selbst mit Geld bezahlt, was das reine Geldgeschäft und die zinsbare Anleihe ausdrücken, sondern das Geld des einen Landes wird, wie die Valutaverschiebungen zeigen, zum Wertmesser für das Geld des anderen." (Georg Simmel, *Philosophie des Geldes*, Köln, 2009, S. 141) Oder anders gesagt: „Angesichts eines elementaren Finanzierungsgeschehens, d. h. unter der Voraussetzung, dass der Finanzmarkt Liquiditätsfragen verhandelt und sich über die Verbindlichkeiten von Investition und Kredit strukturiert, kann zweitens Geld nicht als neutrales oder ‚verschleierndes' Hilfsmittel begriffen werden, das nur den Schauplatz für die Begegnung von Tauschpartnern und den Abgleich von Angeboten und Nachfragen strukturiert. [...] In einer modernen Kapital- und Kreditwirtschaft sind alle Zahlungen Zahlungsversprechen, und Geld selbst fungiert als Medium mit eigener Wirksamkeit, das künftige Kaufkraft in die Gegenwart transferiert." (So Joseph Vogl in der Vorbemerkung zu dem von ihm herausgegebenen Band *Hyman P. Minsky, Instabilität und Kapitalismus,* Zürich, 2011, S. 10)

> Denn für den Einzelnen verwandeln sich alle Kriegsgewinne automatisch in Geld und Guthaben, für welche Kriegsanleihen jetzt die einzige mögliche Anlagegelegenheit ist. Dazu, daß diese Gelder dann wirklich in Kriegsanleihen angelegt werden, gehört nur noch die Einsicht und die Pflicht, die jeder in diesem Existenzkampf der Heimat zu erfüllen hat. (S. 4)

Doch dieser Tausch Geld gegen Geld hat seine Kosten. Und wenn der Artikel der SZ vom 15.10.1916 auf die Notwendigkeit der Umschichtung der Vermögensverhältnisse zu sprechen kommt, so weist er nur implizite auf den Artikel „Kriegsgewinnsteuer“ vom 01.10.1916 zurück, in dem von der Notwendigkeit dieser neuen Steuer die Rede ist. Der Artikel „Kriegsgewinnsteuer“ beginnt mit dem Hinweis auf die Umschichtungen der Erwerbsverhältnisse durch den Krieg:

> [...] bekanntlich haben sich im Krieg die Erwerbsverhältnisse stark geändert: wer früher wenig verdiente, hatte jetzt ein Rieseneinkommen und umgekehrt. Es war naheliegend, die großen Gewinne und Mehreinkommen zu einer besonderen Versteuerung heranzuziehen. Es wurde daher durch eine kaiserliche Verordnung in Österreich eine außerordentliche Steuer, die Kriegsgewinnsteuer, eingeführt. Diese Steuer ist nicht nur vom Standpunkte der Steuermoral zu begrüßen, sie ist für den Staat auch insoferne von großer Bedeutung, als durch sie die Kriegskosten teilweise gedeckt werden sollen. (S. 6)

Im Artikel selbst werden dann technische Angaben zu dieser Steuer vorgelegt und es werden einzelne Fallbeispiele angeführt, verbunden mit dem Hinweis, dass es wohl besonders verwerflich wäre, wollte man sich dieser Steuer durch Hinterziehung entledigen, weil damit nicht nur ein Verbrechen gegen den Staat vorläge, sondern „gegen die ärmeren, an den Kriegsgewinnen nicht beteiligten Staatsbürger im besonderen.“ (S. 6) Dass sich auch dieser Artikel auf der Höhe der Zeit des volkswirtschaftlichen Diskurses bewegt, zeigt erneut Robert Liefmanns bereits zitiertes Buch *Geld und Gold*. In seinem 10. Kapitel, das die kriegsbezogenen Aufgaben der Geldpolitik behandelt, nimmt er eine Zweiteilung vor. Er behandelt zuerst die Aufgaben der Geldpolitik im Krieg, dann die Aufgaben der Geldpolitik nach dem Krieg. Zur Aufgabe der Geldpolitik des Staates im Krieg gehörte es, große Einkommenssteigerungen, Kriegsgewinne und Preisverschiebungen zu verhindern (216ff.).[11]

---

11 So schreibt Liefmann: „In das Kapitel: Verhinderung starker Einkommenssteigerungen, gehören auch die vielfach bezahlten hohen Gehalte, vor allem solche an ganz junge Leute, die mit dem Gelde nichts anzufangen wissen, den Konsum von Luxusgütern aller Art stark steigern, sich zu Ausschweifungen verleiten lassen u. dgl. [...] Die guten Geschäfte, die im Krieg viele Juweliere, Theater, manche Gast-

Einen knappen Monat nach Erscheinen dieses Artikels, am 19.11.1916, einen Tag vor Beginn der Zeichnung der fünften Kriegsanleihe, scheint es erneut Handlungsbedarf zu geben.[12]

Bereits auf der zweiten Seite der Ausgabe der SZ vom 19.11.1916 erscheint der Aufruf zur Zeichnung der neuen Kriegsanleihe. Diesem Aufruf folgt der Artikel „Die Speisepumpe", der sich der Kriegsanleihe widmet und der an ein je einzelnes, personales Du sich zu richten scheint, auf Seite drei. Der Artikelschreiber bleibt zwar immer noch im Bereich der technologischen Metaphern, anstelle der ‚Saug'pumpe tritt

---

wirtschaften usw. machen, die Einkommenssteigerungen, die hier erzielt werden, entstammen diesen Verhältnissen ganz ebenso, wie die Steigerungen der Grundstücks=, Häuser= und Aktienspekulation den Kriegsgewinnen der großen Kriegslieferanten entstammt. [...] Zweitens ergibt sich aus dem Gesagten die dringende Notwendigkeit einer starken Kriegsgewinnbesteuerung, um, wenn doch große Einkommenssteigerungen eingetreten sind, sie den Beziehern möglichst bald und in möglichst großem Umfang zum Nutzen des Staates und der ganzen wirtschaftlichen und sozialen Verhältnisse wieder wegzunehmen." (Liefmann, *Geld und Gold* [Anm. 3], S. 216ff., hier S. 218) Und der Artikel „Kriegslieferant sucht" der Ausgabe der SZ vom 3.12.1916 (S. 11f.) liest sich beinahe schon als satirischer Parallelbeleg für die von Liefmann getroffenen Aussagen. Es heißt da: „Der kleine Anzeiger der Wiener Tageszeitungen lebt jetzt von diesem einen Inserat, das täglich 999 Variationen aufweist: ‚Kriegslieferant sucht .... ' Er sucht alles, was gut und teuer und schwer oder garnicht zu haben, aber unbedingt nötig ist, wenn man von gestern auf heute zum Millionärbaby geworden ist. Das Millionärbaby sucht Mariatheresianische Bucheinbände und Biedermeiermöbel, eine Villa in Cottage und ein steirisches Landgut, Automobile und Tafelgeräte, eine böhmische Köchin und einen englischen Rassehund. [...] Millionär zu werden ist sehr schwer, es zu sein, aber noch mehr! So z. B. kauft man einen Maria Theresien –Salon. Schön! Aber bei näherem Zusehen stellt sich heraus, daß eines dieser Teufelsmöbel ein Bücherspind ist. Der Millionär erholt sich allmählich aus seiner Beklemmung, nimmt flugs seinen Maßstab, mißt flugs die Länge der Bretter und Höhe der Zwischenräume, notiert flugs in Summa 10,5 Meter lang, nicht über 45 Zentimeter hoch, springt flugs in sein Auto und bestellt flugs bei einem Antiquar: ‚Liefern Sie bitte 10 ½ Meter Bücher, mit Einbänden aus der Zeit Maria Theresias, nicht über 45 Zentimeter hoch, per Kassa loco, Wien.' Das Hübscheste an der Geschichte ist aber, daß sie wahr ist ...." Siehe zum Problem der Luxussteuer den Artikel von Aldo Venturelli in diesem Band.

12 So war bereits am 14.11.1916 in der *Wiener Zeitung* ein Artikel erschienen, der sich ausgiebig mit der Aufnahme von Hypothekardarlehen zur Zeichnung der fünften Kriegsanleihe beschäftigt. Auf Seite 9 steht der Artikel „Aufnahme von Hypothekardarlehen und Verpfändung von Hypothekarforderungen": „§ 1 (1) Für Darlehen, die gegen Verpfändung von unbeweglichen Sachen oder von Hypothekarforderungen zum Zwecke der Beschaffung der für die Zeichnung der fünften österreichischen Kriegsanleihe erforderlichen Barmittel aufgenommen werden, wird unter den in dieser Verordnung festgesetzten Bedingungen die Befreiung von den Stempel= und unmittelbaren Gebühren gewährt." Es scheint, als ob an die Stelle ersparter, verfügbarer Barmittel zur Zeichnung der Kriegsanleihe verstärkt durch Hypotheken belastete Kredite treten müssten.

aber die ‚Speise'pumpe.[13] Es ist, als ob die Metapher des vorausgehenden Artikels den Zusammenhang von Geldkreisläufen, Kriegsanleihen und volkswirtschaftlichen Gesamtzusammenhängen nur unzureichend hätte klären können. Und in der Tat, mag der Gesamtzusammenhang der Argumentation zwar den Saugvorgang, der durch das Geld getätigt wird, als geklärt erachten, so ist er doch nicht so augenfällig, wie er sich als Folge der Speisepumpe einstellt. Denn evident ist, dass durch die Kriegsanleihen Geld ‚eingespeist', Geld in die Volkswirtschaft, die zu einer Kriegswirtschaft mutiert ist, ‚gepumpt' wird. Und die technische Größe, auf die die Aufmerksamkeit bereits in der ersten Zeile gelenkt wird, ist die Dampfmaschine.[14] Einiges an dieser Dampfmaschine ist

13 Doch bevor ich auf diesen neuen Artikel zu sprechen komme, scheint mir ein Einschub zumindest als Fußnote notwendig. Unter den der TSZ zu einer Besprechung eingesandten Büchern findet sich in der Inventarliste auch der Band *Leitfaden zum Studium der Volkswirtschaftspolitik* von Johannes Conrad. Dieser Band ist in der fünften ergänzten Auflage 1914 im Gustav Fischer Verlag Jena erschienen, die erste Auflage erschien 1901. Dieser Leitfaden erweist sich zwar für den uns interessierenden Zusammenhang als nicht sehr aufschlussreich, aber es darf wohl angenommen werden, dass weitere Werke desselben Autors bekannt waren, vor allem wenn man sich die Auflagenhöhen des Autors ansieht, so vor allem seines *Leitfaden zum Studium der politischen Ökonomie*. Dieser Band ist 1922 in zwölfter ergänzter Auflage bei Gustav Fischer in Jena erschienen, diese Ausgabe steht auch als Digitalisat zur Verfügung. Der Band erscheint allerdings ab der siebten Auflage (1917) unter der Herausgeberschaft eines Schülers von Johannes Conrad, A. Hesse, da Conrad 1915 verstorben war. Die Erscheinungsjahre der Auflagen von zwei bis sieben konnten von mir nicht eruiert werden. Die 12. Auflage hält im zweiten Kapitel unter Punkt „3. Das Geld" die wichtigen geldtheoretischen Abhandlungen, von denen schon die Rede war, bibliographisch fest (Georg Friedrich Knapp, *Die staatliche Theorie des Geldes*, 2. Aufl. 1918 [1905], Ludwig von Mises, *Theorie des Geldes und der Umlaufmittel*, Leipzig, 1912, Friedrich Bendixen, *Das Wesen des Geldes*, 2. Aufl. Leipzig 1918 [1908], K. Knies, *Geld und Kredit*, 2. Aufl. Berlin 1885). Und als Definition des Geldes wird festgehalten: „Geld ist das zum gesetzlichen Zahlungsmittel bestimmte allgemeine Tauschmittel. Ein Gut, welches als allgemeines Tauschmittel und damit als Wertmaß, Spar- und Leihmittel dient, ist volkswirtschaftlich Geld." (S. 54) Es darf wohl angenommen werden, dass die Werke bereits in den vorhergehenden Auflagen aufgelistet waren, da Hesse diesen 3. Punkt „Das Geld" offensichtlich nicht neu bearbeitet hat. Er hält aber in der zwölften Auflage ausdrücklich fest, dass der nächstfolgende Punkt, der vom Geldwert handelt, starke Veränderungen erfahren hat.

14 Da wird nun vom Artikelschreiber Bezug genommen auf eine Maschine, die bereits 1896 von Léon Walras in der fünften Vorlesung seiner *Etudes d'économie sociale* (*Théorie de la répartition de la richesse sociale*), Lausanne, Paris, 1896 eingeführt wurde. Ich beziehe mich auf die it. Ausgabe: Léon Walras, *Studi di Economia sociale*, volume primo, archivio Guido Izzi, Roma, 1990, S. 143ff. Diese fünfte Vorlesung beschäftigt sich mit der Frage der gesellschaftlichen Produktion und der gerechten Verteilung des gesellschaftlichen Reichtums. Es geht um das

sichtbar, einiges unsichtbar. Sind Kohle und Öl an der Maschine sichtbar, so das Wasser nicht, das es aber gleichwohl zum Betreiben der Maschine braucht:

> Nur das Wasser siehst Du nicht, aber Du weißt, es ist da, und ganz hinten zeigt man Dir ein unscheinbares Ding, aber doch die Seele der Maschine: Die Speisepumpe. Aus irgend einem Sammelbecken entnimmt sie das Wasser, preßt es in die Röhren und irgendwo draußen, außerhalb des Maschinenhauses, wirbelt der Dampf heraus und zeigt Dir, daß die lebende Kraft da ist. Und der Dampf wird wieder verflüssigt, der Fachmann nennt es kondensiert, so daß wieder Wasser daraus wird, und wieder im Kreislauf saugt es die Maschine auf und speist sich neu und arbeitet um so eifriger. (S. 3)

Da ist der Saugvorgang wieder benannt, aber zugleich überzeugender in einen Einspeisevorgang übergeführt. Und so wie die Speisepumpe der Dampfmaschine verfährt, so verhält es sich auch mit den Kriegsanleihen: „Genau so ist es mit unseren Kriegsanleihen. Das Geld, das jede frühere herbeischaffte, gab der Staatsmaschine die rastlose Kraft und sie pumpte es in die tausend feinen Röhrchen des Staats= und Kriegshaushaltes.“

Jeder Staatsbürger empfängt dieses Geld, durch dieses Geld werden die einzelnen Zweige der Wirtschaft gespeist. So wird ein „Kreislauf der Arbeit und also des sichtbaren Lohnes dieser Arbeit, des Geldes“ ge-

---

Verhältnis des arbeitsteilig produzierenden Menschen zu sich selbst als einem moralischen Wesen. Walras führt die Lokomotive als Metapher ein. Die Metapher dient ihm dazu, das Verhältnis zwischen dem physiologischen und moralischen Gesichtspunkte des Menschen zu erklären. Unter ökonomischem Gesichtspunkte vollzieht sich das Schicksal des Menschen in der Arbeitsteilung, unter moralischem in den schönen Künsten, den Wissenschaften, den Sitten und Gebräuchen. Diese Lokomotive fungiert als Zugmaschine wie als Dampfmaschine. Als Zugmaschine kann die Lokomotive nur fungieren, da sie zugleich eine Dampfmaschine ist. Und die Lokomotive ist eine Dampfmaschine nur zum Zwecke einer Zugmaschine. Wir wissen, meint Walras, dass der Mensch die Arbeitsteilung nur umsetzen kann, weil er ein moralisches Wesen ist; und wenn der Mensch ein moralisches Wesen ist, dann ist er es zum Zwecke der Durchführung der Arbeitsteilung. Der Mechanismus nun, der aus einer Lokomotive eine Dampfmaschine macht, besteht aus drei Teilen: ein Feuer, dessen Flamme das Wasser eines Heizungskessels in Dampf verwandelt, ein Heizungskessel, aus dem der Dampf entweicht um den Kolben eines Zylinders in Bewegung zu setzen, ein Zylinder, dessen Kolben sich bewegt. Und es ist dann die Bewegung des Kolbens, die die Räder in Bewegung setzt und aus der Dampfmaschine eine Zugmaschine macht. Und da gibt es nun die Überschneidung zum Menschen als moralischem Wesen: „Ebbene, allo stesso modo, le tre facoltà che fanno dell'uomo una persona morale, sono: una sensibilità superiore che lega l'uomo al suo destino, una intelligenza superiore che glielo fa comprendere, una volontà libera che gli permette d'impegnarvisi.“ (S. 144)

schaffen. Und: „[…] von Zeit zu Zeit muß man es wieder sammeln und in die Maschine tun. Das ist die Kriegsanleihe." (S. 3) Freilich darf das gesparte Geld nicht in den Händen von Privatpersonen bleiben, sondern es muss in die werbende Hand des Staates gelegt werden. Und in diesem Zusammenhang kommt es nun zu einer neuen Sicht des Geldes, die an die Stelle der Definition des Geldes als technisches Hilfsmittel in Tauschakten tritt.

Jeder Einzelne habe dafür zu sorgen, dass das Geld, das er nicht selbst verbraucht habe, „sich selbst erneuere". Und da der Staat ja nichts geschenkt wolle, „erhält jeder sein Geld zurück, zusammen mit dem Lohne für die Arbeit, die das Geld für den Staat verrichtet hat." Das Geld arbeitet also.[15] Und dann folgt der Satz, den man genauer untersuchen sollte: „Denn auch das Geld hat seine Seele, hat seine Arbeitslust und Arbeitskraft, und eben, was das Geld bei dem großen Unternehmer, dem Staate, sich selbst verdient, das gibt der Verwahrer des Geldes, der Arbeitgeber, dem Leihenden selbstlos wieder zurück." (S. 3) In diesem Satz scheint eine neue Qualität des Geldes erkannt. Nicht mehr ist es Ware im Tausch gegen andere Ware, nicht mehr ist es als technisches Hilfsmittel begriffen, nun arbeitet es, ja, hat sogar seine Arbeitslust. Es ist somit klar, dass damit das Geld eingereiht ist in der seit Aristoteles virulent gemachten Problemstellung der Zinsfrage des Geldes, bis sie dann im dreibändigen Standardwerk von Böhm-Bawerk *Kapital und Kapitalzins* 1884 eine gewichtige Darlegung der neoklassischen Schule erfährt.[16] Scheint der Satz „Denn auch das Geld hat seine Seele" vor-

15 Mit diesem Satz wäre nach Ludwig von Mises bloß eine populäre Anschauung getroffen, die sich schnell mit der Tatsache abfinde, dass ausgeliehene Geldsummen eben Zinsen tragen. (von Mises, *Theorie des Geldes und der Umlaufmittel* [Anm. 7], S. 81) In der weiteren Ausführung beschäftigt sich von Mises dann mit den unterschiedlichen Kapitalbegriffen und diskutiert insbesondere Böhm-Bawerk.

16 Wenn nun das Geld arbeitet, dann scheint sich der Artikelschreiber an dieser Stelle mit der von Ludwig von Mises als populär bezeichneten Auffassung, dass ausgeliehene Geldsummen eben Zinsen tragen, abzufinden. Es lassen sich keine ausreichenden Merkmale auffinden, die es erlaubten, diese Arbeit des Geldes in eine der Klassifikationen einzuordnen, die von Böhm-Bawerk als Anhang der zweiten Auflage von *Kapital und Kabitalzins I Geschichte und Kritik der Kapitalzins-Theorien* 1900 als Zusammenfassung beifügt (Agiotheorie, Nutzungstheorie, Abstinenztheorie, motivierte Produktivitätstheorie, Ausbeutungstheorie). Man sollte dem Artikelschreiber terminologische Ungenauigkeiten nicht allzu hoch anrechnen, wenn z. B. Eugen von Böhm-Bawerk immerhin noch zu Carl Mengers Kapitalbegriff anmerken kann: „Ich schicke voraus, daß mir Menger das charakteristische Moment, an das die populäre Sprachübung den Kapitalnamen anknüpft, in der Tat mit sehr glücklichem Takt herausgefunden und – mit gewissen noch zu besprechenden Ausnahmen – in wesentlich zutreffender Weise bezeichnet zu haben scheint. Die Volkssprache knüpft in der Tat – die soeben

derhand bloß auf den Satz, in dem von der Speisepumpe als der Seele der Dampfmaschine die Rede ist, zurück zu verweisen, so eröffnet er darüber hinaus aber dennoch ein breites Spektrum intertextueller Bezüge.[17] Dieser Satz führt eine so kühne Verknüpfung vor, dass sie sich wohl nicht ausschließlich durch diesen Rückbezug erklären lässt. Da scheint sich, auch durch das ‚auch' vermittelt, diese Frage zuallererst einzuschreiben in eine umfassende Erweiterung der Seelenfrage, wie sie zuerst durch Gustav Theodor Fechner eröffnet worden ist.[18] Und Ge-

---

angekündigten Ausnahmen vorbehalten – den Kapitalsnamen an ertragbringende Objekte, die entweder in Geld bestehen oder in Geld vorgestellt werden." (Eugen Böhm-Bawerk, *Kapital und Kapitalzins II Positive Theorie des Kapitales*, Erster Band, Jena, 4. Aufl. 1921, S. 69) Davon, dass das Geld arbeitet, weiß auch Direktor Leo Fischel, von dem der Erzähler im Kapitel „Direktor Leo Fischel und das Prinzip des unzureichenden Grundes" des *Mann[es] ohne Eigenschaften*, mit Bezug auf Graf Leinsdorf, festhält: „Direktor Fischel kannte Se. Erlaucht als einen Mann, der sein Geld arbeiten ließ und mit den Methoden der Zeit Schritt hielt, ja ‚er erkannte' ihn, wie der Geschäftsausdruck lautet, in dem Augenblick, wo er die Eintragungen in seinem Gedächtnis prüfte, ‚für' einen Mann von großer Wichtigkeit, denn die Lloyd Bank war eines jener Institute, durch die Graf Leinsdorf seine Börsenaufträge besorgen ließ." (Musil, *Der Mann ohne Eigenschaften* GW I, S. 133) Da ‚arbeitet' das Geld schon als Finanzkapital. Zu fragen allerdings bliebe, ob nicht darüber hinaus das Geld noch in einer ganz anderen Weise ‚arbeitet' und gerade im Zeitraum der Kriegsanleihen. 1920 wird Karl Elster in seinem Buch *Die Seele des Geldes. Grundlagen und Ziele einer allgemeinen Theorie des Geldes* (ich verwende die zweite Auflage von 1922) unter § 4b „Die deutsche Kriegsinflation" des dritten Kapitels „Das Geld im Staate; die Währung" feststellen: „Stand bis zum Ausbruch des Weltkrieges die Geldschöpfung im Dienste der Volkswirtschaft, so trat sie mit der Durchführung unserer ‚finanziellen Mobilmachung' in den Dienst der Staatsfinanzen über." Sämtliche Gesetze, die für diesen Übergang verantwortlich sind, tragen das Datum 4. August 1914, darunter fällt auch das Darlehnskassengesetz. (S. 244f.) Die Folgen dieser Gesetzgebungsakte werden von Elster als gewaltig eingestuft: „Der Einfluß dieser Gesetzgebung auf unser Geld- und Zahlungswesen war ganz gewaltig. Sie öffnete der Inflation, an der wir heute kranken, die Tore, bereitete also den Boden für jene allgemeine Teuerung, die man gemeinhin – wenn auch schief – als Entwertung des Geldes zu bezeichnen pflegt." (S. 246)

17 Eine interessante Metaphernkonstellation zu Erklärungszwecken wirtschaftlicher Kreisläufe zeichnet sich ab. Während die einen die ‚Seele' des Geldes zu bestimmen versuchen, bestimmen die anderen das Zusammenwirken verschiedener Kräfte im Menschen im Bilde der ‚Maschine'; beide aber treffen sich gewissermaßen in einem Teile dieser Maschine: in der ‚Speisepumpe'.

18 Gustav Theodor Fechner hat nun zwei Werke zur Seelenfrage vorgelegt. 1848 erscheint *Nanna oder über das Seelenleben der Pflanzen*, Leipzig, 1848; 1861im C. X. Amelangs Verlag (Friedr. Volckmar), Leipzig *Über die Seelenfrage. Ein Gang durch die sichtbare Welt, um die unsichtbare zu finden.* Knapp dürfte sich auf diesen zweiten Band beziehen. Robert Musil wiederum beginnt Ende Juni 1902 mit der Lektüre von *Nanna oder über das Seelenleben der Pflanzen*. (Karl Corino, *Robert Musil. Eine Biographie*, Reinbek b. Hamburg, 2003, S. 1879) In „Heft 4: 1899?-

org Friedrich Knapp wird in seiner gewichtigen Untersuchung *Staatliche Theorie des Geldes* von 1905 diese Seelenfrage nun auch auf die Geldtheorie ausdehnen. Im letzten Absatz seines Vorwortes zur ersten Auflage seines Werkes hält er fest:

> Der Schriftsteller, dem ich wesentlich zu Danke verpflichtet bin, ist G. Th. Fechner – ein Mann, der niemals über Geld oder Zahlungsmittel auch nur das Geringste geschrieben hat, ja, der darüber wohl gar nichts wußte. Bei ihm aber, zum Beispiel aus seinem Büchlein über die Seelenfrage, kann man lernen, wie das Wesentliche vom Zufälligen unterschieden wird, und wenn man finden sollte, daß hier der Versuch unternommen wird, die Seele des Geldes zu entdecken, so hätte ich nichts dagegen einzuwenden.[19]

Dass Knapp die Seele des Geldes im staatlichen Anweisungscharakter erkennt, legen die Seiten seines Buches dar.

Doch dieses Sprechen von der Seele des Geldes verweist zurück wie zugleich auf eine beinahe Gleichzeitigkeit und eine zukünftige verstärkte Wiederaufnahme. Von der Seele, im Zusammenhang mit dem Geld,

---

1904 oder später" findet sich ein Exzerpt Musils aus diesem Band Fechners (S. 13): „Aber warum soll es zu den Seelen, die da laufen, schreien und fressen, nicht auch Seelen geben, die still blühen, duften, im Schlürfen des Thaues ihren Durst, im Knospentriebe ihren Drang, im Wenden gegen das Licht noch eine höhere Sehnsucht befriedigen." (Robert Musil, TB I, S. 25)

19 Georg Friedrich Knapp, *Staatliche Theorie des Geldes*, 2. Aufl., München/Leipzig, 1918, S. VII. Ende September 1920 wird dann in Jena im Verlag von Gustav Fischer Karl Elster, *Die Seele des Geldes. Grundlagen und Ziele einer allgemeinen Geldtheorie*, erscheinen. Im Vorwort zur ersten Auflage, im Abschnitt II *An meine Leser*, schreibt Elster: „Ich habe mein Buch ‚Die Seele des Geldes' genannt. Die Kenner der ‚Staatlichen Theorie' wissen es, den anderen sei es gesagt, daß dieser Name ein Zitat ist. Es war mein Wunsch, mit seiner Wahl dem Schöpfer der Staatlichen Theorie des Geldes, Georg Friedrich Knapp, meine bescheidene Huldigung zu erweisen." Fechner weitet die Seelenfrage aus, auf die Pflanzenseele z. B. Die Seele als die Lebenskraft. Und wie Fechner die in der Pflanze wirksame Seele beschreibt, indem er die Pflanze den Pflanzentieren vergleicht, könnte man auch die eine oder andere Wirkkraft des Geldes als Analogie erkennen: „Man möchte sagen, eine Pflanze ist nichts als ein erstarrter Armpolyp. Aber ist sie denn wirklich erstarrt? Im Gegenteil, indes der Polyp nach allen Seiten Arme umher nach Beute ausstreckt, und sich nach dem Lichte zieht, streckt sie nach allen Seiten Zweige, Blätter, Blüten aus, erneuert, verlängert und vervielfältigt solche mit unerschöpflicher Triebkraft, hebt sich der Schwere entgegen, bricht nach allen Seiten in Gestalt- und Farbenschöpfung aus, und zieht und dreht und wendet sich nach dem Lichte, und sendet ihren Duft den anderen Blumen zu. Vermöchte das auch eine aus Stein oder Holz geschnitzte Pflanze? Welche Ergänzung hiedurch dem Tier- und Menschenleben im Unsichtlichen sichtlich bedeutet wird, wird später der Betrachtung unterliegen; [...]." (G. Th. Fechner, *Über die Seelenfrage*, 2. Aufl., Hamburg/Leipzig, 1907, S. 31)

hat als erster, soweit ich sehe, Adam Müller in seinen Publikationen von 1809 (*Elemente der Staatskunst*) und 1816 (*Versuche einer neuen Theorie des Geldes*) gesprochen.[20] Müller sieht die Seele des Geldes im Credit und nicht im Tausch, im Nationalcredit oder öffentlichen Credit sieht er die Seele des Staates. Der Credit wie das Gesetz fußen nicht auf einem einmaligen Contrat sociale, sondern bestimmen sich durch ein fortwährendes Contrahieren und Wechselverpflichten.[21] Müller spricht von einer wirklichen Transsubstantiation des Geldstückes, die schon durch die Münze im Leibe des Staates vor sich gehe.[22] Die Zeitschrift *Summa*, herausgegeben von Franz Blei, wird bereits in ihrem ersten Viertel als Anhang Adam Müllers Schrift von 1818 *Über die Notwendigkeit einer theologischen Grundlage der gesamten Staatswissenschaften und der Staatswirtschaft insbesondere* bringen, in der Müller seine Darlegungen von 1809 und 1816 noch einmal zusammenfasst, unter verstärkter Perspektivierung einer Letztbegründung des Staates in Gott.[23] Wenn dann

20 Doch der Zusammenhang Seele – Geld wird auch im *Mann ohne Eigenschaften* virulent. Und so schließt das Kapitel 106 „Glaubt der moderne Mensch an Gott oder an den Chef der Weltfirma? Arnheims Unentschlossenheit" denn auch mit folgender Feststellung Arnheims: „Ein seiner Verantwortung bewußter Mann", sagte sich Arnheim überzeugt „darf schließlich auch, wenn er Seele schenkt, nur die Zinsen zum Opfer bringen und niemals das Kapital!" (Musil, *Der Mann ohne Eigenschaften*, GW II, S. 511)

21 Vgl. dazu: Adam Müller, *Versuche einer neuen Theorie des Geldes mit besonderer Rücksicht auf Großbritannien*, Jena, 1922, S. 46. Zu Adam Müller: Joseph Vogl, *Kalkül und Leidenschaft. Poetik des ökonomischen Menschen,* Zürich, 3. Aufl., 2008, S. 278-283, derselbe auch: *Das Gespenst des Kapitals*, Zürich, 2010; Ethel Matala de Maza, *Der verfasste Körper. Zum Projekt einer organischen Gemeinschaft in der politischen Romantik*, Freiburg, 1999, insbesondere: „Allegorie des Lebens. Adam Müllers Geldtheorie", S. 331-339; Eric Achermann, *Worte und Werte. Geld und Sprache bei Gottfried Wilhelm Leibniz, Johann Georg Hamann und Adam Müller*, Tübingen, 1997, insbesondere: „Vom Nationalcredit (Müller)", S. 231-307; Elmar Locher, „Die Zirkulation des Geldes und die Zirkulation der Zeichen. Adam Müllers Geldtheorie und Heinrich von Kleists Der Griffel Gottes", in: Bettina Faber/Ingo Breuer (Hg.), *„Ein blauer Schleier , wie in Italien gewebt" Kleist Tage in Venedig*, Heilbronn, 2016, S. 117-133. Heinrichs von Kleists *Das Erdbeben in Chili* wird dann auch der letzte Text sein, der die letzte Nummer der SZ 1917 beschließt. Von Adam Müller werden dann 1922 in der Reihe *Die Herdflamme*, Sammlung der gesellschafts=wissenschaftlichen Grundwerke aller Zeiten und Völker, hg. v. Othmar Spann, als erster Band *Elemente der Staatskunst* und als zweiter Band *Versuche einer neuen Theorie des Geldes* erscheinen.

22 Müller, *Versuche einer neuen Theorie des Geldes* (Anm. 21), 196f.

23 *Summa*. Eine Vierteljahresschrift. Erstes Viertel, Hellerauer Verlag Jakob Hegner, 1917, S. 171-196. Von Seite 196-200 gibt es eine namentlich nicht ausgewiesene Anmerkung zu Müllers Schrift, die durch prägnante Zitate aus anderen Schriften Müllers ergänzt wird. Die Zeitschrift erscheint unter der verantwortlichen Schriftleitung von Franz Blei. Das zweite Viertel wird im ersten Viertel bereits

der Artikel „Die Speisepumpe" der SZ darauf zu sprechen kommt, dass letztlich alle Bürger sich in diesem Kreditsystem als Staat konstituieren, dann scheint mir Adam Müllers Vorstellung zumindest als entfernter Anklang durchzuscheinen. Es heißt nämlich:

> [...] denn der Staat, der ja die Gesamtheit seiner Bewohner ist, also, der wir selber sind, will keinen Gewinn, er will nur die Leistung. Und deshalb verzinst er voll. Was wir selber dem Staate, also uns selber, leisteten, bezahlen wir uns selber. Nur die Befruchtung der Arbeit will der Staat. Verdienen will er nichts. (S. 3)

Ist mit dem Bild der Speisepumpe gewissermaßen die Erklärung eines immerwährenden Kreislaufes gefunden, so wird der Pumpprozess nun auch bei den Gegnern ausgemacht. Nur dass in diesem Falle, im rhetorisch geschickt instrumentierten Bild, nicht mehr von einem ‚Speisprozess' die Rede ist, der sich selbst am Laufen hält, sondern von einem Pumpvorgang, der seine ‚beseelende' Wirkung von einem ‚Sparbrunnen' bezieht:

> Auch die Gegner pumpen, – und ob. Aber sie nehmen es aus den eigenen Sparbrunnen und verspritzen es in die ganze weite Welt, denn sie haben ja die ganze weite Welt um Hilfe angerufen. Uncle Sam und der gelbe Vetter Japs nehmen es gerne auf, und mit scheinheiligem Augenaufschlage helfen sie. Mit geldscheinheiligen natürlich. (S. 3)

Und sinnfällig gemacht werden kann:

> Wir aber wissen, daß kein Brunnen so tief ist, daß, wenn weggenommen und immerfort viel weggenommen wird, er sich nicht erschöpft. Bei uns aber läuft das Geld im Kreis und solange dieser Geldkreislauf bei uns pulsiert, solange leben wir, und lassen sie fühlen, daß wir leben.[24]

---

für April 1917 angekündigt. Dass die Zeitschrift Adam Müller einen bevorzugten Rang einräumen will, geht aus der angekündigten Summa-Bibliothek hervor, die Adam Müller: *Schriften zum Staate* als Publikation bereits ankündigt. Zu einer Neuauflage der Schriften Adam Müllers scheint es aber erst 1922 gekommen zu sein (s. Anm. 21). Im Vierten Viertel der *Summa* (1918) wird dann Robert Musil mit seinem Essay „Skizze der Erkenntnis des Dichters" vertreten sein. Zur Beziehung Robert Musil – Franz Blei vgl. Birgit Nübel, *Robert Musil. Essayismus als Selbstreflexion der Moderne*, Berlin/New York, 2006, S. 305-321.

24 Dass diese Aussage nicht ganz dem Sachverhalt entspricht, geht aus Passagen in Heimito von Doderers *Dämonen* hervor, in denen es um die Rückführung von österreichischen Vermögen aus England geht, die in England zu Zwecken der Finanzierung von Kriegskosten beschlagnahmt worden waren. Es heißt da: „‚Verzeihen Sie', sagte ich (unbefangen, wie ich's damals noch war), ‚Sie sprachen doch eben vor ein paar Augenblicken von einem großen in England seinerzeit beschlagnahmten Vermögen, das nun vor Jahr und Tag frei geworden ist, wobei es Ihnen dann gelang, diese Angelegenheit günstig zu ordnen ...' Ja, und ?! ‚Nun, welches

Dieser Satz schafft nun ein Verweisnetz. Er weist zurück auf andere Artikel, auf „Krieg und Geld“ beispielsweise, oder präziser auf den Artikel vom 01.10.1916 „Die Munitionsgeschäfte Amerikas“ (S. 7). Wir lesen in diesem Artikel:

> Amerika hat, dem ‚Iron Age‘ zufolge seit dem Ausbruch des europäischen Krieges für zweieinhalb Milliarden Francs Waffen und Munition nach Europa geliefert. Von dieser Gesamtsumme wurden für Pulver 670 Millionen, für andere Explosivstoffe 1016 Millionen, für Feuerwaffen 119 Millionen, für Artilleriemunition 525 Millionen von den Ententemächten verausgabt.

Erst im Kontext dieser Artikel werden dann die Karikaturen verständlich, die es zu den Kriegsanleihen in der SZ vom 3.12.1916 gibt (S. 3), (S. 9), (S. 11), (S. 13).[25] Nicht ganz ohne Ambivalenz lässt sich wohl die Karikatur auf S. 13 lesen. Will man nicht unterstellen, der Karikaturist habe in seiner Zeichnung auf die von Freud herausgearbeiteten Beziehungen zwischen Geld und Kot hinweisen wollen,[26] dann bleibt, zu-

---

Vermögen das war, ist ja leicht zu erraten, da Sie schon 1914 Testamentsvollstrekker des gefallenen Rittmeisters Ruthmayr wurden, der ja einen gewaltigen Effektenbesitz drüben hatte. Er hat mir das sogar selbst kurz vor dem Ausbruch des Krieges einmal gesagt. Wir sprachen also mittelbar von Ruthmayr.‘“ (Heimito von Doderer, *Die Dämonen. Nach der Chronik des Sektionsrates Geyrenhoff*, München, 1956, S. 14) Da ging es den Romanprotagonisten ja noch gut, denn am 3.12.2014 können wir in verschiedenen Zeitungen die Ankündigung lesen, dass die englische Regierung die letzten Kriegsanleihen aus dem Ersten Weltkrieg im März 2015 tilgen will. So schreibt z. B. Marcus Theurer in der FAZ vom 03.12.2014: „Die Uralt-Anleihen liegen seit Generationen in den Wertpapierdepots vieler britischer Sparer. Doch jetzt will Schatzkanzler George Osborne seine Schulden begleichen: Am Mittwoch kündigte die Regierung in London an, eine fast hundert Jahre alte historische Staatsanleihe im Volumen von 1,9 Milliarden Pfund (2,4 Milliarden Euro) zu tilgen. Der britische Staat hat das Geld ursprünglich im Jahr 1917 zur Finanzierung des Ersten Weltkrieges aufgenommen. Das geschichtsträchtige Wertpapier mit einem Zinskupon von 3,5 Prozent macht zwar nur einen kleinen Teil der britischen Schulden aus, ist aber noch immer die am breitesten gestreute Staatsanleihe auf der Insel. Die Regierung hatte die ursprünglichen Papiere während des Krieges mit einer großangelegten Werbekampagne unters Volk gebracht. Auch heute noch haben mehr als 120.000 Sparer diese Papiere in den Depots. Die meisten dieser Anleger sind Kleinsparer, die weniger als 1000 Pfund investiert haben.“ (http://www.faz.net/aktuell/finanzen/anleihen-zinsen/grossbritannien-tilgt-anleihen-nach-fast-100-jahren-13300745.html, eingesehen am 25. März 2017) Ähnliche Artikel vom selben Tag gibt es in der *NZZ* und im *Manager Magazin*.

25 Siehe zu den Karikaturen allgemein den Aufsatz von Mariaelisa Dimino in diesem Band.

26 Hörisch, *Kopf oder Zahl* (Anm. 2). Hörisch schreibt: „Der glänzende Code des Geldes und der schmutzige Kot: ihr Tertium comparationis haben beide, wie

mindest, ein Changieren zwischen der vaterländischen Pflicht, auf die noch der auf jeder zweiten Seite am unteren Blattrande eingeschobene Werbebalken (Zeichnet die fünfte Kriegsanleihe!) hinweist, und dem doch etwas derb dargestellten körperlichen Vorgang des Defäkierens, der aber, dessen ungeachtet, seine Entsprechung von Kot und Geld im Volksmund fände.[27]

---

schon Freuds so knappe wie heißumstrittene Studie Charakter und Analerotik pointierte, im Paradox, daß das schlechthin gebrauchswertlose Geld zum Wertvollsten wird. In Freuds Worten: ‚Es ist möglich, daß der Gegensatz zwischen dem Wertvollsten, das der Mensch kennen gelernt hat, und dem Wertlosesten, das er als Abfall (refuse) von sich wirft, zu dieser bedingten Identifizierung von Gold und Kot geführt hat'." (S. 116)

27 Ernest Bornemann, *Sex im Volksmund. Der obszöne Wortschatz der Deutschen*, Berlin, 2013, siehe die Einträge unter den Stichworten Geld und Kot.

Aldo Venturelli

Luxusgüter oder Kulturgüter? Eine Diskussion über Walter Rathenau in der „Soldaten-Zeitung"

In einem kürzlich erschienenen Beitrag, in dem Karl Corino sich mit der Beziehung zwischen Robert Musil und Walter Rathenau befasst, erinnert der Autor, wie bereits in seiner Musil-Biografie, an einen Artikel, der am 4. März 1917 unter dem Titel „Luxussteuern" in der SZ erschien. Der Artikel führt ein offensichtlich der Presse entnommenes Zitat aus der Rede an, die Walter Rathenau am 18. Dezember 1916 vor der bedeutenden „Deutschen Gesellschaft 1914" hielt.[1] Dem Zitat geht eine kurze Einleitung voraus und es ist von einer abschließenden Betrachtung gefolgt, die an die Einleitung anknüpft. Die *Klagenfurter Ausgabe* schreibt diesen, wie üblich anonym publizierten Artikel, Musil zu.[2]

Bei Rathenaus Vortrag, der einige Grundthemen seines im März des Jahres 1917 erschienenen dritten Buches *Von kommenden Dingen* vorwegnimmt, handelte es sich um den zweiten, den er vor der prestigereichen Berliner Gesellschaft hielt. Im Gegensatz zu seinem ersten Vortrag, den Rathenau kurz nach dem Rücktritt von seinem Amt als Leiter der Kriegsrohstoffabteilung beim Kriegsministerium zum Thema Rohstoffe und zu den Erfahrungen während seiner Amtszeit gehalten hatte, fand dieser zweite Vortrag wenig Anklang und rief sowohl bei den Mitgliedern der Gesellschaft wie in der Öffentlichkeit Kritik und Einwände hervor. Auch wenn Rathenau schwerlich davon wissen konnte,[3] war Musil also einer der wenigen, die diesem Vortrag Aufmerksamkeit schenkten.

1 Zum Artikel „Luxussteuer" vgl. Karl Corino, „Robert Musil und Walther Rathenau. Eine Konstellation", in: *Walther Rathenau im Netzwerk der Moderne*, hg. v. S. Brömsel/P. Küppers/C. Reichhold, Berlin/Boston, 2014, S. 14-29, hier S. 24-25. Zu Rathenaus Vortrag: Shulamit Volkov, *Walther Rathenau. Ein jüdisches Leben in Deutschland 1867-1922*, München, 2012, S. 152-153. Zur „Deutschen Gesellschaft 1914" und zur Rolle, die Rathenau darin hatte: Lothar Gall, *Walther Rathenau. Portrait einer Epoche*, München, 2009, S. 188-190; zur „Deutschen Gesellschaft 1914" auch Kristina Kratz-Kessemeier, *Kunst für die Republik. Die Kunstpolitik des preußischen Kultusministeriums 1918 bis 1932*, Berlin, 2008.

2 Vgl. dazu KA, Bd. 11, *Kleine Prosa*.

3 Es ist höchst unwahrscheinlich, dass Rathenau über diesen in der SZ erschienenen Artikel informiert war oder dass Musil seine Freunde Franz Blei oder Alfred Kerr, die in engerer Beziehung zu Rathenau standen, darüber unterrichtet hat.

Rathenau hatte in seinem Vortrag einige Vorschläge für die deutsche Wirtschaft bei Kriegsende formuliert. Seines Erachtens war eine tiefgreifende Reform der Wirtschaftsordnung erforderlich, in der mindestens ein Teil des Luxus und des Überflüssigen abgeschafft und durch edlere Genüsse ersetzt würde.[4] Genau diesem Teil des Vortrags schenkte Musil sein Augenmerk. Rathenau widersprach der Vorstellung, dass die Besteuerung der Luxusgüter für die Wirtschaft unnütz sei, insofern sie lediglich zu einem Rückgang des Verbrauchs führen würde. Stattdessen vertrat er die Ansicht, dass der Luxus erhebliche Verluste für die Wirtschaft eines Landes bewirke:

> Alle Aufwendungen an Arbeitskraft, Rohstoff, Werkzeug, Transport, Einfuhr, Einzelverkauf, Lagerung, die auf ein entbehrliches oder überflüssiges Erzeugnis des Luxus verwendet werden, bleiben unserer Wirtschaft verloren.[5]

Diese Ressourcen könnten zum Beispiel viel produktiver eingesetzt werden, um die technische Bildung zu fördern oder das Einkommen der Landwirte zu erhöhen. Außerdem könne die Einrichtung von Zollbarrieren gegen den Import von Luxusgütern und die Besteuerung solcher Güter zusätzliche Ressourcen für den Staatshaushalt schaffen. Rathenaus Vortrag nimmt, wie gesagt, einige Themen aus *Von kommenden Dingen* vorweg. In diesem Band unterstützt die Polemik Rathenaus gegen die Luxusgüter, die schon in dem Vortrag nicht nur als überflüssig, sondern auch als hässlich und schädlich bezeichnet wurden, seine Vorstellung von einer Gemeinwirtschaft, in der staatliche Eingriffe eine bedeutende Rolle spielen sollten. Eine solche eng mit der nationalen Gemeinschaft verbundene Wirtschaftsordnung würde den Aufbau eines echten Volksstaats ermöglichen.[6]

Innerhalb dieser tiefgreifenden Transformation der Wirtschaft und des Staates, die Rathenau zu den wichtigsten Aufgaben zählte, denen Deutschland sich nach Kriegsende stellen musste, konnte seines Erachtens auch der Verbrauch eine andere Ausrichtung erfahren, indem an die Stelle von Luxusgütern und materiellen Gütern überhaupt der Genuss von Kunsterzeugnissen bzw. kulturellen und geistigen Schöpfungen treten würde. Dies ist der Aspekt, auf den der Artikel der SZ, der

4 Das Rathenau-Zitat wird wiedergegeben nach Volkov, *Walther Rathenau* (Anm. 1), S. 152.

5 Das Zitat Rathenaus stammt aus dem Artikel der SZ, abgedruckt in KA, Bd. 11.

6 Zu dieser in *Von kommenden Dingen* vertretenen Idee einer *Gemeinwirtschaft* vgl. Gall, *Walther Rathenau* (Anm. 1), S. 198.

mit folgendem bedeutenden Zitat aus dem Vortrag Rathenaus schließt, sich insbesondere konzentriert:

> Die Kunst ist kein Luxus, sondern Selbstzweck, und je mehr wir hingeführt werden von trivialen Käuflichkeiten zu denjenigen Werten, die absolute sind, zu den Werken der Kunst und zu den Werken der Natur, desto mehr werden wir Geister und Herzen bereichern und beglücken.[7]

Der Artikel bezieht nicht unmittelbar Stellung zu den von Rathenau in seinem Vortrag vertretenen Thesen. Im Übrigen sind die Gründe für die Wiedergabe des Zitats aus dem Vortrag des deutschen Industriellen in dem kurzen einleitenden Kommentar klar benannt. Einige darin enthaltene Gedanken konnten nach Ansicht des Verfassers nämlich auch für Österreich von Bedeutung sein. Der Artikel wollte also nicht auf Rathenaus Vorschläge eingehen oder die Frage der möglichen Besteuerung des Luxus vertiefen, sondern lediglich überprüfen, ob einige der vorgetragenen Ideen auch mit Blick auf die Situation Österreichs aufgegriffen und erörtert zu werden verdienten. In dieser Perspektive stehen die Schlussbetrachtungen des Artikels, die an das Rathenau-Zitat anschließen:

> Fragt sich in der Welt von heute nur, was Luxus ist? Das Kino oder die Kunst? „Sag Schmuck zu mir" oder Peter Altenbergs „Wie ich es sehe"? Richard Dehmels Gedicht „Deutschlands Fahnenlied", das wir im letzten Heft veröffentlichten, oder „Immer feste druff!" und „Lemberg, weine nicht". Wir glauben, wenn wir Österreich von unten bis oben und vom Fels zum Meer überblicken, nicht ohne Grund, Altenberg, Dehmel und die Kunst dürften bei einer allgemeinen Abstimmung für Luxus erklärt werden, dagegen sind Schmucki und das Kino ganz bestimmt eine geistige Notwendigkeit.[8]

Die bittere Ironie dieses Kommentars erlaubt es gewiss, diesen Artikel mit noch größerer Sicherheit Musil zuzuschreiben. Es wurde festgestellt, dass Musils journalistische Tätigkeit für die (T)SZ ihn dazu gezwungen habe, sich unmittelbar mit den Ansprüchen und dem Geschmack eines neuen, nicht elitären Publikums und folglich mit den Frühformen einer beginnenden Massenkulturindustrie auseinanderzusetzen.[9] Der hier zitierte abschließende Kommentar zu dem Rathenau-Zitat bestätigt diese Interpretation voll und ganz. Wenige Wochen zuvor hatte die SZ eine kurze Mitteilung zu dem Duett „Sag Schmuck zu mir" gebracht, das

7 Rathenau-Zitat aus dem Artikel der SZ, abgedruckt in KA, Bd. 11.

8 So schließt der in KA, Bd. 11 wiedergegebene Artikel der TSZ.

9 Vgl. dazu Regina Schaunig, *Der Dichter im Dienst des Generals. Robert Musils Propagandaschriften im Ersten Weltkrieg*, Klagenfurt/Wien, 2014.

der Neuaufführung einer Erfolgsoperette angefügt worden war und auf das in den zitierten Betrachtungen Bezug genommen wird. Gleichzeitig zeugen diese auch von den Bemühungen der (T)SZ, den ästhetischen Geschmack ihrer Leser zu heben: etwa durch die Veröffentlichung eines Gedichts von Dehmel. Obgleich Musil Dehmel nicht schätzte, ändert dies nichts daran, dass die Betrachtungen an sich von dem Bemühen der Zeitung zeugen, der Nivellierung des ästhetischen Geschmacks ihrer Leser entgegenzuwirken. Die Ironie könnte sicher auch gegen die Thesen Rathenaus gerichtet sein, und in diesem Fall wäre Musil nicht der Einzige, der Vorbehalte vorbrachte,[10] doch wie wir gesehen haben, war der Zweck des Artikels eng auf eine innerösterreichische Diskussion begrenzt, worunter Musil nicht nur das deutschsprachige Österreich, sondern alle Bevölkerungen der Österreichisch-Ungarischen Monarchie mit ihren verschiedenen Sprachen und Kulturen verstand.

In dieser Perspektive sind die Betrachtungen der SZ zu den Vorschlägen Rathenaus ein Moment des „kritischen Patriotismus", wie er in dem „Vermächtnis", mit dem das Leben der Zeitung einige Monate später zu Ende ging, verfochten wird.[11] Harald Gschwandtner hat die „eminente Reformbedürftigkeit der Habsburgermonarchie", welche die Hauptlinie der Zeitung unter Musils Herausgeberschaft darstellte, sehr eindrücklich zusammengefasst. Zentrale Themenkomplexe dieser Reformpolitik betrafen Staat, Nation und Parlamentarismus und behandelten vorwiegend Fragen der fehlenden Organisation des Staates, einer ‚österreichischen Kultur' sowie der Volksbildung.[12] Die Schlussbetrachtungen zu Rathenaus Vorschlag müssen somit, abgesehen von ihrer Ironie, vor allem auf die Notwendigkeit der Schaffung einer neuen österreichischen Kultur bezogen werden, wie sie in einem der engagiertesten und vielschichtigsten Artikel der SZ vom 10. Dezember 1916 – „Eine österreichische Kultur" – gefordert wurde. Der Verfasser des Artikels – und in diesem Fall erscheint es besonders gerechtfertigt, den Artikel Musil zuzuschreiben – vertrat die Ansicht, dass die mit der

10 Wie gesagt, wurden einige der Thesen aus dem Vortrag über die Luxussteuer von Rathenau in *Von kommenden Dingen* aufgegriffen und weiterentwickelt. Im Gegensatz zum Vortrag war dem Buch ein großer, unerwarteter Erfolg beschieden. Es wurde vielfach rezensiert, unter anderem von Hermann Hesse, der einige Bedenken gegenüber der Möglichkeit, ein *Reich der Seele* zu errichten, anmeldete; vgl. dazu: Volkov, *Walther Rathenau* (Anm. 1), S. 171.

11 Das „Vermächtnis" wurde in der letzten Ausgabe der SZ publiziert, die am 15.04.1917 erschien. Vgl. dazu Harald Gschwandtner, „Kriegspublizistik", in: *Robert-Musil-Handbuch*, hg. v. Birgit Nübel/Norbert Christian Wolf, Berlin/Boston, 2016, S. 434-440.

12 Ebd.

Schaffung einer überzeugenden österreichischen Kultur verknüpften Probleme nicht als Fragen einer bloßen Kunst-Verwaltung angesehen werden dürften. In erster Linie müssten diese Fragen vielmehr um die notwendige Vereinigung der verschiedenen Nationalkulturen innerhalb der Österreichisch-Ungarischen Monarchie kreisen. Eine solche Vereinigung der Kulturen erschien umso wichtiger, als sie diejenige der Völker erleichtern konnte. Dem Verfasser des Artikels zufolge musste man, mit anderen Worten, eine auf der zufälligen staatlichen Unterstützung einzelner kultureller Initiativen oder Einrichtungen beruhende Politik überwinden. Stattdessen galt es die Bedingungen für einen starken, freien Markt der Kunst- und Kulturproduktion zu schaffen. Das Problem einer so verstandenen österreichischen Kultur deckte sich größtenteils mit der Aufgabe, Wien eine neue internationale Anziehungskraft zu verleihen. Es war nicht mehr ausreichend, eine vergangene, seit geraumer Zeit untergegangene Wiener Kultur neu zu beleben, denn ihre Grundlagen wurden in früheren Jahrhunderten geschaffen, als Wien noch eine in ihrer Art einmalige Weltstadt war. In jener fernen Zeit war Wien die größte deutsche Stadt und hatte sich fähig gezeigt, die verschiedenen Völker der Habsburgermonarchie anzuziehen. Heute übte Wien diese Funktion dem Verfasser zufolge dagegen nicht mehr aus und wurde gemeinhin negativ als Hauptstadt einer verhassten Zentralregierung wahrgenommen. Wien hatte also jede reale Anziehungskraft für die anderen Nationalkulturen der Österreichisch-Ungarischen Monarchie eingebüßt. Gemäß dem im Artikel der SZ entworfenen Programm mussten die verschiedenen Nationalkulturen in Wien stattdessen effiziente und für überzeugende Kulturinitiativen offene Institutionen finden, damit eine neue Verschmelzung der verschiedenen Kulturen der Habsburgermonarchie erreicht werden konnte.[13]

Es mag sicher unverhältnismäßig erscheinen, die ironischen Betrachtungen zur Luxussteuer auf dieses ehrgeizige Projekt zur Schaffung einer neuen österreichischen Kultur zurückzuführen, doch bilden sie zumindest einen Mosaikstein dieses umfassenden Kulturprogramms, zu dessen Zielsetzungen auch die Hebung des ästhetischen Geschmacks der Leser der (T)SZ zählte. Dieses Kulturprogramm sollte offensichtlich auf keinen Fall von dem allgemeinen politischen Reformprogramm getrennt werden, für das die Zeitung eintrat.[14] Unschwer lassen sich in dem Kulturprogramm einige Aspekte der ironischen Kritik erkennen,

13 Der Artikel erschien in der SZ vom 10. Dezember 1916 und ist abgedruckt in KA, Bd. 11.

14 Eine besondere Bedeutung kam in diesem Reformprogramm der Beziehung zwischen Zentralismus und Föderalismus zu. Dazu wurden in der SZ vom Januar

mit der Musil im *Mann ohne Eigenschaften* die untergegangene Habsburgermonarchie beschreibt. Sehr tiefsinnig und scharfblickend stellte der Schriftsteller Elias Canetti fest:

> Aber das Bewusstsein, daß er dieses untergegangene Österreich war, wie niemand sonst, er als einziger, gab ihm auf seine Empfindlichkeit ein sehr eigentümliches Recht.[15]

Diese Feststellung Canettis kann vielleicht einen Interpretationsschlüssel liefern, um genauer abzugrenzen, was beim *Schriftsteller* Musil von der journalistischen Erfahrung der Herausgabe der (T)SZ weiterlebte. Vor allem 1917, als die Zeitung systematisch darüber nachzudenken begann, was nach dem bevorstehenden Ende des Krieges aus der Habsburgermonarchie werden sollte, nahm Musil eine eingehende Untersuchung der institutionellen Mechanismen des komplexen österreichisch-ungarischen Staatsgebildes in Angriff und skizzierte ein Kulturprogramm, das für die schwierigen anstehenden Aufgaben geeignet wäre. Wahrscheinlich identifizierte sich Musil als Schriftsteller niemals vollständig mit diesem Programm, aber es ist sicher der bleibendste und am wenigsten von den äußeren Bedingungen der Kriegszeit beeinflusste Aspekt seiner journalistischen Erfahrung bei der (T)SZ.

In jedem Fall ist der Artikel über die Position Rathenaus in Sachen Luxussteuer das wichtigste uns überlieferte Zeugnis dafür, dass Musil auch nach seiner ersten Begegnung mit dem deutschen Unternehmer und Staatsmann im Januar 1914 in Berlin,[16] auf die einige Monate später eine sehr negative Rezension von *Zur Mechanik des Geistes* gefolgt war, über dessen Ideen und Tätigkeiten informiert war. Der Artikel Musils über Rathenau aus dem Jahr 1921, der für die *Prager Presse* bestimmt war, wurde nämlich von der Zeitung nicht publiziert und ist verloren gegangen. Erhalten sind andere knappe Zeugnisse und Aufzeichnungen, insbesondere aus der Zeit der Ermordung Rathenaus im Jahr 1922, die Musil wahrscheinlich dazu bewog, die Arbeit an *Der Erlöser* zu unterbrechen.[17] Jedes dieser Zeugnisse verdient sorgfältig untersucht zu werden, auch wenn die Informationen über Rathenaus Biografie und Ideen nach 1914 Musil nie zu einer grundsätzlichen Revision seiner da-

---

1917 zwei wichtige Artikel publiziert: „Zentralismus und Föderalismus" und „Föderalismus und Zentralismus".

15 Elias Canetti, „Das Augenspiel. Lebensgeschichte 1931-1937", in: *Erinnerungen an Robert Musil*, hg. v. Karl Corino, Waedenswil, 2010, S. 286.

16 Diese Begegnung im Januar 1914 in Berlin wird mit Sorgfalt und neuen Angaben von Karl Corino dokumentiert in *Erinnerungen* (Anm. 15), S. 14-15.

17 Vgl. dazu den Kommentar über die Textgenese von *Der Erlöser* in KA, Bd. 20, in Bezug auf Bd. 4, *Der Mann ohne Eigenschaften – Die Vorstufen*.

mals geäußerten Eindrücke und Bewertungen bewogen. Auch der kurze Artikel aus der SZ, mit dem wir uns hier befasst haben, erinnert folglich an den Unterschied zwischen der historischen Gestalt Walter Rathenaus und seinem literarischen Porträt in der Figur Arnheims. Außerdem lädt er uns dazu ein, die komplexe Entstehung und Ausarbeitung dieser Romanfigur näher zu betrachten und die Analyse seiner Funktion innerhalb des *Mannes ohne Eigenschaften* zu vertiefen.

Sigurd Paul Scheichl

Tiroler Autoren in der *Tiroler Soldaten-Zeitung*

Roman Urbaners gründliche Darstellung der Geschichte der TSZ,[1] die auch auf den Akten im Kriegsarchiv beruht, kann nur in Details ergänzt werden. Vor allem der Tirol-Bezug des Blatts, den Musil ab Sommer 1916 stark zurückfuhr, lässt sich noch etwas präziser fassen, obwohl grundsätzlich Urbaners Feststellung gilt, dass „dieses außergewöhnliche Produkt der Kriegszeit“ „nur sehr bedingt als Teil der Tiroler Publizistik angesehen werden“ kann.[2] Doch noch 1916 war dem Blatt und dem hinter ihm stehenden Armeekommando der „lokale Tiroler Anstrich“ wichtig.[3]

Nach der Kriegserklärung Italiens am 23. Mai 1915 wurde die Front gegen den neuen Feind zunächst von den Standschützen verteidigt, d. h. von nicht mehr oder noch nicht Militärdienstpflichtigen aus Tirol selbst. Erst allmählich konnten reguläre Truppen von der Ostfront abgezogen und an der neuen Südwestfront eingesetzt werden, auch deren Mannschaft waren zum guten Teil Tiroler. Die 1915 sehr schnell ins Leben gerufene TSZ – die erste Nummer erschien schon am 2. Juni 1915 – musste also zumal in den ersten Monaten vor allem mit aus Tirol stammenden Lesern rechnen. Andererseits ist anzunehmen, dass viele Literatinnen und Literaten aus Tirol im Geist der allgemeinen Kriegsbegeisterung nur allzu gern bereit waren, diesem neuen Blatt, das in Bozen redigiert wurde, Produkte ihrer Kunst zur Verfügung zu stellen, obwohl es keine Honorare zahlte.[4] Das Armeekommando unterstrich auch den Stellenwert der Mitarbeiter und vereinzelten Mitarbeiterinnen[5] aus Tirol, wenn es anmerkt, „daß insbesondere die Tiroler Schriftsteller sich aufs eifrigste an der Mitarbeit beteiligen.“[6] Nicht zu klären ist vorerst, ob die Autorinnen und Autoren von sich aus der TSZ Beiträge geschickt haben oder ob diese an sie herangetreten ist. Die Durchsicht

1 Roman Urbaner: „... daran zugrunde gegangen, daß sie Tagespolitik betreiben wollte“? Die „(Tiroler) Soldatenzeitung“ 1915-1917. *eForum zeitGeschichte* 3/4 2001. http://www.eforum-zeitgeschichte.at/3_01a8.html (Stand: 20.2.2017).

2 Ebd., S. 1.

3 Ebd., S. 14.

4 Ebd., S. 2.

5 Marie Holzer, Klara Pölt-Nordheim, Angelika v. Hörmann.

6 Zitiert bei Urbaner, „... daran zugrunde gegangen, daß sie Tagespolitik betreiben wollte“? (Anm. 1), S. 2.

von zwei Nachlässen (Arthur von Wallpach[7] und Otto Rudl[8]) war in dieser Hinsicht ergebnislos; es fanden sich weder im einen noch im anderen die TSZ betreffenden Korrespondenzen.

Bei den bildenden Künstlern ist die Dominanz der Tiroler besonders eindeutig: Neben Egger-Lienz, der bis zum Auslaufen der (T)SZ sehr viele Bilder zur Verfügung gestellt hat, sind Arthur Nikodem, Hans Weber-Tyrol und Thomas Riss zu nennen. Ihre beeindruckenden Bildbeiträge trugen zur Wirkung des Blatts nicht wenig bei, vielleicht mehr als die literarischen Texte. Bildbeiträge von Nicht-Tiroler Malern, wenn es sie überhaupt gibt, fallen daneben nicht ins Gewicht. Aufwändige Kunstdruckbeilagen, „Propaganda auf der unter den gegebenen Umständen höchsten Ebene",[9] hatte das Blatt schon vor der Übernahme der Redaktion durch Musil.

Der Tirolbezug der Beiträger wie der erwarteten Leser kam auch darin zum Ausdruck, dass relativ viele Texte, Gedichte wie Prosatexte, Dialektwörter und Dialektpassagen enthielten oder zur Gänze in einer Tiroler Mundart geschrieben waren. Die Redaktion nahm Rücksicht auf Soldaten an der Südwestfront, die nicht aus Tirol stammten, und erläuterte Mundartwörter. Eines der frühesten Beispiele dafür ist ein Gedicht des kaum bekannten dichtenden Thaurer Volksschullehrers Alois Wurnig (09.07.1915),[10] solche Worterklärungen finden sich in vielen Heften. Dass so viel Mundart vorkommt, ist wichtig als Mittel der Stärkung des Heimatgefühls und damit der Stärkung des Kampfgeistes derer, die ihre Heimat verteidigen mussten. Dem gleichen Zweck dienen die nicht seltenen Nennungen des Tiroler Nationalhelden Andreas Hofer, dem anlässlich der Wiederkehr seines Todestags eine ganze Nummer (20.02.1916), und zwar eine grafisch überdurchschnittlich aufwändig gestaltete, gewidmet ist. (1917 reagiert die SZ auf diesen Gedenktag nicht mehr.) Von Andreas Hofer ist auch sonst immer wieder die Rede, wie gelegentlich auch von der Verteidigung Tirols – gegen Italien! – im Jahr 1866. (In diesem Zusammenhang sei auch die weniger tirolbezogene, aber die Überlegenheit Österreichs rühmende Beilage zur 50. Wiederkehr der von Österreich gegen Italien gewonnen

7 Nachlass Arthur v. Wallpach im Brenner-Archiv der Universität Innsbruck.

8 Nachlass Otto Rudl im Stadtarchiv Innsbruck.

9 Karl Corino, *Robert Musil. Eine Biographie*, Reinbek b. Hamburg, 2003, S. 560.

10 Da Leserinnen und Leser die Zitate wohl am ehesten in der digitalen Version der (T)SZ von ANNO (die übrigens nicht ganz vollständig ist) suchen werden, gebe ich das Erscheinungsdatum der jeweiligen Nummer an, da die Hefte auf diese Weise dort am leichtesten zu finden sind. Wegen des geringen Umfangs der Ausgaben und der Kürze der Beiträge gebe ich in den Zitaten keine Seitenzahlen an.

Schlacht von Custozza erwähnt; 26.06.1916.) Es ist daher nicht nur von lokalem Interesse, welche Autorinnen und Autoren aus Tirol zur (T)SZ beigetragen haben.

Es ist selbstverständlich ausgeschlossen eine Bibliografie der Gedichte und der Prosatexte aus Tirol zu erstellen, schon allein deshalb, weil viele Verfasser wegen ihrer Unbekanntheit nicht ermittelt werden können; es würde sich wegen der geringen ästhetischen Qualität der Texte auch nicht lohnen. Einzelne Beiträge sind anonym, andere wurden von den Verfassern mit Angabe des Dienstgrads in der Armee eingesendet, sind also mit Sicherheit patriotische Gelegenheitsarbeiten von Menschen, die nie vorher und nie nachher eine Verszeile geschrieben haben. (Glücklicher Weise, möchte man sagen.) Als recht typisch führe ich die Beilage zu Nr. 16/17 vom 17. Juli 1915 an, in der die Verfasser der Gedichte durchwegs mit ihrem Dienstgrad genannt werden: „M. Pfretzschner / k. k. Hauptmann 1. Klasse / L.-Sch.-Reg. Nr. 1" („Ein neues Lied nach altem Muster", im Dialekt); „Lt. Falkner / 166. Ldst.-Baon, Feldpost 615" („Für Dich!", nämlich „Für Dich, unser heiliges Land Tirol" und „Mein Grab"); „Dr. Ernst Altenburger / Verpflegsakzessist i. R." („Österreichs Doppelaar"); „Leutnant d. R. Leopold Weber" („Tiroler Landsturm-Lied").[11] (Einem dieser Gedichte, das nach der Melodie, nein: nach der „Singweise" des lustigen „Höttinger Vogelfanger-Lieds" zu singen wäre, ist die Bemerkung vorangestellt: „Dieses Lied ist im Schützengraben an der Isonzofront entstanden und liefert wohl den besten Beweis für die unter unseren Truppen herrschende, ungetrübte Stimmung.") Wer von den Verfassern dieser Verse Tiroler war, ließe sich nur mit großem Aufwand ermitteln.

Recht bezeichnend ist, dass viele dieser Gedichte wie das eben genannte von Weber als Kontrafakturen konzipiert sind. In einem Zusatz zum Titel wird jeweils angegeben, auf welche Melodie das Gedicht geschrieben ist; es überrascht nicht, dass „Die Wacht am Rhein", „Der Gott, der Eisen wachsen ließ" und „Zu Mantua in Banden" mehrfach als Melodien angegeben werden. Diese Entscheidung bestimmt dann jeweils auch die Form des Gedichts. Zudem macht diese Sangbarkeit klar, dass die Autoren ihre Verse als Gebrauchslyrik verstanden haben; sie sollten zum Aufputschen der Soldaten geeignet sein.

Auch wo man die Namen von Autoren kennt, lohnt es wohl zumeist nicht, Forschungen über sie anzustellen: Heinz von Wörndle, um nur ein Beispiel herauszugreifen, hat in der TSZ einige Gedichte publiziert

---

11 Grafische Unterschiede bei der Wiedergabe der Autornamen sind hier nicht beibehalten.

(z. B. 11.06.1915), steht aber in Bibliothekskatalogen als Verfasser aller möglichen historischen Broschüren über Tiroler Orte; ihn für die Literaturgeschichte zu retten kann nicht Aufgabe dieses Beitrags sein, es würde auch schwerlich gelingen.

Wegen dieser Schwierigkeiten mit der regionalen Zuordnung der Verfasser – oft war ich auf meine (nicht immer ausreichende) Kenntnis der Literaturverhältnisse in Tirol angewiesen – sind statistische Aussagen wenig sinnvoll.[12] Es stammt aber wohl deutlich mehr als die Hälfte der gezeichneten Beiträge zum literarischen Teil der (T)SZ von Tirolern. Artikel und Gedichte von anderen (Hofmannsthal, Ginzkey, Roda Roda, Dauthendey, Kerr, Wildgans, Hugo Salus, Kernstock, Rosegger, Rudolf Hans Bartsch u. a.) sind zumeist Nachdrucke aus Büchern oder Zeitschriften und in der Regel als solche gekennzeichnet. Die Tiroler Beiträge, in Einzelfällen Neudrucke von älteren Werken wie Gedichten von Gilm und Senn, sind keineswegs immer Originalbeiträge, doch wahrscheinlich sind sie häufiger Erstdrucke als die Texte von Nicht-Tirolern. Als Tiroler werden dabei sowohl jene gezählt, die im Kronland aufgewachsen sind, als auch jene, die von anderswo zugezogen sind, aber in Tirol lebten.[13]

Bevor ich auf einzelne Beiträge von Autoren aus Tirol eingehe, sei pauschal festgestellt, dass die, freilich nicht gezeichneten, politischen Artikel im Sinne eines österreichischen Zentralismus, die schließlich zum Ende des Blatts geführt haben dürften, wohl ausnahmslos nicht von den Mitarbeitern aus Tirol stammten. Die Tiroler, deren Namen aufscheinen, schrieben nur für die *Literarische Beilage* bzw. den späteren Unterhaltungsteil.

Auffällig ist schließlich, dass die (T)SZ auf Beiträge der prominenten Kriegsberichterstatter verzichtete. Ganghofer, Roda Roda, Schalek, Strobl usw. scheinen mit ihren Frontberichten nicht auf. Vielleicht hatte die Redaktion das Gefühl, dass die authentischen Geschichten der Soldaten solche journalistischen Verklärungen des Kriegs überflüssig machten, vielleicht nahm sie Rücksicht darauf, dass diese Journalisten bei den Soldaten nicht übermäßig beliebt waren, vielleicht wären solche Nachdrucke auch einfach zu teuer gewesen. Der Unterhaltungsteil sollte auch von der Front ablenken.

---

12 Ohnehin sind alle statistischen Angaben in diesem Artikel insofern nicht ganz verlässlich, als in der von mir benützten digitalisierten Ausgabe der (T)SZ in ANNO einige wenige Ausgaben fehlen.

13 Verlässliche und recht vollständige Angaben zu allen Autorinnen und Autoren aus Tirol finden sich in der Datenbank des Brenner-Archivs: https://orawww.uibk.ac.at/apex/uprod/f?p=20090202:1:244629869009.

Wenn man davon ausgeht, wer in der Tiroler Literaturszene als Mitarbeiter der (T)SZ überhaupt in Frage kam, ist zunächst an die damals wohl bekanntesten Autoren zu denken: Karl Schönherr und Franz Kranewitter. Beide scheinen nur recht selten auf: Dieser überhaupt nur einmal mit einem tendenziell eher blutrünstigen Prosabeitrag „Zu Hofers Todestag" (20.02.1916), jener nicht viel öfter, zu Weihnachten 1915 mit einem umfangreichen, 9 Seiten umfassenden Auszug aus dem 1809-Drama *Volk in Not* (von der Redaktion irrtümlich mit „Ein Volk in Not" überschrieben) und mit Kurzprosa am 8. April 1917 (zufällig der vorletzten Nummer). Dass Kranewitters Beitrag zu Hofers Todestag, der Dramenauszug Schönherrs in einer Weihnachtsnummer erschienen ist, zeigt Kalkül mit der Wirkung der Prominenz der beiden.

Der damals wegen seiner griffigen (wenngleich schlechten) Verse zu allen möglichen Anlässen – und eben auch zum Krieg –, aber auch als Person sehr beliebte Bruder Willram (Anton Müller)[14] vertritt fast als einziger die kirchennahe Literaturszene Tirols. Seine Gedichte werden mehrfach besonders hervorgehoben. Das gilt etwa für „Zum 18. August 1915" (31.08.1915), Verse zum Geburtstag Franz Josephs, ein Gedicht zu einem Bild „Tirol 1915" (30.10.1915), das mit der Vertonung durch Monsignore Ignaz Mitterer veröffentlichte Gedicht „Dolomitenwacht" (22.01.1916) und schließlich für ein weiteres Franz Joseph-Gedicht in der Festausgabe zu Kaisers Geburtstag (18.08.1916), das besonders aufwändig gedruckt ist; auch eine patriotisch-kriegerische Festrede, die der Priester-Dichter in seiner Heimat-Stadt Bruneck gehalten hat, ließ sich die TSZ nicht entgehen (26.02.1916). Selbstverständlich fehlen auch nicht ‚gewöhnliche' Kriegsgedichte aus Bruder Willrams Feder wie „Heldentod" (16.01.1916). Dieser populäre dichtende Geistliche könnte der am häufigsten zur (T)SZ beitragende Autor aus Tirol gewesen sein; nach der Übernahme der Redaktion durch Musil bringt sie nur noch in einer Festnummer das schon erwähnte luxuriös gedruckte Gedicht zu Kaisers Geburtstag (18.08.1916). Das muss nicht unbedingt mit der Person Bruder Willram zu tun haben, sondern ist eher mit einer allgemeinen Änderung der Redaktionsprinzipien zu erklären: Kriegsgedichte verschwinden überhaupt weitgehend aus den Seiten des Blatts. (Auf eine Analyse analoger Veränderungen im Bildteil kann ich mich hier aus Raumgründen nicht einlassen.)

Neben Bruder Willram taucht aus der betont katholischen Literaturszene Tirols in der (T)SZ einmal Josef Seeber auf, der Dichter des

14 Zu diesem vgl. Eberhard Sauermann, „Bruder Willram, ein Tiroler Kriegslyriker", in: *Mitteilungen aus dem Brenner-Archiv* 23 (2004), S. 15-35.

Herz Jesu-Bundeslieds. Hingegen fehlt aus diesem Umfeld der viel gelesene Erzähler Sebastian Rieger (Reimmichl). Ob er in einer militärischen Zeitschrift nichts veröffentlichen wollte, ob er der ersten wie der zweiten Redaktion zu trivial war oder ob es andere Gründe dafür gibt, dass er nichts für die (T)SZ geschrieben oder sie nichts von ihm aufgenommen hat, muss offen bleiben.

Von der damals noch lebenden älteren Generation der Tiroler Autoren sind in der (T)SZ nur einige wenige Gedichte Angelika von Hörmanns (1843–1921) erschienen.

Die aus heutiger Sicht wichtigste Gruppe von Autoren in Tirol, der *Brenner*-Kreis, ist so gut wie nicht vertreten, was unter anderem damit zu tun haben dürfte, dass die Freunde Ludwig von Fickers früh von der Kriegsgegnerschaft von Karl Kraus beeindruckt waren. Man kann sich in der Tat Beiträge von Dallago in der (T)SZ schwer vorstellen. Aber auch Josef Georg Oberkofler, den man sich dort gut vorstellen könnte, hat nichts für das militärische Blatt geschrieben. Nur drei eher periphere Mitarbeiter des frühen *Brenner* lassen sich dort finden: Arthur von Wallpach, Richard Huldschiner und Robert Michel (der kein Tiroler gewesen ist).

Allein Wallpach, seit jeher ein fanatischer Deutschnationaler, der als Standschütze selbst an der Gebirgsfront stand, gehört zu den regelmäßigen Mitarbeitern der (T)SZ. Das erste Gedicht von ihm, „Kampfbereit“, steht in der Nummer vom 15.06.1915; beim Autornamen findet sich wie bei seinen späteren Beiträgen der charakteristische Zusatz „Im Felde“. Zwei Monate später erscheint „Sepp Innerkofler“ (auf das heldenhafte Sterben des legendären Bergführers; 18.08.1915). Es folgen fünf weitere Gedichte Wallpachs; in der inoffiziell am 12.07.1916, offiziell, mit Nennung im Impressum, am 15.10.1916 beginnenden Ära Musils[15] erscheint noch in einer der ersten Ausgaben Wallpachs Sonett „Cimbernland“ (dessen Hintergrund die Musil aus dem Fersental vertrauten Sprachinseln im Trentino sind) – dann ist der Dichter Wallpach als solcher nicht mehr präsent, wohl aber in seinem Zivilberuf, als Inhaber einer Innsbrucker Samenhandlung, die ab dem 18.01.1917 in so gut wie jeder Nummer der SZ inseriert.

Zu den häufig für die TSZ schreibenden Literatinnen und Literaten gehören neben den hochpathetisch dichtenden Bruder Willram und Arthur von Wallpach zwei eher das Volkstümliche hervorhebende, der Heimatkunst nahe stehende Personen: die aus dem Sarntal stammende, in Innsbruck lebende Klara Pölt-Nordheim und der als Verfasser

15 Corino, *Robert Musil* (Anm. 9), S. 559.

von Geschichten im Meraner Dialekt populäre Bozner Stadtarzt Otto Rudl, dessen politische Einstellung ähnlich wie die Wallpachs gewesen sein dürfte. Beide sind keiner literarischen Gruppe in Tirol zuzuordnen, sondern sind eher Einzelgänger. Beide haben zur (T)SZ Prosa beigetragen, beide zum ersten Mal in der Weihnachtsnummer von 1915 (22.12.1915). Von Beiden sind im Weiteren je 7 Texte in die (T)SZ aufgenommen worden, der letzte von Pölt-Nordheim, eine 1809-Geschichte, am 3.09.1916, der letzte von Rudl erst in der vorletzten Nummer, am 8.04.1917 (nach einer längeren Pause). Rudls harmlose humoristische Hiesl-Geschichten mögen für die Soldaten durchaus entspannende und ablenkende Lektüre gewesen sein.

Das mag auch für die Texte des damals erfolgreichen und beliebten Staackmann-Autors Rudolf Greinz gegolten haben, den der eine oder andere schon in Friedenszeiten gerne gelesen haben dürfte. Der erste Text in der TSZ von diesem damals in München lebenden unterhaltenden Heimat-Schriftsteller aus Innsbruck, das aus der *Jugend* nachgedruckte Gedicht „Der Hofer geht um", steht in der Ausgabe vom 12.08.1915, es folgen weitere Gedichte und etwa fünf Prosatexte; der letzte Beitrag von ihm, „Fünf Schwänke", steht noch in der allerletzten Ausgabe vom 15.04.1917 (wo er auf Kleists „Erdbeben in Chili" folgt).

Von den damals halbwegs etablierten Autoren aus Tirol steuerte noch Heinrich von Schullern einige Beiträge zur (T)SZ bei, zuerst am 22.12.1915 ein Gedicht, doch schon nach einem halben Jahr scheint er nicht mehr auf (zuletzt am 11.05.1916). Bartholomäus Del Pero (1850–1933), einer der bereits damals weniger bekannten Schriftsteller aus Tirol, der übrigens aus dem italienischsprachigen Teil Tirols stammte, hat im Oktober 1915 ein erstes Gedicht in der TSZ veröffentlicht, verschwindet aber bald (April 1916) wieder aus der Zeitung.

Dass Marie Holzer (1874–1924), seit Kurzem in Innsbruck lebend, aber wohl noch kaum zur Tiroler Literaturszene gehörend, 1915 drei Prosatexte in der TSZ hat erscheinen lassen,[16] verdient Interesse, weil sie als ehemalige Mitarbeiterin der Berliner *Aktion* und künftige engagierte Sozialdemokratin nicht recht in das militärische Blatt zu passen scheint. Nach wenigen Wochen ist ihre Mitarbeit schon wieder zu Ende, aus welchen Gründen immer. Richard Huldschiner (1874–1931), dessen biografischer Bezug zu Tirol bzw. Bozen kompliziert ist, war als Arzt an der Südwestfront eingesetzt und hat zwei Erzählungen aus seiner Fronterfahrung in der TSZ veröffentlicht: „Nachtpatrouille" (17.09.1915)

16 „Schweigende Glocken", TSZ, 03.07.1915; „Brenner", TSZ, 09.07.1915; „Zensierte Briefe", TSZ, 12.08.1915.

und „Standschützen auf der Wacht" (9.10.1915); später erscheint nichts mehr von ihm. Erst am 20. Juni 1916 druckt das Blatt schließlich ein Gedicht von Karl Emmerich Hirt (1866–1963), der damals als Dichter erst wenig hervorgetreten war. Zwei der drei Gedichte Hirts in der SZ sind Arthur v. Wallpach „im Feld" gewidmet.

Damit sind die Tirolerinnen und Tiroler, die für die (T)SZ geschrieben haben, mit Ausnahme einiger ganz nebensächlicher Figuren einigermaßen vollständig erfasst. Dass sie ab der zweiten Jahreshälfte 1916 allmählich aus dem Unterhaltungsteil verschwinden, sollte ebenso deutlich geworden sein wie die Bedeutung des ersten Jahrgangs (1915/16) der TSZ für die Tiroler Literaturszene. Mit ihrer Politisierung verlor der Tirol-Bezug rasch an Bedeutung. Doch haben gewiss auch ästhetische Gründe zur Zurückdrängung der lokalen Literaturgrößen geführt. Denn die letzten Ausgaben enthalten nicht nur weniger Beiträge aus Innsbruck und Bozen, sondern überhaupt weniger Prosa und Verse von Zeitgenossen. In ihnen werden in den Unterhaltungsteil eine Erzählung von Kürnberger, eine Legende von Gottfried Keller und zuletzt Kleists „Erdbeben in Chili" aufgenommen, Texte, die manche Leser an der Front überfordert haben könnten. Was hinter dieser Wendung zum Kanon steht, ist schwer zu ergründen. Vermutlich ist es ein Versuch zur Distanzierung von der gängigen Kriegsliteratur, der ja auch die meisten Texte aus Tirol zuzuordnen sind; doch könnten auch prinzipielle Überlegungen dazu geführt haben.

Zusammenfassend lässt sich sagen, dass die Übernahme der Redaktion durch Musil nicht nur die politische Linie der (T)SZ geprägt, „aus einem Soldatenblatt ein Militärorgan und aus einem Militärorgan eine politisch-programmatische Staatszeitung" gemacht hat,[17] sondern auch nicht ohne Auswirkung auf die literarischen Seiten geblieben ist. Gewiss ist die Frage, welche Beiträge Robert Musil selbst verfasst hat, die im Zusammenhang mit der (T)SZ interessanteste, zumindest für Literaturwissenschaftler, während für Historiker die politische Linie des Blatts und dessen Vorstellungen von der zukünftigen Gestalt Österreichs relevanter sein mögen. Doch verdient im Zusammenhang mit dem Schriftsteller auch der weitgehend mit dem Wechsel in der Redaktion verbundene Ausstieg der (T)SZ aus der hurrapatriotischen Kriegslyrik Beachtung: Neben den neuen politischen Positionen prägen die Zeitung jetzt auch

17 Regina Schaunig, *Der Dichter im Dienst des Generals. Robert Musils Propagandaschriften im Ersten Weltkrieg*, Klagenfurt/Wien, 2014, S. 57. Schaunig geht auf die redaktionellen Maßnahmen Musils im Unterhaltungsbereich gar nicht ein.

neue ästhetische (oder überhaupt ästhetische) Positionen. Auch als Redakteur ist Musil Literat geblieben.

Mit den aus heutiger Sicht schwer erträglichen Laien-Kriegsgedichten verschwinden auch die lokalen Literatenfiguren aus der (T)SZ. Die könnten über die jetzt im Büchereinlauf verzeichneten Werke geradezu erschrocken sein. Denn dort wird, am 03.12.1916, unter anderen angekündigt: *Der jüngste Tag*, Kurt Wolff Verlag, Leipzig, angekündigt freilich fälschlich als *Vom jüngsten Tag*. Nichts für Klara Pölt-Nordheim, nichts für Rudolf Greinz, nichts für Bruder Willram.

Abbildungsverzeichnis:

Die historische Dokumentation zur Soldatenzeitung und zu Musil Aktivitäten in der Redaktion der TSZ die wir hier abbilden sind hauptsächlich in zwei Kartonen im Kriegsarchiv des Österreichischen Staatsarchiv (im folgenden zit. als ÖStA) enthalten. Es handelt sich um:

AT-ÖStA/KA FA NFA HHK HFK/HGK Südwestfront I Akten 492

AT-ÖStA/KA FA NFA HHK HFK/HGK Conrad (Erzherzog Joseph) Akten 1852

In der Folge die Liste der abgebildeten Dokumente. Aus den Akten 492 des Wiener Kriegsarchivs stammen die Abbildungen 0-5; aus den Akten 1852 die Abbildungen 6-9. Ab Nummer 10 werden die Dokumente aus anderen Archiven oder im Privatbesitz aufgelistet.

0.1-0.2 16-9-35-4 Feldpost 149 mit Fragebogen zur Karnisch-julischen Zeitung und der TSZ, erster Nachweis (0.2) der Teilnahme Musils an der Redaktion (19.6.1916)

1.1.-1.3 16-9-35-14 Heeresgruppenkommando zu den Inhalten und Zielen der TSZ (18.07.1916)

2. 16-9-35-20 Teilnehmer der Redaktion der TSZ, handgeschrieben (21.07.1916)

3. 16-9-35-57 Verordnungen zum Vertrieb der TSZ (16.08.1916)

4.1.-4.5 16-9-35-52 Heeresgruppenkommando zu den Inhalten und Zielen der TSZ (27.08.1916)

5. 16-9-35-26 Kadettaspirant Heinrich Gartenberg wird durch ein Telegramm für die Redaktion rekrutiert (ohne Datierung)

6.1.-6.3 PrNr79a-c Bericht über Lektüre im Feld und Beliebtheit der Soldatenzeitung (18.05.1916)

7.1.-7.2 PrNr 258 c+d Inventar der TSZ (17.07.1916)

8. PrNr262 b Robert Musil ersetzt Schager als verantwortlicher Schriftleiter (01.10.1916)

9.1.-9.2 PrNr 258 a+b Protokoll der Redaktion der TSZ an der auch Albert Ritter teilnimmt (22.04.2017)

10. „Belohnungsantrag“ KA, OBA 145.322; Ritterkreuz des Franz-Joseph-Ordens mit der Kriegsdekoration

11. Soldaten an der Front beim Lesen der TSZ (Privatbesitz, Biblioteca Archivio del CSSEO, Levico Terme)

12. Postkarte zur Kriegsausstellung 1916 in Wien (Privatbesitz Harald Gschwandtner)

13. TSZ, 02.06.1915, Titelseite.

14. TSZ, 29.08.1915, „Unsere Helden“, S. 9.

15. SZ, 20.08.1916, Titelseite.

16. TSZ, 06.08.1916, S. 4.

17. TSZ, 01.01.1916, S. 31.

18. IKF 103, „Sepp Innerkofler“ (Beilage zur TSZ, 09.07.1915).

19. Hans Weber-Tyrol, Mit ihm sein Land Tirol (Kunstdruckbeilage der TSZ, 22.12.1915)

20. „Musikalische Beilage“ zur TSZ 22.01.1916.

21. SZ, 10.09.1916., Titelseite.

22.1.-22.2 SZ, 19.11.1916

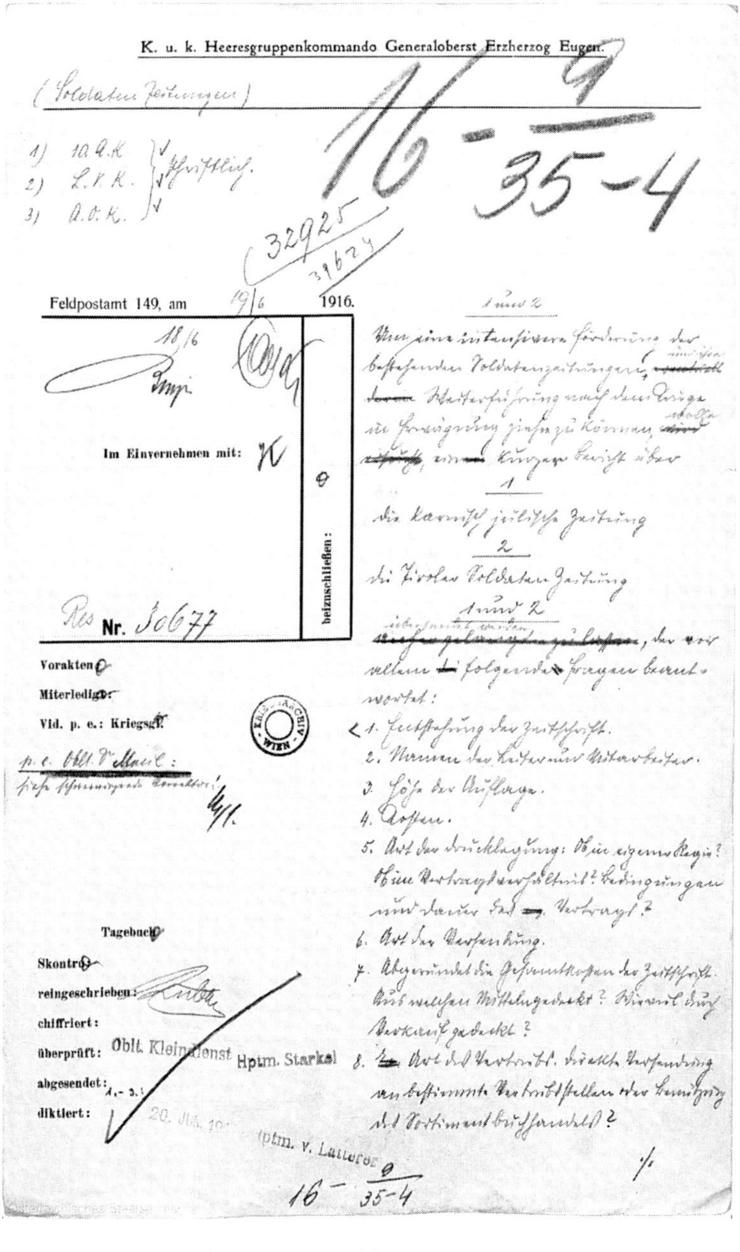
K. u. k. Heeresgruppenkommando Generaloberst Erzherzog Eugen.

(Soldaten Zeitungen)

1) 10. A.K.
2) L.V.K.
3) A.O.K.

16 - 9/35 - 4

32925

Feldpostamt 149, am 19/6 1916.

Im Einvernehmen mit:

beizuschließen:

Res Nr. 30677

Vorakten:

Miterledigt:

Vid. p. e.: Kriegsgf.

Tagebuch:

Skontro:

reingeschrieben:

chiffriert:

überprüft: Oblt. Kleindienst Hptm. Starkel

abgesendet:

diktiert:

Hptm. v. Latterer

16 - 0/35-4

1 und 2

Um eine intensivere Förderung der bestehenden Soldatenzeitungen ... Weiterführung nach dem Kriege ...

1

die kärntnisch jülische Zeitung

2

die Tiroler Soldaten Zeitung

1 und 2

... folgende Fragen beantwortet:

1. Gestaltung der Zeitschrift.
2. Namen des Leiters und Mitarbeiter.
3. Höhe der Auflage.
4. Kosten.
5. Art der Drucklegung: ...
6. Art der Versendung.
7. ...
8. ...

0.1

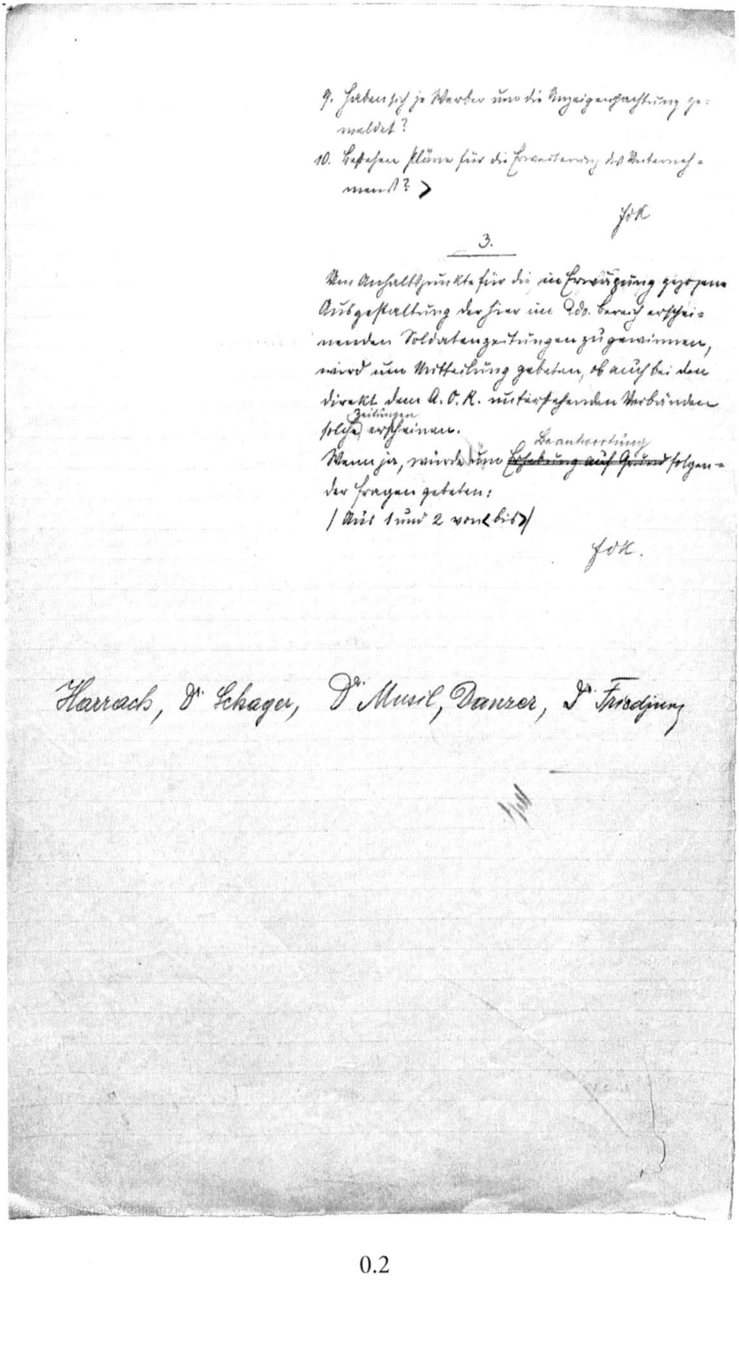

9. Haben sich Werber um die Anzeigenerstattung gemeldet?

10. Bestehen Pläne für die Erweiterung des Unternehmens?

Sch

3.

Um Anhaltspunkte für die in Erwägung gezogene Ausgestaltung der hier im Ldo. bereits erscheinenden Soldatenzeitungen zu gewinnen, wird um Mitteilung gebeten, ob auch bei den direkt dem A.O.K. unterstehenden Verbänden solche Zeitungen erscheinen.

Wenn ja, wird um Beantwortung ~~Erklärung auf Grund~~ folgender Fragen gebeten:

(Aus 1 und 2 von bis)

Sch.

Harrach, Dr. Schager, Dr. Musil, Danzer, Dr. Friedjung

0.2

K.u.k.Heeresgruppenkommando GO.Erzherzog Eugen.

Op.Nr.36432.

Soldatenzeitung.

16 - 9/35-14

Die Sodatenzeitungen haben in der Form,in der sie bisher bestanden,zweifellos ein Bedürfnis,das aus dem Einerlei des Schützengrabenkrieges erwuchs,ganz gut erfüllt.Es soll ihnen auch nicht genommen werden,daß sie hiebei manche talentvolle Ursprünglichkeit zutage förderten und manchen wertvollen Beitrag freiwilliger Mitarbeiter brachten.Im allgemeinen dürfte jedoch ihr Kunstwert und auch der Einfluß,den sie auf die soldatische Gesinnung ausübten,zurücktreten hinter der harmlosen Freude an der Selbstbetätigung.

Es ergab sich daher die Frage,ob es nicht schade ist,ein so kräftiges Mittel,wie es die Schützengrabenzeitung ist,sich lediglich darauf beschränken zu lassen,oder ob man es nicht zu wichtigeren Zwecken benützen soll.

Diese Frage wurde im Bereich des Heeresgruppenkommandos dadurch gelöst,daß die "Tiroler Soldaten-Zeitung" nach Bozen verlegt und dem Heeresgruppenkommando unterstellt wurde.Sie soll in Zukunft - unter Berücksichtigung ihrer bisherigen Entwicklung - so geleitet werden,daß der Leser durch sie zum Verständnis der Lebensfragen des Staates und der Armee erzogen wird.

Von der Notwendigkeit solcher Erziehung muß jeder durchdrungen sein,der miterlebt hat,wie wir im Kriege unter den Versäumnissen des Friedens zu leiden hatten.Für die verantwortlichen Führer der Armee ist es aber Pflicht hier zu helfen.Ihnen obliegt ja nicht nur die Führung im Kriege,sondern auch die vorbereitende Friedensarbeit; von ihr die moralische Herrichtung des Mannes auszuschließen,hieße auf die Möglichkeit verzichten,seine Leistungen zu vervielfachen.

Es sei an die Haltung mancher Truppenkörper erinnert,an das

1.1

unbehinderte Wuchern aller Arten von Irredenta im Frieden,an die Arbeitsunwilligkeit der gesetzgebenden Körperschaften,den Nationalitätenstreit,an die Beschneidung der bescheidensten Militärvorlagen.Der Krieg dürfte wohl vielen die Augen geöffnet haben;wenn aber diese Erkenntnis nicht vertieft wird,wird sie nach dem Kriege bald wieder dem gewohnten Zustand weichen.Daß es sich dann um die Existenz der Monarchie handelt,ist klar.

Ein starker Arm kann nur an einem gesunden Körper sitzen.Es handelt sich keineswegs darum,Politik in die Armee zu tragen,sondern um die Erweckung des Staatsbewußtseins,der Lust am kräftigen Staate, des Verständnisses der Selbstbeschränkungen,die dazu nötig sind,des Bedürfnisses nach einer starken Führung der Staatsgeschäfte.Die Vorbedingung hiezu ist das Verständnis der Zusammenhänge;sie zu zeigen, ist die Aufgabe dieser Zeitung.

Die Zusammenfassung der bestehenden Soldaten-Zeitungen in eine einzige würde - abgesehen von der Ersparnis und der Möglichkeit,auch in künstlerischer Hinsicht Größeres bieten zu können - für diese Arbeit ein weites Feld eröffnen.

Es ergeht daher an die AKmdos im Bereiche der SW.Front die Einladung,diese Frage zu erwägen und zu ihr Stellung zu nehmen.

Das 10.AKmdo wird ersucht,einer Vereinigung der "Karnisch-Julischen Kriegszeitung" mit der "Tiroler Soldaten-Zeitung" zuzustimmen.Beide Zeitungen würden am Standort der TSZ.mit identischem Text gedruckt werden:jedoch behielte jede der beiden ihren Namen einstweilen bei.Die Sonderart beider Zeitungen könnte durch eine dem Charakter der verschiedenen Kriegsschauplätze entsprechende litterarische Beilage gewahrt werden,deren Text und Bildermaterial (Gedichte,Soldatenhumor,Bilder der Besitzer von TM.,Beschreibung von Heldentaten usw.) am besten wie bisher im Standort des AKmdos gesammelt würde.

Das 5.AKmdo wird ersucht,einer Beteilung der 5.Armee mit einer Soldaten-Zeitung zuzustimmen.In diesem Falle würde es sich allerdings empfehlen,das System der Sonderbeilagen nicht noch weiter auszubauen, sondern die Beilage für alle Armeen einheitlich zu gestalten,jedoch

1.2

so erweitert und gemengt, daß allen lokalen Interessen Genüge geschieht.

Sollte der Plan zur Durchführung gelangen und sich lebensfähig erweisen, so wäre der Heeresverwaltung die Möglichkeit geboten, das entstandene Soldatenblatt auch nach dem Kriege weiter bestehen zu lassen, vielleicht sogar auszubauen, was vom vaterländischen Standpunkt nur erwünscht sein könnte.

Erhalten 5., 10. und 11. AKmdo sowie LVK. (QAbt.).

Feldpostamt Nr. 239, am 18. Juli 1916.

Für den Kommandanten:

1.3

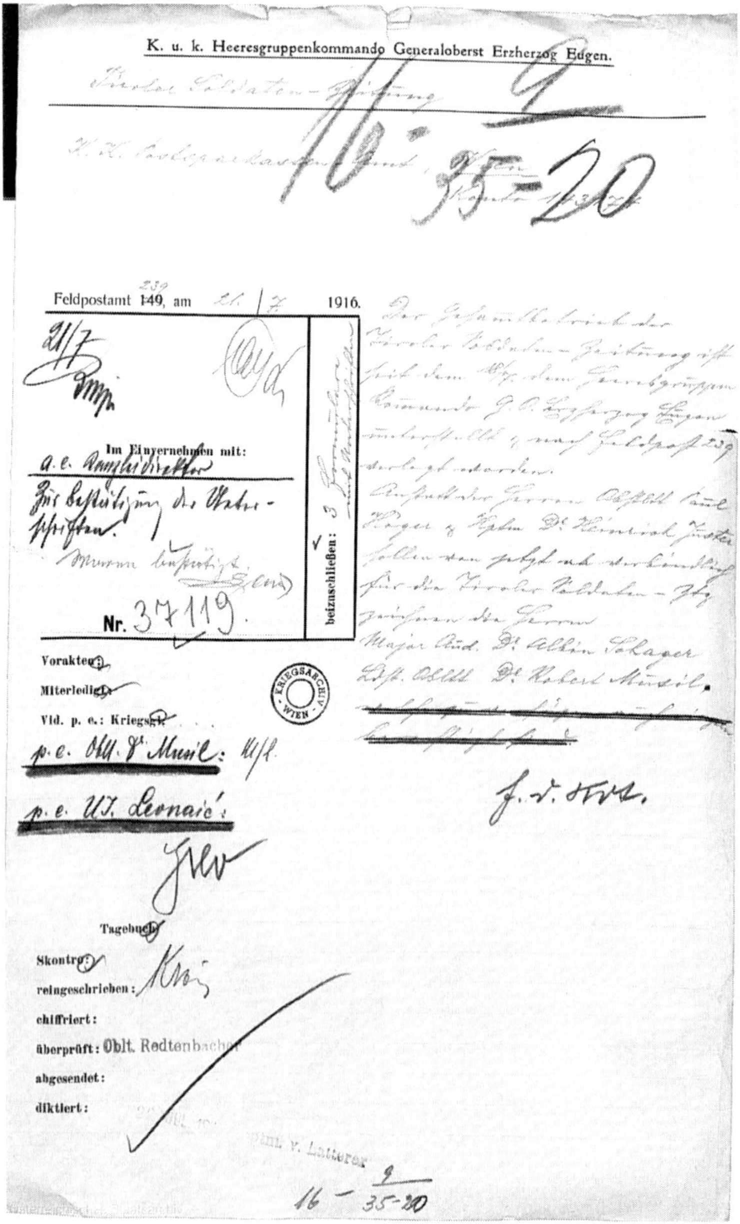

K. u. k. Heeresgruppenkommando Generaloberst Erzherzog Eugen.

Tiroler Soldaten-Zeitung

K. K. Kriegsarchiv

16 — 9/35-20

Feldpostamt ~~149~~ 239, am 21/7. 1916.

21/7

Im Einvernehmen mit:

a. e. Armeedirektor

Zur Bestätigung der Unterschriften.

Nr. 37119.

beizuschließen: 3

Der Gesamtbetrieb der Tiroler Soldaten-Zeitung ist seit dem 16/7 dem Heeresgruppenkommando G. O. Erzherzog Eugen unterstellt u. nach Feldpost 239 verlegt worden.

Major Aud. Dr. Albin Schager

Ldst. Oblt. Dr. Robert Musil.

Vorakten:

Miterledigt:

Vid. p. e.: Kriegsgr.

p. e. Obl. Dr. Musil:

p. e. Lt. Leonaić:

Tagebuch:

Skontro:

reingeschrieben:

chiffriert:

überprüft: Oblt. Redtenbacher

abgesendet:

diktiert:

KRIEGSARCHIV WIEN

16 — 9/35-20

2

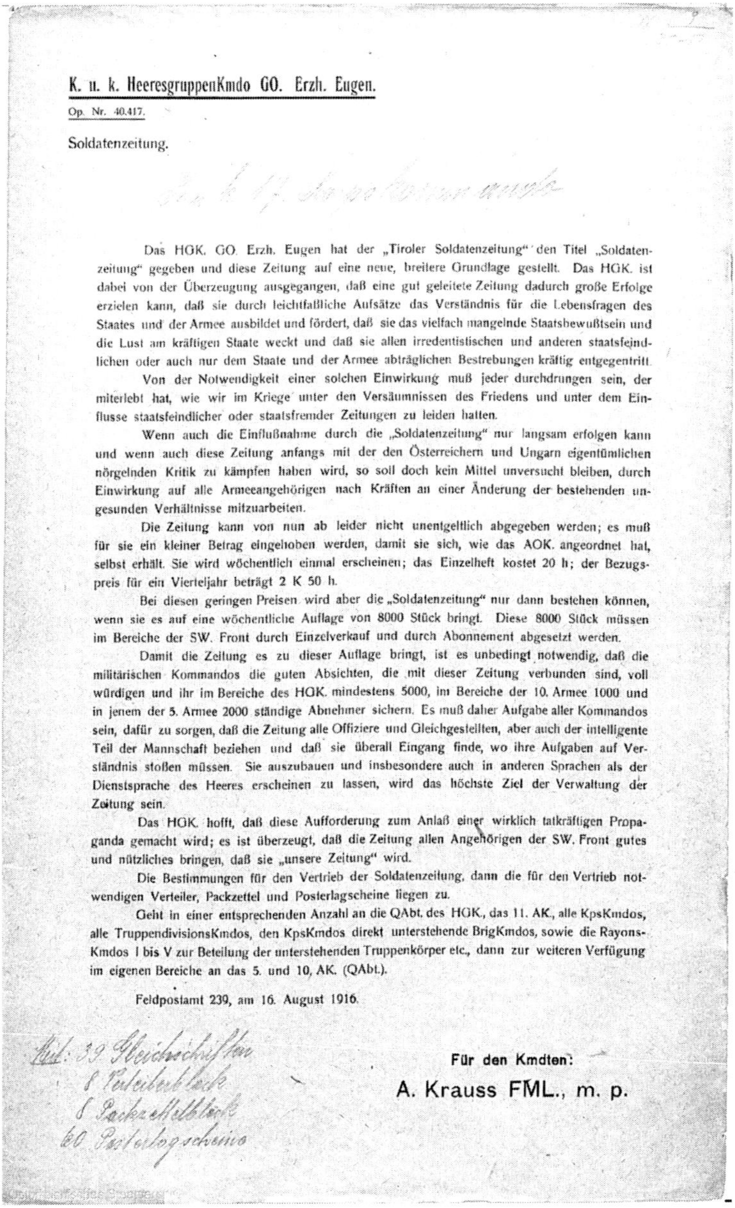

K. u. k. HeeresgruppenKmdo GO. Erzh. Eugen.

Op. Nr. 40.417.

Soldatenzeitung.

Das HGK. GO. Erzh. Eugen hat der „Tiroler Soldatenzeitung" den Titel „Soldatenzeitung" gegeben und diese Zeitung auf eine neue, breitere Grundlage gestellt. Das HGK. ist dabei von der Überzeugung ausgegangen, daß eine gut geleitete Zeitung dadurch große Erfolge erzielen kann, daß sie durch leichtfaßliche Aufsätze das Verständnis für die Lebensfragen des Staates und der Armee ausbildet und fördert, daß sie das vielfach mangelnde Staatsbewußtsein und die Lust am kräftigen Staate weckt und daß sie allen irredentistischen und anderen staatsfeindlichen oder auch nur dem Staate und der Armee abträglichen Bestrebungen kräftig entgegentritt.

Von der Notwendigkeit einer solchen Einwirkung muß jeder durchdrungen sein, der miterlebt hat, wie wir im Kriege unter den Versäumnissen des Friedens und unter dem Einflusse staatsfeindlicher oder staatsfremder Zeitungen zu leiden hatten.

Wenn auch die Einflußnahme durch die „Soldatenzeitung" nur langsam erfolgen kann und wenn auch diese Zeitung anfangs mit der den Österreichern und Ungarn eigentümlichen nörgelnden Kritik zu kämpfen haben wird, so soll doch kein Mittel unversucht bleiben, durch Einwirkung auf alle Armeeangehörigen nach Kräften an einer Änderung der bestehenden ungesunden Verhältnisse mitzuarbeiten.

Die Zeitung kann von nun ab leider nicht unentgeltlich abgegeben werden; es muß für sie ein kleiner Betrag eingehoben werden, damit sie sich, wie das AOK. angeordnet hat, selbst erhält. Sie wird wöchentlich einmal erscheinen; das Einzelheft kostet 20 h; der Bezugspreis für ein Vierteljahr beträgt 2 K 50 h.

Bei diesen geringen Preisen wird aber die „Soldatenzeitung" nur dann bestehen können, wenn sie es auf eine wöchentliche Auflage von 8000 Stück bringt. Diese 8000 Stück müssen im Bereiche der SW. Front durch Einzelverkauf und durch Abonnement abgesetzt werden.

Damit die Zeitung es zu dieser Auflage bringt, ist es unbedingt notwendig, daß die militärischen Kommandos die guten Absichten, die mit dieser Zeitung verbunden sind, voll würdigen und ihr im Bereiche des HGK. mindestens 5000, im Bereiche der 10. Armee 1000 und in jenem der 5. Armee 2000 ständige Abnehmer sichern. Es muß daher Aufgabe aller Kommandos sein, dafür zu sorgen, daß die Zeitung alle Offiziere und Gleichgestellten, aber auch der intelligente Teil der Mannschaft beziehen und daß sie überall Eingang finde, wo ihre Aufgaben auf Verständnis stoßen müssen. Sie auszubauen und insbesondere auch in anderen Sprachen als der Dienstsprache des Heeres erscheinen zu lassen, wird das höchste Ziel der Verwaltung der Zeitung sein.

Das HGK. hofft, daß diese Aufforderung zum Anlaß einer wirklich tatkräftigen Propaganda gemacht wird; es ist überzeugt, daß die Zeitung allen Angehörigen der SW. Front gutes und nützliches bringen, daß sie „unsere Zeitung" wird.

Die Bestimmungen für den Vertrieb der Soldatenzeitung, dann die für den Vertrieb notwendigen Verteiler, Packzettel und Posterlagscheine liegen zu.

Geht in einer entsprechenden Anzahl an die QAbt. des HGK., das 11. AK., alle KpsKmdos, alle TruppendivisionsKmdos, den KpsKmdos direkt unterstehende BrigKmdos, sowie die Rayons-Kmdos I bis V zur Beteilung der unterstehenden Truppenkörper etc., dann zur weiteren Verfügung im eigenen Bereiche an das 5. und 10. AK. (QAbt.).

Feldpostamt 239, am 16. August 1916.

Für den Kmdten:

A. Krauss FML., m. p.

Beil: 39 Gleichschriften
8 Verteilerblock
8 Packzettelblock
80 Posterlagscheine

K.u.k. 11. Armeekommando.
Res. Nr. 3814.
Soldaten-Zeitung.

An

das k.u.k. Heeresgruppenkommando GO.Erzh. Eugen
in

Feldpost 511, am 27. August 1916. Feldpost Nr.239.

Auf Op. Nr.36.432.

Die Soldatenzeitungen sind zu einer Zeit entstanden, wo die Zustellung von Tagesblättern zu den Truppen größte, oft unüberwindliche Schwierigkeiten hatte. Sie entsprangen daher vor allem dem modernen, durch die breite Tagespresse verwöhnten Bedürfnisse der großen Menge nach Zeitungslektüre. Diesem Bedürfnisse scheint sowohl bei den deutschen Heeren als bei uns am besten gedient worden zu sein durch ein einfaches, dem Fassungsvermögen der breiten Masse der Armee angepaßtes Blättchen, das über wichtigere Tagesereignisse orientierte, einzelne Waffentaten verherrlichte, vor allem aber belletristische Unterhaltungslektüre bot und reichlichen Bilderschmuck enthielt.

Diese Verhältnisse haben sich seither etwas geändert. Der Offizier und bessere Unteroffizier vermag sich unter den geordneteren Verhältnissen des heutigen Stellungskrieges unschwer regelmäßig irgend eine politische Tageszeitung zusenden zu lassen; beim Manne ist dies auch heute ungleich schwieriger.

Die heutige Soldatenzeitung muß daher mehr als früher gerade dem Bedürfnisse des einfachen Mannes angepaßt sein. Auf diesen wirkt der Inhalt umso packender, und umso anziehender, je mehr ihm das Gepräge des Lokalkolorits der betreffenden Gruppe oder Armee gewahrt bleibt. Bilder aus der den Mann zunächst interessierenden Front, Schilderungen von Waffentaten der ihn zunächst interessierenden Kamera -

./.

4.1

den der eigenen Armee (Gruppe), die Möglichkeit, bei solchen Gelegenheiten hie und da sich selbst oder ihm bekannte Personen gedruckt lesen zu können, Erlebnisse seiner Abteilung, seines Regiments etz., mit Bildern illustriert, in der Zeitung wiederzufinden, das hebt das Interesse an solchen Publikationen und sichert der Zeitung jene Popularität, ohne die jedem publizistischen Unternehmen der lebensfähige Boden fehlt.

Diese Erwägungen sprechen vor allem gegen die Zusammenziehung aller Soldatenzeitungen in eine, dann aber auch gegen eine Erweiterung des Inhaltes durch rein theoretisierende, politische Artikel.

Was im besonderen die Tiroler Soldatenzeitung anbelangt, so besitzt dieses Land so viele ganz besondere Eigenart, gibt soviel Gelegenheit zur Geltendmachung eines auf uralte Traditionen begründeten Lokalkolorits, besitzt vor allem derartige, weit über seine Grenzen, ja über die Grenzen der Monarchie reichende, kulturgeschichtliche und ganz alleinstehende Sonderbedeutung, daß es schade wäre, gerade dieser Soldatenzeitung ihren lokalen Tiroler Anstrich zu nehmen. Daran ändert nichts, daß derzeit auch aus anderen Gebieten stammende Soldaten in den Reihen der Verteidiger Tirols stehen. Das Land erfreut sich von altersher derartiger Sympathie bei allen staatserhaltend denkenden Volksschichten der Monarchie, daß es jeder als eine ganz besondere Ehre und Freude empfindet, gerade im Lande Tirol die Grenzen des Reiches schirmen und schützen zu dürfen.

Daß diese Tiroler Soldatenzeitung, wie jede andere Soldatenzeitung dazu ausgenützt werden sollte, unsere Soldaten – natürlich wieder in erster Linie den einfachen Mann – für den Gedanken der Einheit und künftigen Blüte eines machtvollen Staates zu erziehen, manchen leider gegenteiligen Einflüssen der Friedensverhältnisse zu begegnen, darin stimmt das Armeekmdo. den Ansichten des HGrpKmdos. voll und ganz zu.

Nur sollte hiebei mit besonderer Vorsicht und derart vorgegangen werden,daß mit aller Peinlichkeit der Anschein einer politischen Streitschrift gegen bestehende politische Mängel und Unangemessenheit politischer Einrichtungen vermieden wird. Nicht die für den Halbgebildeten sehr gefährliche negative Empfindung von Mißtrauen gegen jetzige oder jüngstvergangene Erscheinungen im Staatsleben wäre im Manne zu erwecken,sondern die positive Ueberzeugung : "Der Oesterreicher hat ein Vaterland und hat alle Ursache es zu lieben und alle Fähigkeiten es groß zu machen,wenn er nur will."

In den Völkern der Monarchie lebt ohnehin die Neigung, alles was bei uns ist,schlecht und verbesserungsbedürftig, alles hingegen bewunderungswürdig und nachahmenswert zu betrachten,was bei anderen ist.Den Völkern der Monarchie fehlt leider vielfach jener in jedem aufblühenden und starken Staatswesen unerläßliche Autoritätsglaube,der beispielsweise die Hauptstärke des hiezu durch Jahrhunderte erzogenen deutschen Volkes ist.

Daraus ergibt sich - nach hierseitiger Auffassung-vor allem die Nötigung,besondere,bloß politische und bloß theoretisierende Artikel,die dem Verständnisse des einfachen Mannes ohnehin ferne liegen und die - wie die Verhältnisse nun eben bei uns sind - nicht immer Erfreuliches bringen, unbedingt zu vermeiden.Der vom HGrpKmdo.angestrebte erziehliche Zweck kann auch auf anderem Wege erreicht werden:

Das Blatt behalte - seiner Hauptaufgabe entsprechend - den Charakter eines reichillustrierten,harmlosen Unterhaltungsblattes,in dem hie und da auch Autoren aus dem Volke, aus der Masse der Soldaten,zu Worte kommen.Der Soldat im Kriege ist ein halbes Kind; er ist froh,wenn er inmitten seiner blutigernsten Alltagsbeschäftigung harmlose Zerstreuung findet,die ihn auf erfreuliche und erbauende Gedanken bringt und die ihm nebenbei die Schönheit und Größe und Entwicklungsfähigkeit des Vaterlandes und der Heimat

4.3

vor Augen führt, für die er blutet. Man zeige daher dem Soldaten immer wieder erzählend an Episoden dieser großen Tage, an Episoden aus früheren Kriegen, welch' unverwüstliche Lebenskraft unserem Staate trotz allem inne wohnt; man zeige ihm, wie dieser Staat auch aus den schwersten Prüfungen immer wieder glorreich hervorging, man rufe in ihm - neben Schilderung aktueller Waffentaten - die Erinnerung an die unsterblichen Heroen aller Nationen unseres Staates, auf politischem wie auf militärischem Gebiete, in's Gedächtnis.

Der in Tirol kämpfende Soldat erfahre, wie blutig, aber auch wie ruhmreich die Völker der Monarchie an diesen Stätten schon früher gekämpft, der Kärntner erfahre, wie sich einst französische Soldaten des großen Kaisers blutige Köpfe holten an denselben Stellen, wo jetzt der Welsche - Feind vergeblich anrennt. Der Isonzo-Kämpfer erfahre, wie oft schon das Herzblut österreichischer Soldaten die Gefilde dies-und jenseits des Isonzo tränkte. Von alldem weiß ja das Volk, Dank unserer unglaublichen Friedenserziehung, so wenig wie gar nichts.

Immer wieder wecke man in diesen Schützengrabenzeitungen das Gefühl der Anhänglichkeit und der Begeisterung für unseren Allerhöchsten Kriegsherrn und sein Haus, das mit seinen Völkern wie früher manchem Sturme, so auch diesem größten aller Zeiten siegreich standhalten wird.

Man zeige auch dem Manne, wie für ihn in der Front, wie für seine Angehörigen zu Hause vom Staate gesorgt wird. Man zeige ihm, wie er seinerzeit im Frieden durch Regsamkeit in Stadt und Land, durch Arbeitsamkeit und Organisation auch im Kleinsten zu wirtschaftlichem Wohlstande beitragen kann.

Und so stärke man in dem Manne- für diesen unmerklich- immer wieder in Gestalt eines Geschichtenerzählers, dem ja der einfache Mann so gerne zuhört, daß positive Gefühl des Patriotismus, des starken Oesterreicher-und Ungartums

. / .

4.4

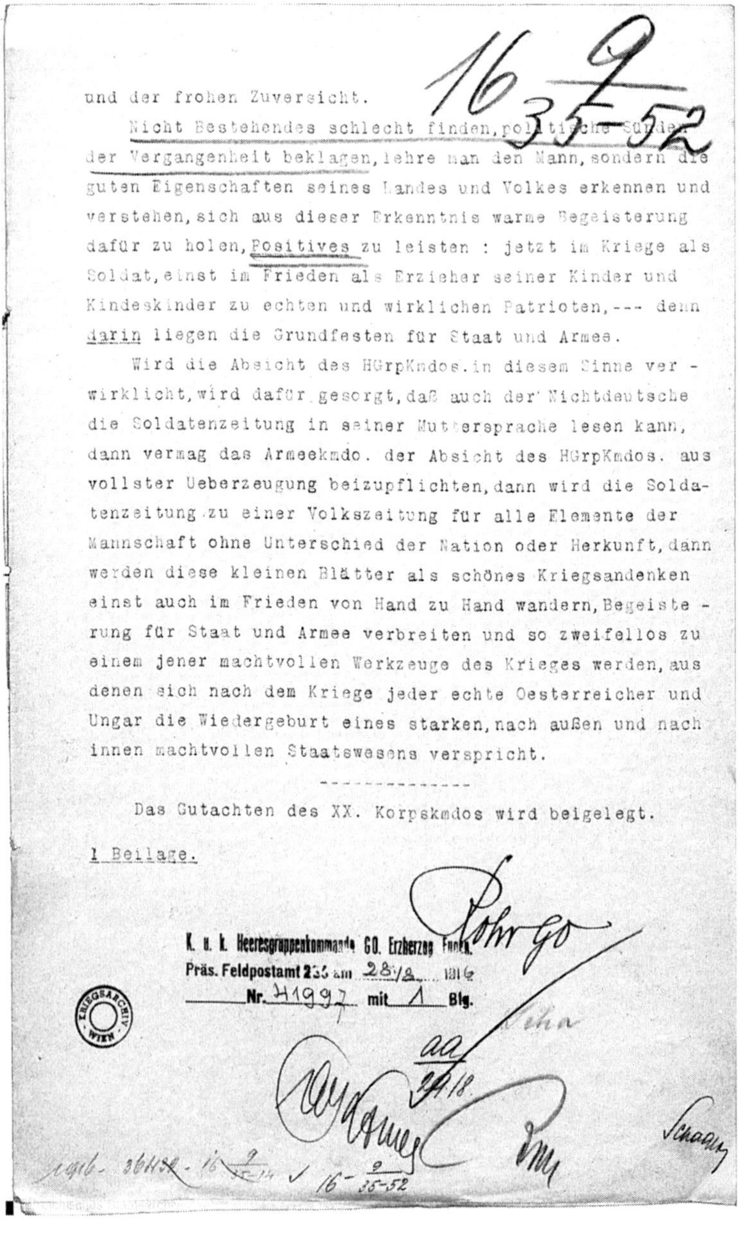

und der frohen Zuversicht.

Nicht Bestehendes schlecht finden, politische Sünden der Vergangenheit beklagen, lehre man den Mann, sondern die guten Eigenschaften seines Landes und Volkes erkennen und verstehen, sich aus dieser Erkenntnis warme Begeisterung dafür zu holen, Positives zu leisten : jetzt im Kriege als Soldat, einst im Frieden als Erzieher seiner Kinder und Kindeskinder zu echten und wirklichen Patrioten, --- denn darin liegen die Grundfesten für Staat und Armee.

Wird die Absicht des HGrpKmdos. in diesem Sinne ver - wirklicht, wird dafür gesorgt, daß auch der Nichtdeutsche die Soldatenzeitung in seiner Muttersprache lesen kann, dann vermag das Armeekmdo. der Absicht des HGrpKmdos. aus vollster Ueberzeugung beizupflichten, dann wird die Soldatenzeitung zu einer Volkszeitung für alle Elemente der Mannschaft ohne Unterschied der Nation oder Herkunft, dann werden diese kleinen Blätter als schönes Kriegsandenken einst auch im Frieden von Hand zu Hand wandern, Begeiste - rung für Staat und Armee verbreiten und so zweifellos zu einem jener machtvollen Werkzeuge des Krieges werden, aus denen sich nach dem Kriege jeder echte Oesterreicher und Ungar die Wiedergeburt eines starken, nach außen und nach innen machtvollen Staatswesens verspricht.

Das Gutachten des XX. Korpskmdos wird beigelegt.

1 Beilage.

K. u. k. Heeresgruppenkommando GO. Erzherzog Fried.
Präs. Feldpostamt 236 am 28/8 1916
Nr. 41997 mit 1 Blg.

4.5

Evidenznummer:

Vom Absender gewünschter Beförderungsweg:

Gattung:

Telegramm

Adreßland:

von

Nr. mit Taxw. (W. Ch) aufgegeben am 191 um Uhr M. Mit.

Dienstliche Angaben:

Gebühren	K	h
Bar		
Marken		
Kredit		

Der Annahmebeamte:

Raum zum Aufkleben der Briefmarken.

Das Publikum wird im eigenen Interesse aufgefordert, die Telegramme leserlich, womöglich mit Tinte, niederzuschreiben und genau zu adressieren. Es empfiehlt sich, Name und Adresse des Absenders auf diesem Blankette vorzumerken.

K.u.K. Militärkommando, Wien.

Kadettaspirant Heinrich Gartenberg des Dragonerregiments Nr.9 derzeit im Spital des Reitlerinstitut Wien III.,Ungargasse, wenn zum Kanzleidienste geeignet, zum Heeresgruppenkommando GO.ERZH.EUGEN über Personalsammelstelle Innsbruck einrückend machen. Drahtantwort ob Entlassung aus dem Spital bereits möglich.

Die Telegraphenverwaltung übernimmt hinsichtlich der ihr zur Beförderung oder Bestellung übergebenen Telegramme keine wie immer geartete Verantwortung.

Name und Wohnung des Absenders:

Befördert an am 191 um Uhr Min. Mit. auf Leitung Nr. durch

D. S. Nr. 771. (Auflage 1914)

K.u.k.90.Inft.Trp.Dions-Kommando.

Res.Nr. 5204/2.

Lektüre fürs Feld.

An

das k.u.k. LANDESVERTEIDIGUNGSKOMMANDO für TIROL

in

Feldpost 613, am 18.Mai 1916. Feldpost 83.

Auf Vdg.Q.Nr.21018 vom 1.Mai 1916.

Eine Zusammenfassung der von den Truppen eingesendeten Berichte über Lektüre im Felde ergibt in erster Linie die Tatsache, dass bei Offizieren und Mannschaft das Bedürfnis nach Lesestoff ein ausserordentlich starkes war. Die von hier an die Abschnitte ausgegebenen Bücher und Zeitschriften haben zwar teilweise ihre Zustimmung gefunden, im grossen und ganzen aber war die Anzahl und Auswahl derselben den Verhältnissen nicht angepasst.

Nimmt man an, dass im Rayon im Laufe des einjährigen Stellungskrieges zusammen etwa 1000 Bücher und Zeitschriften zur Aufteilung gelangten und dass ein Mann zum Lesen eines Buches von mittlerer Seitenzahl eine Woche braucht, so war gleichzeitig immer nur ein zwanzigstel der Kampftruppen mit Lektüre versorgt. Von der gesammten Mannschaft scheiden aber noch viele infolge eigenartiger Umstände aus. Der einfache Mann greift selten zu modernen belletristischen Büchern, da ihm ihr Inhalt wesensfremd erscheint.

Ausserdem war sämtliche hier verausgabte Lektüre in deutscher Sprache geschrieben, daher im Vorhinein den Ungarn, Rumänen, Serben, Cechen etz. unzugänglich.

Ferner gestattete die Beleuchtung in den Unterständen nur den Wenigen das Lesen, die nahe um die Lichtquelle saßen; die Tagesbeschäftigung aber liess zu diesem Vergnügen keine Zeit. Endlich erfordert das Durchlesen eines grösseren Buches für den

./.

Irene

6.1

Mann mehr Konzentration, als für den geistig Geschulten. Bei der Unruhe in den Unterständen jedoch, wo oft ein Befehl den andern jagt, wo der eine musiziert, der andere singt, eine Gruppe Karten spielt, kann eine richtige Sammlung und damit das Interesse schwer aufkommen.

Es ergibt sich daraus, dass die moderne Literatur in erster Linie unseren Offizieren zugute kam, während die Mannschaft vielfach zu den (illustrierten) Zeitschriften griff, die umso begehrter, je spärlicher sie vorhanden waren. Diese eignen sich ja mit ihren kurzen Schilderungen ganz besonders für den einfachen Soldaten, können rasch überlesen werden, wodurch sich der Austausch schneller vollzieht.

Vor allem sind es illustrierte Zeitschriften, die das Interesse erwecken. Grossen Beifall und bleibende Wirkung erzielten in hervorragender Weise jene Lesestoffe, die den Ereignissen des Weltkrieges selbst entnommen waren oder die Verhältnisse des heimatlichen Hinterlandes berührten. In dieser Hinsicht erfüllten am besten ihren Zweck die Tiroler Soldatenzeitung und die Tagesblätter.

Die Tiroler Soldatenzeitung erfreut sich bei Offizieren und Mannschaft einer grossen Beliebtheit. Ein Grenzabschnittskommandant meldet, dass „die Mannschaft auf das Eintreffen dieser Zeitung immer mit Ungeduld warte." Ihr volkstümlicher Ton, die Schilderung mancher gelungenen Kriegstat, eines verwegenen Patrouillenganges mit Nennung der dabei beteiligten Personen und dem zugehörigen Bildschmuck sind mehr wie andere Kriegsbücher geeignet, das Pflicht- und Kraftbewusstsein des Mannes zu heben.

Von Offizieren und von Mannschaft abonnierte Tageszeitungen oft Provinzblätter, haben ihren Weg bis in die höchsten Stellungen hinauf gefunden, von ihnen spinnen sich die geistigen Fäden zu den Grenzen der engeren Heimat, zu den Angehörigen und Freunden im Hinterland.

Aber auch das heitere Moment darf für eine spätere Auswahl und Zuweisung von Büchern nicht unerwähnt bleiben. Die Eintönigkeit und Wildheit des Hochgebirges sind mächtig genug,

6.2

um auch berggewohnte Leute auf die Dauer zu Melancholikern zu machen. Für einige alte Jahrgänge von humoristischen Zeit= schriften,wie Fliegende Blätter,Meggendorfer,Muskete,einige Bändchen von Thoma,Greinz oder anderen Tiroler Dichtern,im Kreise der versammelten Mannschaft vorgetragen,würden die Truppen gewiss dankbar sein.

Mit Recht hat daher ein Grenzabschnittskommandant über die verfehlte Wirkung von bei ihm eingetroffenen Kalendern aus einer katholischen Druckerei,religiösen Erbauungsbüchern u.s.w. berichtet.Solche Schriften konnten naturgemäss nicht einmal bei stark religiös veranlagten Menschen Anklang finden.

Der Vorschlag eines Abschnittskommandos auf Zuschub von Elementarsprachbüchern dürfte kaum Erfolg versprechen,da die der Mannschaft zur Verfügung stehende freie Zeit ohnehin knapp bemessen ist.

Der allgemeine Wunsch der Truppen geht dahin,die Bücher und Zeitschriften,schon vor der Ausgabe mit einem dauerhaften Einband oder Deckel zu versehen. Bei den Büchern wird dies oft nicht durchführbar sein; für die Zeitschriften könnten jedoch alte Pappendeckelmappen zum Zusammenhalten der losen Blätter in Verwendung kommen. Dadurch könnte der starken und vorzei= tigen Abnützung der Bücher gesteuert werden.

Die Verteilung der eingelangten Schriften erfolgte den Ständen entsprechend gleichmässig auf die Grenzabschnitte. Der Austausch wurde in der Weise angeordnet und durchgeführt, dass die benachbarten Grenzabschnitte nach vier Wochen das ganze Büchermaterial untereinander wechselten. Unausführbar blieb diese Massnahme einigemale durch plötzlich eingetretene Truppenverschiebungen.Auch innerhalb eines Grenzabschnittes erfolgte über Weisung des Kommandanten nocheinmal ein Austausch.

K.u.k. Landesverteidigungskommando in Tirol
Presse-Abteilung
Feldpost 83

Pr. Nr. 79/2

Schop[illegible]

6.3

Inventar

der „Tiroler Soldaten-Zeitung".

4 Stellagen

1 Adler-Schreibmaschine № 41,561.

1 Kartothek

1 Zyklostyl

2 Aschenschalen

2 Scheren

3 Tintenfaesser

3 Federschalen

1 Tragbare Kasse (Vom Besitzer Oberleutnant von Rapoport zur Verfügung gestellt.)

~~1 Oelgemälde „Rast der Patrouille" samt Rahmen, gespendet von Professor A. Egger-Lienz. (Kriegsausstellung Wien)~~

39 vollständige Exemplare der „Tiroler Soldaten-Zeitung"

2 vollständige Exemplare der „~~Tiroler~~ Soldaten-Zeitung der K.u.k. 1. Armee".

1 Zeilenmessband

5 Briefordner

2 Locher

2 Löschwiegen

19 Bücher:

- Conrad, Leifaden der Volkswirtschaftspolitik
- Christ, Unsere Bayern anno 14.
- Doyle, England in Gefahr
- Europa in den letzten 400 Jahren (Historische Karte)
- Feldmann, Deutschland, Polen und die russische Gefahr
- Frobenius, Des deutschen Reiches Schicksalsstunde
- Koch, Skizzen aus dem Kriegshofquartier
- Kreppel, Der Weltkrieg und die Judenfrage
- Mühlen-Schulte, Hindenburg der Russenschreck
- Mühlestein, Deutschlands Sendung

7.1

— Rotbuch, Oesterr. ung.
— Soldatenliederbuch von Dieter
— " " " gbd
— Urbanek, Vom eisernen Kreuz
— Wörndle, Kriegsereignisse
— Hartlebens Volksatlas
— Kürschners Deutscher Literaturkalender 1914
— Liszt, Völkerrecht
— Koller, Ausnahmsgesetze und Verordnungen für den Kriegsfall in der ö.u. Monarchie

Die der Tiroler Soldaten-Zeitung von Verlegern zur Besprechung übersandten Bücher (Rezensionsexemplare) sind in ein besonders Verzeichnis aufgenommen worden.

Die für die Tiroler Soldaten-Zeitung fertiggestellten Klischees sind in einem Klischeebuch verzeichnet.

Endlich die Akten des beim 11. A.K. geführten P. Protokolles.

Übergeben und übernommen

am 17. Juli 1916

[illegible]

Nachtrag: Im gegenseitigen Einvernehmen wurde das Aquarellgemälde „Rast der Patruille" von A. Egger-Lienz ge-

7.2

K.u.k.HGrpKmdo.GO.Erzh.Eugen.

Res.Nr.46.021.

Abschrift.

Auf Grund des § 10 des Gesetzes vom 17./12.1862,RGBl.Nr.6 von 1863,wird der k.k.Staatsanwaltschaft Bozen und der k.k.Bezirkshauptmannschaft Bozen nachstehende Mitteilung gemacht:

Für die periodische Druckschrift "Soldatenzeitung", deren Erscheinen mit Op.Nr.40.417 vom 16./8.1916 der k.k.Staatsanwaltschaft und der k.k.Bezirkshauptmannschaft Bozen angezeigt wurde, wird in Hinkunft nicht mehr MjrAud.Dr.Albin Schager,sondern LstOblt.Dr.Robert Musil als verantwortlicher Schriftleiter fungieren.

Gleichzeitig wird bestätigt,daß LstOblt.Dr.Robert Musil die nach § 12 des Pressgesetzes erforderlichen Eigenschaften besitzt; er ist österreichischer Staatsbürger, eigenberechtigt und im Jahre 1880 geboren. Seine Adresse lautet : Feldpostamt 239.

Erhalten k.k.Bezirkshauptmannschaft und k.k.Staatsanwaltschaft in Bozen.

Feldpostamt 239,am 1.Oktober 1916.

Für den Kommandanten:

A. Krauss FML. m.p.

Protokoll

Über"Zu viel verrechnete Inseratengebühren aus dem Konto [illegible] Grabner."

Aufgenommen am 22.April 1917 im Dienstzimmer der Soldaten-Zeitung

Anwesend waren:Oblt.Dr.Robert Musil und Oblt.Dr.Albert Ritter der Soldaten-Zeitung.E.F.Tit.Ptf.Rudolf Grabner.Oblt.Audit. Dr.Karl Triebenbacher,Justizreferent d.H.G.Kdos.FM.Freiherr v.Corad.

Die Firma Rudolf Grabner,Buchhandlung in Innsbruck,hatte von dem der Soldaten-Zeitung zu Propagandazwecken zugeteilten Oblt.Ernst Feigl den Auftrag erhalten,für die Soldaten-Zeitung Inserate anzunehmen.Die Vermittlungsgebühr hiefür betrug 25% vom Brutto-Rechnungsbetrag und entspricht einer Annahme von 10%für Übernahme des Delcredere,10%Spesen und 5% Verdienst.

Ausserdem erhielt der im Verband der Soldaten-Zeitung stehende E.F. Tit.Ptf.Rudolf Grabner,Inhaber der genannten Firma,wiederholt auch in seiner dienstlichen Eigenschaft den Befehl,Anzeigen von Bozener Geschäftsleuten für die Soldaten-Zeitung zu aquirieren,wofür ihm eine Vermittlungsgebühr nicht zustand.

Aus der Prüfung der Rechnungen geht nun hervor,dass der Genannte in Bozen aquiriert hat:

Auf Rechnung der Fma.Grabner Inserate im Betrage von K.5660 (wovon ihr 25%=K.1415 Provision zuflossen.)

Für Soldaten-Zeitung direkt im Beträge von 1902,88 K.(wovon ihm nichts zukam.)

Das wird von der Leitung der Soldaten-Zeitung beanständet,weil nach ihrer Ansicht Bozener Inserate überhaupt nicht oder nur in Ausnahmsfällen durch die Innsbrucker Firma zu leiten waren.

E.F.Tit.Ptf.Rudolf Grabner führt dagegen an:

1)dass auch die Bozener Inserate in dem angegebenen Umfang der Tätigkeit seiner Innsbrucker Firma zu danken seien.

2)dass der Administrationsleiter der Soldaten-Zeitung,Oblt.Hans Kleindienst,stets die Aufträge angenommen und dadurch den Vorgang toleriert habe.

Zu dieser Verantwortung ist zu bemerken,dass das Vorgehn des Oblt.

9.1

Kleindienst sich durch die Absicht rechtfertigt, die Einnahmen aus dem Inseratenteil der Soldaten-Zeitung zu erhöhen, wofür auch der erzielte Erfolg spricht. Ob hiebei E.F.Tit.Ptf.Rudolf Grabner in jedem einzelnen Fall das Interesse der Soldaten-Zeitung gegenüber dem seiner Firma in der nötigen Weise gewahrt hat, so dass wirklich nur jene Aufträge durch seine Firma gingen, die direkt nicht zu erlangen gewesen wären, lässt sich nach Lage und Entwicklung der Sache nachträglich in keiner Weise mehr prüfen, die objektive Klärung verspricht.

Um deshalb nicht dem Vorwurf inkompatibler Handlungsweise ausgesetzt zu sein, erklärt sich E.F.Tit.Ptf.Rudolf Grabner bereit, auf jeden Gewinn aus dem Bozener Geschäft seiner Firma zugunsten der Soldaten-Zeitung zu verzichten.

Da dem Brutto-Rechnungsbetrag von K.5660 eine Provision von K.1415 entsprochen hat, ein Verdienst von 5% des Brutto-Rechnungsbetrags demnach gleich K.282,30 ist, erklärt sich E.F.Tit.Ptf.Rudolf Grabner bereit, K. 282,30 in die Kasse der Soldaten-Zeitung abzuführen, welcher Betrag als "Zuviel verrechnete Inseratengebühren aus dem Konto Grabner" gebucht wer=den wird.

Feldpostamt 623, am 22.IV.1917.

Gelesen und gefertigt:

Gesehen!
20.4.1917.

9.2

Belohnungsantrag

4/6.16

128

1	Charge	K.k.Ldst.Oberleutnant
2	Vor- und Zuname	phil.Dr.Robert Musil
3	Standeskörper	Lst. Bez. Kmdo Wien.
4	Dienste einteilung	HGKmdo.FM.Erzherzog Eugen
5	Personaldaten	zum Ldst.Oblt.ernannt am 1./11.1914
6	Anlaß (Waffentat, Dienstleistung usw.) bei Angabe von Ort und Zeit	In Anerkennung vorzüglicher Dienstleistung vor dem Feinde. Nach Auflösung des LVK. in Tirol musste daran gedacht werden, die vom LVK. seinerzeit gegründete und für die im Stellungskriege liegenden Truppen geradezu unentbehrliche "Tiroler Soldatenzeitung" zu erhalten.Ldst.Obt.Dr.Musil hat sich unter den schwierigsten Verhältnissen bereit erklärt, diese Zeitung fortzuführen. Er hat sie durch unermüdlichen Fleiss, besonderes Taktgefühl und ausserordentliche Begabung auf eine solche Höhe gebracht, dass sie heute alle übrigen Soldatenzeitungen weit überragt und an der Front nicht allein durch ihre unterhaltenden, sondern insbesondere durch ihre belehrenden Aufsätze von ganz besonders patriotischem Einflusse ist. Dieser Einfluss wurde vom AOK. auch anerkannt; es hat dem HGK. mit Op.Nr.36771 vom 29./1.1917 mitgeteilt, dass die Zei-
7	Seit wann im Felde (von–bis)	1.August 1914.

11

„Tiroler Soldatenzeitung" mit Druckerei, Labestation in der „Kampfstellung".

„Für Gott, Kaiser und Vaterland!"

Die „Tiroler Soldaten-Zeitung" soll den Tiroler Landesverteidigern die neuesten Nachrichten über die militärische Lage, ferner über einzelne militärische Begebenheiten auf den Kriegsschauplätzen sowie über sonstige Angelegenheiten, die das Interesse der Armee oder Einzelner berühren, vermitteln.

Tiroler Soldaten-Zeitung

Die „Tiroler Soldaten-Zeitung" wird womöglich 3mal wöchentlich im Standorte des Landesverteidigungskommandos erscheinen und im Wege der Abfertigung zur weiteren Verbreitung den Kommanden, Truppen und Anstalten unentgeltlich zugestellt werden. — Von Zivilpersonen ist für 1 Exempl. der Zeitung 10 h zu entrichten.

Das Reinerträgnis ist einem Hilfsfond zu Gunsten verwundeter Tiroler Landesverteidiger gewidmet.

Nummer 1 — 2. Juni 1915. — 8 Uhr morgens

Inhalt: Geleitwort Sr. Exzellenz des Landesverteidigungskommandanten in Tirol G. d. K. Dankl. . Italiens Krieg . Unbedingte Schweigepflicht im Kriege . Trentino, Triest und Italien . Das glänzende Ergebnis der Kriegsanleihe . Schlachtenberichte . Sonstige militärische Nachrichten . Die Absperrung Englands . Politische Nachrichten . Volkswirtschaftliche Nachrichten . Sonstige Mitteilungen . Letzte Nachrichten.

Soldaten, Kameraden!

Italien, das durch mehr als ein Menschenalter hindurch im „Dreibunde" reich und kräftig geworden, hat uns schmählich verraten und meuchlerisch überfallen, es hat die Treue gebrochen, die es uns im Bündnisvertrage zugesagt. Se. Majestät unser erhabener Kaiser und Herr hat, um seinen Völkern diesen neuen Krieg zu ersparen, Konzessionen gemacht, wie sich solche der kühnste Irredentist nicht hätte träumen lassen. Aber die Italiener wollen durchaus den Krieg. Sie wollen kriegerische Lorbeeren holen, wollen neue Feldherrnstandbilder errichten und ihren bombastischen Dichtern Stoff zu Heldengesängen liefern; allerdings nur, weil Oesterreich seit 10 Monaten mit allen seinen Kräften in hartem Kampfe mit Rußland steht, sonst hätten sie es nie gewagt. Ihr Vorgehen ist daher nicht nur treulos und heimtückisch, sondern auch feige. Mit kalter Ruhe und Entschlossenheit stehen wir diesem elen Treiben gegenüber. Wir vertrauen auf unseren Herrgott, auf unser Recht und auf uns selbst, wir vertrauen auf Tirol, dem ruhmreichen Lande Andreas Hofers, das so oft schon seine Feinde mit blutigen Köpfen hinausgeworfen. Unerschütterlich wie die Berge dieses herrlichen Landes werden wir im Vereine mit unserem kampferprobten, tapferen deutschen Verbündeten einstehen für Glauben und Heimat, für Kaiser und Reich. Für uns gibt es kein Zurück. Es lebe der Kaiser, es lebe das Vaterland! —

Dankl, G. d. K.

Italiens Krieg.

Den Ereignissen der Gegenwart kann man erst nach Jahren gerecht werden. Ueber Italiens Haltung ist aber schon heute ein Urteil möglich.

Nie hat ein moderner Staat treuloser gehandelt, nie wurde der Entschluß der Treulosigkeit schamloser, leichtfertiger und unverhüllter gefaßt, und noch nie ist ein Volk unserer Zeit frivoler und unnötiger in einen Krieg eingetreten!

Als Oesterreich-Ungarn und Deutschland den ihnen von ihren Feinden frivol aufgezwungenen Krieg begannen, war für Italien der Bündnisfall gegeben.

Aber Italien verletzte die von ihm übernommenen Pflichten; es blieb neutral. Das war Italiens erster Treubruch! Die Zentralmächte, im stolzen Bewußtsein ihrer gewaltigen militärischen und wirtschaftlichen Kraft, ließen jedoch Italien gewähren, und erhoben keine Einwendung gegen die heimtückische, den Wortlaut und Sinn des Bündnisvertrages verletzende Auslegung, nach der ihm bloß die Pflicht wohlwollender Neutralität obliegen würde. Aber auch dieses Versprechen hielt Italien nicht. Alsbald trat es mit Forderungen an seine Verbündeten heran. Es war Italiens zweiter Treubruch! Dieses Verhalten der italienischen Regierung war umso verwerflicher, als Oesterreich-Ungarn und Deutschland in dem schwersten Kampfe stand, den je die Welt gesehen hatte, und gerade in diesem Augenblicke entscheidende Erfolge über seine Gegner errungen hatte. Damit hatte die italienische Regierung die Taktik von Erpressern befolgt. Zugleich war aber dieses Vorgehen auch eine Politik schmählicher Feigheit. Nie hätte Salandra und Sonnino gegen uns allein einen Waffengang gewagt. Ihnen kam der Mut, als die halbe Welt gegen uns aufgestanden war.

Wenn nun unser geliebter Kaiser, ungeachtet unserer in dem bisherigen schweren Ringen gezeigten militärischen und wirtschaftlichen Kraft sich nach schweren inneren Kämpfen zu Zugeständnissen an den wortbrüchigen Bundesgenossen entschlossen hatte, so gab unser erhabener Monarch neuerdings ein Beispiel, wie sehr er der Pflicht politischer Vernunft und dem Gebote der Menschlichkeit Rechnung zu tragen versteht, indem er einen Krieg vermeiden wollte dessen glückliche Beendigung uns nicht zweifelhaft erscheinen konnte, der aber [illegible] das gegenwärtige ge-

Literarische Beilage zur Tiroler Soldaten-Zeitung.

UNSERE HELDEN

Zeichnung von C. v. [illegible]

Standschützen-Unterjäger **Hans Bertle**

Besitzer der silbernen Tapferkeitsmedaille zweiter Klasse. Ritter des eisernen Kreuzes zweiter Klasse.

Hans Bertle, der sich als Kriegsfreiwilliger bei den Kämpfen im Westen das eiserne Kreuz zweiter Klasse erworben hatte, rückte bei Ausbruch des Krieges gegen Italien als Standschütze ein. Hier erwarb er sich als Unterjäger durch tapferes, beispielgebendes Benehmen bei einem nächtlichen Unternehmen die silberne Tapferkeitsmedaille zweiter Klasse.

14

Soldaten-Zeitung

Erscheint jeden Sonntag

Bezugspreis Kr. 2.50 (Mk. 2.50) für das Vierteljahr + Preis der Einzelnummer 20 Heller (20 Pfg.) + Geschäftsanzeigen 30 Heller (30 Pfg.) für die 4gespaltene Nonpareillezeile.
Adresse für alle Zusendungen: K. u. k. Feldpostamt Nr. 239
Nachdruck sämtlicher Artikel, Gedichte usw. nur mit genauer Quellenangabe gestattet.

Nummer 11 | Im Felde, 20. August 1916 | 2. Jahrgang

Haubitze in Feuerstellung im Gebirge.

15

— 4 —

mit solcher Selbstverständlichkeit etwas so Unglaubwürdiges zu behaupten, wie es das Leben ist, das Millionen von Männern seit zwei Jahren führen.

Und das sollte in unserer Soldatenzeitung festgehalten werden. Vor den Hinterlandsdichtern, deren Phantasie ein Leibschaden vor der Berührung mit Dreck und Herrlichkeit des Lebens in der vordersten Linie schützt. Die auch den Etappenraum mit seinen bunten Wundern nicht sehen können, weil ihn nur der begreift, der ihn nach wochenlangen Entbehrungen zum erstenmal wie ein Märchen von Ueppigkeit und Bequemlichkeit wiedersieht. Diese Zivildichter werden sehr gute Dichtungen schreiben, die alle den Krieg behandeln werden; aber das, was die an ihm geliebt haben, die mit offenen Augen schweigen, das wird dahin sein, wenn wir es nicht festhalten.

Wir brauchen nicht Beiträge, die in der Form vollendet sind; kurze Notizen, Tagebuchblätter sind uns ebenso lieb. Wir brauchen keine Schilderungen in sich geschlossener Handlungen; Vorbeihuschendes, mit Jägeraugen Erhaschtes ist uns ebenso lieb. Man muß nicht Verse machen können, um ein Dichter zu sein; ein Dichter sieht die Dinge wie zum erstenmal; jeder Soldat, der sich unbefangen von dem Rechenschaft gibt, was er sieht, wird ein Dichter.

Wer gar nicht reden will, nehme eine Kamera und knipse. Aber wir haben genug Bilder von unsren eigenen Schützengräben gesehn, vom Witz und genügsamen Behagen der Front. Wir müßten uns schämen, wenn wir nichts Besseres brächten als jede illustrierte Zeitschrift. Bringt Bilder vom Wichtigsten, von allem, wo Ihr fühlt, daß Worte nicht genügen, um es zu schildern.

Die Erinnerung ist ein schlechter Apparat. In ein paar Jahren werdet Ihr nicht mehr wissen, wie es war. Die im Hinterland gedichteten Bilder der Schreiber werden Euch wie die Wirklichkeit vorkommen. Das Beste wird fehlen, das Lebendige, niemals Erdenkbare, was Euch jetzt in jeder Minute umgibt.

Aber auch Ihr andren! Auch Ihr werdet nicht immer nur von Euren Baracken erzählen und von der Fahrküche? Werdet Ihr nicht erzählen, was Ihr an Gefahr alles mitgemacht habt? Dann wird man Euch vielleicht sagen, daß Ihr aufschneidet. Nicht aber wird man es sagen können, wenn Ihr es mit Bildern bezeugen könnt, die ein Kamerad auf Euer Zureden gemacht hat. Die Bilder der Tiroler Soldaten-Zeitung werden allen Kämpfern dieses Krieges dauernd die seltsame und große Gegenwart festhalten.

Wenn Ihr mitarbeitet!

Freiw. Jungschütze Korporal

Karl Harrant

Besitzer der großen und kleinen silbernen Tapferkeitsmedaille, Student der 7. Gymnasialklasse, Sohn des Rechtsanwaltes Dr. Karl Harrant in Steyr.

Die hochragende Warte des Suganatales, die Cima di Vezzena, war seit Kriegsbeginn einer der von den Italienern heißest begehrten Punkte. In dem Hagel der schwersten Granaten hielt dort Harrant als Stützpunktkommandant mit einer kleinen Schar aus und wies jeden feindlichen Sturm ab. Ebenso tat sich Harrant bei Verteidigung des vielumstrittenen Castell Dante hervor, das ohne alle Befestigung bis Weihnachten gehalten wurde.

Eine Feldwache auf 2800 Meter Höhe.
Aufnahme v. Hpt. Molterer.

Sepp Innerkofler.

Dem Andenken des am 6. Juli 1915 gefallenen berühmten Dolomitenführers gewidmet.

Als Kämpfer lebtest Du inmitten Deiner Berge,
Dein Leben war ein Kampf,ein stetes Ringen,
Furchtlos sahst oft und oft dem Tode Du ins Auge -
Du lebtest Einem nur:den trotz'gen Fels zu zwingen.

Dir fest vertrauend folgten in die lichtumstrahlten Höhen
Dir Hunderte,die's auf die steilen Schroffen zog,
Auf Gipfel,die nur wen'ger Menschen Fuss betreten,
Wo glückerfüllte Brust die reine Bergluft sog.

Dann kam der Tag,an dem verruchter Feinde Hände
Nach Deiner Heimat stolzen Zier gefasst,
Und ein Gefühl,dem Abscheu Du allzeit entgegenbrachtest,
Hass und Verachtung hatte Dich erfasst.

Wo Du in Friedenszeiten froh und frei Dich übtest,
Auf jener oft bestieg'nen Zinne hieltest treu Du Wacht,
Nah dort hat fluchbeladner Feinde Kugel Dich getroffen -
Wohl war's der Wille einer höher'n Macht.

Kein Denkmal braucht es,Deinen Namenzu erhalten,
Kein steinern Bild und keine Schrift in Erz -
Der Zinnen Zacken künden's Kindern,Kindeskindern:
Im Kampf um seine Berge brach ein treues Herz.

Innsbruck Oskar Blobel

Verfügungsrecht vorbehalten

18

„Beilage zur Tiroler Soldaten-Zeitung".

Mit ihm sein Land Tirol .....

Dolomitenwacht.

Gedicht von Br. Willram.
(H. Prof. Müller.)

Komp. v. Msg. Mitterer.
Domchor-Dirigent.

Bruneck, Kriegsjahr 1915.

20

Soldaten-Zeitung

Erscheint jeden Sonntag

Bezugspreis Kr. 2.50 (Mk. 2.50) für das Vierteljahr + Preis der Einzelnummer 20 Heller (20 Pfg.) + Geschäftsanzeigen 30 Heller (30 Pfg.) für die 4gespaltene Nonpareillezeile.
Adresse für alle Zusendungen: K. u. k. Feldpostamt Nr. 239
Nachdruck sämtlicher Artikel, Gedichte usw. nur mit genauer Quellenangabe gestattet.

Nummer 14 — Im Felde, 10. September 1916 — 2. Jahrgang

Aus einer Höhenstellung.

Soldaten-Zeitung

Erscheint jeden Sonntag

Bezugspreis Kr. 2.50 (Mk. 2.50) für das Vierteljahr + Preis der Einzelnummer 20 Heller (20 Pfg.) + Geschäftsanzeigen 30 Heller (30 Pfg.) für die 4gespaltene Nonpareillezeile.
Adresse für alle Zusendungen: K. u. k. Feldpostamt Nr. 239
Nachdruck sämtlicher Artikel, Gedichte usw. nur mit genauer Quellenangabe gestattet.

Nummer 24 | Im Felde, 19. November 1916 | 2. Jahrgang

Ein Blick in die Skodawerke.

22.1

5. Österr. Kriegsanleihe

Steuerfreie $5\frac{1}{2}\,\%$ Staatsanleihe zu . . . K 92.50

Steuerfreie $5\frac{1}{2}\,\%$ Staatsschatzscheine zu . K 96.50

Die Staatsanleihe wird in den Jahren 1922 bis 1956 durch Auslosung getilgt.

Die Staatsschatzscheine werden am 1. Juni 1922 zurückgezahlt.

Zeichnungen und Auskünfte beim Postsparkassen-Amt und den Postämtern, bei den Steuerämtern, Staatskassen, bei der Österr.-ung. Bank und ihren Filialen, bei allen Banken, Bankiers, Sparkassen, Versicherungsanstalten, Kreditgenossenschaften und deren Verbänden.

Begünstigungen der Österreich.-ung. Bank und der Kriegsdarlehenskasse bei Belehnungen zu Zeichnungszwecken.

Zeichnungen vom 20. November bis 16. Dezember 1916.

22.2

Literaturverzeichnis

Robert Musil zitierte Textausgaben:

Musil, Robert, *Psychotechnik und ihre Anwendungsmöglichkeit im Bundesheere, Militärwissenschaftliche und Technische Mitteilungen* 53 (1922), S. 244-265. (Nachdruck in: ders., *Beitrag zur Beurteilung der Lehren Machs und Studien zur Technik und Psychotechnik*, Reinbek b. Hamburg, 1980, S. 177-200.)

—, *Briefe nach Prag*, hg. v. Barbara Köpplová/Kurt Krolop, Reinbek b. Hamburg, 1971.

—, *Tagebücher*, hg. v. Adolf Frisé, Reinbek b. Hamburg, 1976 [TB I].

—, *Tagebücher: Anmerkungen, Anhang, Register*, hg. v. Adolf Frisé, Bd. II, Reinbek b. Hamburg, 1976 [TB II].

—, *Gesammelte Werke in neun Bänden*, Bd. 2, *Der Mann ohne Eigenschaften*, hg. v. Adolf Frisé, Reinbek b. Hamburg, 1978 [GW II].

—, *Gesammelte Werke in neun Bänden*, Bd. 3, *Der Mann ohne Eigenschaften*, hg. v. Adolf Frisé, Reinbek b. Hamburg, 1978 [GW III].

—, *Gesammelte Werke in neun Bänden*, Bd. 5, *Der Mann ohne Eigenschaften*, hg. v. Adolf Frisé, Reinbek b. Hamburg, 1978 [GW V].

—, *Gesammelte Werke in neun Bänden*, Bd. 7, *Prosa und Stücke, Kleine Prosa, Aphorismen, Autobiographisches, Essays und Reden, Kritik*, hg. v. Adolf Frisé, Reinbek b. Hamburg, 1978 [GW VII].

—, *Gesammelte Werke in neun Bänden*, Bd. 8, *Essays und Reden*, hg. v. Adolf Frisé, Reinbek b. Hamburg, 1978 [GW VIII].

—, *Briefe 1901-1942*, Bd. 1, hg v. Adolf Frisé, Reinbek b. Hamburg, 1981.

—, *La guerra parallela*, hg. v. Fernando Orlandi, Trento, 1987.

—, *Klagenfurter Ausgabe. Kommentierte digitale Edition sämtlicher Werke, Briefe und nachgelassener Schriften. Mit Transkriptionen und Faksimiles aller Handschriften*, hg. v. Klaus Amann/Karl Corino/Walter Fanta, Klagenfurt, 2009 [KA].

—, *Der Mann ohne Eigenschaften. Roman*, hg. v. Walter Fanta, Gesamtausgabe Band 1. Erstes Buch, Kapitel 1-75, Salzburg 2016.

Sekundär-Literatur:

Achermann, Eric, *Worte und Werte. Geld und Sprache bei Gottfried Wilhelm Leibniz, Johann Georg Hamann und Adam Müller*, Tübingen, 1997.

Amann, Klaus, *Robert Musil - Literatur und Politik: Mit einer Neuedition ausgewählter politischer Schriften aus dem Nachlass*, Orig.-Ausg. Reinbek bei Hamburg, 2007.

Ara, Angelo/Magris, Claudio, *Triest. Eine literarische Hauptstadt in Mitteleuropa*, Wien, 1987.

Arnold, Klaus, „Propaganda als ideologische Kommunikation", in: *Publizistik* 48 (2003), S. 63-82.

Arntzen, Helmut, *Musil-Kommentar. Sämtlicher zu Lebzeiten erschienener Schriften außer dem Roman „Der Mann ohne Eigenschaften"*, München, 1980.

Bachmann, Ingeborg, *Die Radiofamilie*, hg. und mit einem Nachw. von Joseph McVeigh, Berlin, 2011.

Balke, Friedrich, „Auf der Suche nach dem anderen Zustand. Robert Musils nominalistische Mystik", in: *Mystique, mysticisme et modernité en Allemagne autour de 1900/Mystik, Mystizismus und Moderne in Deutschland um 1900*, hg. v. Moritz Baßler/Hildegard Châtellier, Strasbourg, 1998, S. 307-316.

Bastide, Françoise/Latour Bruno, „Writing Science – Fact and Fiction. The Analysis of the Process of Reality Construction Through the Application of Socio-Semiotic Methods to Scientific Texts", in: Michel Callon/John Law/Arie Rip, *Mapping the Dynamics of Science and Technology. Sociology of Science in the Real World*, London, 1986, S. 51-66.

Beard, Philip Harper, *Der andere Zustand im Mann ohne Eigenschaften und in der Musil-Kritik*, Diss. Stanford University, 1971.

Bendixen, Friedrich, *Das Wesen des* Geldes, München/ Leipzig, 1908.

Beil, Christine, *Der ausgestellte Krieg. Präsentationen des Ersten Weltkriegs 1914–1939*, Tübingen, 2004.

—, „Kriegsausstellungen. Präsentationsformen des Weltkriegs für die ‚Heimatfront'", in: *Die vergessene Front. Der Osten 1914/15. Ereignis, Wirkung, Nachwirkung*, hg. v. Gerhard P. Groß, Paderborn u. a., 2006, S. 317-333.

Benjamin, Walter, *Erfahrung und Armut*, in: *Gesammelte Schriften*, hg. v. Rolf Tiedemann/Hermann Schweppenhäuser, Frankfurt a. Main, 1977, Bd. II.1, S. 213-219.

Binding, Rudolf G., *Aus dem Kriege*, Frankfurt a. Main, 1927.

Blei, Franz, *Das große Bestiarium der modernen Literatur*, Berlin, 1922.

—, *Formen der Liebe: mit über 100 Abbildungen nach zeitgenössischen Originalen und Photographien sowie Farbtafeln*, Berlin/Wien, 1930.

—, *Männer und Masken*, Berlin, 1930.

Bleibtreu, Carl, *Revolution der Literatur*, Leipzig, 1889.

Böhm-Bawerk, Eugen v., *Kapital und Kapitalzins I Geschichte und Kritik der Kapitalzins-Theorien*, 4. Aufl., Jena, 1921.

—, *Kapital und Kapitalzins II Positive Theorie des Kapitales*, Erster Band, 4. Aufl., Jena, 1921.

Bohnenkamp, Anne, „Autorschaft und Textgenese", in: *Autorschaft. Positionen und Revisionen*, hg. v. Heinrich Detering, Stuttgart, 2002 (Germanistische Symposien, Berichtsbände, XXIV).

Bornemann, Ernest, *Sex im Volksmund. Der obszöne Wortschatz der Deutschen*, Berlin, 2013.

Bösch, Anne, *Franz Michael Felder als regionaler Erinnerungsort*, Dipl.-Arb. Universität Wien, 2015.

Brandt, Susanne, „Kriegsausstellungen", in: *Enzyklopädie Erster Weltkrieg*, hg. v. Gerhard Hirschfeld u. a., akt. u. erw. Studienausgabe, Paderborn u. a., 2009, S. 628-630.

Breuel, Thomas M./Ul-Hasan, Adnan/Al Azawi, Mayce/Shafait, Faisal, „High-Performance OCR for Printed English and Fraktur Using LSTM Networks", in: *Proceedings of the 12th International Conference on Document Analysis and Recognition*, 2013, S. 683-687.

Brosthaus, Heribert, „Zur Struktur und Entwicklung des ‚anderen Zustands' in Robert Musils Roman *Der Mann ohne Eigenschaften*", in: *Deutsche Vierteljahrsschrift für Literaturwissenschaft und Geistesgeschichte* 39 (1965) H. 3, S. 388-440.

Burrows, John F., „Delta: A measure of stylistic difference and a guide to likely authorship", in: *Literary and Linguistic Computing* 17 (2002), S. 267-287.

Canetti, Elias, *Masse und Macht*, Frankfurt a. Main, 1981.

—, „Das Augenspiegel. Lebensgeschichte 1931-1938", in: *Erinnerungen an Robert Musil*, hg. v. Karl Corino, Waedenswil, 2010, S. 286.

Cattaruzza, Marina, „Triest 1814-1860: Die politische Hegemonie der kaufmännischen Schicht", in: *Die Moderne und ihre Krisen. Studien von Marina Cattaruzza zur europäischen Geschichte des 19. und 20. Jahrhunderts*, hg. v. Sacha Zala, Göttingen, 2012, S. 53-82.

Conrad, Johannes, *Leitfaden zum Studium der Volkswirtschaftspolitik*, Jena, 1901.

Corino, Karl, *Robert Musil. Leben und Werk in Bildern und Texten*, Reinbek b. Hamburg, 1988.

—, „Robert Musil, *Aus der Geschichte eines Regiments*", in: *Studi germanici* 11 (1973), S. 109-115 (Nachdruck in: Regina Schaunig, *Der Dichter im Dienst des Generals. Robert Musils Propagandaschriften im Ersten Weltkrieg*, Klagenfurt, 2014, S. 116-120).

—, *Robert Musil. Eine Biographie*, Reinbek b. Hamburg, 2003 (2. Aufl. 2005).

—, „Die Flucht aus dem Frieden. Robert Musil und der erste Weltkrieg", in: *Das Plateau*, 145 (2014), S. 4-17.

—, „Profil einer Soldatenzeitung aus dem Ersten Weltkrieg, ‚Heimat', und ihres Herausgebers Robert Musil", in: Regina Schaunig, *Der Dichter im Dienst des Generals. Robert Musils Propagandaschriften im Ersten Weltkrieg*, Klagenfurt, 2014, S. 121-134.

—, „Robert Musil und Walther Rathenau. Eine Konstellation", in: *Walther Rathenau im Netzwerk der Moderne*, hg. v. Sven Brömsel/Patrik Küppers/Clemens Reichhold, Berlin/Boston, 2014, S. 14-29.

Dauthendey, Max, „Der Knabe auf dem Kopf des Elephanten", in: ders., *Der Garten ohne Jahreszeiten*, München, 1914.

Denscher, Bernhard, *Gold gab ich für Eisen. Österreichische Kriegsplakate 1914–1918*, Wien, 1987.

—, „‚Ueberall vor den Plakaten bildeten sich Ansammlungen…‘“, in: *Im Epizentrum des Zusammenbruchs. Wien im Ersten Weltkrieg*, hg. v. Alfred Pfoser/Andreas Weigl, Wien, 2013, S. 494-501.

Detering, Heinrich (Hg.), *Autorschaft. Positionen und Revisionen,* Stuttgart, 2002 (Germanistische Symposien, Berichtsbände, XXIV).

Deiters, Franz-Josef, *Das Volk als Autor? Der Ursprung einer kulturgeschichtlichen Fiktion im Werk Johann Gottfried Herders*, in: *Autorschaft. Positionen und Revisionen,* hg. v. Heinrich Detering, Stuttgart, 2002 (Germanistische Symposien, Berichtsbände, XXIV), S. 181-201

Dinklage, Karl, „Musils Herkunft und Lebensgeschichte“ *Robert Musil. Leben, Werk, Wirkung*, hg. v. Karl Dinklage, Zürich u. a., 1960, S.187-264.

Doderer, Heimito v., *Die Dämonen. Nach der Chronik des Sektionsrates Geyrenhoff*, München, 1956.

Doppler, Alfred, „‚Seinesgleichen führt zum Krieg‘. Robert Musils Auseinandersetzung mit dem Krieg“, in *Literatur der Weimarer Republik. Kontinuität – Brüche,* hg. v. Michael Klein/Sieglinde Klettenhammer/Elfriede Pöder, Innsbruck, 2002, S. 59-68.

Eder, Maciej, „Does size matter? Authorship attribution, small samples, big problem“, in: *Digital Scholarship in the Humanities* 30 (2015) 2, S. 167-182.

—, „Visualization in Stylometry: Cluster Analysis Using Networks“, in: *Digital Scholarship in the Humanities*, 32 (2017) 1, S. 50-64.

Eder, Maciej/Kestemont, Mike/Rybicki Jan, „Stylometry with R: a suite of tools“, in: *Digital Humanities 2013. Conference Abstracts*, 2013, S. 487-489.

Elster, Karl, *Die Seele des Geldes. Grundlagen und Ziele einer allgemeinen Theorie des Geldes*, 2. Aufl., Jena, 1922.

Evert, Stefan/ Proisl, Thomas/ Jannidis, Fotis/Pielström Steffen/Schöch, Christof/Vitt Thorsten, „Towards a better understanding of Burrows's Delta in literary authorship attribution“, in: *Proceedings of NAACL-HLT Fourth Workshop on Computational Linguistics for Literature*, 2015, S. 79-88.

Fanta Walter, *Krieg. Wahn. Sex. Liebe: Das Finale des „Mann ohne Eigenschaften“ von Robert Musil*, Klagenfurt, 2015.

—, „Musils bleibende Bedeutung als Militärkritiker und Anti-Bellizist“, in: *Musil-Forum* 34 (2015/2016), S. 129-156.

Fechner, Gustav Th., *Nanna oder über das Seelenleben der Pflanzen*, Leipzig, 1848.

—, *Über die Seelenfrage. Ein Gang durch die sichtbare Welt, um die unsichtbare zu finden*, Leipzig, 1861.

Fechner, Kurt, „Die Psychotechnik und militärische Bedeutung“, in: *Militärwissenschaftliche Mitteilungen*, 60 (1929), S. 689-696.

Feigl, Erich, *Musil von Arabien. Vorkämpfer der islamischen Welt*, Frankfurt a M./Berlin, 1988.

Feigl, Walter/ Fleck, Günther/Hamersky, Ursula (Hg.), *Robert Musil: Der Mann mit Eigenschaften: Offizier, Literat, Psychologe, Ingenieur*, Wien, 2015.

Fleig, Anne, *Körperkultur und Moderne. Robert Musils Ästhetik des Sports*, Berlin/New York, 2008.

Fontanari Alessandro/Libardi Massimo, „La guerra come sintomo", in: Robert Musil, *La guerra parallela*, hg. v. Fernando Orlandi, Trento, 1987, S. 201-257.

Forcher, Michael, *Tirol und der Erste Weltkrieg. Ereignisse, Hintergründe, Schicksale*, Innsbruck/Wien, 2014.

Foucault, Michel, „Was ist ein Autor?", in: *Schriften in vier Bänden. Dits et Ecrits, Bd. 1. 1954-1969*, hg. v. Daniel Defert/François Ewald unter Mitarbeit von Jacques Lagrange, Frankfurt a. Main, 2001, S. 1003-1041.

Gall, Lothar, *Walther Rathenau. Portrait einer Epoche*, München, 2009.

Gerard, Dorothea, „1859 und 1866", in: dies., *K. u. K. Offiziere. Ernstes u. Heiteres aus d. Zeit vor d. Weltkriege*, Berlin u. a., 1916.

Gilla, Thomas, *Versuche der Auflösung - Andeutungen von Synthesen: über die Mythisierung von Robert Musils Roman ‚Der Mann ohne Eigenschaften' in der Literaturwissenschaft*, Würzburg, 2004.

Giovannini, Elena, *Robert Musils Beiträge in der ‚Soldatenzeitung'. Propaganda und kritische Ironie im Vergleich*, Diss. Univ. Pescara, 1986/1987.

Giovannini, Elena, „Der Parallel-Krieg. Zu Musils Arbeit in der *Soldatenzeitung*", in: *Musil-Forum* 13/14 (1987/1988), S. 88-99.

Grazie, Marie Eugenie delle, *Das Buch der Liebe*, Berlin/Wien, 1916.

Grimm, Sieglinde, „Robert Musil und Michel Foucault: Das Scheitern des ‚Ratioiden' und die Legitimation ästhetischer Existenz", in: *Denken/Schreiben (in) der Krise – Existentialismus und Literatur*, hg. v. Cornelia Blasberg/Franz-Josef Deiters, St. Ingberg, 2004 (Kunst und Gesellschaft. Studien zur Kultur im 20. und 21. Jahrhundert), S. 125-158.

Grieser, Dietmar, *Schauplätze österreichischer Dichtung. Ein literarischer Reiseführer*, München/Wien, 1974.

—, „Musil, ‚Grigia' und das Fersental", in: *Das Fenster*, 17 (1975/1976), S. 1750-1756.

Gryzbek, Peter (hg.), *Contributions to the Science of Text and Language. Word Length Studies and Related Issues*, Dordrecht, 2006, S. 15-60.

Gschwandtner, Harald, „Dienst und Autorschaft im Krieg. Robert Musil als Redakteur der Zeitschrift *Heimat*", in: *Musil-Forum* 33 (2013/2014), S. 101-124.

—, „In der Sperrgewalt der *Fackel*? Karl Kraus, Robert Musil und die *Tiroler Soldaten-Zeitung*", in: *Musil-Forum* 34 (2015/2016), S. 157-176.

—, „Rezension zu Regina Schaunig: *Der Dichter im Dienst des Generals*", in: *Musil-Forum* 34 (2015/2016), S. 348-352.

—, „Kriegspublizistik“, in: *Robert-Musil-Handbuch*, hg. v. Birgit Nübel/Norbert Christian Wolf, Berlin/Boston, 2016, S. 434-440.

Hafkesbrink, Hanna, *Unknown Germany: An Inner Chronicle of the First World War Based on Letters and Diaries*, New Haven,1948.

Halvani, Oren/ Winter, Christian/ Pflug, Anika, „Authorship Verification for Different Languages, Genres and Topics“, in: *Digital Investigation* 16 (2016), S. 33-43.

Healy, Maureen, *Vienna and the Fall of the Habsburg Empire. Total War and Everyday Life in World War I*, Cambridge, 2004.

Heinzle, Ingeburg, *Albert Ritter, Leben und Werk*, Diss. Univ. Wien, 1935.

Herrmann, J. Berenike, „In a test bed with Kafka. Introducing a mixed-method approach to digital stylistics“, in: Chambers, S., Jones, C., Kestemont, M., Koolen, M. & J. van Zundert (Eds.). Special Issue DHBenelux 2015, *Digital Humanities Quarterly*, in print.

Herrmann, J. Berenike /Lauer, Gerhard, „Das ‚Was-bisher-geschah‘ von KOLIMO. Ein Update zum Korpus der literarischen Moderne“, in: *DHd 2017 Konferenzabstracts* (2017), S. 107-111.

Hirst, Graeme/Feiguina, Olga, „Bigrams of syntactic labels for authorship discrimination of short texts“, in: *Literary and Linguistic Computing* 22 (2007) 4, S. 405-417.

Hoen, Maximilian von, „Vorwort“, in: *Kunstausstellung des k. u. k. Kriegspressequartiers. Kriegsausstellung Wien 1916. Kaisergarten im k. k. Prater*, hg. v. Kommando des k. u. k. Kriegspressequartiers, Wien, 1916, S. 3-6.

Hoffmann, Christoph, *„Der Dichter am Apparat“. Medientechnik, Experimentalpsychologie und Texte Robert Musils 1899-1942*, München, 1997.

—, „Technische Aufsätze“, in: *Robert-Musil-Handbuch*, hg. v. Birgit Nübel/Norbert Christian Wolf, Berlin/Boston, 2016, S. 429-434.

—, *Schreiber, Verfasser, Autoren* (in Vorbereitung).

Honold, Alexander, *Die Stadt und der Krieg. Raum und Zeitkonstruktion in Robert Musils Roman „Der Mann ohne Eigenschaften“*, München, 1995.

—, *Einsatz der Dichtung. Literatur im Zeichen des Ersten Weltkriegs*, Berlin, 2015.

—, „Zäsuren“, in: *Robert-Musil-Handbuch*, hg. v. Birgit Nübel/Norbert Christian Wolf, Berlin/Boston, 2016, S. 53-64.

Hörisch, Jochen, *Kopf oder Zahl. Die Poesie des Geldes*, Frankfurt a. Main, 1998.

Hüppauf, Bernd, *Ansichten vom Krieg. Vergleichende Studien zum Ersten Weltkrieg in Literatur und Gesellschaft*, hg. v. Bernd Hüppauf, Königstein, 1984.

—, *Was ist Krieg? Zur Grundlegung einer Kulturgeschichte des Krieges*, Bielefeld, 2013.

Jannidis, Fotis, „Einführung: Der Autor in Gesellschaft und Geschichte“, in: *Rückkehr des Autors. Zur Erneuerung eines umstrittenen Begriffs*, hg. v. Fotis Jannidis/Gerhard Lauer/Matias Martinez/Simone Winko, Tübingen, 1999 (Studien und Texte zur Sozialgeschichte der Literatur, Bd. 71), S. 297-301.

—, „Der Autor ganz nah. Autorstil in Stilistik und Stilometrie“, in: *Theorien und Praktiken der Autorschaft*, hg. v. Matthias Schaffrick/Markus Willand, Berlin/Boston, 2014.

Jannidis, Fotis/ Lauer, Gerhard, „Burrows's Delta and its use in German literary history“, in: *Distant Readings - Descriptive Turns: Topologies of German Culture in the Long Nineteenth Century*, hg. v. Matt Erlin/Lynn Tatlock, Rochester, 2014, S. 29-54.

Jannidis, Fotis/ Pielström, Steffen/Schöch, Christof/Vitt, Thorsten, „Improving Burrows' Delta - An empirical evaluation of text distance measures“, in: *Digital Humanities Conference Book of Abstracts, Sydney*, 2015.

Jobst-Rieder, Marianne/Pfabigan, Alfred/Wagner, Manfred, *Das letzte Vivat. Plakate und Parolen aus der Kriegssammlung der k. k. Hofbibliothek*, Wien, 1995.

Jowett, Garth/O'Donnell, Victoria, *Propaganda & Persuasion*, 5. Aufl., Los Angeles, 2012.

Juola, Patrick, „Authorship attribution“, in: *Foundations and Trends in Information Retrieval* 1.3 (2006), S. 233-344.

—, „Large-Scale Experiments in Authorship Attribution“, in: *English Studies* 93.3 (2012), S. 275-283.

—, „The Rowling Case: A Proposed Standard Analytic Protocol for Authorship Questions“, in: *Digital Scholarship in the Humanities* 30 (2015), S. i100-i113.

Juola Patrick/Noecker, John/Ryan, Michael/Speer, Sandy, „Jgaap 4.0—a revised authorship attribution tool“, in: *Proceedings of Digital Humanities*, 2009.

Kafka, Franz, *Brief an den Vater*, Frankfurt a. Main, 1994;

—, *Briefe an Ottla und die Familie*, Frankfurt a. Main, 1981.

—, „In der Strafkolonie“, in: *Drucke zu Lebzeiten*, hg. v. Wolf Kittler/Hans-Gerd Koch/Gerhard Neumann, Frankfurt a. Main, 1994, S. 201-248.

Kaiser-El-Safti, Margret, „Robert Musil und die Psychologie seiner Zeit“, in: *Robert Musil - Dichter, Essayist, Wissenschaftler*, hg. v. Hans Georg Pott, München, 1989, S. 126-170.

Kellerwessel, Wulf, *Wittgensteins Sprachphilosophie in den „Philosophischen Untersuchungen“. Eine kommentierende Ersteinführung*, Paris u. a., 2009.

Kestemont, Mike, „Function Words in Authorship Attribution From Black Magic to Theory?“, in: *Proceedings of the 3rd Workshop on Computational Linguistics for Literature (CLfL) EACL*, 2014, S. 59-66.

Kiesel, Helmuth, „Erfahrung und Verarbeitung des Ersten Weltkriegs bei Robert Musil und Ernst Jünger“, in: *Musil-Forum* 34 (2015/2016), Berlin/Boston, 2016, S. 79-97.

Knapp, Friedrich Georg, *Staatliche Theorie des Geldes*, München/Leipzig, 1905.

Knapp, Georg F./Bendixen, Friedrich, *Zur staatlichen Theorie des Geldes. Ein Briefwechsel 1905-1920*, ausgewählt und herausgegeben von Kurt Singer, Basel/Tübingen, 1958.

Knies, Karl, *Geld und Kredit*, 2. Aufl., Berlin, 1885.

Kogler, Nikolaus G., *Zwischen Freiheit und Knebelung. Die Tagespresse Tirols von 1914 bis 1917*, Innsbruck, 2000.

Koppel, Moshe/Winter, Yaron, „Determining if two documents are by the same author“, in: *Journal of the Association for Information Science and Technology* 65 (2014) 1, S. 178-187.

Kratz-Kessemeier, Kristina, *Kunst für die Republik. Die Kunstpolitik des preußischen Kultusministeriums 1918 bis 1932*, Berlin, 2008.

Krause, Marcus, „Beitrag zur Beurteilung der Autorschaften Musils“, in: *Sprache und Literatur* 43 (2012), H. 110, S. 66-80. (preso da Handbuch – ho corretto schaunig).

Kruse, Wolfgang, „Krieg und Kultur: Die Zivilisationskrise“, in: *Eine Welt von Feinden. Der Große Krieg 1914–1918.*, hg. v. Wolfgang Kruse, Frankfurt a. Main, 1997, S. 183-195.

Kümmel, Albert, *Das MoE-Programm. Eine Studie über geistige Organisation*, München, 2002.

Lange, Britta, *Einen Krieg ausstellen. Die „Deutsche Kriegsausstellung“ 1916 in Berlin*, Berlin, 2003.

Leidinger, Hannes, „Der erste Weltkrieg“, in: *Österreichische Mediengeschichte/Bd. 1. Von den frühen Drucken zur Ausdifferenzierung des Mediensystems (1500 bis 1918)*, hg. v. Matthias Karmasin/Christian Oggolder, Wiesbaden, 2016, S. 222-250.

Libardi, Massimo, „Ulrich a Davos“, in: *Humanitas* 6 (2015), S. 929-951.

Liefmann, Robert, *Geld und Gold*, Stuttgart/Berlin, 1916.

Locher, Elmar, „Die Zirkulation des Geldes und die Zirkulation der Zeichen. Adam Müllers Geldtheorie und Heinrich von Kleists Der Griffel Gottes“, in: *„Ein blauer Schleier, wie in Italien gewebt“ Kleist Tage in Venedig*, hg. v. Bettina Faber/Ingo Breuer, Heilbronn, 2016, S. 117-133.

Marx, Friedhelm, „Heilige Autorschaft? Self-Fashioning-Strategien in der Literatur der Moderne“, in: *Autorschaft. Positionen und Revisionen,* hg. v. Heinrich Detering, Stuttgart, 2002 (Germanistische Symposien, Berichtsbände, XXIV), 107-120.

Masaryk, Tomáš Garrigue, *Masaryk erzählt sein Leben. Gespräche mit Karel Capek*, aus dem Tschechischen übersetzt von Camill Hoffmann, Zürich, o. J. [1938].

Matala de Maza, Ethel, *Der verfasste Körper. Zum Projekt einer organischen Gemeinschaft in der politischen Romantik*, Freiburg, 1999.

Mayer Mathias, „Ethik und Moral", in: *Robert-Musil-Handbuch*, hg. v. Birgit Nübel/Norbert Christian Wolf, Berlin/New York, 2016, S. 611-616.

Meier-Staubach, Christel/Wagner-Egelhaaf, Martina, „Vorwort", in: *Autorschaft. Ikonen - Stile - Institutionen*, Berlin, 2011, S. 7-9.

Menger, Carl, *Grundsätze der Volkswirtschaftslehre*, Wien, 1871.

Minsky, Hyman P., *Instabilität und Kapitalismus*, hg. v. Joseph Vogl, Zürich, 2011.

Mises, Ludwig v., *Theorie des Geldes und der Umlaufmittel*, München/Leipzig, 1912.

Missong, Alfred, *Christentum und Politik in Österreich: ausgewählte Schriften 1924-1950*, Wien u. a., 2006.

Morelli, Giovanni (Pseudonym Ivan Lermolieff), *Die Werke italienischer Meister in den Galerien von München, Dresden und Berlin*, Leipzig, 1880.

Morlock, Martin, *Hohe Schule der Verführung. Ein Handbuch der Demagogie*, Wien/Düsseldorf, 1977.

—, *Kunstkritische Studien über italienische Malerei*, 3 Bde., Leipzig, 1890-93.

Moser, Manfred, „Ing. Dr. phil. Robert Musil. Ein Soldat erzählt", in: *Arsenale der Seele. Literatur- und Medienanalyse seit 1870*, hg. v. Friedrich A. Kittler/Georg Christoph Tholen, München, 1989, S. 97-115.

Mosteller, Frederick/Wallace, David L., *Inference and Disputed Authorship: The Federalist*. Reading (MA), 1964.

Müller, Adam, *Über die Notwendigkeit einer theologischen Grundlage der gesamten Staatswissenschaften und der Staatswirtschaft insbesondere*, in: *Summa*. Eine Vierteljahresschrift 1/4 (1917), S. 171-196.

—, *Die Elemente der Staatskunst*, Sammlung der gesellschaftswissenschaftlichen Grundwerke aller Zeiten und Völker, 1. Band, Jena, 1922.

—, *Versuche einer neuen Theorie des Geldes*, Sammlung der gesellschaftswissenschaftlichen Grundwerke aller Zeiten und Völker, 1. Band, Jena, 1922.

—, *Versuche einer neuen Theorie des Geldes mit besonderer Rücksicht auf Großbritannien*, Jena 1922.

Müller, Wolfgang G., *Topik des Stilbegriffs. Zur Geschichte des Stilverständnisses von der Antike bis zur Gegenwart*, Darmstadt, 1981 (Impulse der Forschung, Bd. 34).

Münsterberg, Hugo, *Grundzüge der Psychotechnik*, Leipzig, 1914.

Murgia, Maria Rita, *„So schlagen wir mit ganzer Wucht/Die Feinde krumm und klein". La costruzione della propaganda nei Supplementi letterari della* Tiroler Soldaten-Zeitung, Diss. Univ. Cagliari, 2009/2010.

Niederstätter, Alois, „Albert Ritter", in *Österreichisches Biographisches Lexikon*, Wien, 1985, S. 176-177.

Nübel, Birgit, *Robert Musil. Essayismus als Selbstreflexion der Moderne*, Berlin/Boston, 2006.

Orlandi, Fernando, „Nota editoriale", in: *Robert Musil, La guerra parallela*, hg. v. Fernando Orlandi, Rovereto, 1987.

Pabst, Stephan, „Anonymität und Autorschaft. Ein Problemaufriss", in: *Anonymität und Autorschaft. Zur Literatur- und Rechtsgeschichte der Namenlosigkeit*. Berlin, 2011 (Studien zur Sozialgeschichte der Literatur, Bd. 126), S. 1-34.

Pappalardo, Salvatore, „The Betrayal of the *Urbs Fidelissima*: Habsburg Trieste in Robert Musil's *Der Mann ohne Eigenschaften*", in: *The German Quarterly* 89/2 (2016), S. 169-185.

Parr, Rolf, *Autorschaft. Eine kurze Sozialgeschichte der literarischen Intelligenz in Deutschland zwischen 1860 und 1930*, Heidelberg, 2008.

Pfohlmann, Oliver, „‚Eine Reihe wundersamer Erlebnisse'. Robert Musil im Ersten Weltkrieg: Vom August 1914 über das ‚Fliegerpfeil-Erlebnis' bis zur ‚österlichen Weltstimmung'", in: *Musil-Forum* 34 (2015/2016), Berlin/Boston, 2016, S. 98-128.

Pircher, Gerd *Militär, Verwaltung und Politik in Tirol im Ersten Weltkrieg*, Innsbruck, Universitätsverlag, 1995.

Planta, Alessandra v., *Ghostwriter*, Bern, 1998.

Plener, Peter, „‚Extraausgabee –!' Vom Medienverbund k. u. k. Kriegspressequartier und seinem technoromantischen Abenteuer 1914–1918", in: *Kulturmanöver. Das k. u. k. Kriegspressequartier und die Mobilisierung von Wort und Bild*, hg. v. Sema Colpan u. a., Frankfurt a. Main u. a., 2015, S. 355-369.

Porada, Käthe von, *Ich bin – ich lebe! Briefe an Gottfried Benn 1950–1956*, hg. v. Helmut Heintel, Warmbronn, 2001.

Reichel, Walter, *„Pressearbeit ist Propagandaarbeit". Medienverwaltung 1914-1918: Das Kriegspressequartier (KPQ)*, Wien, 2016.

Rieffert, Johann B., „Psychotechnik im Heere", in: *Bericht über den VII. Kongreß für experimentelle Psychologie in Marburg vom 20.–23. April 1921*, Jena, 1922, S. 79-96.

Rieffert, Johann B., „Psychotechnik im Heere", in: *Bericht über den VII. Kongreß für experimentelle Psychologie in Marburg vom 20.–23. April 1921*, Jena, 1922, S. 79-96.

Ritter, Albert, *Altschwäbische Liebesbriefe. Eine Studie zur Geschichte der Liebespoesie*, Graz 1897.

—, *Los von Rom, hin zu Christus*, Graz, 1901.

—, *Das Nibelungenjahr. Kultur-Roman aus der Zeit der Hohenstaufen*, Leipzig, 1912.

—, *Autonomie? Zur Frage der Neugestaltung Österreichs*, Graz, 1916.

—, *Kaiser Rotbarts Erben*, Innsbruck/Leipzig/Wien, 1917.

—, *Grossdeutschland und die Weltpolitik. Ein Programm für die grossdeutsche Republik*, Graz, 1919.

—, *Der Gottesfreund. Roman aus dem alten Graubünden*, Graz, 1920/1924.

—, *Kein Bayern, kein Preussen, nur Deutschland*, Innsbruck, o. J.

Rohrer, Karl, *Vorarlberg 1918-1922, Opfer zweier grossdeutscher Intriganten. Dr. Albert Ritter*, Feldkirch, 1990.

Roth, Marie-Louise, *Robert Musil. Ethik und Ästhetik. Zum theoretischen Werk des Dichters*, München, 1972.

Rusconi, Gian Enrico, „La ‚questione austriaca' ieri e oggi", in: Roberto Cazzola/Gian Enrico Rusconi (Hg.), *Il ‚caso Austria'*, Torino, 1988, S. IX.

Rusegger, Arno, „‚Dass Krieg wurde, werden musste, ist die Summe all der widerstrebenden Strömungen und Einflüsse und Bewegungen, die ich zeige'. Erster Weltkrieg und literarische Moderne - am Beispiel von Robert Musil", in: Uwe Scheider/Andreas Schumann, *Krieg der Geister*, Würzburg, 2000, S. 229-246.

Rychewaert, Michelle, *Robert Musils Beiträge in der* Soldatenzeitung, Saarbrücken, 1973.

Salgaro, Massimo (hg.), *Robert Musil in der Klagenfurter Ausgabe. Bedingungen und Möglichkeiten einer digitalen Edition*, München, 2014.

—, *Robert Musil teorico della ricezione*, Bern, 2012.

Salus, Hugo, *Das blaue Fenster. Novellen*, Berlin, 1906.

Sandgruber, Roman, *Traumzeit für Millionäre. Die 929 reichsten Wienerinnen und Wiener im Jahr 1910*, Wien u. a., 2013.

Sauermann, Eberhard, *Literarische Kriegsfürsorge. Österreichische Dichter und Publizisten im Ersten Weltkrieg*, Wien u. a., 2000.

—, „Bruder Willram, ein Tiroler Kriegslyriker", in: *Mitteilungen aus dem Brenner-Archiv* 23 (2004), S. 15-35.

—, „Der Schützengraben in der Lyrik des 20. Jahrhunderts und in der Realität des Kriegs", in: *Internationales Archiv für Sozialgeschichte der deutschen* Literatur, 30/2 (2005), S.62-103.

Schaffrick, Matthias/Willand Markus (Hg.), *Theorien und Praktiken der Autorschaft*, Berlin/Boston, 2014.

Schaunig, Regina, „*Viribus unitis.* Robert Musils Schreiben in kollektiver Anonymität", in: *Musil-Forum* 31 (2009/2010), S. 202-223.

—, *Der Dichter im Dienst des Generals. Robert Musils Propagandaschriften im Ersten Weltkrieg. Mit zwei Beiträgen von Karl Corino und 87 Musil zugeschriebenen Zeitungsartikeln*, Klagenfurt/Wien, 2014.

—, *Musils ‚Achillesroman'*, Klagenfurt, 2015.

Schlögl, Albert, „Musil und der Krieg", in: *Wespennest. Zeitschrift für brauchbare Texte und Bilder*, 40 (1980), S. 75-82.

Schneider, Oliver, *Triest. Eine Diskursanalyse*, Würzburg, 2003.

Sieg, Christian, „Schriftsteller als ‚Gewissen der Nation'. Religiöse und politische Aspekte eines Autorschaftskonzepts der Nachkriegszeit", in: *Autorschaft. Ikonen - Stile - Institutionen*, hg. v. Christel Meier-

Staubach/Martina Wagner-Egelhaaf, Berlin, 2011, S. 317-330.

Silone, Ignazio, „Musil in der Schweiz", in: *Erinnerungen an Robert Musil*, hg. v. Karl Corino, Wädenswil, 2010, S. 397-403.

Simmel, Georg, *Philosophie des Geldes*, Köln, 2009.

Sommer, Monika, „Zur Kriegsausstellung 1916 im Wiener Prater ‚als mächtige Antwort der Monarchie an das feindliche Ausland'", in: *Im Epizentrum des Zusammenbruchs. Wien im Ersten Weltkrieg*, hg. v. Alfred Pfoser/Andreas Weigl, Wien, 2013, S. 502-513.

Sontag, Susan, *Das Leiden anderer betrachten* (aus dem Engl. von Reinhard Kaiser), München, 2003.

Spoerhase, Carlos, „Was ist ein Werk? Über philologische Werkfunktionen", in: *Scientia Poetica. Jahrbuch für Geschichte der Literatur und der Wissenschaften*, Bd. 11, 2007, S. 276-344.

Stamatatos, Efstathios/Daelemans, Walter/Verhoeven, Ben/Potthast, Martin/Stein, Benno/Juola, Patrick/Sanchez-Perez, Miguel A./Barrón-Cedeño, Alberto, „Overview of the Author Identification Task at PAN 2014", in: *Working Notes Papers of the CLEF 2014 Evaluation Labs,* 2014, S. 877-897.

Steiner, Felix, *Dargestellte Autorschaft. Autorkonzept und Autorsubjekt in wissenschaftlichen Texten,* Tübingen, 2009 (Reihe Germanistische Linguistik).

Stolz, Hansjörg, *Der Ghostwriter im deutschen Recht*, München, 1971.

Strauß, Brigitte, „‚Ein Abbild des Krieges geben'. Betrachtungen zu Kriegsausstellungen in Hauptstadt und ‚Provinz' (1915–1918)", in: *Österreich in Geschichte und Literatur* 58 (2014), H. 2, S. 217-229.

Thöming, Jürgen, „Wie erkennt man einen anonym-veröffentlichten Musil-Text?", in: *Ètudes germaniques*, 25 (1970), S. 170-183.

Thurnher, Eugen, „Das literarische Schaffen", in: Karl Ilg, *Landes- und Volkskunde Geschichte, Wirtschaft und Kunst Vorarlbergs*, Bd. 4, Innsbruck, 1967, S. 294-295

Toller, Ernst, *Eine Jugend in Deutschland,* Köln, 2010.

Tramm, Karl A., *Psychotechnik und Taylor-System*, Berlin, 1921.

Kassner, Rudolf/Rilke Rainer Maria, *Freunde im Gespräch. Briefe und Dokumente*, hg. v. Klaus E. Bohnenkamp, Frankfurt a. Main, 1997.

Überegger, Oswald, *Erinnerungskriege. Der Erste Weltkrieg, Österreich und die Tiroler Kriegserinnerung in der Zwischenkriegszeit*, Innsbruck, 2011.

Ullreich, Franz, „Unsere Kriegsbrükken und die Erfahrungen des Weltkrieges", in: *Militärwissenschaftliche und Technische Mitteilungen*, 53 (1922), S. 229-235.

Urbaner, Roman, „‚… daran zugrunde gegangen, daß sie Tagespolitik treiben wollte'? Die *Tiroler Soldaten-Zeitung* 1915-1917", in: *eForum zeitGeschichte* 3/4 (2001).

—, „Schriftführer Musil. Der Jahrhundertschriftsteller als Redakteur der *Soldaten-Zeitung*", in: *Quart-Heft für Kultur Tirol* 5 (2005), S. 55-67.

—, „Presse", in: *Katastrophenjahre. Der Erste Weltkrieg und Tirol*, hg. v. Hermann J. W. Kuprian/Oswald Überegger, Innsbruck, 2014, S. 259-276.

Vogl, Joseph, *Kalkül und Leidenschaft. Poetik des ökonomischen Menschen*, Zürich, 3. Aufl., 2008.

—, *Das Gespenst des Kapitals*, Zürich, 2010.

Volkov, Shulamit, *Walther Rathenau. Ein jüdisches Leben in Deutschland 1867-1922*, München, 2012, S. 152-153.

Wagner-Egelhaaf, Martina, „Anderer Zustand", in: *Robert-Musil-Handbuch*, hg. v. Birgit Nübel/ Norbert Christian Wolf, Berlin/Boston, 2016, S. 710-712.

Walras, Léon, *Etudes d'économie sociale* (*Théorie de la répartition de la richesse sociale*), Lausanne, Paris, 1896 (it. Ausgabe: Léon Walras, *Studi di Economia sociale*, volume primo, archivio Guido Izzi, Roma, 1990).

Wechsler, Alfred, (Pseudonym W. Fred), *Impressionen aus dem Notizbuch eines Wanderjournalisten*, Leipzig, 1912.

Werber, Niels/Stöckmann, Ingo, „Das ist ein Autor! Eine polykontexturale Wiederauferstehung", in: *Systemtheorie und Hermeneutik*, hg. v. Henk de Berg/ Matthias Prangel, Tübingen/ Basel, 1997, 233-259.

Wittgenstein, Ludwig, *Werkausgabe*, Suhrkamp, Frankfurt a. Main, 1984, Bd. 8, S. 445-573.

—, *Philosophische Untersuchungen*, Frankfurt a. Main, 2003.

Wolf, Norbert C., „Wie viele Leben hat der Autor? Zur Wiederkehr des empirischen Autor- und des Werkbegriffs in der neueren Literaturtheorie", in: *Autorschaft. Positionen und Revisionen*, hg. v. Heinrich Detering, Stuttgart, 2002 (Germanistische Symposien, Berichtsbände, XXIV), S. 390-405.

—, „Einleitung", in: *Musil-Forum*, 34 (2015/2016), S. 1-4.

—, „Gestaltlosigkeit", in: *Robert-Musil-Handbuch*, hg. v. Birgit Nübel/ Norbert Christian Wolf, Berlin/Boston, 2016, S. 712-719.

Weibel, Walter, „Warum die russischen Bauern ihre Kinder nicht in die Schule schicken?", in: ders., *Herren, Bauern und Beamte. Russische Satiren von Russen*, Stuttgart, 1916.

Winkler, Eduard, *Wahlrechtsreformen und Wahlen in Triest 1905-1909. Eine Analyse der politischen Partizipation in einer multinationalen Stadtregion der Habsburgermonarchie*, München, 2000.

Wurzer, Markus, „Der Dolomitenkämpfer Sepp Innerkofler", in: *Erster Weltkrieg. Globaler Konflikt – lokale Folgen*, hg. v. Stefan Karner/Philipp Lesiak, Innsbruck u. a., 2014, S. 371-388.

—, „Wem gehört Sepp Innerkofler? Zur Tradierung, Transnationalisierung und Differenzierung von Ehrregimen im Spiegel materieller Ehrungen", in: *Ehrregime. Akteure, Praktiken und Medien lokaler Ehrungen in der Moderne*, hg. v. Dietmar von Reeken/Malte Thießen, Göttingen, 2016, S. 285-307.

Zaffi, Davide, *Eine Ungarin in Tirol. Die „Tiroli Katona Ujság"*, Levico Terme, 2010.

Zeller, Rosmarie, „Von den Notizen im Krieg zum literarischen Text. Textgenetische Studien zu Musils Nachlass", in: *Musil-Forum* 34 (2015/2016), S. 58-78.

Zöchbauer, Paul, *Der Krieg in den Essays und Tagebüchern Robert Musils*, Stuttgart, 1996.

Zweig, Stefan, *Begegnungen mit Büchern*, hg. v. Knut Beck, Frankfurt a. Main, 1983.

—, *Die Welt von Gestern. Erinnerungen eines Europäers*, in: *Gesammelte Werke in Einzelbänden VI*, Hamburg, 1981.

o. V., *Vorarlberg. Eine Blumenlese*, hg. von Hermann Sander, Innsbruck, 1891.

o. V., *Dichterstimmen aus Vorarlberg*, hg. von Hermann Sander, Innsbruck, 1895.

o. V., *Jahrbuch des Museums für Kunst und Gewerbe Hamburg*, Bd. 9/10, Hamburg, 1993.

o. V., *Offizieller Katalog der Kriegsausstellung Wien 1916*, hg. v. Arbeits-Ausschuss, Wien, 1916.

o. V., *Tagebuch der Straße. Geschichte in Plakaten*, hg. v. d. Wiener Stadt- und Landesbibliothek, Wien, 1981.

o. V., *„Der Gesang des Todes": Robert Musil und der erste Weltkrieg = „Il canto della morte": Robert Musil e la Grande guerra*, Katalog der vom Literaturhaus München und Schloss Tirol veranstalteten Ausstellung, hg. v. Reinhard G. Wittmann, Tirol, Südtiroler Landesmuseum Schloss Tirol, 2014.

Namensverzeichnis